추천사

내 아내와 나는 D. A. 카슨의 조교이자 박사 과정 학생으로 지낸 첫 해에 함께 이 책을 읽었다. 우리는 이 책이 매우 마음에 들었다. 이 가상의 편지들을 읽는 것은 마치 카슨과 우드브리지에게 도전적으로 제기한 신학적이거나 실천적인 질문들에 대해 사려 깊은 답장을 받는 것처럼 매우 친밀하고 개인적인 경험이었다. 나는 신학교 학생들에게 조언과 가르침을 주기 위한 자료로 이 책을 활용하고 있다.

앤드류 나셀리
베들레헴신학교 조직 신학과 신약학 교수
베들레헴침례교회 공동목회자

내가 목회 사역의 부르심을 탐색하기 시작한 비교적 젊은 신자였을 때, 나의 목사님이 이 책을 읽어 보라고 추천해 주셨다. 그리고 이 책은 지금의 나를 만들어 준 가장 중요한 책 중 하나가 되었다. 셀 수 없을 만큼 이 책을 읽고 또 읽은 나로서는 이 책이 다시 출간되어 다음 세대가 이 책에 담긴 지혜와 통찰을 누릴 수 있다는 사실에 매우 흥분된다. 안타깝게도 교회 안에 인격과 품격이 부족한 이 시대에, 나는 이 책이 많은 사람에게 큰 축복이 되리라는 믿음으로 자신 있게 추천한다.

샘 올베리
목사
「하나님은 우리 몸에 대해 뭐라고 말씀하실까?」
(생명의말씀사 역간) 저자

내가 이 책을 발견한 것은 대학생 시절 도서관 책장에서였다. 이 책이 과제였던 것도, 누군가에게 추천받은 것도 아니었지만 이 책을 읽은 것은 내 삶을 바꾸어 놓았다. 나는 수년 동안 이 책을 통해 한결같은 통찰과 격려를 얻었다. 편지 쓰기라는 형식이 아주 낡고 오래된 취미처럼 보이듯이, 이 책은 당대를 살아가며 삶의 질곡을 겪고 있는 생생한 인물이 등장하는 이야기로 표현되었기 때문에 오늘날에는 문화적, 신학적 논쟁의 쟁점이 달라질 수밖에 없을 것이다. 그러나 이 책에 나타나는 그리스도인의 삶에 대한 사려 깊은 시각은 놀라울 정도로 신선하다. 당신이 신학을 탐구하는 대학생이든, 목회에 첫 발을 뗀 사역자든, 이 시대의 문화적 쟁점들로 분투하는 그리스도인이든 이 책은 당신의 삶 역시 변화시킬 것이다.

이반 메사
복음연합 편집국장
「Before You Lose Your Faith: Deconstructing Doubt in the Church」 저자

나는 오랫동안 D. A. 카슨과 존 D. 우드브리지를 우리 세대의 건강한 복음주의 신학자들로 여겨 왔다. 물론 그 둘의 전문 영역은 다르다. 카슨은 신약학 전문가로서 탁월하고, 우드브리지는 수세기에 걸쳐 내려온 교회사와 기독교 사상을 설명하는 것을 일생의 과업으로 삼고 있다. 노련한 선배 그리스도인이 젊은 후배 그리스도인에게 보내는 편지 형식으로 설정된 이 책은 기독교적 학문에서 중요한, 이 두 영역을 연구하는 두 학자의 지혜의 정수를 담고 있다. 뿐만 아니라 '한 방향을 향하는 오랜 순종'이라고 설명된 것 안에서만 발견할 수 있는 지혜의 본질을 정확히 포착하고 있다. 나는 젊은 그리스도인 세대의 영적, 신학적인 밑거름이 되고, 이 혼란스러운 시대에 꼭 필요한 지혜를 담고 있는 이 책이 새롭게 다시 출간되어 감격스럽다.

마이클 헤이킨
남침례신학교 교회사 교수

옮긴이 추천사

　제가 가끔 받는 질문 중 마음에 깊은 아쉬움을 남기는 질문이 하나 있습니다. 인생을 살면서, 혹은 목회를 하면서 멘토라 부를 수 있는 분이 누구냐는 질문입니다. 타고난 성격 탓이든, 아니면 주어진 환경 탓이든 돌아보면 제가 멘토라고 생각할 만큼 가까이 지내며 지도를 받고 제 안의 문제를 털어 놓고 조언을 얻을 수 있었던 분은 없던 것 같습니다. 어찌 생각하면 가장 질문과 고민이 많고, 가장 절실하게 안내가 필요했던 시기에 모든 것을 스스로 해결해야 했기 때문에 제법 긴 시간을 멀리 우회해야 했습니다.

　포스트모던 시대를 친구와 형제는 많으나 아버지와 스승이 없는 시대라고 부르기도 합니다. 이런 때에 스승(선배)과 제자(후배)가 주고받는 편지 형식으로 책을 출간한다는 것이 시대착오적으로 보일 수도 있고, 아니면 아주 신선하게 보일 수도 있겠다 싶습니다. 또한 이 편지의 왕래 기간이 1978-1992년으로, 14년간의 미국과 유럽의 복음주의 역사를 배경으로 하기 때문에 자칫 제시된 문제들이 생소하게 느껴질 수도 있습니다(본서의 등장인물인 팀 저니맨과 저는 거의 같은 나이에 같은 시대를 살았기 때문에 여기에서 다루는 내용이 모두 저에게는 몹시 생생합니다).

하지만 개인적으로 본서는 특히 목회자가 되려는 마음이 있는 젊은이들이나, 젊은 세대를 염려하며 응원하는 기성 세대가 꼭 한 번 읽어 볼 필요가 있다고 확신합니다. 본서의 문학적 장르로 택한 서간체, 즉 편지 형식으로 교제하는 그 자체도 세대 간의 문화적 교류라는 아주 중요한 가치를 제시하지만, 이에 못지않게 미국의 복음주의가 무엇을 추구하는지, 어떤 과정을 지나왔는지를 이해하는 데 아주 중요한 정보를 제공하기 때문에 본서는 꼭 읽어 볼 만합니다.

두 가지 도전과 함께 이 책을 추천합니다. 첫째, 여러분은 신앙적인 멘토를 두시고, 본인도 누군가의 멘토가 되어 주시기 바랍니다. 특히 이 시대에는 신앙의 멘토가 절실하게 필요합니다. 둘째, 복음적으로 우리 시대를 읽어 낼 수 있는 통찰력을 키우시기 바랍니다. 변하지 않는 하나님의 말씀으로 변하는 상황과 환경에 민감하게 대처하기 위한 자세를 배울 수 있기 바랍니다.

노진준 목사

이 책을 케네스 칸처에게
감사히 바칩니다.

믿음의 길 위에서 쓴 편지

"나는 그 길을 따르는 자로서
우리 조상의 하나님을
섬기고 경배함을 고백합니다."
- 사도 바울(행 24:14) -

Letters Along the Way

믿음의 길 위에서 쓴 편지

신앙의 선배가 후배에게 전하는
기독교적 삶에 관한 지혜와 통찰의 메시지

D. A. 카슨 · 존 D. 우드브리지 지음
노진준 옮김

죠이북스

(주)죠이북스는 그리스도를 대신한 사신으로
문서를 통한 지상 명령 성취와 하나님 나라 확장을 위해 노력합니다.

Letters Along the Way: From a Senior Saint to a Junior Saint
Copyright © 1993, 2022 by D. A. Carson and John D. Woodbridge.
First published in 1993 as ***Letters Along the Way: A Novel of the Christian Life***
Published by Crossway, a publishing ministry of Good News Publishers
Wheaton, Illinois 60187, U.S.A.

This edition published by arrangement with Crossway through rMaeng2, Seoul, Republic of Korea.
All rights reserved.

This Korean translation edition ⓒ 2024 by JOY BOOKS Co., Ltd., Seoul, Republic of Korea.

이 한국어판의 저작권은 알맹2를 통하여 Crossway와 독점 계약한 (주)죠이북스에 있습니다.
신 저작권법에 의하여 한국 내에서 보호받는 저작물이므로 무단 전재와 무단 복제를 금합니다.

믿음의 길 위에서 쓴 편지

신앙의 선배가 후배에게 전하는
기독교적 삶에 관한 지혜와 통찰의 메시지

D. A. 카슨 & 존 D. 우드브리지 지음
노진준 옮김

머리말

1993년에 D.A. 카슨이 저에게 선물을 하나 주었습니다. 당시 우리는 케임브리지에서 거의 일 년 동안 같은 시간, 같은 장소에 있으면서 같은 교회를 다녔고 틴데일하우스에서 함께 일하고 있었습니다(그는 많이 일했고 저는 적당히 일했지만). 그는 안식년을 보내는 교수였고, 저는 박사 논문을 쓰고 있던 학생이었는데 카슨은 저를 위해 너그럽게 시간을 할애해 주었습니다.

틴데일하우스는 제가 다니던 코퍼스크리스티대학(Corpus Christi College)의 대학원생 기숙사가 있던 렉햄프턴(Leckhampton)이 그리 멀지 않았습니다. 저는 1988년 봄에 몇 달간을 렉햄프턴에 있는 케임브리지에서 지냈는데, 당시에 학교는 보조 정원사를 구하는 중이었습니다. 학생 신분이었던 저와 제 아내는 숙소를 찾고 있었기 때문에, 딸과 함께 우리 가족은 정원사의 숙소에서 지내게 되었습니다. 그해 봄 학교의 정원은 숨이 멎을 만큼 아름다웠습니다. 정원을 따라 난 길은 마치 나니아의 길과 같이 길고 구불구불했으며, 산책도

할 수 있는 대학교 운동장과도 가까이 있었습니다.

원래 케임브리지는 그렇게 아름다운 곳이 아닙니다. 차나 자전거를 타고 지나가나 걸으면서 고개를 돌릴 만큼의 풍경은 없습니다. 그저 높은 담, 좁은 길들, 울창한 관목만 있을 뿐입니다. 하지만 근처 틴데일하우스가 있던 바로 그 정원들 안에서 운동장을 산책하며 카슨은 저에게 그의 친한 친구인 존 우드브리지와 함께할 작업에 관해 처음으로 말해 주었습니다.

저는 우드브리지를 몇 번 만난 적이 있는데 신학적으로 잘 정립된 역사학자로서 그의 연구를 존경하고 있었습니다. 그리고 트리니티(Trinity)에서 그의 성품과 학생들을 향한 사랑은 다른 사람들과의 교제를 통해 더욱 빛났습니다. 그래서인지 카슨이 우드브리지와 함께 책을 낼 생각을 하고 있다는 말을 들었을 때 충분히 그럴 수 있을 거라 생각했습니다. 이 두 사람이 함께라면 그런 책을 내는 것이 충분히 일리가 있어 보였으니까요.

어떤 신학교 교수들은 영적이라기보다는 학문적으로 보인다는 말을 듣습니다. 개인적으로 그렇게 둘로 나뉠 수 없다고 생각하지만 제가 무슨 말을 하려는지 아실 것입니다. 카슨과 우드브리지는 훌륭한 학자들이지만 동시에 그들은 복음 사역에 진심으로 깊은 관심을 가지고 있었습니다. 그들은 학생들을 목회적으로 잘 돌보았고, 성경을 하나님의 말씀으로 이해했으며, 학계에서의 경력을 복음을 위한 선교로 여겼습니다. 이 책은 바로 그러한 사역의 연장입니다.

카슨이 1993년 9월에 이 책의 사본을 제게 주었을 때 저는 단숨에 읽어 내려갔습니다. 제가 읽었던 것이 초본이었는지는 잘 기억이 나지 않지만 읽고 매우 좋았던 것만큼은 생생합니다. 저는 스승인 폴 우드슨(Paul Woodson)에게서 카슨의 목소리를 들을 수 있었고, 어떤 것이 존 우드브리지가 하는 말인지도 추론할 수 있었습니다. 그럼에도 이 두 사람이 혼합된 폴 우드슨은 설득력 있고 지혜롭게 잘 표현되었습니다. 젊은 학생인 팀 저니맨(Tim Journeyman)은 목마른 제자로 편지라는 수단을 통해 우드슨의 발아래 앉아 있었습니다.

이메일이 있기 전에 편지는 많이 느렸고, 그래서 신중하게 작성되었습니다. 당시에는 편지들이 수신자에게 전달되도록 하기 위해서는 확실히 더 많은 시간과 돈이 필요했습니다. 엽서나 편지지를 사야 합니다. 편지를 넣을 봉투도 있어야 하죠. 무엇보다 잘 읽히도록 정성 들여 써 내려가야 합니다. 받을 사람의 주소를 확인하고 적습니다. 그리고 우체국으로 가야 합니다. 그러고 나서 그 편지가 수신자에게 도착하는 데 며칠, 혹은 몇 주가 걸릴 수도 있습니다.

이런 더딘 과정은 편지를 받고 답을 쓰는 데 더 많은 생각을 하게 합니다. 게다가 그 어떤 탁월한 이메일보다 더한 일종의 친밀감을 갖게 해줍니다. 어떤 사람은 오직 한 사람만을 위한 편지를 써서 전달하기 위해 수고를 아끼지 않습니다. 아무튼 카슨과 우드브리지는 교육을 위해 편지라는 자연스러운 수단을 선택했습니다.

이 편지의 왕래에는 15년의 세월이 담겨 있고 기독교인의 삶과 사역에 관한 거의 모든 영역의 교훈이 담겨 있습니다. 아주 신중한 교훈들 말입니다. 복음으로의 초청을 위해서는 어떻게 말을 해야 하는지에 관해서, 프랑스 개신교의 역사에 관해서(우드브리지에게 감사합니다!), 교리가 왜 중요한지, 혹은 왜 중요하지 않은지에 있어 젊은 그리스도인이 경험할 법한 혼란스러움에 관해서! 이 편지들을 통해서 우리는 대학교 2학년 2학기를 맞이한 한 젊은 학생이 그리스도인이 되어 가는 과정을 따라가게 될 것입니다. 우리는 그가 뉴욕에서 직장 생활 초기를 어떻게 보내는지, 그리고 목회하기로 결심하고 공부를 시작해서 어떻게 훈련받는지 그 과정을 따라가게 될 것입니다. 그 과정에서 이 책은 고전적이고 현대적인 신학자들을 소개하며, 그들의 책들에 관하여 언급하고, 심지어 개인적인 서재를 어떻게 만들 것인지에 관한 지혜도 제공합니다.

여러분은 D.A. 카슨과 존 우드브리지가 이 책을 기획하면서 얼마나 즐거워했을지 짐작할 수 있을 것입니다. 글을 쓰는 것도 재미있었을 것입니다. 그들은 우리가 쉽게 이해할 수 있도록 가르치는 데 확실히 성공했습니다. 만일 여러분이 젊은 그리스도인으로 어떻게 성장해야 할지 고민했다면, 목회의 길로 들어서야 할지 고민했다면, 믿음과 행위의 문제를 어떻게 이해해야 할지 고민했다면, 정식으로 신학을 공부해야 할지, 목회 사역을 어떻게 시작해야 할지 고민했다면, 이 책은 여러분을 위한 책입니다. 이 책을 읽으면서 여러분은 마치 폴 우드슨이 여러분의 스승(선배)이며, 실제 인물인 것처럼 느낄 것입니다. 이야기의 끝부분에서 그가 여러분을 떠날 때, 그리고 여러분이 그를 떠날 때 확실히 그렇게 느낄 것입니다.

폴 우드슨은 가상이라는 단어가 제시하는 것보다 훨씬 실제적입니다. 두 명의 믿음의 스승(선배)의 지혜가 우리 모두를 위해 여기에 요약되어 있기 때문입니다.

저는 이 책을 읽으면서 많은 유익을 얻었습니다. 제가 한 일은 마치 기계처럼 오류를 발견해 수정하는 작업이었지만 그간 몹시 원했던 음식을 먹은 것처럼 맛있었습니다. 여러분도 이 책을 읽으면서 같은 경험을 할 수 있으리라 짐작하며 기도합니다.

마크 데버
케피톨힐침례교회
2020년 4월 6일 워싱턴 D.C.에서

개정판 서문

1990년 대 초반에 우리 두 사람은(D.A. 카슨과 존 D. 우드브리지) 우리에게 지대한 영향을 끼쳤거나, 적어도 감동을 준 적이 있는 책들에 관해 이야기를 나누었다. 이 토론은 결국 C.S. 루이스까지 이어졌고 우리 중 한 사람이 「스크루테이프의 편지」(*The Screwtape Letters*, 홍성사 역간)를 언급하게 되었다. 이 책은 표면적으로는 스크루테이프라는 고참 마귀가 웜우드라는 신참 마귀에게 보낸 편지들이다. 독자들은 마귀의 관점에서 본 성경적인 세상, 기독교 위선에 대한 풍자적 공격, "아래에 계신 우리 아버지"의 관점에서 본 그리스도에 대한 통찰, 그리고 "원수"로서의 하나님에 대한 묘사에서 보이는 루이스의 창조적인 열정에 감탄하지 않을 수 없다. 볼 수 있는 눈을 가진 사람들에게 이 책은 시험과 죄, 그리고 어떻게 그것들과 싸워야 하는지에 관한 통찰을 얻을 수 있는 보물 창고이다. 이야기를 나누는 중에 우리 중 한 사람이 그런 책을 집필하는 것이 얼마나 즐거운 일일까를 언급했고 다른 사람이(그 사람이 누구였는지는 우리 둘 다 기억하지 못한다) 우리가 믿음의 스승(선배)이 제자(후배)에게 쓰는 편지 형식으로 책을 집필할 수 있겠다고 가볍게 대답했다. 키득거리면서 우리는 루이스처럼 통찰력도 없고 그렇게 창조적이지도, 유머스럽지도 못하다는 것을 인정해야 했다. 하지만 적어도 공식적으로 마귀의 편에서가 아니라 하나님의 편에서 말할 수 있지 않을까?

이런 생각에 이르자 우리는 매주 화요일 아침 6시 아침 식사 시간에 모임을 가지기로 했다. 그렇게 일 년 가까운 시간을 보내면서 우리 두 사람의 성품과 개인적인 경험들을 통해 두 인물을 만들어 냈다. 믿음의 스승(선배)을 바울로, 그리고 제자(후배)를 디모데로 명명한 것은 그리 놀라운 일은 아니다. 디모데는 팀 저니맨이 되었고 바울은 폴 우드슨이 되었다(폴 카브리지가 될 수도 있었지만 우드슨이 더 좋았다 [역자 주_우드브리지와 카슨의 이름을 어떻게 합성하는지에 따라!]). 그리고 우리는 어떤 주제들을 다룰지를 결정했고 거의 50개의 편지를 처음 편지인 1978년 5월 8일부터 마지막 편지인 1992년 2월 10일까지 그 시대에 맞추어 내용을 정리했다. 우리는 편지들을 반반 나누어 초고를 만들기로 합의하고 그다음 한 해 동안 각자 자신에게 맡겨진 것들을 집필했다. 마무리할 즈음에는 서로 바꾸어서 읽어 보고 보완해야 할 것들을 제안했고 우리 중 한 사람은 편집상의 통일성을 위한 편집장의 업무를 감당했다.

그리고 마침내 「믿음의 길 위에서 쓴 편지」(*Letters Along the Way*)가 세상에 나오게 되었다. 그러고 나서 지금도 그것이 누구의 지혜였는지를 기억하지 못하는 두 가지 결정을 해야 했다. 첫 번째, 우리는 소설적 구조의 일부분인 양 초판 서문을 작성했다. 다시 말하면 우리는 우리 자신을 팀과 폴 사이에 오고 간 원래 편지들을 출판할 목적으로 정리한 편집자인 양 소개함으로 서문이 스토리의 일부가 되게 한 것이다. 그래서 두 번째 결정이 필요했다. 폴과 팀이 실제 인물이라는 인상을 주지 않기 위해서 우리는 「Letters Along the Way」라는 제목에 "기독교적 삶에 관한 소설"(A Novel of the Christian Life)이라는 부제를 달기로 한 것이다. 정중함과 전문성을 갖춘 크로스웨이 출판사는 차분한 사색과 어울리는 표지로 1993년에 이 책(초판)을 출판했다.

종이책으로, 전자책으로, 오디오북으로 나온 개정판은 초판의 내용을 바꾸지 않았다. 이 편지들의 배경 정보를 제공해 주는 초판 서문도 그대로 실었다. 개정판 서문은 저자들을 이야기 세계에서 빠져나올 수 있게 해주고 저자로서의 과오들을 인정할 수 있는 공간을 제공해 주었다. 또한 새로운 부제를 생각해 내도록 해주었다. 여전히 소설이지만 개정판 서문에서 이 책의 장르를 소개할 수 있기 때문에 '기독교적 삶에 관한 소설'이라는 초판의 부제 대신에 C.S.루이스의 영향을 암시하는 "신앙의 스승(선배)이 신앙의 제자(후배)에게"라는 말을 부제에 사용할 수 있게 되었다.

우리는 이 책이 세 부류의 독자에게 유익하기를 기대한다. 우선 이 책은 한 젊은 그리스도인이 다양한 종류의 도전을 경험하면서 지혜로운 스승(선배)의 지도를 따라 안정과 성숙에 이르게 되는 흥미로운 이야기체로 되어 있다. 이 책이 다가오는 세대를 위한 영적인 책이 되기를 기대한다. 두 번째로 1978-1992년까지 14년에 가까운 세월 동안, 비교적 그리 오래되지 않은 과거를 다루기 때문에 유익하다. 인스타그램, 페이스북, 줌 미팅 시대를 살고 있는 오늘날의 독자들로서는 그것들이 없는 세상을 이해하기 위한 의도적인 노력이 필요하다. 그런데 그것들이 없는 세상을 살았던 사람들도 우리가 경험하는 것과 같은 것들에 의해서 지속적인 도전을 받으며 살았다. 다시 말해, 30년 혹은 40년 전을 배경으로 하는 이 이야기는 하나의 소설로 즐길 수도 있지만 그들의 역사를 잊은 자들은 같은 실수를 반복할 수 있다는 말처럼 이 이야기는 우리가 잊지 말아야 할 역사의 현장에 있는 이야기다. 마지막으로, 이 책은 팀(제자 역할의 가상 인물)이 배우고 있는 목회적, 신학적 교훈에 관심이 있는 독자들에게 배움의 장이 될 수 있을 것이다.

늘 그렇듯이 크로스웨이에서 전문가들과 함께 일하는 것은 기쁨이다.

오직 하나님께 영광!

D.A. 카슨 · 존 D. 우드브리지

초판 서문

1991년 중반에 트리니티복음주의신학교의 학생이었던 팀 저니맨이 자신이 주고받은 편지들에 대한 획기적인 기획을 가지고 지혜를 구하기 위해 우리 중 한 사람을 찾아와 조언을 요청했다. 이 편지는 팀이 프린스턴대학 3학년 때 경험한 회심에서 시작하여 신학대학원에서의 학업과 첫 목회 사역의 날까지 약 14년 동안 쓴 것들이었다. 한 목사로서 팀은 이 편지들이 단순히 그의 기독교 신앙의 성숙에 도움이 되는 많은 지혜를 담고 있을 뿐만 아니라 변해 가는 복음주의의 입장에 대한 유익한 언급들을 담고 있다고 생각했다.

이 편지를 쓴 사람은 당시 트리니티의 조직신학 석좌교수로 있던 폴 우드슨이다. 팀은 이 편지들을 출판하기 위해 우드슨을 찾아갔고 우드슨 교수는 그럴 만한 가치가 없다고 생각했다. 무엇보다 그의 나이에 칼뱅의 신론에 관한 여러 권의 책을 집필하기 위한 연구에 몰입하는 것만으로도 버거웠고, 이 연구에 할애된 시간을 빼앗기는 것도 망설여졌다. 하지만 그가 돕든지 돕지 못하든지 팀이 출판을 하려는 시도에는 이의가 없었다. 팀이 우리를 찾아와 조언을 구한 것은 바로 그 때문이었다. 우리는 전에 함께 작업했던 적이 있어서 글을 편집하고, 사실을 확인하는 작업 등 출판을 위한 준비 작업에 협력하기로 결정했다. 우리는 팀에게 각각의 편지를 기록했던 상황들을 재구성해 줄 것을 요청했고 독자들이 그 편지들에 충분히 공감할 수 있도록 팀의 기록을 대폭 축소해야 했다. 덧붙이자면, 우리가 하는 일을 우드슨 박사에게 말해 주었을 때 그는 불쾌해하기보다는 즐기는 듯했다.

독자들을 위해 편집 과정에서 있었던, 두세 개의 결정 사항에 대해 설명하도록 하겠다. 이 책에 우드슨 박사가 팀 저니맨에게 썼던 모든 편지를 넣지는 않았다. 영적, 도덕적, 성경적, 혹은 신학적 문제들을 다루거나 변하는 환경에 대한 언급을 다룬 것들만 포함했다. 모든 사교적 인사말들은 삭제되었고 혹 그러한 삭제로 인해 편지의 흐름에 영향받을 것 같을 때에는 편집자 주를 달았다. 1978년에는 만년필을 이용해 손으로 직접 편지를 썼고 강조할 내용은 밑줄을 그었는데, 6년 후 우드슨 박사의 편지들은 손글씨가 아닌 이탤릭체로 정갈하게 프린트되었다. 1978년 우드슨 박사는 남성 대명사와 형용사를 사용했는데 그의 문체는 점점 중성적으로 변하거나 "그", 혹은 "그녀"라는 표현을 선호하게 되었다. 이는 지난 10여 년 동안의 민감한 변화를 보여 주기 때문에 편집 과정에서 최대한 그대로 보전하려고 했다.

팀의 아버지가 죽었다는 것과 그 슬픔 가운데 팀이 그리스도인이 되었다는 소식을 듣고 우드슨 박사가 처음 펜을 들어 편지를 쓸 때는 편지가 책이 되리라 전혀 예상하지 못했을 것이다. 팀 목사는 우리와 함께 이 편지들이 많은 독자에게 깨달음과 정보와 도전을 줄 수 있기를 기대한다.

— 편집인들

1.

폴 우드슨 박사와의 이 긴 소통이 어떻게 시작되었는가? 나는 우드슨 박사에 관해 별로 아는 것도 없이 첫 번째 편지를 보냈음을 고백해야겠다. 나는 그저 대학 시절부터 아버지의 친구 중 한 분에게 예의상 편지를 보낸 것이었다. 그냥 그렇게 시작되었다.

1978년 4월, 프린스턴 3학년이었던 나는 격동의 시간을 보내고 있었다. 그해 가을에 아버지가 세상을 떠나셨다. 아버지가 뉴욕에서 일하시던 중 심장마비로 쓰러지셨을 때 나는 프린스턴에 있었기 때문에 마지막 인사도 드리지 못했다. 나는 아버지를 많이 사랑했고, 그렇게 힘들게 일하지 않으시길 원했지만 아버지는 가족들에게 좋은 삶을 주고 싶어 하셨다. 비록 넉넉한 삶이 아니더라도 나는 아버지가 우리와 함께 좀 더 시간을 보내기를 원했지만 말이다.

어머니는 아버지가 그렇게 떠나신 충격에서 쉽게 벗어나지 못하셨고, 우리 모두가 그랬다. 아버지와 이야기를 나누는 꿈을 꿀 때도 있었는데, 그럴 때는 그 꿈에서 깨어나지 않기를 원했지만 항상 깨어났다.

그때 나와 함께 프린스턴 3학년에 재학 중이던, 사랑하는 여자 친구인 사라에게 그냥 친구로 지내고 싶다는 통보를 받았다. 난 그녀가 한 말이 진심이라는 것을 알 수 있었다. 그리고 그녀는 농구 팀에 있던 한 친구를 만나기 시작했다. 나도 농구를 했으나 그 친구 만큼은 아니었다. "마음대로 해라. 결국 사라 너만 손해일 거야"라고 스스로에게 말했지만, 이런 허세가 나의 아픈 상처를 아물게 하지는 못했다.

이러한 충격 중에 그나마 나를 버티게 해준 것은 학점이었다. 프린스턴에서 역사 과목들을 특히 좋아했는데 과학의 역사는 내가 가장 좋아했던 분야였다. 나는 프린스턴에서 다윈주의를 지지하는 졸업 논문을 쓰고 싶었다. 역사학과에서 장학금을 타고 있었기 때문에 다른 사람들은 내가 슬픔을 잘 견디고 있다고 생각했을 것이다.

그러던 중 내 인생 최고의 사건이 발생했다. 그때는 초봄이었다. 프린스턴 복음주의 모임에 소속된 친구 한 명이 '왜 기독교가 참인가'에 관한 한 연설가의 강연에 나를 초청한 것이다. 어릴 적에 주일학교에 다닌 적이 있지만 고등학생이 되었을 때 종교는 나에게 아무런 의미가 없었다. 나는 열심히 공부하고 SAT를 잘 준비해서 명문 대학에 들어가는 일에 집중했고 주말에는 친구들과 노느라 바빴기 때문에 솔직히 그런 모임에는 아무런 관심도 없었다.

참석하지 않을 구실을 찾았지만 친구의 정중한 간청을 거절할 수 없었다. 연설가는 아주 해박하고 유머가 있었다. 놀랍게도 거기서 나는 복음을 들었다(몇몇 친구가 그것을 그렇게 불렀다). 그날 저녁에 내 친구는 나에게 그리스도를 구원자요, 주님으로 영접하지 않겠느냐고 물었고, 그게 어떤 것인지 제대로 이해도 못한 채 나는 그렇게 하겠다고 대답했다. 어렴풋이 나는 예수님이 나의 죄를 위해 십자가에서 죽으셨음을 이해했던 것 같다. 내가 죄인인 것을 인정하는 것은 그리 어려운 일이 아니었다. 내가 그동안 했던 일들은 도덕적이지도, 선하지도 않음을 느낄 수 있었고, 나의 이교도적 양심조차도 완전히 화인을 맞은 것은 아니었으니까. 지나치게 감상적이지 않은 상태에서 나의 삶을 그리스도께 맡긴 후 그날 저녁 나는 일종의 기쁨을 경험할 수 있었다.

5월 초순 어느 날 나는 폴 우드슨 박사에게 편지를 써야겠다고 생각했다. 그와 나의 아버지는 내가 태어나기 아주 오래전부터 프린스턴에서 가까운 친구 사이였다. 아버지는 항상 폴을 존경하지만 때로는 지나치게 종교적인 것 같다고 나에게 말해 주신 적이 있다. 폴은 아버지에게 그리스도를 소개하려고 했다. 아버지는 내가 대학에 다니면서 종교에 관해서는 어떤 것도 듣기를 원치 않으셨다. 아무튼 내가 어릴 적에 우리 가족이 우드슨 박사의 집을 방문했던 기억이 난다. 우드슨 박사의 믿음 때문에 가족들이 어색했던 적은 없었지만 그에게 편지를 쓸 때 우드슨 박사에 관한 나의 기억은 희미해져 있었다.

내가 아버지의 죽음을 알리는 편지를 썼을 때 그는 일리노이주 디어필드(Deerfield)에 있는 트리니티신학교 교수로 있었다. 내가 그리스도를 믿는 신자가 되었다는 사실도 알렸다. 놀랍게도 우드슨 박사는 내가 보낸 편지의 답신으로 아래의 편지를 보내왔다.

네 편지에 감사한다. 당연히 너를 기억해. 하지만 우리가 마지막으로 만났을 때보다 네가 많이 성장했다는 것을 네 편지를 읽으면서 느껴지는 구나. 그때 너는 눈에 장난기가 가득했던 어린 소년이었지. 네가 부모님과 함께 우리를 방문했을 때, 너는 우리 집 이곳저곳을 기웃거리느라 분주했고 네 엄마와 아빠는 너를 아주 자랑스러워 했지. 마땅히 그럴 만했다고 생각한다. 네가 대학에 가서 네 엄마처럼 훌륭한 여인을 만나고 네 아버지처럼 기업의 중진이 되기를 원한다고 네 아버지가 했던 말이 마치 어제 일처럼 생생하다. 그는 진심으로 네가 가장 잘되기를 원했다.

그 어린아이가 이제 청년이 되었구나. 시간이 어찌 이리 빨리 흘러가는지! 네가 올드 나소(old Nassau, 역자 주: 프린스턴의 교가로 프린스턴을 가리키는 말)의 3학년생으로 학업에 정진하고 있다는 것을 네 아버지는 아주 자랑스럽게 생각할 게다. 그가 떠났다는 것이 몹시 마음 아프지만 나의 아픔이 너와 네 가족의 아픔에 비할 수야 있겠니.

오랜 시간 보지 못했음에도 네가 이렇게 편지를 보내 주었다는 것이 매우 기쁘다. 우리가 프린스턴에 있을 때 나는 네 아버지를 아주 친한 친구라고 늘 생각했지. 졸업 후에 우리가 연락하며 가깝게 지내지는 못했지만 나는 항상 그를 마음에 두고 있었는데 그의 아들이 나에게 이렇게 편지를 보냈다는 것은 진정 기쁨이 아닐 수 없구나.

특별히 네가 최근에 기독교 신앙을 가지게 되었다는 글을 읽으면서 몹시 기뻤다. 어떤 이유에서였는지 네 아버지는 그렇게 헌신한 적이 없었는데 말이다. 그는 아주 올바르고 내가 알고 있던 가장 정직한 사람 중 한 사람이었다. 하지만 그리스도인이 되는 길을 선명하게 볼 수는 없었지. 종종 내가 너무 종교적이라고 놀렸지만 악의로 그랬던 것은 아니고 그저 장난이었다. 내가 신자인 것을 너에게 말해 주고 나중에라도 나에게 연락하기를 원했다는 것은 아마도 우리 짐작보다 그가 말년에 복음과 더 가까웠음을 의미할지도 모르겠구나. 네가 네 아버지와 그리스도에 관해 이야기를 나눈 적이 있었는지도 알려 주면 좋겠구나. 그가 복음을 이해하는 것 같았니? 그는 나에게 매우 소중한 사람이었기에 이것이 몹시 궁금하구나.

기독교인으로 성장하는 데 도움이 될 만한 책들을 추천해 달라고 했는데 기독교 영성에 관해서는 정말 소중한 자료가 북미주에는 넘쳐난다. 하지만 네가 아주 바쁜 학생임을 짐작할 때, 세 권 정도만 추천하고 싶다. 첫 번째로는 그 분야의 고전이라고 할 수 있는 C.S.루이스의 「순전한 기독교」(*Mere Christianity*, 홍성사 역간)다. 두 번째로는 존 스토트의 「기독교의 기본 진리」(*Basic Christianity*, 생명의말씀사 역간), 그리고 세 번째로는 F.F. 브루스의 「신약 성경은 신뢰할 만한가?」(*The New Testament Documents - Are They Reliable?*, 좋은씨앗 역간)이다. 이 책들을 읽고 난 후에 네 소감을 말해 줄 수 있겠니? 네가 어떻게 생각하는지 알고 싶구나.

나는 정말로 책을 사랑하는 사람이지만 제목들로 너를 압도할 마음은 없었다는 것을 말해 주고 싶다. 네가 어른이 된 후에는 만난 적이 없기 때문에 네가 어떤 분야에 관심이 있는지 몰라서 몇 개만 추천했을 뿐이다.

 아무튼 이 책들을 읽든지 읽지 않든지 다시 연락해 주기 바란다. 친구의 가족과 다시 연락할 수 있도록 이렇게 먼저 편지를 보내 주어서 매우 기쁘다. 너의 이 편지가 네 아버지를 많이 생각나게 하는구나. 계속 연락하자.

다시 한 번 너의 친절한 편지에 감사하며. 진심을 담아,
폴 우드슨

2.

우드슨 박사의 추천 도서들이 큰 도움이 되었지만(간결함이 아주 도움 되었다) 각 책에 대한 나의 소감은 그리 주목할 만한 것이 아니었고 이에 대한 우드슨 박사의 회신도 마찬가지였다.

하지만 프린스턴에서의 마지막 해가 나에게는 가장 당황스러웠던 해였다. 겨우 몇 달된 그리스도인으로서 점점 거룩해지고 있다고 느끼기보다는 죄로 인해 점점 시달리기 시작했기 때문이다. 기독교에 대해서 배울수록 나는 그렇게 살 수 없음을 더욱 발견하게 되었다. 죄책감으로부터 자유로워지기보다 나의 초보 신앙은 죄책감이 늘어나게 했는데 그것은 내가 원했던 것이 전혀 아니었다.

오래지 않아 나는 내가 진정으로 그리스도인인가를 의심하기 시작했다. 어떻게 참된 그리스도인이 여전히 정욕과, 질투, 악(이것들은 내가 전에 생각해 보지도 않았던 죄들이다)에 시달릴 수 있는가? 추수감사절이 막 지나고 나는 우드슨 박사에게 편지를 써서 내가 겪고 있는 일들을 솔직하게 말씀드렸다. 그리고 그가 보내 준 회신은 굉장한 크리스마스 선물이었다.

동시에 그의 회신은 나와의 소통에서 일종의 과도기가 되었다. 우드슨 박사는 편지를 단순히 개인적인 것뿐만 아니라 길고 사색적으로 여기던 19세기 사람이다. 20세기 말 기독교 지도자들이 과연 젊은 그리스도인의 질문에 그렇게 장황하게 설명할 만큼 시간을 할애할 수 있을지는 의문이다.

1978년 12월 15일

너의 편지에 회답하는 데 근 3주를 지체했다는 것은 어떤 말로도 용납이 안 되겠지. 신학교 교수들의 삶을 지배하는 시험과 논문으로 가득 찬 학기말이었다. 간단하게라도 답을 하고 싶었지만 너의 고민을 솔직하게 설명하는 글에 간단하게 답하고 싶지는 않았다.

애석하게도 균형과 사고를 가지고 글을 쓰겠다고 지체하는 바람에 너의 혼란스러움이 가중되지는 않았을지 염려된다. 용서를 구하며 다음에는 더 빨리 답신해 보도록 하겠다.

네가 지금 겪고 있는 것들에 대한 성경적 진리들을 말하기 전에 우선 네가 경험하는 것은 전혀 이상할 것이 없음을 말해 주고 싶구나. 그리스도께 돌아온 초신자가 수치와 죄책의 단계를 거치는 것은 아주 일반적인 일이지. 왜 그런지 우리는 본능적으로 알 수 있단다. 예수 그리스도와 그의 요구에 관해 심각하게 생각하기 전에는 아마도 너는 가족과 친구들을 통해 흡수한 선악에 대한 아주 기본적인 생각만 가지고 살았을 게다.

그리스도인이 되면서 모든 것이 변했다. 전에는 기도하지 않는다고 죄책감을 느끼지 않았을 거야. 그런데 지금은 다르지. 실제이든 가상이든 사소한 것에 분개하는 것도 전에는 아무 문제가 없었지. 아니 사실은 도덕적 우월감을 지키기 위해 분노하도록 교육을 받았을 거야. 하지만 지금은 그러한 자기중심적 행동들이 너의 인격에 깊이 뿌리내리고 있음을 놀랐을 것이다. 의심의 여지없이 너는 여인에게 결코 상처 주기를 원치 않고(적어도 냉정한 사고 안에서는) 음욕에 이용당해 악을 행하거나, 밀실 야담이나 공공연하게 추파를 던지는 일들을 지체하게 될 만큼 이미 성숙해진 거다. 지금 너는 네가 상상했던 것보다 훨씬 정욕에 사로잡혀 있는 것을 발견한 것이지. 더욱 비참하게도 너와 나 같은 불쌍한 죄인들이 심령과 혼과 마음과 힘을 다해 하나님을 사랑하고 이웃을 우리 몸과 같이 사랑하는 것이 불가능할 정도로 얼마나 힘든 일인지 발견하게 된 거야.

하지만 한편으로 생각하면 네가 지금 죄책감에 시달리는 것은 좋은 표시란다. 네가 죄를 심각하게 다룬다는 의미이고 그것이 바로 참된 신자의 표적 중 하나이기 때문이야. 청교도 신학자인 존 오웬(John Owen)이 "죄에 대해 가볍게 생각하는 사람은 하나님에 대해 위대한 생각을 가질 수 없다"[1]고 말한 것을 기억한다. 물론 죄에 대한 의식이 은혜와 능력과 하나님의 사랑에 관한 더 깊은 의식을 가지도록 하지 않는다면, 속은 흉흉한데 겉으로만 죄를 짓지 않으려는 일

---

1 *The Works of John Owen*, vol. 14, ed. Thomas Russell (London, 1826), 88.

종의 억압만 더할 뿐이겠지. 하지만 바르게 이해하고 바르게 다룬다면 네가 지금 경험하는 것은 하나님을 아는 더 깊은 지식의 발판이 될 수도 있을 거야.

지금 문제가 되는 것은 기독교인들이 확신의 교리라고 부르는 것을 어떻게 네 삶에 적용할 것인가 하는 것이다. 네가 역사를 전공하고 있으니 이 교리를 가장 잘 이해할 수 있는 방법은 역사의 전환점들을 살펴보는 것이 아닐까 싶다.

종교 개혁 당시에 적어도 대중적인 차원에서 로마 가톨릭교회는 한 사람이 구원받았다고 주장하는 것은 필멸의 죄(혹은 대죄, mortal sin)라고 가르쳤다. 교회는 사람이 다시 죄를 지을 것이고 더 심각한 죄도 지을 수 있다고 가르쳤지. 그래서 계속 고해 성사를 하고 미사에 참여해야 했던 거야. 미사의 성찬은 그리스도의 지속된 희생, 곧 피 없는 희생으로 자신의 죄를 고백한 사람들의 삶에 적용되는 것이라고 이해했어. 간단히 말하자면, 지속되는 죄의 문제에 대한 교회의 답은 기독교인이 이전에 참석했던 반복된 미사를 통해 축적된 희생이 죄책을 사한다고 말한 것이지. 하지만 만일 네가 심각하게 유해한 죄를 범하고 고해 성사나 미사에 참여해서 죄 사함을 받을 기회를 얻지 못한 채 죽었다고 가정해 보자. 심지어 그 죄가 연옥의 불로 값을 치를 수 있는 소죄(venial sin)가 아니라 영원한 파멸의 위험을 줄 수 있는 대죄이고 말이야. 이런 관점에서 볼 때 구원에 대한 확신을 요구하는 것은 절망적으로 주제 넘는 일로 들릴 거야.

하지만 우리에게 더 이상은 죄책이 없고 전적으로 하나님의 은혜, 즉 예수 그리스도와 우리를 위한 그분의 독특한 희생에 대한 믿음으로 임하는 은혜 때문에 의롭다 함을 받았다는, 다시 말해 하나님의 공의 앞에서 사함을 받았다는 마르틴 루터와 다른 이들의 주장은 확신의 위치를 바꾸어 놓았어. 그리스도께서는 단번에 죽으심으로 더 이상 죽으실 일이 없지(히 10:10-14). 종교 개혁가들은 로마 가톨릭의 미사에 관한 입장을 받아들일 수 없었단다. 만일 그리스도인이 죄를 짓는다면 그 죄는 새로운 희생을 기대함으로 해결되는 것이 아니라 하나님에게 우리 죄를 고백하고 예수께서 이미 이루신 속죄에 근거해서 용서를 구함으로 해결된다고 그들은 강조했다. "만일 우리가 우리 죄를 자백하면 그는 미쁘시고 의로우사 우리 죄를 사하시며 우리를 모든 불의에서 깨끗하게 하실 것이요"(요 1:9) (팀, 이 구절은 최근에 새로 출간된 NIV 신약 성경에서 인용했다. 몇 년 전에 NIV 성경이 완간되었을 때 나도 성경을 NIV로 바꾸었지. 아직은 익숙하지 않지만 20세기 사람들과 소통하려면 20세기 언어를 사용해야 한다고 확신한다. 너는 어떤 성경을 사용하는지 모르지만 현대 번역을 사용하기를 권한다).

따라서 루터와 대부분의 종교 개혁가들에게(칼뱅은 아직 거기까지 가지는 않았지만) 구원의 확신은 네가 미사에 참석했는가, 참석하지 않았는가에 근거할 수 없고 예수 그리스도에 대한 살아 있는 믿음의 본질적인 부분에 근거하는 것이었다. 다시 말하면, 네가 진정으로 예수 그리스도를 신뢰한다면, 그리고 그를 믿는다면 너의 확신은 이미 그 믿음에 매여 있는 거지. 하나님이 너를 구원하셨다는 확신이 부족하다면 그건 하나님의 아들 예수님에 대한 네 믿음에 문제가 있는 거야. 오직 그리스도, 십자가에서 죽으시고 살아나셔서 하늘에 오르신 그리스도만이 너를 구원하실 수 있다. 너는 그 구원을 믿음으로 받는 것이고 따라서 확신은 믿음만큼 강해지는 셈이지.

따라서 만일 종교 개혁가들이 오늘 살아 있다면 너에게 "팀, 만일 네가 진짜 그리스도인인지 의심이 생긴다면 기초들을 다시 점검해 봐"라고 말할 거야. 너는 진심으로 예수님을 신뢰하니? 그분의 말을 듣고 그분을 보내신 이를 믿는 자에게 영생을 약속하지 않으셨니?(요 5:24) 네가 처음 그리스도를 신뢰했을 때 너를 하나님이 받으셨다는 근거가 너를 위한 예수님의 죽음이었음이 분명하지 않니? 네가 즐기던 그 확신은 네가 얼마나 거룩하고 도덕적으로 괜찮은지가 아닌 너를 위해 그리스도 예수께서 하신 일에 근거한 것이 아니었니? 그런데 왜 지금은 달라야 하지? 네가 기독교인의 삶을 믿음으로 시작했다면 계속 믿음으로 걸어가기 바란다. 네가 얼마나 많은 죄책감을 가지고 있든지 상관없이 하나님이 너를 받아 주시는 것은 네가 얼마나 많은 죄책감을 가지고 있는지, 네가 오늘까지 얼마나 선했는지에 근거한 것이 아니라 너를 위한 예수 그리스도와 그의 능력 있는 십자가 행위(cross-work, 초기 영국 개신교인들은 그렇게 불렀다)에 근거한 것이다.

종교 개혁이 영국 해안에 도착했을 때 확신에 관한 이 입장은 윌리엄 퍼킨스(William Perkins)의 묵상에 의해 상당히 변형되었다. 퍼킨스와 그 외 여러 사람은 때로는 대륙에서 종교 개혁이 어떻게 사람의 도덕적 변화 없이 온 지역을 휩쓸고 가는지를 보면서 경각심을 가지게 된 것이지. 모든 자치국이 이런 입장을 취하면서 어떤 사람들은 자신들을 루터교파, 혹은 개혁주의 교회에 속한다고 말하면서 그들의 행동에 작은 변화도 없이 믿음에 의한 칭의를 옹호하는 고백을 했다. 물론 철저하게 사람을 변화시킨 많은 위대한 회심들도 있었지만, 그렇다 하더라도 실망스러운 결과들이 훨씬 많았기 때문에 많은 기독교 사상가가 혼란스러워한 거야. 요한일서의 분명한 가르침과 부인할 수 없는 이 현실은 퍼킨스가 기독교적 확신은 구원에 이르는 믿음에 대한 고백과 그렇게 단단히 매어 있는 것은 아니라고 확신하게 만들었다. 실제로 사도 요한은 기독교인들에게 글을 쓰면서 "내가 하나님의 아들의 이름을 믿는 너희에게 이것을(역자 주: 이것들을) 쓰는 것은 너희로 하여금 너희에게 영생이 있음을 알게 하려 함이라"(요일 5:13)고 했는데, 이는 요한이 기독교인들도(하나님의 아들의 이름을 믿는 사람들) 확신의 근거가 필요할 수 있다는 것을 분명하게 의미하는 것이 아니겠니? 그들의 확신이 그들의 믿음의 요소는 아닌 거야. 그렇지 않았더라면 요한이 "이것들"을 쓸 필요가 없었겠지.

그러면 "이것들"은 무엇일까? 요한이 언급한 이것들을 말해 보자. 요한이 말한 대로 우리는 우리가 하나님의 말씀에 순종하면(요일 2:5, 6, 29), 형제들을 사랑하면(3:14, 19, 20), 그리스도에 관한 진리를 고백하면(2:22, 23; 4:1-6), 한마디로 성령의 기름부음을 받으면(2:20, 26, 27) 우리에게 영생이 있음을 알게 된다. 그리고 요한이 말한 대로 이것들을 쓰는 이유는 기독교인들이 영생이 있음을 알도록 하기 위함이었어.

그렇다면 그러한 확신은 우리 행동에서 보이는 관측할 만한 변화들에 근거하는 것이지, 단순히 믿음의 일부분으로 저절로 생기는 것이 아니란 말이다. 하지만 어떻게 확신에 관한 이 두 개의 가르침이 조화를 이룰 수 있을까?

물론 그 답은 의심의 원인에 따라서 성경적인 해답이 다르다는 거야. 만일 예수님을 믿는다고 고백하는 사람이 단지 자신이 구원을 받을 만큼 충분히 선하지 않다고 생각하거나 여전히 고통스럽게 죄에 얽매여 있는 삶의 방식을 위해서는 십자가에서의 그리스도의 고난이 사함을 줄 수 없다고 생각해서 의심을 가지고 있다면, 루터의 접근이 해답이다. 우리는 스스로 하나님의 은총을 입을 수 없다. 주님의 자비가 아니면 우리는 모두 소망이 없어. "만일 누가 죄를 범하여도 아버지 앞에서 우리에게 대언자가 있으니 곧 의로우신 예수 그리스도시라. 그는 우리 죄를 위한 화목 제물이니 우리만 위할 뿐 아니요 온 세상의 죄를 위하심이라"(요일 2:1, 2).

이것이 네가 하나님 앞에 나아갈 수 있는 유일한 근거야. 이 진리를 놓치면 네 믿음이 약해지게 되고, 네 믿음이 약해지면 네 확신이 사라지게 된다. 이 경우에 네가 신뢰하고 근거로 삼은 것을 놓쳤기 때문에 네 믿음이 약해지는 거야. 기독교 믿음이 능력 있는 것은 그 믿음 자체가 강하기 때문이 아니라 그 대상 즉 예수 그리스도, 십자가에서 죽으신 예수 그리스도가 믿을 만하기 때문이다. 따라서 우리는 예수 그리스도와 그가 행하신 모든 일이 기독교적 확신의 객관적 근거가 된다고 말할 수 있어.

팀, 나는 세 가지를 말했다. 우선 초신자로서 너의 경험은 일반적이라는 것이고, 두 번째로 너의 죄와의 씨름은 전혀 나쁜 것이 아니라는 것이다—죄와 싸우지 않는 것보다 훨씬 나은 것이지. 싸우려고 애쓴다는 사실은 하나님이 그분의 성령으로 네 안에서 일하고 계신다는 주관적 근거의 일부라고 할 수 있다. 세 번째로 네가 해야 할 일은, 모든 그리스도인이 해야 할 일은 반복해서 그리스도의 십자가로 돌아가는 일이다. 그것만이 우리의 죄책을 제거하고 죄책감으로부터 우리를 자유케 해 줄 죄사함의 유일한 객관적 근거가 된다. 바로 그것이 불쌍한 죄인들에게 필요한 것이고, 특히 "만일 우리가 우리 죄를 자백하면 그는 미쁘시고 의로우사(그저 감상적이고 좋은 게 좋은 거라서가 아니라 미쁘시고 의로우사 [아들의 피 값으로 사신 자녀들을 향한 약속을 지키기 위해서]) 우리 죄를 사하시며 우리를 모든 불의에서 깨끗하게 하실 것"(요일 1:9)이라는 감사와 해방을 발견한 죄인 된 그리스도인에게 필요한 것이다.

   더 쓰고 싶어도 기말 논문들에 둘러싸여 있는 내가 그 일에 좀 더 시간을 쓰기를 너도 원하리라 믿고 이만 줄이도록 하마.

**예수 그리스도 안에서 따뜻한 마음으로,
폴 우드슨**

3.

우드슨 박사의 편지가 나에게 엄청난 안도감을 주기는 했지만 그리 오래 가지는 않았다. 오히려 얼마 동안은 나의 갈등이 더 깊어진 것처럼 보였다. 5년 후 혹은 10년 후에는 내가 어떤 모습일지 궁금했다. 이미 내가 '거듭남'이라는 종교적 단계를 지나고 있음을 확인시켜 준 사람들을 만났고 그들은 괜찮아질 것이라고 했다. 하지만 자신도 이전에는 기독교인이었다고 말한 사람도 만났다.

만일 내가 죄책으로 시달리지 않았다면 괴로울 것도 별로 없었겠지만 먼 미래까지는 몰라도 언젠가는 상당히 괴로울 것임은 짐작할 수 있었다. 나는 믿음을 저버린 친구보다 강하다고 생각되지 않았다. 만일 하나님이 나를 지키신다면 왜 괴로워해야 하는가? 만일 나 자신을 지켜야 한다면 내 미래가 암울할 수밖에 없지 않겠는가?

1월 첫째 주에 나는 나를 힘들게 하는 생각들을 우드슨 박사에게 편지로 털어 놓았다. 희한하게도 그가 보낸 빠른 회신으로 어느 정도 어두운 단계를 벗어날 수는 있었지만 그가 내게 알려 주려 한 지혜를 내가 제대로 이해했는지는 확실치 않았다. 그가 한 말의 균형이 나의 마음에 강력하게 다가온 것은 몇 년이 지나 그의 편지들을 다시 읽었을 때였다. 하지만 그때 그가 나에게 보내 준 편지의 내용을 여기에 적어 두고자 한다.

1979년 1월 12일

팀, 네가 보내 준 편지의 솔직함을 내가 얼마나 소중하게 생각하는지 너는 아마 모를 거다. 나를 늙은이라고 생각할지 모르지만 요즘은 네가 말한 문제들로 고민하고 갈등하는 젊은이들을 찾아보기가 어렵다는 것을 인정해야 할 것 같다. 나는 생각하고 읽고 이해하려는 진지한 그리스도인들, 하나님에 관한 지식과 그분이 주신 놀라운 구원에 관한 지식으로 거룩해지고 성장하기를 원하는 진지한 그리스도인들을 발견할 때마다 큰 힘을 얻는다.

지난번에 보낸 편지가 너무 길었다고 생각했는데 네 편지를 받아 들고는 너무 짧지 않았나 하는 생각이 들었다! 왜냐하면 내가 지금 쓰는 이 글은 지난번에 쓴 것의 연장이기도 하기 때문이다. 내가 하나님 앞에서 확신의 주관적인 근거와 객관적인 근거를 구분한 것을 기억할 것이다. 특히 내가 인용한 성경 구절들을 묵상하기 바란다.

내가 이해하기로는 현재 네 고민은 네가 기독교 신앙을 계속 유지할 수 있을지에 관한 것 같구나. 조금 더 개인적으로 말해 보자. 네가 그리스도인이라고 고백하고 몇 년 동안 그리스도와 동료 그리스도인들과 동행하다가 서서히 종교적 무관심의 상태에 빠졌다고 가정하자. 네가 불륜을 저지르고 탈세를 했다고 해 보자. 그러고는 혼란스러운 상태에서 나를 찾아와 "폴, 제가 구원의 확신을 잃어버렸습니다"라고 고백한다면 그때 내가 너에게 뭐라고 말해야 할까?

그동안 네가 어떻게 살았는지 알고 있다고 전제한다면, 그때도 나는 하나님이 영접하시는 유일한 근거는 예수 그리스도와 그의 행하신 일이라고 말하고 싶을 거야. 객관적인 근거는 변하지 않으니까. 하지만 동시에 만일 네가 습관적으로 하나님이 정죄하시는 삶을 살고 있다면 너에게는 확신에 대한 권리가 없다고 말해야 할 거야. 그때는 전 편지에서 인용한 요한일서의 성경 구절들을 네게 보여 주겠지. 신자들은 그들의 삶이 변화되고 있음을 볼 때 확신에 대한 권리가 있다는 말씀 말이야. 그러한 변화를 기독교적 확신의 주관적 근거라고 불러도 괜찮다.

확신에 대한 다른 접근들도 성경에 있기는 하지만 지금은 이 둘만 생각해 봐도 충분할 것 같다. 이 둘 중 어떤 것이 네게 적용되니?

여기서 네가 신중해야 할 필요가 있다. 네가 무엇을 해야 하는지를 말해 주고 싶은 기독교 상담가나 조언자(나를 포함해서)들도 마찬가지로 신중해야 할 필요가 있겠지. 마치 병에 대한 잘못된 진단이 끔찍한 결과를 초래하는 처방을 할 수 있는 것처럼 영적인 영역에 대한 잘못된 진단도 마찬가지다. 예를 들면 내가 소개한 두 번째 경우에 만일 어떤 사람이 점점 죄에 빠져 살고 있는데도 그저 그리스도와 그의 십자가 사역을 믿으라고만 말해 준다면 그는 상습적으로 죄를 짓게 될 것이고, 죄는 그가 하나님 앞에서 확신을 누리는 것에 관하여서는 아무런 영향도 주지 못할 것이다. 반면에 청교도 시기 말년에는 요한일서의 교훈을 너무 엄격하게 반복적으로 적용해서 실제로 믿고 있음에도 자신이 믿는다는 것을 인정하지 못한 안타까운 경우도 있었다. 아마도 그들에게 여전히 많은 죄가 남아 있었기 때문에 그들의 믿음은 거짓된 것이라고 스스로에게 말했을 거다. 다시 말해 그들은 무자비하게 확신의 주관적 근거를 자신들에게 적용시킴으로 구원의 기쁨, 즉 구원의 객관적 근거를 잃어버린 것이다.

너의 경우는 어떠니? 내가 제대로 읽었다면 너는 하나님과 그분의 말씀과 그분의 길에 관심 없다고 말하는 것은 결코 아니었다. 오히려 반대로 너는 그리스도인이 된 후에 네 삶 속에서 죄에 대해 더욱 인식하게 되었고 그래서 낙심하게 된다고 말하는 거잖니? 그렇다면 너를 낙심하게 만든 그것이 바로 생명의 표시다. 죄가 아니라 네가 낙심하고 있다는 사실 말이야! 만일 네가 그리스도를 믿는다고 고백했는데 너의 가치, 개인적인 윤리와 목표에 아무런 변화도 일어나지 않았다면 네 믿음의 고백이 거짓된 것은 아닌지 나는 의문을 가졌을 거다(성경에는 거짓된 믿음에 관한 경우가 몇 번 나온다_요 2:23-25; 8:31 이하).

하지만 네가 그리스도를 신뢰하게 되었다면 그 안에서의 성장은 전에 생각했던 것처럼 네가 언제나 그렇게 선하지 않다는 것과, 인간의 마음은 공포스러울 만큼 가증스럽고, 놀라울 만큼 이기적이고 악할 수 있다는 사실에 대한 인식을 가져오게 된다. 네 자신에 관한 이런 것들을 발견할 때 확신의 객관적인 근거는 흔들리지 않고 한결같다. "만일 누가 죄를 범하여도 아버지 앞에서 우리에게 대언자가 있으니 곧 의로우신 예수 그리스도시라"(요일 2:1). 이 단순하면서도 심오한 진리에 온전히 거하기 바란다.

　너는 네가 원하는 만큼 거룩하지도, 흠이 없지도 않겠지만 하나님의 은혜로 너는 이전의 네가 아니라는 사실을 곧 발견하게 될 것이다. 너는 뒤돌아보며 그리스도인으로 네가 했던 생각과 행동을 후회할 것이고, 네가 생각하고 말하고 행동하지 못했던 것들로 인해 부끄러움을 느끼게 될 것이다. 하지만 동시에 네 삶에 있는 하나님의 은혜 때문에 네가 이전의 네가 아닌 것을 증거하고 감사할 것이다. 그렇게 하면서 요란스럽지 않게 확신의 주관적인 근거를 유지할 수 있게 되겠지.

　확신에 관한 문제의 또 다른 한 면을 말하지 않을 수 없구나. "한번 구원받으면 영원히 구원받는다"(아직 이 표어를 들어 보지 못했다면 조만간 듣게 될 것이다). 모든 표어의 운명이겠지만 이 표어도 진리를 드러내고 있으면서도 동시에 왜곡의 위험이 있다. 기독교인들은 이 문제를 가지고 오랫동안 나뉘어 있었다. 하지만 이 문제에 관한 성경의 가르침을 내가 바로 이해한다면 이 표어에는 꼭 보전되어야 할 중요한 진리가 담겨 있다. 로마서 8장 29, 30절에 나타난 바울의 논리의 끊어지지 않는 고리를 읽어 보아라. 요한복음 6장 37-40절을 신중하게 묵상해 보아라. 거기에서 예수님은 하나님이 자신에게 주신 자들을 보전하는 것이 하나님이 자신에게 맡기신 일이라고 말씀하신다. 예수님이 말씀하시길 아버지께서 자신에게 주신 자를 하나도 잃어버리지 않고 마지막 날에 다시 살리는 것이 아버지의 뜻이라고 하셨다. 다시 말해, 만일 아버지께서 그에게 주신 자들 중에 하나를 잃어버린다면 이는 그가 아버지의 뜻을 행할 능력이 없거나, 원하지 않았기 때문이겠지. 하지만 그런 경우는 생각조차 할 수 없다(요 8:29절을 보아라). 예수님의 양은 그의 음성을 듣고 그를 따르게 되어 있어. 그러면 그분은 그들에게 영생을 주어 망하지 않게 하신다. 아무도 그들을 그분의 손에서 빼앗아 갈 수 없다(요 10:27, 28). "한 번 구원받으면 영원히 구원받는다." 우리가 믿을 만해서가 아니라 예수님이 신실하시기 때문에!

하지만 믿는다고 고백한 사람 모두가 진실로 믿는 사람들이라는 의미는 아니다. 가령 전도 집회에서 믿음의 고백을 했다고 해서 그들이 다 그리스도인이 되는 건 아니라는 말이지. 예수님도 참된 믿음과 거짓된 믿음을 구분하신 적이 있다(요 2:23-25). 진정으로 그리스도를 신뢰하지 않으면서 예수님을 믿고(적어도 어떤 의미에서는) 교회에 등록을 하고 영향력 있는 위치를 차지하는 것은 충분히 가능하다. 이 부분에 관해서 요한의 첫 번째 편지보다 분명한 구절이 있을지 모르겠다. 공공연하게 이단의 가르침에 빠진 이전 교인들에 관해 언급하면서 "그들이 우리에게서 나갔으나 우리에게 속하지 아니하였나니 만일 우리에게 속하였더라면 우리와 함께 거하였으려니와 그들이 나간 것은 다 우리에게 속하지 아니함을 나타내려 함이니라"(요일 2:19)라고 말한 적이 있지.

그렇다면 요한의 전제는 참된 신자들은 기독교적인 방식으로 보전된다는 것이다. 다른 신약의 저자들도 같은 전제를 하고 있다. 예를 들면, 히브리서의 저자는 "우리가 시작할 때에 확신한 것을 끝까지 견고히 잡고 있으면 그리스도와 함께 참여한 자가 되리라"(히 3:14)고 했고 예수님도 끝까지 견디는 자가 구원을 받을 것이라고 말씀하셨지(마 24:12, 13). 예수님은 당대 사람들에게도 "너희가 내 말에 거하면 참으로 내 제자가 되고"(요 8:31)라고 경고하셨는데 요한도 그의 두 번째 편지에서 같은 경고를 하고 있다. "지나쳐 그리스도의 교훈 안에 거하지 아니하는 자는 다 하나님을 모시지 못하되 교훈 안에 거하는 그 사람은 아버지와 아들을 모시느니라"(요이 9).

　이제 아버지께서 주신 자들 중 하나도 잃어버리지 않겠다고 예수님이 약속하신 사람들을 조금 전에 언급한 구절들과 함께 놓고 본다면 이런 모습이 남지 않을까 싶다. 예수님은 당신께 속한 사람들을 결코 잃지 않으신다. 인간적인 면에서만 본다면 이 사실에 대한 증거는 끝까지 견디는 기독교인들에게서 발견된다. 이는 그런 기독교인들은 결코 실족하지 않거나 거역하는 행위에 굴복하지 않는다는 의미는 물론 아니다. 성경의 가르침이나 우리의 경험은 우리 모두가 얼마나 변덕스러운지를 분명히 보여주니까. 이는 단지 길게 내다볼 때 내 믿음의 참됨, 예수님의 보전하시는 능력, 그리고 기독교적인 방법으로 나를 지키는 것은 모두 함께 간다는 의미다.

　하지만 만일 내가 몇 년 씩 완전히 무관심에 빠지게 된다면 나의 견인은 의심의 여지가 생기겠지. 아버지께서 주신 자들을 향한 예수님의 보전하시는 능력에 의심의 여지가 없다면 나의 처음 고백이 참이었는지 아닌지에 의심의 여지가 생긴다. 하지만 내가 끝까지 견딘다면 나를 지키는 것은 나의 견인이 아니다. 나의 신뢰성에 의존한다면 나는 큰일 나겠지. 끝까지 견디려는 책임을 다할수록 바울이 말한 대로 나는 나의 견인이 나로 하여금 그분의 선하신 뜻을 따라 행하도록 하시는 하나님의 역사임을 깨닫게 될 것이다. 사실 바울의 관점에서 볼 때 하나님이 그의 백성을 위해 지속적으로 일하신다는 확신이 우리가 끝까지 견디도록 만드는 자극이 된다(빌 2:12, 13).

확신에 관해서 내가 지금까지 말한 것이 너에게 적절하고 분명했으면 좋겠다. 네가 그리스도를 신뢰하는 한은 네가 얼마나 비틀거리든지 나는 크게 두려워하지 않는다. 그 신뢰함이 네 앞길에 얼마나 많은 도전이 있든지 결국 이해와 순종과 견인의 성장에 진보를 보이도록 할 것이니까. 네 믿음은 그리스도 안에 거해야 한다. 그분은 네가 처음 그분을 신뢰했을 때 구원하신 분인 것처럼 너를 지키시는 분이다. 너의 확신은 마치 너를 위한 그리스도의 사역이 객관적 최종이 된 것처럼 그렇게 견고해야 하고 하나님이 그의 백성, 즉 새언약의 백성에게 하신 약속처럼 일관적이어야 한다(고전 11:23-26을 보아라). 하지만 만일 네가 그리스도를 떠나 거역하는 것이 고통스러운 과정이나 일시적인 현상이 아니라 지속적인 반항이라면 네가 그리스도를 신뢰한다고 했던 그 주장의 참됨은 언제고 의심해 보아야 할 것이다.

끝으로 데살로니가전서 5장 8-11, 23, 24절, 유다서 24, 25절을 묵상해 보기 바란다.

**예수 그리스도 안에서 따뜻한 마음으로,
폴 우드슨**

4.

프린스턴대학 졸업반이었던 1979년 2월에 나는 폴 우드슨 박사께 또 한 번 편지를 보냈고 그는 아주 빨리 회신을 주셨다. 뒤돌아보면 그 당시 나는 그가 무슨 말을 하는지 충분히 이해하지 못했고 지금 생각해 보면 부끄러움에 얼굴이 화끈거릴 만큼 일종의 자기 의에 빠져서 답장을 보냈다. 이미 말한 대로 그는 아주 빨리 회신을 주셨는데, 내 사고에 엄청난 영향을 끼친 심오한 기독교적 세계관을 소개해 주셨지만 그때는 그의 편지가 너무 설교조라는 생각이 들었다.

하지만 내가 너무 앞서 가고 있었다. 지난해에 있었던 나의 회심은 프린스턴 복음주의 모임이라는 상황적 문맥에서 일어났고, 잘 훈련된 보수적인 이 모임은 내가 받았던 모든 초기 기독교적 양육을 제공해 주었다. 나는 처음에 듣고 거절했던 어릴 적 주일 학교의 가르침을 따라 살고 있는 셈이었다.

그러다가 나는 예수님을 구원자로 영접하는 것과 주님으로 영접하는 것은 각각 다른 것이라고 강력하게 주장하는 기독교인들을 처음 만나게 되었다. 진정한 제자도와 성장은 후자와 함께 발생하는데 전자는 일종의 심판으로부터의 도피를 제공하기는 했지만 세상적인 기독교인, 육적인 기독교인으로 남도록 했다. 마지막에 아무런 상급이나 열매 없이 불 가운데 구원을 받게 될 육적인 기독교인에 관해 배우고 싶으면 고린도전서 3장을 공부해 보라는 말을 듣고 이 입장에 관해 우드슨 박사에게 질문했다.

1979년 2월 8일

너의 사려 깊은 편지에 깊이 감사한다. 거의 모든 기독교인이 거의 모든 문제에 같은 생각을 가지고 있다고 말하고 싶지만 사실은 그렇지가 못하다. 읽고 사고하는 기독교인들은 어쩔 수 없이 성경에 대한 상호 배타적인 해석을 포함해서 서로 대치되는 다양한 입장을 듣고 판단해야 하는 자리에 서게 된다. 너의 영적 성장의 일부분은 (일부분이지만 중요한 부분) 하나님의 도우심 가운데 나쁜 논리로부터 좋은 논리를 구별하고, 좋은 것은 취하고, 거짓되고 허망한 것은 의심하고 거부할 수 있는 능력을 개발하는 데 달려 있다.

바로 고린도전서 3장으로 들어가 보자. 고린도전서 3장의 오래된 번역판에는 "육적인"(carnal)이라는 단어가 처음 몇 절에 자주 등장한다. "carnal"이라는 단어는 라틴어로 "육신"(엄밀히 말하면 고깃덩이)을 의미하는 "carne"에서 유래되었다. 하지만 바울은 단순히 실제적인 몸이 아닌 타락한 인간, 혹은 죄성을 가리키는 "육체"(flesh, 헬라어로는 사르스[σάρξ]라는 단어를 종종 사용했다. 이전 세대의 기독교인들 중에는 육적(carnal)이라는 말을 아직도 이런 의미로 사용하는 사람들이 있다. 하지만 노년층의 경건한 사람들 말고는 일반적으로 영어에서 육적이라고 할 때는 제한된 의미, 즉 성적인 죄를 가리키는 단어로 사용하고 있다. 물론 그것은 고린도전서 3장 첫 부분에서 바울이 의도했던 의미가 아님은 분명하다. 그래서 NIV성경은 여기에 나오는 두 헬라 단어를 "세상적"(worldly)이라는 단어로 번역했다.

이 용어를 그대로 사용해서 설명하자면, 너에게 소개된 그 입장은 세 종류의 사람이 있다고 주장한다. 거듭난 적이 없어서 하나님으로부터 분리되어 진노 가운데 있는 자연적인 사람(natural man), 그리스도인이 되었을 뿐만 아니라 즉각적인 순종과 관측할 만한 경건함으로 그리스도를 따르는 영적인 사람, 그리고 이 둘 사이에 있어서 그리스도를 믿음으로 그리스도인이 되었지만 여전히 세상을 따르고 육체와 마귀를 따르는 육적인, 혹은 세상적인 사람이다. 이 세 구분은 바울의 편지 중 유일하게 이 장에서만 다루고 있는데 이 말씀이 종종 예수님을 주님으로 영접하지 않으면서 구세주로 영접할 수 있다는 입장과 밀접한 관계가 있는 것으로 간주되기도 한다. 자연적인 사람은 주님을 영접한 적이 없지만 세상적인(혹은 육적인) 사람은 예수님을 구세주로는 영접한 사람이고 영적인 사람은 그를 주님으로도 영접한 사람을 말하는 것이지.

이제 내가 너에게 해주려는 말을 이해하기 위해서 우선 고린도전서 3장을 펴 보기를 바란다. 내가 조금 전에 소개한 입장은 본문을 심각하게 왜곡시켰고, 바울의 생각을 좀 더 신중하게 살펴보면 쉽게 고칠 수 있다고 나는 확신한다.

우선 고린도전서 3장은 고린도에 있는 교회가 하나가 될 것을 바울이 요구하고 있는 문맥에서 기록되었는데 고린도전서 1-4장이 바로 이 주제를 다루고 있다. 바울의 독자들 중 어떤 사람들은 자신들을 아볼로파라고 했고, 또 어떤 사람들은 게바파(베드로파), 혹은 바울파라고 했다. 심지어 가장 독실한 척했던 사람들 중에는 자신들이 예수파라고 한 사람들도 있었다(고전 1:11, 12). 바울의 관심은 이런 분열의 정신을 깨뜨리는 데 있었다. 이 이름들을 다시 언급하고 있는 3장 마지막 부분에서도 이것이 여전히 그의 관심으로 드러난다. 그리고 나서 4장에서는 고린도 교회의 교인들이 그리스도의 종들을 어떻게 보아야 하는지에 관해 언급한다.

그렇다면 고린도전서 3장은 바로 이 문맥에서 읽는 것이 마땅하다. 1-4절에서 바울은 편지를 읽는 독자들이 세상적이라고 질책한다. 무엇에 근거해서 그렇게 말할까? 바울은 세 가지 요소를 말하는데, 이것들은 한 유형에 속한 일부 모습들임에 틀림 없다. 우선 바울은 그들의 영적 미숙함을 책망하면서 그들이 아직 젖만 먹고 딱딱한 음식을 먹을 수 없다고 했다. 아마도 여기서 말하고자 한 것은 히브리서 5장 12절 말씀처럼 깊고 어렵고 난해한 진리가 아닌 기본적인 진리를 가리킨다고 볼 수 있다. 두 번째로 고린도 교회의 교인들은 질투와 분쟁을 일삼는다고 했고, 세 번째로 이러한 악은 바울, 아볼로 혹은 다른 지도자들을 따르면서 그 외의 사람들을 소외시키는 분파주의에서 절정에 이른다고 했다.

여기서 바울이 말하고자 한 바와 다른 것이 무엇인지를 아는 게 중요하다. 그는 독자들이 그리스도의 요구에 무감각하고 이방인들처럼 비신자들과 하나도 다를 게 없이 살고 있음을 책망하지 않는다. 그의 독자들은 교회로 함께 모여 그리스도를 주님이라고 고백하고 사도적 복음을 상당 부분 견지하고 있었거든. 그들의 세상적인 면은 (원한다면 육적인 면이라고 해도 좋겠다). 그들이 그때쯤이면 도달했어야 할 상태에 이르지 못해서 여전히 분쟁과 파벌을 일삼는 미숙함을 의미했다. 이 점에 있어서 고린도 교회의 신자들은 하나님의 자녀답게, 즉 예수 그리스도와 함께 상속자답게 행동하지 않고 오히려 세상처럼, 혹은 일반 사람들처럼 행동하고 있었던 거야.

기독교 지도자들을 어떤 관점에서 바라보아야 할까? 바울과 아볼로는 전체 그림에서 어디에 속할까? 기독교인들은 그들의 지도자에 대해 어떤 생각을 해야 할까? 우선 바울은 이 질문에 답하기 위해서 농사의 은유를 사용하지. 바울은 씨를 뿌렸고 아볼로는 물을 주었지만 자라게 하신 분은 하나님이시다. 따라서 오직 하나님만 영광받기에 합당하시다. 바울과 아볼로는 그저 같은 목적을 가지고 각자에게 주어진 다른 작업을 하는 농사꾼의 손일뿐이지. 이 은유에 따르면 교회는 밭이고(9절), 지도자들은 농사꾼의 손인데 하나님만 자라게 하실 수 있다는 거야. 이 은유에서 바울은 교회의 지도자들과 나머지 다른 사람들을 구분한다.

다음에 나오는 건물의 은유에서도 똑같이 구분하고 있어. 9절 마지막 부분에 바울은 고린도 교인들에게 그들은 하나님의 밭일뿐만 아니라 하나님의 건물이라고 했어. 이 새로운 은유를 10-15절에 잘 정리하고 있다. 바울은 다른 어떤 것도 아닌 예수 그리스도라는 기초를 놓았고 아볼로는 그 위에 건물을 짓기 시작했다고 했다. 이 기초는 바꿀 수 없는 것이라고 바울은 주장했어. 하지만 그 뒤에 오는 건축가는 그 위에 건물을 지으면서 좋은 재료를 쓸 수도 있고 나쁜 재료를 쓸 수도 있지(금, 은 같은 귀한 보석이거나 나무, 풀, 지푸라기와 같은). 바울이 그날이라고 부르는 날에 어떤 종류의 재료를 사용했는지가 드러나게 될 것이다. 불로 된 시험이 있을 것인데 나무, 풀, 지푸라기는 불꽃에 타 버릴 것이고 좋은 재료만 마지막 시험을 통과하게 될 거야. 바로 이 문맥에서 바울은 결론적으로 "만일 누구든지 그 위에 세운 공적이 그대로 있으면 상을 받고 누구든지 그 공적이 불타면 해를 받으리니 그러나 자신은 구원을 받되 불 가운데서 받는 것 같으리라"(14, 15절)고 말한다.

그렇다면 불 가운데서 구원을 받을 사람은 누구를 가리키는 것일까? 이 문맥에서 보면 그는 분명히 세상적인 기독교인은 아니야. 오히려 형편없는 재료를 쓴 건축가를 가리키는 거지. 은유에서 벗어나 보면, 마지막 시험을 견딜 수 없을 만한 재료로 교회를 세운 교회 지도자들을 가리키지. 바울의 독자들은 건물, 즉 교회야. 그렇다면 여기에 나타난 경고는 신실하고 열매가 있다고 허풍을 떨고 있지만 형편없는 재료로(실제로는 거짓된 회심자들) 교회를 짓고 있어서 마지막 날에 그들의 사역 결과를 아무것도 보여 줄 수 없는 기독교 지도자들을 향한 것이지. 이 과정에서 교회를 구성하는 기독교인들에게 참된 회심자인지(금, 은, 보석) 아니면 거짓된 회심자인지(나무, 풀, 지푸라기) 자신들을 냉정하게 살펴볼 것을 명령하고 있는 거야.

이 건물의 은유는 16, 17절에서 이 건물은 하나님의 성전이 되었다는 또 다른 사실을 보여 준단다. 바울은 수사학적인 질문을 하지. "너희가 하나님의 성전인 것과 하나님의 성령이 너희 안에 계시는 것을 알지 못하느냐?" 하나님이 성전에 거하신다는 이 은유가 다른 곳에서는(고전 6:19, 20) 각 개인 기독교인에게, 좀 더 정확히는 각 개인 기독교인의 몸에 적용되지만, 여기서는 교회 전체에 적용되고 있다. 아주 위협적인 어조로 경고가 주어졌어. "누구든지 하나님의 성전을 더럽히면 하나님이 그 사람을 멸하시리라. 하나님의 성전은 거룩하니 너희도 그러하니라." 다시 말하지만, 우선적인 경고는 형편없는 재료들을 사용하는 건축가들, 달리 말하면 거짓된 가르침이나 이기적인 사랑, 혹은 수많은 다른 방법으로 복음과 그 능력을 변질시키면서 교회를 무너뜨리는 건축가들을 향한 것이지만, 암묵적으로는 교회를 구성하는 교인들을 향한 경고라고 말할 수 있지. 그들은 자신을 성전, 곧 하나님의 성전으로 보아야 하고, 그 성전을 거룩하게 하기 위해서 최선을 다해야 한다. 그렇지 않으면 하나님의 진노가 임할 것이니까. 3장의 마지막 구절은 고린도 교회를 나누는 근본적인 원인은 교만이라는 것을 보여 준다. 각 분파들은 자기가 다른 사람들보다 우월하다고 생각했지만 그렇게 생각하는 기준은 틀림없이 이기적이고 교만하고 고집스러운 것이었다. "그러므로 누구든지 사람을 자랑하지 말라!"(고전 3:21). 놀라운 진리는, 모든 참된 기독교 지도자는 그리스도 안에서 기독교 유산의 일부가 된다는 것이다(고전 3:21-23).

　지금쯤이면 본문에 근거해서 인류를 세 종류, 즉 자연적인 사람, 육적인 사람, 영적인 사람으로 나누는 것이 틀렸다는 것을 분명히 알게 되었을 거야. 인류는 두 종류만 있다. 자연적인 사람과 영적인 사람, 거듭난 사람과 거듭나지 않은 사람, 신자와 비신자, 의롭다 함을 받은 사람과 그렇지 못한 사람. 물론 이 두 종류 안에 차이가 있기는 하지. 많은 신학자가 일반 은혜(의롭다 함을 받은 사람에게만이 아니라 일반적으로 사람들에게 주어지는 은혜)로 인해 비신자들도 온갖 종류의 선을 행함으로 이 선물의 빛을 발하게 된다. 하지만 그래서 신자가 되는 것은 아니다. 단 하나의 죄도 그가 비신자임을 증명할 수 있으니까. 신자들 안에는 성장의 속도, 성숙함의 정도, 은사들을 드러내는 방법, 거룩함과 자기희생적 사랑의 훈련에 있어서 차이들이 있다. 어떤 부분에서 기대에 못 미치는 기독교인들을 보면서 바울은 그들이 마치 자연적인 사람, 거듭나지 못한 사람, 혹은 세상적인 사람처럼 살고 있다고 책망할 수 있다. 그들이 부르심에 합당하게 살지 못하고 있다고 책망하는 거지. 하지만 이러한 실패가 상습적이고 반복적이고 심각할 때 바울은 그들을 하급 기독교인, 즉 고급 기독교인과 비기독교인 사이에 속하는 부류의 사람들이라고 경고하는 것은 아니다. 오히려 그는 기초를 다시 확인하라고 말하고 있는 거야. 그들은 기독교인이 아닐 수 있으니까. "너희는 믿음 안에 있는가 너희 자신을 시험하고 너희 자신을 확증하라. 예수 그리스도께서 너희 안에 계신 줄을 너희가 스스로 알지 못하느냐 그렇지 않으면 너희는 버림을 받은 자니라"(고후 13:5).

고린도전서 3장에서는 그렇게까지 심각한 지경에 이르지 않은 것처럼 보이지만 그는 독자들에게 그들이 성숙하지 못해서 비신자처럼 행함으로 파벌과 분쟁이 발생하고 있다고 경고하는 거지. 그는 인류를 다른 세 종류로 나누어서 분리시키고 있는 게 아니야. 인간을 자연적인 인간, 육적인 인간, 그리고 영적인 인간으로 나누는 것을 합리화할 수 있는 다른 어떤 구절도 성경에는 없다.

  아마 이쯤 되면 예수님을 구원자로 영접하는 것과 주님으로 영접하는 것에 차이가 있다는 생각을 내가 성경적인 것으로 여기지 않는다는 것을 짐작할 수 있겠지. 왜 이 입장을 사람들이 지지하는지는 이해할 수 있을 것 같다. 삶에서는 은혜의 표시가 없고, 거룩함과 하나님을 사랑하지도 않고, 의를 추구하며 죄를 고백하고 이웃을 내 몸과 같이 사랑하려는 어떤 노력도 없이 그저 예수님을 주님이라고 고백하기만 하면 된다는 생각을 수많은 사람이 하도록 하고, 예수님을 분열시키는 결과를 초래했으니까. 한 구절만 더 생각해 보기 바란다. "네가 만일 네 입으로 예수를 주로 시인하며 또 하나님께서 그를 죽은 자 가운데서 살리신 것을 네 마음에 믿으면 구원을 받으리라. 사람이 마음으로 믿어 의에 이르고 입으로 시인하여 구원에 이르느니라"(롬 10:9, 10). 참고로 말하자면 칭의, 믿음, 예수를 주라 고백하는 것, 구원은 모두 하나를 가리키는 것이다. 하나님이 하나가 되게 하신 것을 누구도 나누지 못하니까.

따뜻한 마음을 담아,
폴 우드슨

5.

우드슨 박사에게서 가장 최근에 받은 편지는 그가 너무 단호하다는 생각이 들게 했다. 그래서 나는 그의 논리가 매우 설득력이 있지만 이는 대중적인 복음주의에 있는 기독교인 대부분은 거짓 종교에 빠져 있고 참된 기독교인은 얼마 되지 않음을 의미하는 것이 아니냐는 조금 실망스러운 어조의 편지를 보냈다. 지금 그 편지를 다시 읽어 보면(복사본이 아직 있다) 난 우드슨 박사를 판단하면서 선지자적이면서 분별력 있게 들리도록 애를 쓰기는 했지만 사실은 교회로 하여금 한 발 뒤로 물러서야 한다고 말하고 있는, 잘난 척하는 젊은이에 불과했음을 발견하게 된다. 겉으로는 예수님을 주님이라고 고백하는 것이 무엇을 의미하는가에 관한 질문이었지만 사실은 내가 얼마나 괜찮은 사람인가를 그에게 알리는 데 관심이 있었을 뿐이다.

여기 그의 답변이 있다.

1979년 2월 20일

> **편집자 주:** 이 편지의 몇 문장은 인사말과 팀의 학업이 어떻게 진행되는지, 철학과 과학 분야에서 대학원에 갈 의도가 있는지를 묻고, 아들이 프린스턴을 졸업하기 위해서 어떻게 살고 있는지를 그의 아버지가 보았더라면 얼마나 자랑스러워했겠는가에 관한 것이었다. 또한 지금 보면 이미 훨씬 지나간 일들이지만 대통령 선거에 관한 그리 중요하지 않은 몇 마디 언급이 있었다. 그러고 나서 우드슨은 팀이 던진 주제를 다루었다.

예수님을 주님으로 영접한다는 게 무슨 의미인지를 물었지? 트리니티 신학교에서 기독론을 다루면서 그 질문에 대한 답을 하는 데 늘 8시간 이상을 할애했고, 그럼에도 겨우 겉만 훑었을 뿐이었지. 그 질문은 사실 성경 전체에 흐르는 주제이고 모든 참된 기독교의 중심에 있는 질문임에 틀림없다.

예수님을 주님이라고 고백한다는 말은 그가 누구인지를 인식한다는 말이다. 그는 모든 존귀를 받으실 주권적인 주님이시다. 하지만 그의 주 되심은 성경에서 여러 방법으로 설정되었다.

복음서에서 사람들이 예수님을 주님이라고 부를 때, "선생님"(Sir) 정도 이상을 의미하지는 않았다. "주"(큐리오스, κύριος)라는 헬라어 단어는 아주 다양한 의미를 가지고 있어서 어떤 특정한 경우에 그것이 무엇을 의미하는지는 문맥을 통해서만 결정할 수 있단다. 영국 국회의 상원을 주들의 국회(The House of Lords)라고 부르고 런던의 최고 행정책임자는 주 되신 시장(Lord Mayer)라고 부르지만 이 두 경우 모두 신성을 의미하지는 않는다.

하지만 사복음서의 저자들은 때때로 사람들이 원래 알고 있는 것보다는 깊고 참된 의미에서 예수님을 그렇게 불렀다고 이해했다. 그들이 복음서를 기록할 때쯤이면 예수님의 주 되심은 교회의 고백에 이미 자리를 잡고 있었다.

예를 들면, 지난 편지에서 나는 그리스도인이 된다는 것은 예수를 주로 시인하고 하나님이 그를 죽은 자 가운데서 살리신 것을 마음으로 믿는 것을 의미한다고 한 로마서 10장 9, 10절을 언급했다. 이 경우에 주님은 그저 "선생님" 이상을 의미한다. 그를 주로 시인하는 것은 부활과 밀접하게 연관되어 있다(롬 1:3, 4). 하지만 예수님의 주 되심은 "주님"이라는 단어를 사용하지 않은 다른 경우와도 연관되어 있다. 가령 초대 교회의 송영이었다고 짐작되는 골로새서 1장 15-20절에서 바울은 예수님이 창조에 있어 하나님의 대리자였고, 만물은 그로 말미암아 그를 위해 창조되었다고 고백한다. 좀 더 구체적으로 그는 교회의 머리이시며 죽음에서 살아날 새로운 인류의 첫 번째가 되셔서 "친히 만물의 으뜸이" 되셨다고 한다. 고린도전서 15장에서는 바울이 하나님이 그의 모든 주권을 예수 그리스도를 통해서 행하신다고 주장하고 있지. 어떤 이들은 이것을 예수님의 중보적 주권, 혹은 중보적 통치라고 부르기도 한다. 마태복음에 보면 예수님 자신도 부활하신 후에 선언하시기를, "하늘과 땅의 모든 권세를 내게 주셨다"(마 28:18)고 하셨어.

조금 더 나아가 보자. "주님"은 헬라어를 사용하던 유대인들이 구약 성경에서 자신을 계시한 하나님을 부르던 일반적인 호칭이기도

했단다. 또한 초대 교인들에게는 예수님이 하나님으로부터 구별되기는 하지만(예수님은 하나님에게 기도하고 아버지라고 부르기도 했으니까) 그럼에도 자신을 하나님과 동일한 분으로 여기셨음이 분명했다. ("나를 본 자는 아버지를 보았다"고 그가 말씀하지 않았는가[요 14:9]?) 따라서 예수님을 "주님"이라고 부른 것은 단순히 그의 주권뿐만 아니라 그의 신성에 대한 고백이었지. 완전하지는 않았지만 도마는 부활하신 예수님을 보았을 때, 이 점을 이해해서 "나의 주, 나의 하나님"(요 20:28)이라고 외치지 않았니?

따라서 예수님을 주님이라고 고백하는 것은 그가 누구인지를 인식하는 것이다. 하지만 그건 단순한 형식적 고백 정도를 의미하지는 않는다. 성경에서 모든 죄의 본질은 자신을 주인으로 만들거나 피조된 만물 안에 있는 어떤 것을 주인으로 만드는 것이지. 우리 모두가 양처럼 길을 잃었다면 우리는 각자 제 길로 간 셈이지(사 53:6). 우상 숭배의 핵심은 하나님이 아닌 것을 섬기는 거야(롬 1:18절 이하를 읽어 보길 바란다). 우리를 공포에 떨게 하고 자극하는 모든 개인적인 죄(집단 학살부터 은밀한 정욕까지, 마약에서 탐심까지, 살인에서 미움까지)는 근본적인 반항의 한 면일 뿐이다. 그래서 단지 종교적인 사람들이 사실은 가장 큰 죄인이 될 수도 있는 거지. 그들은 자신의 우쭐거리는 선함, 자신의 종교, 자신의 의를 우상으로 만들어서 그리스도 안에서 탁월하게 자신을 계시하신 하나님을 진실로 예배하지 않고 예수님이 주님이라고 진심으로 고백하지 않으니까.

게다가 우리는 단지 그릇된 길로 갔을 뿐만 아니라 결과적으로는 이 반항의 결과로 하나님의 진노 아래 서게 되었다. 우리의 자기 사랑, 반항은 단지 하나님으로부터 우리를 격리시킬 뿐만 아니라 우리를 망하게 만든 거지.

그리스도께서 십자가에서 성취하신 것은 바로 우리의 용서, 우리의 해방, 우리를 깨끗케 하심, 그리고 우리의 자유였어. 그래서 수반된 것은 우리가 이제 하나님을 향하게 되는 새로운 삶이고 그래서 우리는 예수님이 주님이라고 고백하고, 그래서 예수님은 이렇게 말씀하신 거야. "누구든지 나를 따라오려거든 자기를 부인하고 자기 십자가를 지고 나를 따를 것이니라. 누구든지 자기 목숨을 구원하고자 하면 잃을 것이요 누구든지 나와 복음을 위하여 자기 목숨을 잃으면 구원하리라. 사람이 만일 온 천하를 얻고도 자기 목숨을 잃으면 무엇이 유익하리요. 사람이 무엇을 주고 자기 목숨과 바꾸겠느냐. 누구든지 이 음란하고 죄 많은 세대에서 나와 내 말을 부끄러워하면 인자도 아버지의 영광으로 거룩한 천사들과 함께 올 때에 그 사람을 부끄러워하리라"(막 8:34-38).

다시 말하면, 주님의 관심을 위해서 자기의 관심을 포기하는 것이 예수님을 따르는 사람들의 필연적인 특징이라는 거다. 그들이 만일 여전히 자기의 관심을 따르고 있다면 그들은 죄 가운데 잃어버린 바 된 것이고, 버림받을 것이고 그들의 영혼을 잃게 될 것이다. 그들의 관심에 대해 죽고 주님의 관심에 대해 산다면 그들은 자신들이 살아 있음을 발견하게 된다. 어찌 그렇지 않을 수 있겠는가!

추가적인 설명을 하자면 "십자가를 진다"는 표현은 단순히 관절염이나 잔소리를 많이 하는 배우자 혹은 갈라진 입술과 같은 불편함을 감수하고 산다는 의미가 아니다. 고대에는 십자가 처형을 선고받은 사람들은 이미 땅에 박힌 나무가 있는 처형장에 자기를 매달 나무를 어깨에 메고 가도록 되어 있었어. 따라서 자기의 십자가를 지고 가는 사람은 아무런 소망이 없는 사람이었지. 모든 개인적인 미래는 사라지고 최고도의 수치와 고통의 죽음만 눈앞에 놓여 있는 사람 말이야. 따라서 예수님이 우리가 우리의 십자가를 지고 가야 한다고 하신 말씀은(다른 곳에서는 '날마다'라고 까지 말씀하셨지) 우리가 죄의 가장 핵심에 있는 자기 관심, 자기 선호도, 자기 홍보, 자기 축하, 자기 보호 등 자기가 중심이 된 삶을 포기해야 한다는 말씀이다. 반복해서 말하지만 원칙적으로 우리는 죽고 예수를 따르는 거야. 오직 그렇게 할 때 우리는 원래 의도된 대로 살 수 있게 되는 거지. 이것이 바로 종종 회개라는 용어로 요약될 수 있는 마음과 관점의 깊은 변화인 것이다.

어떤 기독교인들은 구원을 하나님이 거저 주시는 선물로 소개하고 있는 많은 구절과 이 말이 상충되는 것처럼 보인다는 데 어려움을 겪고 있지. 그래서 그들은 구원의 본보기들을 제시하면서 네가 지난 편지에서 질문했던 또 다른 길로 우회하는 거야. 그래서 그들은 모든 기독교인이 믿음으로 말미암아 은혜로 구원을 받는다고 말하고, 위의 구절에서 묘사한 종류의 기독교는 모든 기독교인을 위한 것이 아니라 예수님을 주님이라고 부를 수 있는 제자들을 위해서 보전되고 기록된 것이라고 말한다.

하지만 그것은 신약 성경이 어디에서도 용납하지 않는 구분을 강요하는 것일 뿐이다. 참된 기독교인과 참된 제자, 신자와 제자를 그렇게 첨예하게 구분하는 것은 어리석은 일이다. 예수님이 구원자요,

주님이라는 참된 믿음은 제자도를 수반한다.

성경은 회개를 요구한다. 하지만 우리가 회개한다면 그건 하나님이 우리 안에서 이미 역사하셨기 때문이야. 성경은 제자도를 요구한다. 하지만 우리가 예수님을 따른다면 그건 성령께서 이미 우리 안에서 주님을 따르도록 힘을 주시기 때문이지. 성경은 믿음을 요구한다. 하지만 우리는 그 믿음조차도 하나님의 선물임을 곧 알게 되는 거지. 그리고 이 모든 선물은 우리를 위한 그리스도의 십자가 사역에 근거를 두고 있다. 이건 모두 따로 가는 게 아니라 함께하는 것들이다.

아! 어쩌면 이 말이 어떤 사람들이 말하는 것처럼 네가 그리스도를 영접하고 그리스도인이 되기 전에 먼저 죄에서 돌이켜 제법 선해야 한다는 말로 들릴지도 모르겠구나. 하지만 그건 잘못된 생각이야. 만일 내 말이 그렇게 들렸다면 내가 충분히 설명을 못한 것이겠지. 이렇게 한 번 예를 들어 볼까?

만일 어떤 사람이 험한 말과 고질적인 화를 지닌 채 너에게 다가와 어떻게 하면 그리스도인이 될 수 있느냐고 물었다고 가정해 보자. 이 사람이 정말 인생의 막장에 이르렀고 하나님 앞에 죄책을 느껴서 기독교인이 되려고 한다는 확신이 있다고 가정해 보자. 너는 그에게 무슨 말을 해주겠니?

너는 분명히 그에게 기독교인이 되기 전에 먼저 그릇된 행동들을 정리해야 한다고 말하지 않을 거라고 확신한다. "우선 죄에서 돌이키고 그러고 나서 예수님을 주님으로 영접하세요"라고 말하지 않을 거다. 그렇게 말하는 것은 죄에서 돌이켜 자신을 깨끗하게 하는 것은 기독교인이 되기 전에 자기 힘으로 먼저 해결해야 할 일이라서 기독교인이 되는 것과 별개임을 제시하는 것이니까.

그 대신에 아마도 너는 사도행전에 나와 있는 공식 중 하나라고 할 수 있는 말로 지혜롭게 대답하겠지. "예수 그리스도를 믿으세요. 그러면 구원을 받을 겁니다"라든지 "회개하고 복음을 믿으세요"라는 요지의 말을 해줄 거다. 신약 성경에서는 이 둘이 대체로 같은 의미이니까(약간의 강조점이 다르기는 하지만). 하나님에게 회개하는 것과 예수 그리스도를 믿는 것은 함께 간다. 신약에서는 세례도 믿음과 함께 가기 때문에 믿은 사람들이 세례를 받지. 예수님을 믿지 않으면서 회개하는 것이 불가능하고 회개하지 않고 예수님을 믿는 것이 불가능하다. 어떤 경우에도 그리스도인은 그와 같은 회개와 믿음도 그의 삶 속에 이미 시작된 하나님의 성령의 역사에서 비롯된다는 것을 곧 배우게 된다. 그래서 기독교인들이 이렇게 찬송하는 거야.

> 내가 주를 찾았으나 나를 찾으신 그가 나의 영혼을 움직여 주를 찾게 했음을 알았네.
> 오 나의 구세주여, 내가 그를 만난 것이 아니라 그가 나를 만나셨네.[2]

그래서 우리는 십자가에 죽으신 예수 그리스도의 복음을 전하고 사람들을 회개와 믿음으로 청하는 것이지. 하지만 분명히 알아야 하

---

2 "I Sought the Lord, and Afterward I Knew," 1878, in *Trinity Hymnal* (Suwanee, GA: Great Commissions Publications, 1990), no. 466.

는 것은 만일 사람들이 거듭나고 실제로 확신 가운데 예수님 안에 거한다면 그건 하나님이 그들 삶 속에서 강력하게 역사하셨기 때문이라는 것이다.

하지만 신약 성경의 관점에서 볼 때 용납될 수 없는 것은 진심으로 예수님을 믿으면서도 그의 삶의 방향을 바꾸지 않는 것이다. 예수님은 단지 죄의 암울한 운명에서만 우리를 건지신 것이 아니라 죄의 얽매임에서도 건져 주셨다. 바울에 의하면, 예수님을 주님으로 고백하는 것은 우리의 구원과 연관되어 있어. 하지만 그분의 길은 의미가 없거나 부차적인 것이고 막연한 것으로 여기면서 우리 자신에게만 초점을 맞추고 산다면 예수님을 주님으로 고백한 것은 의미 없는 일이지. 복음은 우리로 하나님과 화목하게 하는데, 단지 우리의 죄책을 제거함으로뿐만 아니라 우리의 반역을 제거함으로 그리한다. 전에는 우리의 길을 따랐지만 이제는 그분의 길을 택한다. "모든 이방인 중에서 믿어 순종하게" 하기 위하여 부름받은 것이 그의 사도적 사명이었다고 바울이 말한 것은(롬 1:5) 그리 놀라운 것이 아니다.

우리는 하나님에 의해 창조되었다. 우리는 그리스도를 위해, 그리스도에 의해 창조되었다. 우리가 그리스도를 위해 살지 않고 우리의 존재가 그분을 중심으로 움직이지 않는다면 우리는 원래 의도된 모습이 될 수가 없어. 그분이 우리에게 주시는 구원은 바로 그 중심으로 우리를 회복시키시고 하나님에게 우리를 회복시키시는 거야.

성경의 이 핵심적 비전은 진정한 의미에서 "좋은 삶"이 무엇인가를 결정해 준다. 예수님이 풍성한 삶을 약속하실 때(요 10:10 킹제임스 성경 번역의 언어를 사용하자면), 그분은 하나님을 아는 것과 하나님이 보내신 예수 그리스도를 아는 것이(요 17:3) 무슨 의미인지를, 즉 예수님을 주님으로 고백하고 그분의 뜻을 따르는 것이 무슨 의미인지를 말씀하셨다.

4세기경에 아우구스티누스는 이를 아주 잘 이해했다. 그의 「고백록」(Confessions)에서 그는 힘을 추구했지만 그 힘이 자신을 망하게 만들었음을 인정하며 하나님에게 고백하지. 수사학을 배웠지만 수사학은 결국 진리를 게임처럼 다루도록 가르쳤음을 발견했다고 한다. 그는 사랑을 추구했지만 영혼을 메마르게 만들었다고 했어. "나는 명예에 목말랐지만…… 그것은 나를 조롱했다."[3]

하지만 그가 기독교인이 되었을 때, 삶의 방향은 완전히 바뀌었다. 그의 삶의 목표와 가치는 성경에서, 특히 예수 그리스도 안에서 당신을 계시하신 하나님에게 맞춰지게 된 것이다. 아우구스티누스는 도덕적 청렴과 정직성을 추구하는 것은 더 풍성한 삶을 추구하는 것과 다를 바 없다는 것을 보게 되었는데, 좋은 삶이란 결국 하나님을 사랑하고 이웃을 사랑하는 것임을 알게 된 거야. 그건 악과 고난, 죽음에 저항하고, 사랑, 기쁨, 화평, 인내, 친절, 양선, 충성, 온유, 절제를 보여 주는 성품 안에서 자라 감을 의미하고, 그리스도를 본받았던 바울을 본받는 것을 의미한다(고전 11:1).

이 모습이 최근의 주도적인 복음주의와 얼마나 다른지 알겠니? 제법 많은 사람이 풍성한 삶은 우리의 길을 따라가면서 우리를 만족시

---

3 *The Confessions of St Augustine*, trans. and ed. W. H. Hutchings (London: Longmans, Green and Co., 1890), 136.

켜 주고 우리의 거친 환상을 충족시키고 그래서 부와 건강, 권력과 특권을 누리는 것이라고 생각하고 있지 않니? 목표가 잘못된 거야. 풍성한 삶에 대한 정의 자체가 왜곡된 거지. 수단도 잘못 되어서 즉각적인 기적들만 기대하고 하나님을 수단과 교환하려고 하면서 날마다 십자가를 지고 우리 자신을 부인함에 관해서는 거의 아무것도 모르고 있다. 중심도 잘못되었다. 예수님은 주님이라는 고백은 자신을 만족시키기 위한 욕망을 합리화할 수 있는 마술적인 공식 정도로 요약되었을 뿐 내가 소중히 여기는 것의 중심이며 돌아가는 세상의 축이라는 표현이 되지 못하고 있다.

지난 가을에, 그리고 금년 1월에 나는 2-3주 정도 쉼의 시간을 가질 수 있었다. 복잡한 일은 하지 않고 여유롭게 많은 생각을 할 수 있었음에 하나님에게 감사했다. 그때 내가 했던 것 중 하나는 제법 긴 시간 텔레비전의 종교 채널을 본 것이었다. 평소 나는 거의 텔레비전을 보지 않는데 요즘 어떤 일들이 일어나는지 알고 싶다는 생각이 들었다. 한두 개 정도의 프로그램은 내 영혼의 양식이 되었지만 그런 프로그램이 그렇게 많지는 않았어. 종교적인 프로그램들은 일종의 쇼처럼 세트는 열대 야자수를 배경으로 화려했고 연기자들은 비싼 정장이나 반짝이는 옷을 입고 출연했다. 성가대도 아주 어려운 곡을 소화해 내고 있었다. 여기저기 문맥과 상관없이 가끔 성경 구절들을 인용하기는 했지만 성경의 가르침은 없었다. 몇몇 예외적인 경우를 제외하고는 텔레비전이 가지고 있는 교육적 가능성이 종교방송에는 거의 없었어. 서민적인 웃음과 감동이 있고 자유롭게 덧붙여진 3분짜리 동정심의 표현이나, 치유, 행복, 승리, 기쁨에 대한 강조는 있었지만, 예수님의 십자가와 빈 무덤은 거의 찾아볼 수 없었다. 몇몇 설교자가 술, 마약, 정욕, 공산주의자, 세속적인 인본주의자들을 정죄했지만 물질주의, 탐욕, 교만, 폭력, 기도하지 않음, 성경적 무지, 자기중심주의, 스포츠의 우상화에 대해서는 언급하지 않았다. 잘 알려진 유명한 두세 사람의 텔레비전 설교자에게서는 아무것도 찾을 수 없었지만 그나마 나타나는 약간의 복음조차도 미국의 자기 존중을 재현시키는 것 같아서 이런 프로그램들이 다른 나라에서는 어떻게 보일까 싶어 두려운 마음마저 들었다. 감사하게도 볼리비아나 나이지리아(심지어 영국에서도)에서 아직은 그리 많은 사람이 이렇게 왜곡된 믿음의 모습을 보지는 않을 것이다. 하지만 기술의 발전으로 이 프로그램들이 제목들을 달고 온 세상에 방영될 미래를 생각하면 두려운 마음이 든다. 대부분의 프로그램에서 돈에 대해서 강조했던 것은 두말할 것도 없지.

하지만 동시에 우리가 간과하지 말아야 할 또 다른 면이 미국 복음주의에 있다. 1952년 내가 처음으로 목사로 사역을 시작했을 때 미국 복음주의자 중 성경을 제대로 연구해서 박사 과정을 한 사람들은 5-6명을 넘지 않았다. 보수적인 교회가 많았지만 많은 교단의 지도자들은 진지한 성경적 한계들을 포기했다. 새롭게 부상했던 복음주의 모임들은 아직 미국 문화의 언저리에 있었을 뿐이어서 잘 훈련되고 거품이 없었지만 당시에는 그리 큰 영향력은 없었다. 풀러신학교도 세워진 지 겨우 5년밖에 되지 않았고 빌리 그레이엄(Billy Graham)도 그때 막 알려지지 시작했으니까.

그 이후에 복음주의가 혁혁한 성장을 이루도록 한 분기점들을 소개함으로 너를 지루하게 만들고 싶지는 않구나. 나중에 마주 앉아서 오랫동안 이런 이야기들을 나눌 수 있으면 좋겠다. 하지만 내가 말하고 싶었던 것은 하나님에게 감사하는 이 놀라운 성장과 함께 복음주의가 말하고자 하는 바에 대한 상당한 변질과 왜곡이 있었고 주변 문화와의 타협이 있었다는 것이다.

그럼에도 수많은 사람이 이 운동에 의해서 참된 변화를 경험했다. 텔레비전 쇼에 나오는 독특한 헤어스타일의 가수들이 아니라 교회를 채우고 젊은이들의 모임을 만들고 기도회에 빠지지 않고 날마다 성경 읽기를 원했던 겸손한 군중이 이 변화를 가능케 했다. 많은 평범한 사람이 전역에서 일 년에 서너 명의 참된 회심자를 보며 신실한 목회자로 작은 교회들을 섬기고 있다. 여성 성경 공부와 관련해서도 엄청난 열매들이 있고 영향력 있는 대학 캠퍼스 사역을 통해서도 많은 학생이 그리스도께 돌아오고 있고, 도시 안에서도 전도와 복음을 위해 헌신된 사람들이 늘어나고 있다.

다시 말하면, 우리 문제 중 일부는 성장과 관련 있다는 말이다. 많은 회심이 거짓인 것은 틀림이 없지만 누구의 회심이 거짓된 것이고 누구의 회심이 참인지를 단번에 알아보는 것은 쉽지 않아. 그것은 긴 시간동안 천천히 성장하는 모습으로 알 수 있어.

지리적인 차이도 엄청나다. 뉴잉글랜드의 주들에서는 영적 고갈이 아주 심각하다. 2-3만이 거주하는 수많은 도시에 성경에서 말한 복음을 담대하게 믿고, 살아 내고 전하는 교회가 없다. 하지만 복음을 훨씬 쉽게 접할 수 있는 남부 지방에서는 이 복음이 문화적 타협에 의해 약화됨으로 다른 곳으로 확산되지 못하고 있다. 참 이상하고 복잡한 세상이지!

내가 지금 말하고 싶은 것은 네가 분별력 있고 냉철한 마음을 잘 증진시키면서, 예수님을 기쁨으로 받아들이는 소수의 사람에 대한 애정도 증진시켜야 한다는 것이다. 프란시스 쉐퍼(Francis Schaeffer)의 책을 읽고 있다고 했지? 사실 그의 책들은 수많은 대학생의 믿음을 견고하게 세우는 데 큰 도움이 되었다. 이런저런 세부적인 면들에 있어 그의 분석이 맞든 맞지 않든, 네가 그에게서 배워야 하는 것 중 하나는 그의 애정이야. 교회가 기초를 다시 점검해 봐야 한다고 외칠 때에도 그는 한 번도 악의적인 마음이나 진노를 품고 말한 적이 없었다. 사람들은 언제나 공감하려는 그의 의도를 느낄 수 있었고, 그의 목소리에서 나오는 증인으로서의 투명함과 간절함을 알 수 있었다. 일반적으로 그를 추종하고 본받으려는 많은 사람이 바로 이 점을 놓치고 있지 않나 싶다. 그들의 말은 선지자들의 말 같기보다는 그냥 화가 난 젊은이들의 말처럼 들리니까 말이야. 이 부분에 있어서 쉐퍼는 하나님을 투명하게 목도하면서 외쳤던 이사야와 맥을 같이 한다고 볼 수 있다. "화로다. 나여 망하게 되었도다. 나는 입술이 부정한 사람이요 나는 입술이 부정한 백성 중에 거주하면서 만군의 여호와이신 왕을 뵈었음으로다"(사 6:5). 마태복음 23장에서 말씀하신 끔찍한 진노 앞에 우리가 주님과 함께 설 때가 있다면 우리는 23장의 결론에서 십자가를 지고 가시는 길에 그 도시를 보고 우셨던 주님과 함께 울어야 할 것이다.

3년 전 여름에 나와 아내는 웨일즈에서 휴가를 보낸 적이 있다. 비가 내리는 오후였는데 텐비(Tenby) 근처의 옛 성을 둘러보고 있었지.

거기를 떠나면서 관광객들에게 차와 케이크를 제공해 주는 아주 오래된 감리교회를 보았다. 그 안에 들어갔더니 손 대접할 준비를 하는 할머니가 한 분 계시더구나. 나는 작은 건물들을 둘러보면서 포스터들을 보고, 주일 학교 교재들을 보았다. 그러고는 선행과 불신으로 혼합된 자유주의 전통으로 십자가에서 죽으신 그리스도의 능력 있는 복음을 변질시킨 많은 웨일즈 지방의 교회들 중 하나일 것이라고 결론을 내렸다.

하지만 그 할머니와 대화를 나누면서 그가 85세 된 분이고 그 지방에서만 살았다는 사실을 알게 되었다. 그때 나는 그 할머니가 성령님의 강력한 역사였던 1904-1905의 웨일즈 부흥을 기억할지 모르겠다는 생각이 퍼뜩 들었어. 그래서 조금 생뚱맞았지만 그분에게 웨일즈 부흥을 기억하느냐고 물었다. 그 할머니는 나를 쳐다보기 위해서 머리를 들더니 눈을 크게 뜨더구나. 내가 무엇을 알고 있는지 알고 싶어 하길래 그냥 그 일에 관해 몇 권의 책을 읽었을 뿐이라고 말해 주었다. 나는 그분에게 그때 어떤 곳에서는 광산에 있던 조랑말들이 더 이상 주인의 말을 듣지 않았다는 기사가 사실인가 물었다. 그 말들은 거칠게 다루어지면서 욕하고 저주하는 데 익숙해져 있었는데 주인들의 회심이 너무 확실해서 그날 밤에 그들이 사용하던 단어의 3분의 1을 잃어버렸다는 거야. 그분의 눈에 눈물이 고이더니 그날 밤 자신의 아버지가(바로 그런 광부 중 한 사람이었던) 회심을 했고 조랑말 이야기는 사실이었다고 말해 주었다. 그분은 열 살 때 그리스도인이 되었다고 했다.

나는 그분에게 이 작은 감리교회는 어떻게 하고 있는가 물었어.

애매하기는 했지만 아주 충성스럽게 자신의 목사를 두둔했다. 젊은 사람인데 아주 의욕적이고 잘 섬기는 사람이라고 했지. 성경대로 설교하느냐고 물었다(그때 내가 좀 대담했던 것 같다). 그분은 어느 때는 그런다고 하면서 그냥 아주 좋은 사람이라고만 했어. 하나님의 말씀을 이해하고 삶에 적용하기 위한 도움을 주로 어디에서 받느냐고 물었더니 웃으면서 모나코에서 송출되는 〈트랜스 월드 라디오〉(Trans World Radio, 전 세계로 방송하는 초교파 기독교 단체) 방송의 성경 공부가 아니었다면 내가 지금 어떻게 되었을지 모르겠다고 대답했다.

팀, 내가 말하고 싶은 것은 하나님이 당신의 백성을 보전하시는 방법은 다양하다는 거야. 무엇보다 너나 나는 사람들의 마음을 알지 못하지. 선지자적이고 성경에 진실하고, 우리 문화에서 예수님을 고백하는 것이 무엇인지를 냉철하게 사고하고, 우리를 사랑하셔서 우리를 위해 자신을 내어 주신 구원자를 증거하고자 할 때, 우리는 그의 교회를 세우고자 하는 분은 바로 예수님 자신이라는 것을 배울 필요가 있다. 마지막 재판자가 되실 뿐은 오직 예수님뿐이시며 그 뷰은 우리의 모든 평가와 판단을 초월하는 자신의 방법으로 세상 구석구석에서 그의 백성들을 거룩하게 하시고 자기에게 돌아오게 하신다.

**동역자 된 예수그리스도의 종,
폴 우드슨**

6.

　우드슨 박사의 회신을 받았을 때 나는 되돌아보게 되었다. 왜 그는 그리스도의 주 되심의 의미에 관해 마치 소논문과 같은 편지를 쓰면서 그렇게 많은 시간을 할애했을까? 복음주의 진영에서 지속적으로 논란이 되고 있는 이 질문에 대해 그는 상당히 심각하게 생각하고 있다고 짐작할 뿐이었다. 그의 모든 논지에 다 동의했는지는 확실치 않다. 하지만 많은 점이 개인적으로는 크게 마음에 와 닿았다. 어쩌면 이번 서신에 내가 조금 불편함을 느꼈던 이유도 거기에 있는 것 같다. 아무튼 나는 그가 제안한 것이 나에게는 즉각적으로 받아들일 수 없을 만큼 중요한 것이었음을 고백하는 편지를 곧바로 보냈다.

　그러면서 나는 과학사 전공을 함께하는 많은 동료 학생이 "눈에 보이는 것이 전부다"라는 전제를 비판 없이 받아들이고 있음을 언급했다. 시간이 지나면서 우드슨 박사의 의견을 심각하게 고려하는 주제들이 생겼는데 이 주제도 그것들 중 하나였다.

일주일도 채 지나기 전에 다음 편지가 도착했다.

1979년 3월 25일

물질적인 것 너머에 있는 영적 실재에 대한 네 믿음을 어리석은 것으로 치부하는 학생들의 비난을 막아 내느라 벅차겠구나. 내가 만일 "눈에 보이는 것이 전부일까?"라고 묻는다면 그들은 "그럼요. 눈에 보이는 것이 전부입니다. 우리가 아는 것은 우리가 보고, 맛보고, 만지고, 과학적으로 측량할 수 있는 것들이지요"라고 대답하겠지.

성경은 이 질문에 대해서 다른 범주의 답변을 주면서 물질을 넘어 영적인 세계가 있음을 확실하게 증언한다(골 1:16).

보이지 않는 아주 실제적인 세계가 있다는 주장을 혼자 외롭게 하고 있다고 생각하지 않기를 바란다. 그렇게 주장하는 사람들은 무수한데 기독교인들뿐만 아니라 비기독교인들 중에도 많다. 온 세상에 편만했던 무신론의 기운을 확산한 세속화 이론들이 그전처럼 그렇게 강력하지는 않다. 이 세상에 사는 대부분의 사람은 일종의 무신론자들이라고 할 수 있다.

많은 저명한 철학자는 유물론의 주장에 반론을 제기했다. 플라톤(어떤 재미있는 사람은 그 이후의 모든 철학은 각주에 불과하다고 열변을 토했다)은 실제 세계는 형태와 이상(ideas)의 세계인 반면, 물질세계는 일시적인 것이라고 했다. 플라톤이 하나님에 대한 그의 믿음에 얼마나 적극적이었는지는 논란의 여지가 있지만, 기독교인들은 플라톤주의와 거기에서 파생된 입장들이 참된 믿음으로 나아가게 하는 매력적인 역할을 한다고 생각했다. 아우구스티누스의 경험이 그 증거가 되겠지. 사실 아우구스티누스의 「고백록」은 기독교인이 되기까지의 순례에 관한 놀라운 이야기들을 제공하는데, 그의 순례에 있어서 네오플라톤주의(Neoplatonism)가 마지막 정류장 중 하나라고 볼 수 있다.

데카르트(1650년 사망)와 맥을 함께하는 사상가들도 마음과 몸의 관계를 가지고 치열하게 씨름했다. 데카르트는 몸과는 다른 마음이 따로 존재한다고 결론을 내렸는데 사고하는 자아가 존재한다는 것을 의심할 수 없었다. 그는 「방법서설」(*Discourse on Methods*, 1637)에서 하나님의 존재를 위한 존재론적 논증을 발전시키려고 하고 있음을 눈치챘는지 모르겠구나. 데카르트가 유신론자가 아니고 유물론자라고까지 생각했던 학생들에게는 제법 충격적인 발견이 될 것이다.

영적인 현실을 부인하는 유물론자들이 접하는 가장 고통스러운 딜레마는 생명의 근원에 관한 문제다. 만일 하나님이 생명을 창조하지 않고 눈에 보이는 것이 전부라면 생명의 근원에 관한 이야기에서도 물질이 생명의 근원이라고 말해야 한다. 18세기 중엽에는 유물론자들이 좀 더 많았고 대범했다. 의사였던 프랑스의 유물론자 라 메트리(La Mettrie)는 「기계 인간」(*L'homme machine*)이라는 책을 썼는데 거기에서 그는 인간의 영적인 면을 보여 준다고 전제하는 존재의 요소들은 인간은 단순히 기계라는 전제에 의해서 충분히 설명될 수 있다고 논증했다. 또 다른 프랑스 철학자인 드니 디드로(Denis Dederot)도 「달랑베르의 꿈」(*D'Alembert's Dream*)이라는 탁월한 문학 작품에서 같은 점을 강조하려고 했다. 그는 어떻게 대리석 동상이 살아 있는 인간이 될 수 있는가를 말하려고 했지. 가톨릭 신부가 되려는 교육을 받고 탁월한 지성을 가진 디드로가 생명의 기원에 관한 자신의 설명에 진심으로 얼마나 만족할 수 있었는지는 알 길이 없다. 심지어는 유물론자들도 종종 죽음이 끝이 아니기를 바라는 실낱같은 희망(두려운 희망이라고 부르는 게 나을지도 모르겠다)을 가지고 있으니까.

유물론자들에게 있어서 또 다른 짜증나는 문제는 개인의 자유를 보호함에 있어서의 어려움이다. 라 메트리나 디드로, 특히 후자의 경우 인간에게는 무엇이든지 할 수 있는 자유가 있다고 말하고 싶었다. 하지만 우리가 무엇이 될지를 결정하는 것이 물질이라면 자유는 어디에 속해 있는 것일까? 물질주의자는 의미 있는 자유에 대한 개인적인 열망을, 보이는 것이 전부라는 물질에 대한 핵심적 주장과 융화시킬 수 없었다. 물질이 모든 것을 결정하니까.

하지만 네 친구들은 아마도 라 메트리나 디드로가 가지고 있는 개인적인 고민에 대해서는 별로 관심이 없을 것 같구나. 그들이 가지고 있는 확신에 대해 좀 더 그럴듯한 이유는, 많은 기독교인이 자연 세계에 대한 과학적 묘사가 보이는 모든 것을 설명한다는 19세기 후반에 뿌리를 두고 있지 않을까 싶다. 「다윈주의는 무엇인가?」(*What Is Darwinism?*, 1874)라는 책에서 찰스 핫지(Charles Hodge)는 종교와 형이상학이 다락방에 보관한 진기하고 증명할 수 없는 물건처럼 취급되는 것에 불만을 토로했다. 그는 사람들이 마치 과학이 모든 것을 설명할 수 있는 것처럼 믿고 그 모든 것에 인류와 세상의 영적인 면까지 포함시키지 않을까 걱정했다. 핫지는 다윈주의가 그 의도에 있어서 무신론적이라고까지 주장했는데 이는 창조주로서의 하나님을 제외시킨 채 생명의 근원을 설명했기 때문이다. 그는 다원주의를 주장하는 사람들이 설계에 의한 창조 주장(19세기에 하나님의 존재를 논증하기 위해서 변증학적으로 사용되었던 주장)을 전복시키려는 무신론적 의도를 가지고 있다고 가정했다.

흥미롭게도 20세기 후반에 하나님의 존재를 변호하는 제법 많은 사람이 과학 진영에 남아 있어서 자연 과학자들 사이에서는 설계에 의한 논증이 주목할 만한 선전을 하고 있다. 하지만 서구의 기본적인 패러다임이 다원주의인 것과 많은 일반인이 진화론은 그저 하나의 이론이 아닌 확립된 사실로 믿도록 유도되고 있다는 것은 틀림없다. 하지만 내가 틀리지 않았다면 머지않은 미래에 제법 많은 비복음주의적 비진화론적 과학자들이 용기를 내어 지금까지 확립된 압도적인 패러다임으로 보이는 권위적 주장에 반기를 들고 나오는 것을 보게 될 거야. 그들의 불편함은 진화론 자체에 있는 진화론적 본성에서 비롯된다고 볼 수 있지. 최근에 하버드의 스티븐 굴드(Stephen Gould) 교수의 흥미로운 논문을 접할 수 있었다. 거기서 그는 그가 대학원에서 배웠던 진화 이론을 이제 철회하고 아직 제대로 공부할 시간이 없었던 새로운 형태의 진화 이론을 제시해야 함을 강력하게 느낀다고 했다.

내가 말하려는 것은 간단하다. 지금은 생명에 대한 물질주의적 설명들에 너무 압도될 때가 아니라는 것이야. 내가 짐작할 때 네가 만나는 학생들은 아마도 그 주제에 관해 전문적으로 글을 쓰고 있는 과학을 하는 지도자들이라기보다는 진화론에 대한 고정된 주장들(도그마)에 확신을 가지고 있는 사람들일 게다.

또 너무 말을 많이 했구나. 이 주제에 관해서는 나중에 좀 더 길게 토론해 보자꾸나. 이 부분에 대해서는 좀 더 많은 책을 읽고 싶다. 만약 네가 만나는 친구들이 특별히 읽고 싶어 하는 책들이 있다면, 그 책들에 대해 알고 싶다. 내게는 진심으로 흥미로운 주제이다.

**언제나 잘 지내길,
폴 우드슨**

7.

과학사에 빠져 있었기 때문에 이전 편지에서 과학에 대한 우드슨 박사의 언급은 나의 관심을 더욱 자극했다. 나는 그가 유럽 지성의 역사를 전문적으로 공부했음을 느낄 수 있었다.

하지만 그의 담론이 나와는 조금 거리감이 있었다. 그는 프린스턴의 교수들의 수사법이나 필독서에서 사용하고 있는 과학적 용어들에 심취해 있지는 않았다. 한편으로 그가 한 말을 부정하지는 않았지만 그러면서도 나는 19세기 프린스턴의 진화론을 받아들이고 있었고, 그 주제에 관해서는 내가 그보다 많이 안다고 느끼고 있었다. 교만한 마음으로 말하는 게 아니라 그게 현실이었다는 말이다.

1970년 말쯤 인간과 지구의 기원에 관한 질문들에 나의 입장은 확실치 않았다. 나는 그저 진화론의 자연주의적 이론들과 창조에 관한 성경의 이야기는 서로 상충된다고 전제했을 뿐이다. 칼 세이건(Carl Sagan)의 대중화된 진화 이론은 내게 그리 매력적이지 않았는데 나는 세이건의 무신론에 대한 변호는 선험적 전제들에 근거한 대표적인 도그마주의라고 생각했다. 많은 이상주의자의 경우처럼 세이건은 그의 입장과 상충될 수 있는 다른 논증들에 대해서는 들으려고 하지 않는 것 같았다.

이 얼마나 모순인가! 성경은 "어리석은 자는 그의 마음에 이르기를 하나님이 없다" 한다고 가르친다(시 14:1). 그럼에도 무신론자인 칼 세이건은 수많은 미국 대중으로부터 똑똑하다는 평가를 받는다. 고통스러운 모순이 아닐 수 없다.

나는 분명히 무신론자는 아니었고 세이건의 무신론적 전제들을 받아들이지도 않았다. 하지만 진화론자인 복음주의 기독교인들이 제법 있지 않은가! 복음주의자인 B.B.워필드(Warfield)도 유신론적 진화론을 주장하지 않았는가? 창조주 하나님에 대한 신앙과 진화 이론들을 융화시키려는 시도를 하지 않았는가!

나는 프린스턴에서 기독교인 친구들과 이 융화의 가능성에 관해 말해 보려고 했다. 일부는 겁을 먹고 뒤로 물러났고, 나의 생각을 캠퍼스에 있는 다른 친구들과는 나누지 말라고 당부하기도 했다. 나는 충격을 받았다. 혹시 내 기독교인 친구들 중 일부가 지적인 부분에 있어서 지나치게 보수적인 것은 아닐까 의문이 생기기 시작했다. 정직한 기독교인으로서 진화나 그 외의 문제들에 있어 다른 관점을 유지할 수도 있지 않을까? 성경을 해석하는 데도 다양한 방법이 있지 않은가! 그의 입장을 알고 싶어 나는 우드슨 박사에게 편지를 보내기로 했다.

1979년 4월 30일

> **편집자 주:** 이 편지의 인사말들은 삭제했다. 우드슨 박사는 팀이 좋아하는 프로 운동 팀들이 이기고 지는 경향에 대해 익살스럽게 농담을 했다. 우드슨은 좀 더 친밀해지려고 장난스럽게 말했음에 틀림없다.

유신론적 진화론을 주장하는 한 기독교인에 대한 네 친구들의 반응은 나를 잠시 생각에 잠기게 했다. 직설적으로 결론부터 말하자면 나는 유신론적 진화론을 위한 논증들이 그리 설득력이 없다고 생각한다. 반면에 그러한 논증들이 무엇인지를 설명해야 할 의무가 있고, 특히 대학가에서 그런 토론을 하지 못하도록 학생들을 억누르는 것은 크게 도움이 되지 않는다고 생각한다.

괜찮다면 일단은 진화에 관한 문제는 잠깐 접어 두고 싶다. 하지만 걱정하지 말거라. 이미 조금 전에 언급한대로 나는 내가 왜 유신론적 진화론이 합당하지 않다고 생각하는지 설명해야 할 의무가 있다는 것을 알고 있으니까.

우선 자기들만 믿음을 제대로 이해하고 있다고 믿는 모임에 소속된 회원으로 혹은 개인으로서의 기독교인들의 문제를 잠깐 언급하고 싶구나.

내가 십대였을 때, 내가 꿈꾸던 한 기관에 속했던 적이 있었다. 지도자들은 그들이 하는 일(청소년 사역)에 열정적이었고 실력도 있었어. 그들이 세상을 보는 관점은 내가 세상을 보는 관점과 같았다. 만일 그들이 스미스 씨는 진정으로 복음을 아는 자라고 말하면 그는 진실로 훌륭한 신자였지.

그들의 관점을 이렇게 여과 없이 받아들이는 것이 너에게는 너무 순진하게 보일는지 모르겠는데, 그때 나는 그들의 경건함에 진실로 감동을 받았다. 원래 물고기는 그들이 수영하고 있는 물에는 그렇게 주목하지 못하는 법이잖아. 나는 기독교 신앙에 관해 조금 다르게 생각하는 연못에 좋은 믿음을 가진 다른 종류의 신자들도 있다는 것을 제대로 이해하지 못했지. 게다가 내가 속한 모임의 지도자들은 다른 기독교인들이 있는 연못은 피해야 할 위험한 곳으로 암시하는 듯했어.

아마 내가 지금 뭘 말하려고 하는지 짐작했을 거라고 본다. 사도 바울은 "사람의 속임수와 간사한 유혹에 빠져 온갖 교훈의 풍조에 밀려 요동하지 않게"(엡 4:14) 해야 한다고 우리를 경고한다. 게다가 그는 분명한 진실을 말할 때, 사랑 안에서 진리를 말해야 할 것도 요구한다. 우리는 그리스도의 신성, 삼위일체, 오직 믿음으로의 칭의, 성경의 참됨 등 믿음의 핵심적인 가르침들을 견고하게 붙들어야 한다. 예를 들면, 초대 교회에서는 믿음의 교리(핵심적인 신조들을 열거한 것)로 알려진 것에 충성을 다짐했다. 이 교리에 대해 잘 알려진 터툴리안(Tertulian)의 목록을 공부해 보는 것도 좋을 것 같구나. 그 목록은 요즘의 개신교에서 작성한 것과 놀라울 만큼 흡사한데 터툴리안은 만일 어떤 사람이 이 교리에 대한 믿음에서 벗어나면 기독교인들을 그를 이단으로 간주할 것을 언급했다.

내가 지금 말하려고 하는 것은 바로 이거야. 역사를 통해서 기독교는 그들이 믿음의 본질이라고 확신했던 신조나 교리들을 만들었다. 사실 굉장히 가치 있는 작업이었지. 교회, 학교, 기독교 단체들은 많은 기도와 신중함으로 자신들의 믿음의 규칙들을 만드는 데 지혜를 모은다. 만일 그가 헌신했던 신조를 더 이상 지지하지 않는다면 그는 그 단체를 떠나는 것이 정직함일 게다. 만일 어떤 사람이 잘 정리된 복음주의 기독교 신앙으로부터 떨어져 나간다면 그의 떠남은 마음이 아프지만 그의 정직함은 높이 사고 싶다.

하지만 만일 핵심적인 신조들에 있어서는 함께 하는데 덜 핵심적인 신앙의 요소에서 차이를 보이는 기독교인들을 만날 때는 어떻게 해야 할까? 트리니티 신학교에서 나는 나와 모든 부분에서 일치하지 않는 많은 훌륭한 학생을(교수들은 물론이고) 만났다. 우리는 교리의 덜 중요한 점들에 대해서는(회색 지대 [adiaphora]라고 부르기도 하지) 반드시 동의하지 않아도 되는 것으로 합의했다. 때로는 내 입장이 가진 탁월함을 볼 수 있도록 다른 사람들을 설득하기도 하지만 받아들이지 않을 때도 있지. 하지만 그럼에도 우리는 기독교 신앙의 진리들에 대한 기본적인 헌신을 공유하고 있음을 서로 인정한다. 우리의 논쟁은 마치 가족 안에서 일어나는 논쟁과 같다고 할 수 있어. 그리스도 안에서 나의 믿음의 형제들은 기독교의 핵심 교리를 대적하는 사람들의 공격에 어깨를 맞대고 나와 함께 싸울 것이라고 확신한다.

위의 방법을 염두에 두면 왜 내가 신앙의 핵심 교리에 있어서는 동의하지만 다른 점들에게 있어서는 동의하지 않는 다른 기독교인들에 대해서 할 수 있는 만큼 열린 자세로 대하려고 하는지 알 수 있을 것이다. 나에게는 그런 사람들이, 신앙 고백을 지지한다고 말하면서도(내가 가지고 있는 신앙 고백과 같거나 비슷한) 학문적으로 인정받기 위해서 출세욕을 드러내는 사람들보다 훨씬 편하다.

네가 이런 생각에 합류했다고 가정해 보자. 이렇게 말할 수 있겠지. "폴 우드슨은 내가 처한 곤경을 오해하고 있다. 나는 기독교인으로서 유신론적 진화론의 유익들이 무엇인지 평가하고 싶다. 하지만 나의 친구들은 내가 그런 작업을 하고 있다는 것 자체를 비판한다. 그들에게 있어서 유신론적 진화론은 핵심적 교리에 속하니까. 나에게는 그렇지 않은데. 내가 생각할 때는 유신론적 진화론을 믿는가 믿지 않는가는 복음에 대한 헌신과 무관하다."

만일 네 생각이 이렇게 흐른다면 너에게 그런 경고를 한 그리스도 안에 있는 형제자매들이 많이 섭섭하겠지. 그들이 과민 반응을 보인다고 생각할 수도 있을 거야. 하지만 좀 더 너그러운 입장도 가능하지 않을까? 때로는 기독교인들이 어떤 특별한 입장에서 수반되는 것들 때문에 특정한 신념에 상당히 예민한 것을 네가 이해할 수 있으리라고 생각한다. 너의 친구들은 유신론적 진화론의 주장이 믿음의 핵심적인 부분을 흔들 수 있을 것임을 진지하게 믿고 있을 거야. 네가 그들과 동의하든 동의하지 않든 그들이 너에 대해서 보여 주기를 원하는 인내를 너도 그들에게 보여 줄 수 있으면 좋겠다. 아무튼 너희는 모두 한 팀이니까. 그들은 단지 네가 생각하는 핵심적인 목록보다 좀 더 범위가 넓은 목록을 가지고 있을 뿐이다.

유신론적 진화론을 거부하는 나의 이유에 대해서는 다음 기회에 적어 보내도록 하겠다. 일단은 주님이 기독교 비평가들의 입장을 이해할 수 있는 은혜를 주시기를 원한다. 또한 정통적인 기독교인들 중에 믿음에 관해 아주 다른 방식으로 말할 수 있다는 사실을 아직 인식하지 못한 사람들이 제법 있는 것 같다. 주님이 그들에게 이 문제에 관해 네가 좀 더 철저하게 공부하고 싶어 하는 열정이 있다는 것을 이해할 수 있는 은혜도 주시기를 원한다.

많은 연관된 논증을 주렁주렁 남겨 두었다는 느낌이 드는구나. 우리가 세상과 구분됨(separation)에 관한 성경의 가르침을 아직 충분히 다루지 않았기 때문에 네 질문에 제대로 답을 하지 못했다. 근본주의 진영에서는 그런 토론들을 쉽게 접할 수 있기 때문에 언젠가 이 문제들에 관해서도 신중하게 다룰 수 있게 되리라 짐작한다.

이제는 글을 마쳐야겠구나. 조금 쉼이 필요하다. 너도 내 나이가 되면 오후의 낮잠이 얼마나 유혹적인지 알게 될 거야. 지난주 토요일 오후에도 불스 게임(역자 주: 시카고 프로 농구 팀) 후반부에 잠이 들었단다.

모든 것이 평안하기를,
폴 우드슨

8.

1979년 10월 초에 나는 역사학 석사 과정을 위해 케임브리지에 도착했다. 케임브리지에서 보낸 시간과 한 달 가량 프랑스에서 보낸 시간으로 그해는 특별했다.

케임브리지대학에는 당시에 만 명의 학생이 있었는데 그들 중 오천 명은 토요일 오후에 성경을 읽고 공부하는 모임에 참석했다. 수백 명 이상이 각 단과 대학에서 성경 공부를 통해 CICCU(Cambridge Inter-Collegiate Christian Union: 케임브리지 단과대학 연합 기독교 학생회)에 속해 있었다. 그들 중 대부분은 성공회 교인들이었는데 내가 만난 미국의 대부분 성공회 교인은 모르몬교나 아미시 모임에 참석이라도 하는 것처럼 성경 공부, 설교, 복음적 삶, 전도에 관심이 없었기 때문에 나로서는 전혀 예상치 못했던 일이었다. 많은 학생이 'The Round'라는 성공회 교회에 출석했는데 사람들이 너무 많아서 텔레비전 모니터로 예배에 참석하는 방이 따로 있었다. 캐논 마크 러쉬톤(Canon Mark Rushton)은 그냥 연설자가 아니었다. 그는 성경의 메시지를 단도직입적으로 설교했고 수많은 사람과 개인적인 교제를 가지면서 자신의 믿음의 진실성을 통해 많은 사람을 예수 그리스도께 인도했다.

하지만 결국 나는 에덴침례교회에 정착하게 되었다. 그 교회 목사인 로이 클레멘츠(Roy Clements)는 늘 45분 이상 설교했는데 그가 설교할 때마다 거의 한 달 동안 나는 많은 생각과 기도를 하게 되었다. 나는 아직 기독교인이 된 지 얼마 안 되었기 때문에 당시에 그를 다른 사람과 비교할 수는 없었다. 하지만 내가 점점 하나님을 더 알아 간다는 느낌을 가졌을 뿐 아니라 교회에 갈 때마다 성경 신학의 한 과목을 배우는 것 같았고, 나의 삶과 생각의 모든 영역에 어떻게 성경을 적용하는지를 배우는 것 같았다. 몇 가정이 나를 집으로 초대했다. 나는 점점 그동안 익숙했던 것과는 상당히 다른 종류의 전제와 관습을 알아 가고 있었다.

모울 교수(C.F.D.Moule)는 막 신학교에서 은퇴를 했지만 여전히 그 도시에 있는 다른 신학교들과 어느 정도 관계를 가지고 있던(어떤 관계인지는 알아 내지 못했지만) 성공회 신학교인 리들리대학(Ridley College)에서 강의를 하고 있었다. 리들리대학에 있는 한 친구가 그의 강의들을 듣도록 나를 초청했다. 그리스도에 관한 교리인 기독론 강의는 신중하고 경건해서 예배를 하고 싶다는 생각이 들 정도였다.

영국에서의 첫 달은 아주 즐겁고 도전이 되는 시간이었다. 동시에 미국 복음주의로 받아들였던 많은 범주가 내 주변 여기저기서 폭발하는 것 같은 혼란의 시간이기도 했다. 보수와 진보의 구분도 애매했고, 복음주의 교단과 비복음주의 교단 사이의 구분도 사라졌다.

나는 내가 그동안 알고 있다고 생각한 것과 이 현실을 어떻게 조화시켜야 할지 혼란스러웠다. 크리스마스 직전에 나는 나의 기쁨과 자유, 행복한 발견들과 함께 뭐라 할 수 없는 망설임을 전하는 장문의 편지를 우드슨 박사에게 보냈다. 그의 회신은 빨랐다.

1980년 1월 1일

 새로운 10년을 맞이하는 첫 날의 고요함을 너의 사려 깊은 편지에 답장하는 시간으로 보내야겠다는 생각을 했다. 네가 유럽에서의 생활을 즐기고 있다니 참 기쁘다.

 나는 영국에서 공부한 적이 없기 때문에 말하는 데 조심할 필요가 있을 것 같다. 너도 아는 것처럼 나는 1951 - 1952년 마르부르크(Marburg)에서 주로 칼뱅을 연구하는 데 주력하면서 박사 후 과정을 보냈다. 프랑스에서 대부분의 시간을 보내고 영국에는 잠시 있었지(웨스트민스터교회에서 마틴 로이드 존스 목사님의 강력한 설교에 감동을 받을 때가 그때였다). 너를 소개하는 편지를 그에게 보내 줄 수는 있지만 그의 건강이 많이 안 좋다는 소식을 들었다. 놀랍게도 그의 딸 중 한 명이 가족들과 함께 에덴침례교회에 출석하고 있다.

 기억에 남을 만한 그해 이후로 나는 대영 제국, 특히 영국을 여러 번 방문하는 기쁨을 누렸다. 내 학생들 중 영국에서 박사 과정을 하는 사람이 제법 있지. 그러니까 영국 기독교의 장점에 관해 특별한 지식이 있다고 말할 수는 없지만 내가 느끼는 것들을 너와 나누는 것이 가치는 있을 거야.

우선 미국에서의 기독교 부흥은 형식적으로 비슷해 보이는 영국에서의 부흥과는 아주 달랐다. 미국 복음주의자들이 영국의 교회 생활에서 받아들이기 가장 힘들었던 것 중 하나는 제도화된 교회의 위치였어. 어떤 면에서 영국 교회는 가장 강력한 복음주의적 목소리를 내면서도 가장 악명 높은 이단들의 근원이라는 것이 이해가 안 되었던 거지. 영국 교회는 존 스토트와 존 로빈슨을 함께 받아들였다(혹은 존 로빈슨의 「신에게 솔직히」[Honest to God]의 명성 [혹은 악명]을 함께 받아들였다고 해야 할까? [편집자 주: 1963년에 출간된 이 작은 책자는 실존신학을 대중화시켰는데 로빈슨의 신은 비인격적인 존재의 근거이다]).

신학적 교육을 전달하는 시스템도 완전히 다르다. 영국에도 몇 개의 성경 학원이나 성경 대학(런던 성경 대학이 그중 최고일 것이다)이 있지만 대학원 과정의 신학교가 없다. 영국 교회는 많은 신학 훈련 대학들을 운영하고 있지만 대부분의 과정은 지극히 기초적인 수준이고 목회에 관심이 있는 사람들을 위해서는 2년제 과정이 있다. 그들 중 특출난 사람들은 신학교의 대학 강사가 되는데 기준은 여전히 합리적인 수준이다(지금은 언어의 요구 조건에서 떨어지고 있긴 하지만). 신학 교육에 진지하게 헌신한 대부분의 학생은 결국 대학의 전공 분야로 공부를 하게 된다. 영국 대학들의 가장 오래되고 명예로운 석좌들은 영국 교회와 밀접한 연관이 있지만 다원화된 대학의 분위기와 국교 안에 있는 다양성은 신학적 주제들을 고백적 입장에서부터 다루어질 수 없도록 만들고 있다. 물론 여기 미국에서는 진지한 신학생들의 대부분은 신학대학원에서 공부를 한다.

이러한 교육적인 요소들은 1940년대에 관심 있는 복음주의 지도자들이 영국에서 복음적 사상을 다시 활성화하기 원했다면 그들은 대학들을 침투해 들어가는 방법들을 생각했어야 한다는 의미이다. 그 결과물 중 하나가 아마도 네가 들어본 적이 있거나 이미 방문했을 수도 있는 케임브리지에 있는 틴데일하우스의 창립이었다. 가정집 분위기의 이 성경 연구 도서실은 복음적 학자들이 서로의 지적인 도전들을 대면할 수 있도록 돕는 곳으로, 대학들 안에서 유능한 복음적 학자들을 준비시키기 위한 목적으로 세워졌다. 바로 이 작은 시작에서 틴데일 성경 연구 모임과 연례적인 강의들, 그리고 소모임들이 나오게 되었다. 영국 인터바시티(British Inter-Varsity) 출판사와 파터노스터 출판사(Paternoster Press)도 영국에서 성경적 학문의 활성화에 중요한 역할을 했다. 30년 대 후반에는 대학에서 성경 과목 분야에 복음주의자가 자리를 차지하는 일이 전무했다. 하지만 정확한 통계는 없지만 오늘날에는 상당히 달라졌다. 영국에서 공부했던 수많은 박사 과정과 박사 후 과정의 유학생들에 의해 발생하고 있는 세계 각 곳에서 일어난 틴데일하우스와 틴데일 단체의 영향력은 언급하지 않아도 말이야. 동시에 영국의 인터바시티에 준하는 단체는 (CICCU가 이 모임에 속해 있는데 초기 CICCU는 세계 각 곳에 IVCF와 그와 연관된 단체들을 태동시켰다) 많은 대학에 지대한 영향을 끼쳐서 오늘날 목사든 학자든 복음주의 지도자들 중에 IVCF와 관련되지 않는 사람은 찾아보기 힘들 정도가 되었다(편집자 주: 우드슨은 그가 이 글을 쓸 당시에 IVCF가 UCCF[Universities and Colleges Christian Fellowship]으로 이름을 바꾼 것을 알지 못했던 것 같다).

미국과 비교해 보아라. 미국에는 국가 교회라는 것이 없었다. 그래서 적어도 부흥이 일어났던 초기에 복음주의자들은 병들어 가는 교단을 다시 살릴 수 있는 장점을 볼 수 없었어. 그들은 그냥 새로운 것을 세워야 한다고 생각했지. 그래서 수많은 성경 대학들을 세웠고 그것들이 신학대학원들이 되었다. 장로교인들은 1929년 웨스트민스터신학교와 함께 그 길을 갔고, 풀러신학교는 1947년에 세워졌다. 남침례교인들은 이미 오랫동안 자체적으로 신학교들을 운영하고 있었기 때문에 50년대에 지금 우리 주변에서 발생하는 논란에 크게 영향받지 않을 수 있었다. 그들의 학문적 기준이 탁월하지는 않았지만 그들은 복음적 열정을 가진 목사들과 선교사들을 많이 배출했다. 국가의 인준을 받지는 않았지만 달라스신학대학원은 나름대로의 신학적 특성을 가지고 그 당시 복음주의의 방어벽 역할을 감당했다. 지금은 내가 가르치는 곳을 포함해서 많은 신학교가 있다. 트리니티는 비교적 최근이라고 할 수 있는 1963년에 대학원으로 세워졌다. 그 와중에 넘쳐 나는 캠퍼스 사역들이 대학들과 종합대학들을 복음화하려고 애썼다―미국대학생선교회(Campus Crusade for Christ), 네비게이토, IVCF, 그리고 네가 프린스턴에서 믿음을 가질 수 있도록 했던 곳과 같은 독립된 많은 선교단체.

상반되어 보이는 이 두 발전의 결과가 무엇일까? 지나치게 일반화시킬 우려가 있기는 하지만 각 발전에 장점과 단점이 있었다고 보아도 될 것 같다.

대영 제국(특히 영국과 일부 스코틀랜드)은 복음주의 안에서 지적인 리더십이 일어나는 데 세계적으로 엄청난 기여를 했다. 성경과 신학을 연구하는 최고의 신학교들 가운데 대영 제국에서 박사 학위를 받은 교수들이 얼마나 많은지를 보면 알 수 있을 것이다. 대영 제국은 다른 많은 나라에도 비슷한 영향을 끼쳤다. 철저한 주해에 주력함으로 정말 많은 주석을 출판하는 데 기여하기도 했지. 게다가 대학가에 파고들어 국가 교회에서 복음주의적 영향을 확장시킴으로 영국에 있는 복음주의자들이 미국에 비해서는 덜 대립적일 수 있었고, 지성인의 진영에서 최근에 논쟁이 되고 있는 주제에도 좀 더 자주 관여할 수 있었다.

반면에 영국 인구의 겨우 4-5퍼센트만 정기적으로 교회에 출석하고 있다. 국가 교회가 존재하기는 하지만 국가적인 대화에서 성경적 진리와 성경적 가치의 영향력은(교회 정책적인 것과 대조할 때) 점점 쇠퇴해 가고 있다. 영국 사회는 미국 사회보다 훨씬 계층의 간격이 심한데 영국 복음주의는 대체로 중상류층에 분포되어 있고 런던 근교에 널리 퍼져 있다고 볼 수 있지. 그 뒤에 널리 분포되어 있는 북쪽 광산 지역과 노동자층의 인구는 종교와 완전히 담을 쌓고 있고 기독교의 복음주의라는 형태에는 거의 노출되어 있지 않은 상황이야.

영국에 있는 교회의 상태를 케임브리지에 있는 교회의 상태로 판단하는 실수를 범하지 않기를 바란다. 지금은 안수를 받고 목사가 된 내가 가르쳤던 학생 중 한 명은 70년 대 초반에 4년간 케임브리지에서 공부한 후에 동부 앵글리아 주변에 있는 시골 교회들에서 주일 설교를 하는 데 많은 시간을 할애했다. 400석 정도의 좌석이 있는 예배당에 거의 정기적으로 10명 내지 15명 정도가 출석했고 평균 연령은 60세에서 65세 정도였다고 하더구나. 그 지역은 케임브리지에서

20-30마일 내에 있는 곳이야. 그러니 북쪽에 있는 많은 도시를 방문하기 전까지 판단을 유보하는 게 좋겠다.

더욱이 그런 비대립적 접근 방식의 대가가 결코 저렴하지 않았다. 영국 복음주의 대학에 있는 한두 친구들은 성경에 관한 교리를 주제로 한 논문을 제출하지 않겠다고 했는데, 그 이유는 그와 같은 논문들은 승진에 지장을 줄 수 있는 긴장을 유발하기 때문이라는 거야. 많은 영국 학자를 유력한 주석가로 만들었던 전통적인 유산은 이제 소수의 신학자만 양산하게 된 거지(편집자 주: 우드슨이 신학자라고 말한 것은 미국에서 주로 사용되는 의미로 조직 신학자를 가리킨다. 영국에서 신학자란 일반적으로 성경 분야에서 관련된 주제를 연구하는 모든 사람을 가리키기 때문에 주석가는 필연적으로 신학자가 된다). 물론 J.I. 패커(Packer)나 브루스 민(Bruce Milne)과 같은 탁월한 예외가 없는 것은 아니야. 조직 신학에 있어서의 대부분 영국 학자의 노력은 역사 신학이나 방법론에 대한 끝없는 논쟁을 넘어서지 못했고 무엇을 믿고 행해야 하는가에 관한 합의점을 제공해 주지는 못했다. 또한 여전히 영국의 엘리트 교육은(미국에서 영국으로 건너가 공부하는 학생들 중 이 단계에 들어가는 사람은 극소수지만) 탁월한 지도자들을 양산하고 있지만 평균 교역자들의 신학적, 성경적 능력의 단계는 국가 교회 안팎으로 모두 치명적으로 낮다.

미국에는 이와 대조적인 장점과 약점이 있다. 인구의 40퍼센트 정도가 교회에 출석한다. 지역에 따라 엄청난 차이가 있기는 하지만 미국 사회는 영국 사회처럼 그렇게 계층으로 나누어져 있지 않다. 또한 지리적으로나 사회적으로 더욱 유동성이 있기도 하지. 그 결과 복음주의는 미국 사회의 어느 한 계층에 치우쳐 있지 않다. 많은 독립적인 성경 대학과 신학교들의 설립은 때로는 아주 강력하고 당황스러울 수 있는 대립을 가능하게 했고 그래서 복음의 진정성을 보존하는 데 도움을 주기도 했다. 미국에서도 학계에서 승진의 유혹이 있기는 하지만 영국보다는 훨씬 덜하다.

영국에서는 급격한 성장과 영향력의 증대를 경험한 후에 복음을 상대화시키고 복음이나 성경에 대한 충성보다 영국 교회에 대한 충성을 더 소중하게 여기는 경향으로 인해 국가 교회의 복음주의 진영은 그 힘을 잃어 가고 있다. 아직은 자라고 있지만 내가 짐작할 때는 머지않아 복음주의 진영의 범위가 너무 넓어져서 첨예한 경계를 잃어버리고 서로를 존중함에 안주하게 될 것이다. 물론 여기에서도 비슷한 현상들이 나타나고 있다. 하지만 여기에서는 새롭고 독립적인 복음주의적 증인들에 의해서 그런 현상들이 가려질 가능성이 있고, 단지 학과 과정뿐 아니라 신학적 교육의 어조에서도 사역과 섬김의 리더십, 복음 전도, 선교를 위한 훈련을 신학교에서 강조하고 있기 때문에 학문적 선호의 압력보다는 복음에 의해서 억제될 가능성이 높다.

지난 수십 년 동안 복음주의 신학교들의 학문적인 수준에 대해서는 특별히 할 말이 없지만 이제 최고의 신학교들의 책임이 막중하다. 성경 원어를 통해 성경 본문을 이해하려는 전통적인 접근에 있어서는, 이른바 북미의 자유주의 신학교들(학생들이 급격이 줄고 있는)보다 월등히 탁월하고 대부분의 학생이 헬라어를 조금 공부하거나 전혀 공부하지 않는(히브리어의 경우는 더 심각하다) 대부분의 영국 대학의 신학과보다도 월등히 탁월하다. 신학대학원의 첫 학위 과정을 말하는 거다. 박사 과정에서는 복음주의 학교들이 이보다 훨씬 취약하다. 박사 과정에서도 앞으로 20-30년 안에 성경 주해에서의 지성적 리더십은 영국의 손에서 완전히 벗어나지 않을까 싶을 정도이다. 복음주의 신학교들은(적어도 이론상으로라도) 말씀의 권위 아래 살고 생각하도록 하는 데 집중하기 때문에 넓은 의미에서 현재의 문제들을 다루는 조직 신학을 가능하게 할 뿐 아니라 필요하게 만드는 전인적 사고를 위한 위치를 여전히 고수한다.

부끄러움과 수치로(내가 조직 신학 교수이기 때문에) 나를 포함한 우리 복음주의자들은 이 부분에 있어서 할 수 있었음에도 그렇게 실천하지 못했음을 고백해야 할 것 같다. 물론 이는 미국에서 우리가 대학에 있는 신학과나 종교학과에, 영국에 있는 사람들처럼 그렇게 충분히 파고들지 못했고 상호 간의 의심과 적대감을 가지고 있었다는 의미이다. 하지만 잃은 것과 얻은 것을 모두 합해 볼 때 많은 실수를 하기는 했지만 우리가 가진 것이 더 약하다고 생각하지는 않는다. 국가 교회와 대학 구조의 영역 밖에서 우리가 가지고 있는 더 많은 자유는 훨씬 큰 성장과 생동감을 가져다주었지만 제국을 만들려는 사람들과 분파주의의 조잡한 쇼맨십을 양산했다. 적어도 양쪽 모두 오랜 시간 눈물로 회개해야 하고 도전과 위험과 기회들을 직면할 준비를 해야 할 것이다.

내가 두 번째로 말하고 싶은 것은 또 다른 문화에서 기독교인들이 사용한 범주들을 잘 이해하는 것이 참신한 경험이 될 수 있다는 점이다. 가정에서 미국의 가치들에 익숙해져 있고, 네 경우에는 이 가치들이 미국 문화의 한 흐름이 의존하고 있는 유대-기독교 유산에서 도입된 가치들이다. 하지만 네가 기독교인이 된 지는 아직 2년이 되지 않았다. 이러한 배경에서는 일종의 기대감이 있고, 뭘 하고 뭘 하지 말아야 하는지가 이미 세워져 있지. 그런데 조금 다른 유형을 볼 수 있는 곳에 네가 지금 가 있는 거야. 네가 지혜롭게 잘 활용한다면 그와 같은 경험들은 네 믿음에서 어떤 것이 성경에 근거한 기독교의 본질이고, 어떤 것이 단순히 지역의 문화적 부산물인지를 아는 데 도움을 줄 것이다.

하지만 조심해야 한다. 너는 그러한 문제들을 개인적 선호도에 근거해서가 아니라 성경을 읽고 또 읽는 것과 사려 깊은 독서, 그리고 실력 있는 다른 기독교인들과의 토론, 기도, 철저한 자기비판을 통해서 결정해야만 한다. 울타리 너머에 있는 잔디는 항상 더 푸르게 보이는 법이다. 영국 복음주의가 네가 어릴 적부터 가지고 있는 문화적 금기 사항으로부터 너를 자유하게 했다면, 아마 거기 좀 더 머물러 보아라. 그러면 전에 생각하지 못했던 또 다른 금기 사항들을 발견하게 될 것이라는 내 말을 이해할 수 있을 것이다.

게다가 네가 지금 하고 있는 여행과 학업은 신학적 라벨을 통하여 생각하도록 만들 것 같구나. 보수와 진보, 저교회파와 고교회파, 복음주의와 가톨릭의 차이는 마치 언어를 배움에 있어서의 규칙들과 같다. 규칙을 배우고 난 후에 수없이 많은 문장을 만들어서 어느 정도 능숙해지면 그다음 예외 경우들을 배우는데, 어느 때는 규칙보다 예외가 더 많기도 하다. 네가 케임브리지에 있으면서 신학적 영역에서 자유와 보수의 차이를 배웠는지 모르겠다. 하지만 그 범주가 현실과는 잘 안 맞아서 예외의 경우가 많지. 케임브리지에 있는 웨스트민스터대학에 있으면서 후커(Hooker)교수의 세미나에 항상 참석하는 존 오닐(John Oneill)은 상당히 자유주의적이라서 바울의 저작에 의문을 가지고 바울이 갈라디아서와 로마서의 3분의 2 이상을 쓰지는 않았다고 생각한다. 그 신학적 범주에 있는 모든 사람이 바울이 이 두 책을 모두 썼다고 주장하지만 말이다. 하지만 그럼에도 오닐은 대부분의 자유주의자들이 부인하고 있는 대속적 속죄를 지지한단다. 존 로빈슨에 관해서는 이미 언급한 바 있다. 그는 대단한 자유주의자로서 그의 하나님은 유일신적 하나님이 아니야. 다시 말해 그의 하나님은 인격적이라기보다는 그저 초월적 신이지. 하지만 신약성경의 저자와 연대의 문제에 있어서는 그의 「신약의 연대 다시보기」(Redating the New Testament)에서 나보다도, 아니 신약 분야의 그 어떤 사람보다 보수적인 입장을 취한다.

그 외에도 예들은 얼마든지 있다. 하지만 내가 말하려고 하는 것은 그런 라벨이 아무 의미가 없다는 것이 아니라 인생은 대단히 복잡하다는 거야. 그러한 라벨에 따르는 예외들, 각주들, 판정 기준들, 애매한 부분들이 아주 복잡하거든. 만일 네가 모든 라벨은 결국 아무 소용이 없다고 낙심해서 포기한다면 결국 진지함을 부인하게 될 것이고, 반대로 만일 너의 선입관을 고정시킨 채 성경의 조명으로 사물을 판단하지 않는다면 요즘에 언론이 말하는 근본주의자가 되고 말 것이다. 이 용어(역자 주: 근본주의)는 신앙의 시스템을 정의하는 신학적인 범주가 아니라 사회적 범주에 속하게 되었다. 대중적인 언론에는 무슬림 근본주의자들이 있고(이란에서의 소란스러움은 언급하지 않더라도, 카터 대통령이 개입해서 인질들을 놓아 준다고 하더라도 근본주의는 사라지지 않을 것이다) 기독교 근본주의자들도 있고 모르몬교 근본주의자들도 있다. 미디어에서 볼 때에는 근본주의자란 엄격한 교리를 가지고 다른 사람의 말은 전혀 들으려고 하지 않고 혹평을 마다하지 않는 종교적 보수주의자들을 일컫는 조롱의 딱지일 뿐이야. 하지만 세 번째 선택이 있다. 네가 만일 이 분야들을 신중하게 살펴본다면, 분별력과 이해가 자라게 될 것이고 유럽에서의 네 학업은 한층 더 깊고 넓은 지평으로 나아갈 것이다.

이야기가 나왔으니 말이지만 대학원 과정에서 가장 위험한 지도 교사는 너의 역사적 기독교에 대해서 우호적으로든 악의적으로든 반대하는 사람들이 아니라 대체로 지지하면서도 팔 길이 정도만큼만 반대하는 사람들인 이유도 거기에 있지. 만일 그러한 지도 교사가 자비롭고 경건하고 신앙심이 깊다면 그는 복음주의적 연구 학생에게 굉장한 도움을 줄 수 있으면서도, 동시에 굉장히 위험할 수 있음을 증명하게 될 것이다. 사실 학생들이 그들의 입장에 대해서 굉장히 너그러워 보이는 교수의 지도 아래 박사 과정을 해야 하느냐고 묻는다면 나는 거의 모든 경우에 적어도 본능적으로는 더 엄격하고 철저하게 그들을 지도할 수 있는 사람을 찾아보라고 조언한다.

내년 여름에 다시 미국으로 돌아오는 것이 그리 쉽지 않을 것이라고 너에게 말해 주고 싶구나. 너는 지금 네가 문화적 차이를 수용하기로 하고 그런 경험을 좋게 여기고 있기 때문에 영국을 즐기고 있지만 집으로 돌아올 때 바로 적응할 수 있을 것이라 생각해서 전혀 방어적으로 준비하지 않을 수도 있을 거야. 너는 네가 얼마나 변했는지 깨닫지 못할 게다. 영국에서의 기이함과 별남을 그저 재미있다고 생각할 거야. 거기에 비하면 미국에서의 기이함과 별남은 편협하고 무례하다고 생각할 거고. 돌아와서 경험하는 문화 충격은 스스로 받아들일 준비가 되어 있지 않기 때문에 언제나 최악이지. 조심하거라! 내가 독일에서 했던 슬픈 경험이 생각나서 하는 말이야. 1952년에 한 교회에서 목회자로 일하기 시작할 때 나는 거울을 보면서 나 자신에게 "폴, 네가 자메이카나 인도에서 목사로 부름을 받았다면 네가 섬기기로 한 사람들을 수용하기 위한 노력을 하지 않았겠니? 그렇다면 네 민족을 섬기는 데 왜 같은 노력을 할 수 없는 거지? 혹시 진짜 이유는 그들이 너와 같이 되기를 기대하고 그들이 너와 같지 않음에 낙심한 일종의 교만은 아닐까?"라고 말하기 몇 달 전이었어. 만일 네가 어디에나 잘 적응할 수 있을 만큼 세계적이고 심오해졌는데 어디에서든지 공감과 이해로 그리스도와 그의 백성을 섬길 수 없다면 너는 지난 한 해를 낭비한 거야.

맞아! 로이 클레멘츠는 탁월한 설교가다. 나도 그가 나이로비 침례교회에서 사역할 때 몇 번 그의 설교를 들은 적이 있다. 특히 그의 설교들이 본문의 논리를 따라가는 방식과 성경을 삶과 사고에 적용하는 사고력과 신중함과 신선함에 특히 주목하거라.

만일 케임브리지로 보내면 혹 너에게 늦게 전달될까 싶어서 파리에 있는 너의 새 주소로 편지를 보낸다.

늘 그랬듯이 주님 안에서 평안하기를,
폴 우드슨

9.

영국에 관한 우드슨 박사의 편지는 내가 케임브리지에서 학업할 수 있는 귀한 기회를 더욱 감사하게 만들었다. 하지만 나는 프린스턴에서 로버트 캔톤(Robert Canton) 교수에게 프랑스 계몽주의에 관한 상당히 도발적인 과목들을 들었기 때문에 적어도 한 번 정도는 파리를 방문해야겠다는 유혹을 물리칠 수 없었다. 결국 크리스마스 방학 때 한 달 정도 머물 계획으로 프랑스에 가게 되었다.

나에게는 적어도 몇 가지 걱정이 있었다. 불어가 아주 서툰데다 파리 사람들이 미국 사람들에게 굉장히 무례하다는 무시무시한 이야기를 들었기 때문이다. 하지만 용기를 내서 런던에서 파리로 가는 열차를 타고 늦은 오후 중세 시대의 에버라드(Aberlard)와 아퀴나스(Aquinas)에 의해서 유명해진 그 도시에 도착했다. 택시를 타고 생미셸 거리(Boulevard Saint Michel)에서 멀지 않은 곳에 위치한 좌안(Left Bank)에 있는 별 두 개짜리 작은 호텔로 갔다. 다음 며칠 동안 나는 완전히 매료되었다. 박물관들, 특히 인상파 작가들의 작품들이 그랬다. 웅장한 건물이 빛으로 옷 입는 노트르담 야경의 아름다움에 압도되지 않을 사람이 누가 있겠는가! 마치 세상을 다 가진 듯이 샹 젤리제(Chanmps-Elysees) 거리를 행진하는 사람들을 보면서 놀라지 않을 사람이 누가 있겠는가! 나는 이 엄청난 도시, 파리의 매력에 관해 우드슨 박사에게 편지를 보냈다. 우드슨 교수가 그렇게 프랑스를 좋아하는 사람인 줄 몰랐다. 나는 그의 또 다른 면을 발견했다.

1980년 1월 10일

질투는 틀림없이 고백해야 할 죄이다. 따라서 나는 고백으로 이 편지를 시작한다. 태풍이 막 지나가고 난 후에 개선문(L'arc de Triomphe)에서 루브르까지의 샹 젤리제 거리를 걸으면서 네가 한 경험의 즐거움을 완전히 공감할 수 있다.

네 말이 맞다. 깊고 어두운 구름을 뚫고 햇살이 쏟아져 내릴 때 길거리와 건물들은 아직 마르지 않은 신선한 빗방울로 반짝거리지. 파리에서 내가 가장 좋아하던 산책로는 우연히 숨겨진 책방을 발견할 수도 있는 좁은 골목길들이었다. 오, 파리! 덜그덕 거리는 소음, 기념비와 박물관들, 가족이 운영하는 빵집에서 나오는 거부할 수 없는 그 냄새들, 좌안에 늘어선 식당들, 얼마나 아름다운 도시인지!

이렇게 쏟아 내는 내 말을 들으면서 내가 느끼는 질투가 얼마나 진정성 있는 것인지 아마 이해할 수 있을 게다. 그래서 고백했잖니.

하지만 네가 제시한 질문은 지금 프랑스에서 종교적으로 일어나고 있는 일들에 대한 우려를 자아내게 하는구나. 많은 프랑스인과 대체로 많은 유럽인이 물질적인 것을 좇는 데 너무 몰두하는 것 같다고 네가 지적했지만 미국인들도 마찬가지가 아닐까? 쾌락과 자기만족을 추구함이 범세계적 현상이 아니라면 적어도 양쪽 대륙 모두에서 볼 수 있는 현상임에는 틀림없다.

하지만 미국은 여전히 많은 사람이 주일에 교회에 출석하는 반면 프랑스에 있는 교회들은 많이 비어 있다는 사실은 가히 충격적이지. 미학적인 측면에서 보자면 작고 큰 도시들에 있는 아름다운 교회 건물들을 볼 때 프랑스가 더 높은 출석률을 보여야 하지 않을까 짐작할 수도 있는데 말이지. 주일 오후에 노트르담 성당에서 있었던 오르간 연주회에 참석했던 기억이 난다. 그날도 태풍이 지나간 후였지. 구름이 떠나가고 다시 드러나는 태양의 햇살들이 스테인드글라스 창문에 쏟아지고 굴절된 햇살들이 성당의 높은 벽에 형형색색의 아름다운 색깔들을 만들어 낼 때, 빛과 소리의 조화는 진정으로 예배하고 싶도록 사람들을 감동시키기에 충분했다.

만일 즐길 만한 미적 경험들의 풍성함이 프랑스에 있는 교회로 사람들을 끌어들이기에 충분한 요소라면 아마 교회들은 사람들로 가득 찼을 거다. 하지만 현실은 그렇지 않다. 무언가 빠진 게 있는 거야. 이러한 상황에 이르게 된 원인을 제대로 설명하자면 너무 긴 길을 돌아야 할 것 같구나. 몇몇 종교 역사가는 몇 번의 강력한 비기독교화 운동의 단계들이 프랑스에서 있었다고 본다. 비기독교화의 가장 강력한 단계 중 하나는 프랑스 혁명이 있었던 1793-1794년에 있었다. 비기독교화 운동가들은 기독교 종교의 모든 흔적을 완전히 지워버리려고 했다. 주일이 금지되었고 로마 가톨릭과 개신교 사제와 목사들에게 사역을 포기할 것을 요구했고 수많은 교회가 문을 닫았다. 로베스피에르(Robespierre, 역자 주: 혁명 당시의 정치가)가 "이성 숭배"(Cult of Reason)를 대신한 또 다른 종교를 불러들이기 전까지 이른바 "이성"의 여사제들(다시 말해 지역의 창녀들)이 노트르담의 제단 위에서 춤을 췄다. 그는 물론 그리스도의 신성을 부인한 "초월적 존재 숭배"라는 새로운 국가 종교를 제안했다.

   종교의 자유가 궁극적으로는 회복되었지만 세속화는 지속되었고 아마도 그때에 절정에 이르지 않았을까 싶다. 2년 전에 프랑스에서 고문서들을 연구하는 역사가인 내 친구로부터 편지를 한 장 받았다. 그는 일반 대학(편집자 주: 1905년에 종교와 국가의 분리가 있었다)에서 가르치는 로마 가톨릭 역사가들의 모임에 속해 있다고 했는데, 디용(Dijon)에서 멀지 않은 수녀원에서 여름 수련회를 가졌다고 했다. 거기에서 회원들은 국가 대학에서 최근에 역사의 가르침을 어떻게 접근하는지에 관한 토론을 했단다. 충격적이게도 40대의 한 교수가 그들이 로마 가톨릭교회에서 교리 문답을 배운 마지막 세대임을 상기시키자 또 다른 교수는 그의 중세사 수업 시간에 기독교 교리에 나오는 단어들의 정의를 써 보라고 했더니 학생들이 너무 무지한 것을 알게 되었다고 말했단다. 한때는 로마교회의 핵심에 있었던 나라에서 삼위일체, 성령, 타락과 같은 단어들에 무지했던 거지. 내 친구가 말하기를, 자신이 마치 뒤를 이을 자손이 없이 멸종될 수 있음을 갑자기 알게 된 마지막 공룡들과 함께 있는 것 같은 느낌이 들었다는 거야. 다음 세대는 이교도의 세대인 것이다.

네가 본 것은 프랑스에서의 복음에 대한 완고함이라고나 할까? 이 완고함은 지난 100년 동안 정통 기독교에게 변론의 기회조차 주지 않은 대학교에서 특히 분명했다. 복음주의 선교사들이 종종 기독교를 증거하는 데 세상에서 가장 어려운 곳 중 하나가 프랑스라고 말할 정도였으니까. 그들은 대학에서 교육을 받은 프랑스 사람들을 교회에서는 거의 찾아보기 힘들다고 했다.

하지만 낙심할 필요는 없다. 이전에 프랑스 전역에서 역사하셨던 동일하신 성령님이 또 다시 역사하실 수 있으니까. 만일 시간이 있다면 보 쉬르 셴(Vaux-sur Seine)에 있는 자유 신학교 교수들을 방문해 보는 것도 좋을 것 같다. 존 윈스톤(John Winston)과 앙리 블로셔(Henri Blocher)는 그의 동료들과 함께 프랑스 사람들과 프랑스어를 사용하는 곳에서 온 외국인들을 위한 목회 사역 준비에 아주 분주하니까.

머지않은 장래에 프랑스에서 많은 사람이 주님에게 돌아온다 하더라도 놀라지 말기 바란다. 너무 감격스럽지 않겠니? 하나님이 때로는 황폐한 땅에서 가장 귀한 것들이 열매 맺도록 하시는 것을 기뻐하신다. 미국 사람들은 프랑스 사람들과 우정을 쌓기가 쉽지 않고 서로 알아 가기가 힘들다고 생각해서 사회적 편견으로 그들의 영적인 것들을 평가하기도 한다. 하지만 내 경험에 의하면, 그들은 친구를 선택하는 데 훨씬 더 신중할 뿐이다. 미국 사람들은 그냥 형식적인 많은 우정을 가지려고 하는 경향이 있지만 상대적으로 깊은 우정은 그리 많지 않다. 프랑스 사람들은 소수의 사람이나 가족들과 깊은 인격적인 우정을 가지려 할 것이다. 나의 가장 친한 친구 중 한 명은 20년 전쯤에 내게 관심을 가졌던 프랑스인이다. 이름은 쟈크인데 그는 지금까지 여전히 가까운 친구로 남아 있다.

국민적 성향의 대중적 비교는 이 정도면 충분할 것 같구나. 나는 네가 파리의 실제 아름다움을 넘어 예수 그리스도의 복음을 들어야 할 필요가 절실한 소중한 사람들을 볼 수 있기를 희망한다. 그들은 복음에 마음을 닫은 것처럼 보이지만 내가 짐작하기에는 프랑스 사람들은 10년 안에 훨씬 더 영적이 될 것 같다. 문제는 어떤 형태의 영성이 일어나겠는가 하는 것이겠지. 프랑스인인 블레즈 파스칼(Blaise Pascal)이 표현한 대로 우리 마음에는 하나님이 만드신 반드시 채워져야 하는 공간이 있다. 이미 많은 사람이 그렇다고 믿지만 그 결론에 도달한 프랑스 사람들에게 우리가 필요한 사람들이 되어야겠지. 만일 프랑스의 기독교인들이 그들의 시민들에게 겁을 먹은 것처럼 우리가 그들에게 겁을 먹는다면 그들이 누구에게 갈 수 있겠니?

다시 편지를 보내 주기 바란다. 이미 눈치챘겠지만 너의 편지는 옛날을 기억나게 하기도 하고 질투의 죄와 싸우도록 하기도 한단다. 질투는 그리 바람직하지 않지만 옛날을 추억하는 것은 참 즐거운 일이다.

진심을 담아,
폴 우드슨

10.

파리에서는 일반적인 열정이라고 할 수 있는 분주함, 소음, 냄새, 광경으로 정신이 없었다. 나는 영국으로 돌아가기 전에 우드슨 박사에게 두 번째 편지를 재빠르게 써 내려갔다. 왜 내가 그렇게 급하게 편지를 써야겠다고 느꼈는지는 모르겠다. 이유가 무엇이든 나는 영국으로 돌아가는 열차를 타기 직전에 생 나제르(St.Nazare)에 있는 작은 우체국에서 편지를 부쳤다.

그 편지에 나는 교회와 박물관의 화려함에 대해 언급했고, 동시에 지하철에서 내가 느낀 끔찍한 밀실 공포증에 관해서도 언급했다. 저녁 퇴근 시간이었는데 우안(Right Bank)에 있는 가르 뒤 노르(Gare du Nord)에서 좌안에 있는 나의 작은 호텔로 가고 있었다. 지하철 안에서 엄청난 사람의 물결이 이리저리 흔들리며 의자나 중앙의 손잡이, 아니면 손으로 잡을 수 있는 것이면 무엇이든지 잡고 중심을 잡으려고 했다. 그들의 몸은 서로 부딪히고 나와도 부딪혔다. 기차는 요란한 소리를 내고 이리저리 흔들리며 파리 아래 지하 터널을 달렸다.

정신없이 달리면서 사람들은 서로 꼭 달라붙어서 먼 곳을 바라보며 옆 사람과 눈이 마주치지 않으려고 했다. 이 긴 여행은 끝날 것 같지 않았다. 지하철이 서는 정류장마다 몇 사람이 탈출하고 나면 자동문을 통해 밀려 들어오는 더 많은 희생자에 의해 열차가 채워지곤 했다. 점점 더 죄어오는 가운데 새로 들어온 사람들은 차라리 질식해 죽기를 바랐을지도 모른다. 나도 곧 그렇게 될 것만 같았다. 만일 연옥에 대해서 비종교적인 정의를 내리라고 한다면 나는 출퇴근 시간에 멈추지 않는 파리의 지하철을 1,000년 동안 타는 것이라고 할 것이다.

하지만 여전히 파리를 향한 나의 열정은 사라지지 않았고 빨리 땅 위로 올라가 그 도시에 발을 디디고 싶은 열망은 점점 커져갔다.

나는 우드슨 박사에게 생동감 있는 복음주의 개신교의 존재가 파리에서는 상당히 제한되어 있는 것 같다고 말했다(곧 알게 되겠지만 다소 경건하고 위선적으로). 왜 그런지 그 이유를 아느냐고 그에게 물었다. 프랑스는 개신교 국가가 되는 것을 생각이라도 해 본 적이 있는가? 프린스턴에서 역사 수업 시간에 프랑스 개신교나 위그노들에 관해 들었던 기억이 없다.

내가 우드슨 박사께 썼던 많은 편지가 나의 비참함을 감추고 있었음을 이제야 깨닫는다. 그 당시에는 파리의 유혹들이 아주 끔찍스럽게 나를 잡아당기고 있다고 그에게 고백할 수 없었다. 내 편지에는 표면적으로 영적인 것처럼 보이려고 했고, 프랑스에서의 복음주의 운명에 관심이 있는 것처럼 보이려고 했다. 하지만 사실은 별로 관심이 없었다. 내가 편지를 썼을 때 나는 죄책감에 압도되어 있었고 영적으로 더럽다고 느끼고 있었다. 케임브리지로 돌아온 후에 나는 우드슨 박사에게서 다음의 편지를 받았다. 그는 내 편지에서 내가 심각하게 잘못되었다는 것을 찾을 수 없었다. 어찌 생각하면 내가 그를 제대로 속인 것이다.

1980년 2월 2일

파리에서 보낸 첫 번째 편지를 받고 얼마 안 되어 두 번째 편지를 받아서 놀랐다. 첫 번째 편지에 대한 답장을 파리에 있는 임시 거처가 아니라 케임브리지로 보냈는데 잘 받았기를 바란다. 두 번째 답장이 늦어진 것을 용서하기 바란다. 겨울 학기가 시작되면서 요즘 새로운 과목을 강의하고 있는데 작업량이 많아서 생각했던 것보다 벅차구나. 어쩔 수 없이 이번에는 짧게 답장을 보낸다(편집자 주: 몇 문단은 삭제했다. 거기서 우드슨 박사는 다시 프랑스에 대한 그의 사랑을 강하게 표현했다. 한 번은 승강기에 갇혀서 얼마나 불편했었는지를 아주 강력하게 묘사했다).

너도 지난 편지에서 알아차렸겠지만 나 또한 파리에, 그리고 프랑스 전역에 강력한 복음주의가 부재한다는 사실로 인해 충격을 받았다. 하지만 프랑스에 있는 개혁주의, 침례교, 모라비안, 그리고 다른 복음주의 교회들의 성실한 사역을 부인하고 싶지는 않다. 다양한 선교사가 프랑스에서 신실하게 주님을 섬겼고 복음을 증거함에 있어 그들의 용기는 탁월했다.

그럼에도 복음주의 기독교는 아주 소수에 불과하지. 어떻게 이런 상태에 이르게 되었는가에 관한 주제로 이야기가 벗어나는 것을 이해해 주기 바란다. 네 질문을 통해 네가 들었던 역사 과목들은 프랑스에서의 개신교 역사를 집중적으로 다루지 않았음을 짐작할 수 있었다. 이 주제는 역사가들이 종종 소홀히 여기는 분야이기는 하지.

1520년 초기에 파리에 있던 복음주의 개신교인들은 모욕적인 의미에서 "루터란"이라고 불렸다. 방직공이었던 첫 개신교 순교자는 1524년에 화형을 당해 죽였지. 1560년경 "위그노"라고 불렸던 개혁주의 신자들은 그들의 미래가 순탄할 것이라고 믿었다. 스위스 국경을 넘어간 장 칼뱅 자신과 수백 명의 목사들의 수고로 그들은 인구의 10퍼센트를 차지할 정도로 성장했으니까. 그래서 프랑스는 곧 개신교 국가가 될 것이라고 많은 사람이 생각했지. 하지만 1572년에 있었던 성 바돌로매 날의 대학살은 개신교의 꽃이었던 위그노를 포함한 최소 만 명 이상이 죽임당한 사건이다. 그 후에 여덟 지역에서 종교 전쟁이 일어나(종종 정치적 계략으로 얽어매기도 하지만) 로마 가톨릭과 개신교 사이에 싸움이 있었다. 당시 막 개신교에서 가톨릭으로 개종한 앙리 4세는 1598년에 낭트 칙령(Edict of Nantes)으로 알려진 '양심의 자유'를 개종하기 이전 사람들에게 부여했다. 하지만 전쟁은 다시 일어났고 개신교인들은 무참히 패배했다. 개신교의 마지막 보루 중 하나였던 라 로셀(La Rochelle)이 1628년에 함락되고 그다음 해에(1629) 개신교인들에게 중요한 권리들을 부여한 알레스 조약이(Treaty of Ales)체결되기는 했지만 왕권에 대한 군사적 도전의 종말을 의미하기도 했다.

루이 14세가 1661년에 왕이 되었을 때, 1685년 낭트 칙령의 폐지에서 절정에 이르는 반개신교 운동을 전개했다. 그리고 1715년 임종에 임박해서 그는 로마 가톨릭만이 허락된 유일한 종교이기 때문에 프랑스에 더 이상의 개신교는 없다는 법적 의제를 만들었다. 1685년부터 1787년 관용의 칙령(Edict of Toleration)이 발표될 때까지 위그노의 신앙은 이제 프랑스에서 불법이었다.

하지만 하나님을 자유롭게 예배하고 싶은 위그노의 열망은 사그라들 수 없었다. 앙투안 코트(Antione Court)나 나중에 폴 라보(Paul Rabout)와 같은 젊은 목사들은 사막교회라고 알려진 지하교회를 세우고 이끌어 갔다. 위그노 목사들은 개혁주의 교회들을 위해서 세벤느 산맥의 협곡이나, 정부의 스파이들과 군대의 눈을 피할 수 있는 야외에서 예배를 인도했는데 30-40명 정도의 목사들이 개신교 예배를 인도하다가 죽임을 당하기도 했다. 만일 붙잡힌다면 그 예배에 참석했던 평신도는 평생을 왕의 배 밑창에서 노를 저어야 했고 여성들은 평생 감옥에 갇혀 있을 수도 있었다. 내가 한때 편지를 주고받은 적이 있는 사랑하는 목사였던 개신교 역사학자인 고(故) 사무엘 무어스(Samuel Mours)가 이 당시의 핍박을 연구했는데, 219명의 남자와 32명의 여자들이 처형을 당했고 635명이 총이나 다른 무기에 의해 죽임을 당했고 3,484명의 남자와 3,493명의 여자가 감옥에 갇혔고 1,940명이 배 밑창에서 노를 저으라는 형을 받았다고 했다.

1750년 말기까지는 위그노가 실제적인 관용을 누릴 수 없었다. 그때쯤에는 이미 소수 집단으로서의 그들의 정체성은 자리를 굳힌 셈이었다. 그들은 60만 정도 되었지만 프랑스 인구는 2천 6백만에서 2천 8백만 정도 되었으니까. 그리고 1762년에 볼테르가 개신교의 칼라스를 돕기 시작했다. 아버지인 장 칼라스는 그의 아들인 마크 앙투안느(Marc Antoine)를 살해했다는 이유로 툴루즈 의회에 의해 사형을 당했다. 볼테르는 칼라스 가족의 명예를 회복하기 위해서 3년 동안 편지를 쓰는 캠페인을 시작했다. 그는 장 칼라스가 무죄라고 믿었다. 1765년에 마침내 프랑스 최고의 법정은 칼라스를 모든 죄책으로부터 자유하게 해주었다. 이것이 18세기 프랑스에서 세인들의 관심을 받으며 유명했던 칼라스 사건이다.

칼라스 가족과 다른 위그노를 위한 볼테르의 활동은 개신교 진영에서 깊은 감사의 마음을 얻었다. 하지만 교활했던 볼테르에게는 다른 동기가 있었다. 그는 "한 번의 선행이 백 개의 도그마보다 가치가 있다"는 것을 증명하고 싶었던 거야. 결국 수많은 개신교 목사가 볼테르와 그의 철학 동기의 행동들에 감명을 받아 볼테르의 반기독교적 사상에 방어 태세를 해제했다. 실제로 제법 많은 사람이 그들의 설교와 사역에 이런 철학적 관점을 반영하기 시작했다. 여기서 우리는 또 한 번 사회 분야에서 기독교인들이 해주기를 기대하는 행동을 비신자들이 행함으로 신자들보다 우위를 차지하게 되는 예를 보게 되는 거지.

나는 언젠가 프랑스의 18세기에 있었던 사막교회에 관한 책을 쓸 수 있기를 희망한다. 이 칼뱅주의자들의 경험은 교회의 리더십이 문화를 지나치게 수용할 때 어떤 일이 발생하는지를 보여 주는 놀라운 예가 된다. 1793-1794년까지 반기독교화 운동이 프랑스 전역을 휩쓸 때 개혁주의 목사들의 진영은 이런 맹렬한 공격에 저항할 준비가 되어 있지 않았다. 급진적 혁명가들의 선언에 위협을 느낀 대부분의 개혁주의 목회자는 사역을 포기했다. 서글프게도 소수의 목사들은 단지 미신의 가르침을 따르기보다(정통 기독교를 암시하는) 이성의 요구를 따르기 위해서 사역을 포기한다고 노골적으로 말하기도 했단다.

18세기 말과 19세기 초에 개혁주의 교회들은 재정비되었다. 실제로 어떤 이들은 놀라운 부흥의 유익을 경험하기도 했다. 하지만 19세기 후반과 20세기 중반에는 개신교 자유주의의 주문에 빠져서 다시 복음주의적 열정을 잃어버렸지. 바로 이런 이유 때문에 개혁주의 교회들은 요즘도 크게 성장하지 못하고 있는 거야. 이 소수의 모임은 세속주의와 기력을 상실하게 만드는 신학적 미니멀리즘(minimalism, 최소한만 표현하자는 주의)의 압력으로 점점 작아지고 있다.

분명히 말하자면 20세기 많은 위그노는 영웅적 행동을 하기도 했다. 예를 들면 2차 세계 대전 중에 많은 어머니, 아버지, 소년, 소녀는 비밀경찰들로부터 유대인들을 숨겨 주기 위해 목숨을 걸었다. 프랑스 개신교도들은 그들의 양심을 거스르게 하는 자들에 대항했던 놀라운 역사를 가지고 있는 셈이지. 그들의 역사는 자랑스러운 것임에 틀림이 없지만 복음주의적 관점에서 볼 때에는 종종 비극적인 이야기이기도 하다.

한마디로 위그노의 역사는 소수의 역사다. 이러한 역사는 16세기 후반부로 거슬러 올라가지만 그 한계를 한 번도 벗어나지는 못했다.

다시 한 번 너의 관용을 구해야겠구나. 이 편지를 시작하면서 간단하게 쓰겠다고 했는데 작은 역사 개요서처럼 되어 버렸구나. 마음 깊은 곳에 있던 주제에 나도 모르게 끌려간 것 같다. 게다가 내가 19세기와 20세기의 프랑스 개신교 역사에 관해서는 그리 아는 게 많지 않다는 것을 짐작했을 게다. 일반 인구 가운데 개신교인의 수가 점점 줄어드는 것과는 반대로 프랑스의 정치적 혹은 산업적 엘리트 중에 상당히 많은 개신교인이 있다는 것도 덧붙여 말하고 싶다.

이만 마치자. 이제 진짜로 다시 강의 준비를 하러 가야 한다. 네가 파리에서 좋은 시간을 가졌다고 해서 나도 매우 좋구나. 너의 짧은 휴가 여행이 어느 면으로 보나 큰 성공이었을 것 같다. 잘 지내거라.

그리스도의 교제 안에서,
폴 우드슨

11.

파리에서의 부끄러운 도덕적 실수 후에 나는 무슨 일이 있었는지를 그저 암시만 할 뿐인 편지를 마침내 우드슨 박사에게 썼다. 자세히 말하기는 아직 너무 부끄러웠다. 그의 답장을 보면 내가 암시한 것을 상당 부분 알아챈 것 같았다.

동시에 내가 잠시 멈췄던 것을 다시 알고 싶어졌다. 모든 죄가 하나님의 눈에는 다 같다고 들어 왔었다. 그것들은 그저 죄일 뿐이고 모든 죄는 회색이 아니라 검은색이라고 들었다. 이러한 생각은 교만하지 않게 만들고 우리보다 못된 짓을 행한 사람들에게 겸손하게 다가갈 수 있게 만들어 주었다. 하지만 나는 같은 논리가 전혀 다르게 작용할 수 있음을 깨달았다. 전보다 악한 죄를 짓고도 내가 지은 다른 죄보다 악하지 않다고 결론을 내리는 것 말이다. 아니면 죄의 심각성에 구분이 있다면 너무 깊이 생각할 필요가 없는 사소한 죄인지 아니면 성령을 훼방하는 죄같이 사함이 없는 심각한 죄인지도 헷갈렸다.

지난 10년을 돌아볼 때 나는 죄책과 수치의 문제를 다루는 것보다 이런 질문들에 답을 하는 것에 덜 관심이 있었음을 알게 되었다. 당시에 이 문제를 철저하게 다루지 않았기 때문에 일 년 혹은 이 년 후에 이 이야기가 다시 나를 두렵게 했다. 우드슨 박사가 나에게 보낸 편지의 용어들을 당시에는 이해할 수 없다고 생각한다.

1980년 3월 20일

솔직하게 말해 주어서 고맙다. 아마도 많은 사람은 그들의 죄를 철저하게 감추려고 했을 거야. 감추고 잊으려 하고 아무 일도 일어나지 않은 것처럼 행동한다면 아마 죄에 점점 무뎌지겠지(성경의 관점에서 볼 때 특히 위험한 상황). 아니면 너의 죄책이 몇 달 혹은 몇 년 후에라도 다시 일어나서 아주 교묘하고 파괴적인 방법으로 너의 인격을 비뚤어지게 만들고 하나님 앞에서의 확신을 빼앗아 갈지도 모른다. 따라서 네가 지금 무엇을 하는지가(아무리 강하게 말해도 다함이 없겠구나) 가장 중요하다.

그렇다면 우리가 지은 죄를 우리는 어떻게 평가해야 할까? 모든 죄가 하나님 앞에서 동일하게 유해하다고 주장하면서 성적인 죄나 악한 잡담의 죄가 차이가 없다고 말하는 사람들은 종종 야고보서 2장 10절에 나오는 "누구든지 온 율법을 지키다가 그 하나를 범하면 모두 범한 자가 되나니"라는 말씀을 인용한다. 아마도 그가 말하고자 한 것은 그다음에 나오는 "간음하지 말라 하신 이가 또한 살인하지 말라 하셨은즉 네가 비록 간음하지 아니하여도 살인하면 율법을 범한 자가 되느니라"는 말씀을 통해 그 의미가 분명해지지 않나 생각한다. 이 전 문맥에서 보는 대로 기독교 공동체 안에서 외모로 사람을 취하는 것은 율법을 어기는 것임에 틀림없다(약 2:8, 9).

율법을 이렇게 보는 것은 율법의 인격적인 본성을 보여 준다. 이렇게 말한 그가 바로 그다음에 나오는 말을 한다. 따라서 하나님의 관점에서 볼 때 율법을 어긴 것은 단순히 별개의 규례들을 어긴 것 정도가 아니다. 그것은 결국 하나님에 대한 반항의 문제이지. 따라서 어떤 사람이 다른 여러 부분에서 하나님을 순종하면서도 개인의 관심이 있는 부분에서는 순종하지 않는다면 그건 여전히 반항이 되는 것이다.

거울을 반쪽으로 부수던, 수천만 조각으로 부수던 너는 당연히 그것을 그냥 깨진 거울로 간주할 것이다. 따라서 하나님의 요구에 대한 거부도 마찬가지야. 하나를 어기면 모든 율법을 어긴 셈이야. 단지 모든 규례를 하나씩 다 어긴 것이라는 의미가 아니라 네가 하나님을 욕되게 함으로 율법을 어긴 자로 하나님의 심판대 앞에 서게 될 것이라는 의미지. 율법을 어기고 범죄했다는 말은 결국 하나님의 뜻을 위반했다는 말이다.

이런 관점을 실제적으로 생각해 본다면 그리스도인들은 선별적인 거룩을 추구할 수 없다는 말이 된다. 죄를 대항하는 싸움은 모든 전선에서 해야 하는 것이야. 아니면 지게 되는 거지. "그러므로 모든 더러운 것과 넘치는 악을 내버리고 너희 영혼을 능히 구원할 바 마음에 심어진 말씀을 온유함으로 받으라"(약 1:21).

마찬가지로 성적인 영역에서도, 하나님의 영에 의해서 너의 마음 다스리기를 지속적으로 배우지 않는다면 언제나 하나님을 대적하는 정욕을 키우게 된다. 그렇게 용납된 정욕이 성적인 죄로 폭발되는 것뿐 아니라 영적 성숙함에 있어서 필요한 성장을 지연시키기도 한다. "유혹"이라는 짧은 시는 바로 이 점을 잘 짚고 있다(편집자 주: 스튜더트 케네디[G.Studdert Kennedy]가 쓴 시다. 우드슨의 편지에서 그가 기억이 나지 않는 부분을 수정했다). 이 시는 항변으로 시작해서 정직함이 점점 퇴색되어 가는 것을 보여 준다.

> 기도하라! 기도했는가!
> 기도가 식어 갈 때, 기도의 배터리가 방전되어
> 영광스러운 천사들이 지루해져 갈 때
> 합당한 말이라 할지라도 그저 말뿐이라!
> 예수님에게 머리카락만 한 영광도 돌릴 수 없으리!

팀, 이 일을 쉬운 것으로 여기지 않기 바란다. 우리 중 누구도 유혹의 힘에서 벗어날 수 없다. 네가 이 싸움의 본질을 깨닫지 못한다면 제대로 싸울 수 없을 거야. 네게 승리감을 느끼게 해주는 모든 죄는 사실은 너를 유혹하지 않는 죄들이거나 그런 죄들과는 심각한 싸움을 해 본 적이 없는 것일지도 모른다. 예수님을 주님으로 고백한다는 것의 의미 중 하나는 우리가 모든 전선에서 그분의 뜻, 그분의 길을 따른다는 거다.

아주 초기의 기독교인들은 그 길(the Way)을 따르고 그 길에 속한 자들로 묘사되었는데(행 9:2; 19:9, 23; 22:4; 24:14, 22) 그 길이란 주님의 길(행 18:25, 26), 구원의 길(16:17)을 가리킨다. 이 표현은 동시에 구원의 수단(means, 하나님은 구원의 길을 정하셨고[막 12:14]; 예수님 자신이 곧 길이 되신다[요 14:6])으로, 혹은 기독교인들이 걸어야 할 과정으로, 혹은 행로로, 넓게는 기독교 자체로 묘사될 수 있을 만큼 유연하다. 우리는 모두 그 길에서 벗어난다. 하지만 기독교란 단순히 벗어났을 때의 용서에 관한 것이 아니라, 우리로 하여금 다시 그 길로 돌아가 지속적으로 걸어갈 수 있도록 해주는 새롭게 태어남, 능력, 그리고 아버지의 권징에 관한 것이기도 하다. 시편 1편은(네가 꼭 읽어야 할) 두 길이 있음을 분명히 제시한다. 하나는 하나님 말씀에 근거를 둔 것으로 궁극적으로 열매를 맺는 길이고, 다른 하나는 타락한 이 세상의 조언, 잃어버린 바 된 인간을 따르는 길로 궁극적으로 멸망한다. 그런 의미에서 모든 죄는 그저 죄인 거야.

하지만 이는 모든 죄가 모든 면에서 다 같은 영향을 끼친다거나, 똑같은 형벌을 받는다거나, 하나님이 보시기에 아주 똑같아 보인다는 의미는 아니다. 일반적으로 생각하는 그런 암시는 성경을 철저하게 보지 않은 결과일 뿐이다. 모세와 시내산과 연관되어 있는 언약인 구약의 율법 아래에서는 죄들에 대한 각각 다른 형벌이 있었다. 예수님도 마지막 날에 어떤 사람들은 더 많은 매를 맞고 어떤 사람은 덜 맞는다고 하셨지. 마태복음 11장 20-24절에서 예수님은 그의 설교를 듣고 기적을 보았던 갈릴리의 도시들은 악의 대명사라고 할 수 있는 소돔과 고모라, 그리고 해변가의 이방 도시였던 두로와 시돈보다 큰 심판을 받을 것이라고 경고하셨다. 예수님의 논리는 갈릴리의 도시들이 객관적으로 보았을 때 다른 이방 도시보다 악하게 행동하고 있다는 것이 아니라, 성경을 통해 배울 뿐 아니라 예수님을 보고 그의 말을 들음으로 그들에게 엄청난 특권이 부여되었음에도 회개하지 않음은 사회적으로 악한 죄들보다 심각한 도덕적 실패로 간주된다는 것이다. 하나님이 우리를 심판하실 때는 우리의 유산, 배경, 그리고 장점을 고려하신다. 소돔보다 가버나움에 더 심각하게 진노하신 예수님이 바로 베이징이나 카불보다 뉴욕이나 런던에 더 심각하게 진노하실 예수님이시다. 아무튼 내가 말하려고 하는 것은 단순하다. 성경은 모든 죄를 똑같이 다루고 있지 않다는 거야.

성적인 죄들은 특히 더 깊은 관심을 가지고 성경이 다루고 있다는 것을 말해 주고 싶다. 바울도 말하지 않았니? "음행을 피하라. 사람이 범하는 죄마다 몸 밖에 있거니와 음행하는 자는 자기 몸에 죄를 범하느니라. 너희 몸은 너희가 하나님께로부터 받은 바 너희 가운데 계신 성령의 전인 줄을 알지 못하느냐? 너희는 너희 자신의 것이 아니라 값으로 산 것이 되었으니 그런즉 너희 몸으로 하나님께 영광을 돌리라"(고전 6:18-20). 바울이 성적인 죄를 왜 이렇게 다루는가에 관해서는 논란이 있었다. 예를 들어, 상습적인 음주도 몸에 대하여 죄를 짓는 것이잖니? 하지만 문맥을 보면 단지 몸에 대해 죄를 지음으로 몸을 상하게 한다(damage)는 이야기가 아니라 위반한다(violate)는 이야기야. 성령께서 신자들 안에 거하신다. 부활 때 새로워질 네 몸의 모든 부분이(어느 한 부분이 아닌) 엄청난 값을 지불하신 예수 그리스도에게 속하게 되었다. 그렇다면 어떻게 감히 인간이, 자신을 줄 수 있는 가장 심오한 행위로 네가 네 몸과 네 생명의 소유권을 주장하시는 예수님을 거스르고 다른 것에 줄 수 있겠니(롬 12:1, 2). 기독교적인 관점에서 볼 때 이는 참으로 역겨운 일임에 틀림없다.

또한 실제적인 결과들도 생각해 보아야 한다. 결혼에 있어서 음란보다 잔인하게 신뢰를 깨뜨리는 죄는 그리 많지 않을 거야. 게다가 모든 죄가 나쁜 습관이 될 수 있는 가능성을 가지고 있지만 문란함만큼 중독성이 강한 죄도 많지 않을 것이고, 성적인 죄 만큼 청렴과 정직함에 있어서의 기독교의 명예를 파괴함에 효과적인 죄도 많지 않을 게다. 그래서 비웃음의 대상이 되는 거지.

미국의 전반적인 문화가 성적 빈정거림으로 차고 넘치고 있음을 기억한다면 이제 우리는 정신을 차려야 한다. 네가 〈크리스티애니티투데이〉(Christianity Today, 역자 주: 이후로는 CT)를 구독하고 있는지 모르겠는데 아마도 틴데일하우스는 구독을 하고 있을 게다. 가서 금년 초에 간행된 것 몇 개만 읽어 보기 바란다. 〈CT〉에서 사람들이 무엇을 믿고 무엇을 믿지 않고 있는지를 알아보기 위해 갤럽 조사 기관을 통해 종합적인 통계 자료를 조사한 적이 있어 여러 문제에 대한 결과를 발표했는데 어떤 것들은 충격적이고 대부분은 예상했던 대로였다. 그런데 가장 중요한 것 중 하나는 종교적인 신념과 개인적인 행동, 종교적인 경험과 도덕적인 순결 사이의 관계가 사라지고 있다는 거야. 공적으로 복음적 신앙의 많은 요소가 회복되고 있음에도 우리는 고대 이방 종교 시스템처럼 신앙과 행위의 연결이 필연적이 아닌 것이 됨으로 20세기형 고대 이방주의를 향해 치닫고 있는 것이다.

하지만 신약의 기독교는 네가 그렇게 쉽게 떠내려 가도록 내버려 두지 않는다. 요한일서를 읽어 보아라. 교리, 순종, 사랑은 함께 간다. 갈라디아서와 로마서를 읽어 보아라. 기독교, 믿음에 의한 칭의, 믿음의 순종은 하나로 움직인다. 고린도전서를 읽어 보아라. 성령의 은사, 부활 교리, 투명한 사랑, 도덕적 순결은 모두 하나로 움직인다. 예수님이 주님이시다.

단지 기독교인은 죄를 짓지 않는다는 인상을 주고 싶지 않다는 것은 분명히 해 두자. 이 부분에 대해서도 요한일서는 엄청난 도움을 주지. 기독교인들에게 편지를 쓰면서 요한은 한편으로는 죄가 없다고 하거나 죄를 짓지 않았다고 말하는 자들은 거짓말쟁이이고 스스로를 속이는 자이고 하나님을 거짓말하는 자로 만드는 것이라고(하나님은 모든 사람이 죄인이라고 말씀하시므로[요일 1:6, 8, 10]) 말하니까. 반면에 또 다른 한편으로는 기독교인들은 지속적으로 죄를 지을 수 없고 그리스도께 순종하고 형제들을 사랑하게 된다고 말한다(특히 요일 3:7-10을 보아라). 이 두 강조가 어떻게 동시에 가능할까?

사실 이 두 강조를 모두 강하게, 그리고 동시에 붙들지 않는다면 너는 길을 잃어버리게 될 거야. 앞의 것을 강조하면 죄에 대해 태만해질 것이다. 뒤의 것을 강조하면 너의 모든 동료가(특히 네 가족들이) 네가 착각하고 있다고 말할 때 네가 이미 얻었다고 한 그 온전함을 추구하는 일종의 완전주의로 빠지게 될 것이다. 분명한 사실은 주님이 다시 오실 때까지 우리는 죄를 짓는다는 것이다. 거룩함에 자라 갈수록 전에는 볼 수 없었던 불일치와 오점들을 점점 더 보게 될 것이다. 우리 대부분은 넘어지기도 하고 흔들리기도 하는데 어느 때는 제법 심하게 흔들리기도 한다. 사람들마다 성장에 차이를 보이기도 하고 영적 성숙에 차이를 보이기도 하겠지만 우리 모두는 예수님에게 돌아와 새롭게 정결해지고 용서받아야 할 거야. 하지만 동시에 우리가 만일 기독교인이라면 죄를 위한 핑계는 결코 없을 것임을 강조해야 할 거야. 죄를 지어야만 하는 경우란 없다. 우리 삶 전반에서는 애석하게도 죄를 짓게 될 것임을 인정하겠지만 어떤 특정한 경우에 우리는 죄를 짓지 않을 수도 있기 때문에 그 죄에는 핑계할 것이 없는 셈이지. 간단히 말하자면 그리스도인의 삶에서 죄를 짓는 것이 허락되는 경우는 없다. 그것을 조장하는 그 어떤 것도 용납되어서는 안 되고, 합리화할 수 있는 어떤 구실도 없다.

  너와 나는 이러한 긴장 가운데 살고 있다. 유일한 해결은 이론적인 것이 아니라 실제적인 것이고 실존적인 것이지. "만일 우리가 죄가 없다고 말하면 스스로 속이고 또 진리가 우리 속에 있지 아니할 것이요 만일 우리가 우리 죄를 자백하면 그는 미쁘시고 의로우사 우리 죄를 사하시며 우리를 모든 불의에서 깨끗하게 하실 것이요"(요일 1:8,9).

  팀, 이것이 너의 죄에 대한 하나님의 대답이고 유일한 희망이다. 그거면 충분하다. 절대로 절대로 하나님은 언제나 용서하시는 분이기 때문에 벌을 받지 않을 것처럼 죄를 지음으로 하나님의 용서를 가볍게 여기지 말거라. 하지만 또한 절대로 절대로 하나님은 너를 용서하기에 충분할 만큼 자비롭지도 은혜롭지도 않은 것처럼 죄책감에 젖어 있지 말거라. 죄와 장난하지 않는 법을 배워라. 그러다가 넘어지면 그리스도로 인해 하나님의 용서를 구하는 법을 배워라. 그렇게 정진하거라. 그것이 깨끗한 양심으로 살아갈 수 있는 유일한 길이고 예수님을 주님이라고 부르는 네 고백이 네 삶에서 의미가 있는 유일한 길이다.

용서받은, 그래서 정진하는 동료 죄인으로 이 편지를 보낸다.

**예수 그리스도의 사랑 안에서,
폴 우드슨**

12.

우드슨 박사의 편지는 다시 확신을 주면서 동시에 깨어나도록 했다. 나는 그의 조언에 따라 행동했다. 나는 나의 죄를 용서해 달라고 주님을 부르며 요한일서 1장 9절을 의지했다. 파리에서 잠 못 이루는 밤에 이미 수천 번도 더 용서해 달라고 했다. 하지만 이번에는 하나님의 약속과 성품을 생각할 때, 참된 평화가 내 마음에 찾아왔다.

그러나 우드슨 박사가 그의 편지를 끝내면서 "용서받은, 그래서 정진하는 동료 죄인"이라고 쓴 말이 마음에 걸렸다. 우드슨 박사 자신도 이러한 유혹들 때문에 갈등하고 있다는 의미일까? 그도 역시 영적인 전쟁을 직면하고 있다고 상상하는 것이 끔찍스러울 만큼 나는 그를 존경하고 있었다. 너무 단순하다고 치부하기 전에 1980년에 나는 아직 어린 기독교인이었음을 기억해 주기 바란다. 나는 내가 제법 강한 기독교인이라는 확신이 있었지만 나의 이러한 오해가 나를 아주 큰 위험에 빠지게 만들 수 있다는 것을 볼 수 없을 만큼 여전히 미숙했다. 파리에서의 나의 도덕적 실수는 이런 착각에 아주 강력한 한 방을 먹인 셈이다. 하지만 선배 기독교인들도 마찬가지로 이런 실패감을 느낀단 말인가?

이러한 상황에서 또 다른 두려운 생각이 나를 사로잡았다. 내가 만일 다시 같은 상황에 놓인다면 여전히 같은 유혹에 빠질까? 그 죄를 회개했지만 여전히 총천연색으로 나를 괴롭혔다. 나는 대체 어떤 종류의 기독교인이었는가? 다른 사람도 나와 다를 바 없이 과거의 기억들에 사로잡혀 있을까? 이런 복잡한 문제들을 우드슨 박사께 묻고 싶지 않았다. 몹시 고통스럽고 사적인 것들이었으니까. 그다음 편지를 썼을 때 나는 그의 편지에 깊은 감사를 드렸고 그 편지로 인해 엄청난 도움을 받았다고 말씀드렸다. 적어도 그것은 사실이니까. 그의 말은 기독교적 삶이란 때로는 전쟁터와 같다는 것을 좀 더 이해할 수 있도록 해주었다.

이 민감한 문제들에(적어도 나에게는 민감한 문제였다) 더 이상 신경을 쓰시지 않도록 나는 프랑스에서 공산당이 엄청난 힘을 가지게 된 것에 관해 언급했다. 이미 그때쯤에는 우드슨 박사께서 프랑스에 얼마나 애착이 있는지 알았기 때문에 이런 문제가 죄책, 용서, 그리고 참된 회개에 관한 나의 염려들로부터 그의 관심을 돌릴 수 있다고 생각했다.

노트르담 근처에 있는 작은 식당에서 블랙 커피를 마시면서 프랑스 공산당의 수장인 조르주 마르셰(George Marchais)의 활동들에 관한 기사를 읽은 적이 있다. 〈르 몽드〉(Le Monde)지의 기자는 마르셰를 정치적 사회적 프로그램들이 논평하고 고려할 가치가 있는 정당한 정치적 목소리를 내는 사람으로 간주하고 있었다. 진정으로 단순한 미국인인 나로서는 왜 마르셰와 같은 공산주의자가 신문 1면을 장식해야 하는지 이해할 수가 없었다. 〈뉴욕타임스〉(New York Times) 1면에서 미국 공산당 운동의 정치적 프로그램에 관한 기사를 읽은 기억이 없다. 나는 우드슨 박사께 보내는 편지에서 프랑스의 공산당과 미국의 공산당의 지위를 비교했고 그는 이 미끼를 물고(역자 주: 팀의 개인적인 문제로부터 관심을 돌리도록 하는) 다음의 편지를 보냈다.

1980년 4월 13일

조르주 마르셰와 같은 공산당 지도자가 프랑스 정치에서 영향력 있는 자리를 차지하고 있음에 네가 놀란 것은 충분히 이해된다. 투표할 때 프랑스 사람들이 가지고 있는 정치적 가능성의 폭넓음을 많은 미국 사람은 이해하기 힘들지. 그들은 스펙트럼의 맨 끝에 있는 극우파인 르펜(Le Pen)을 위해서도 투표할 수 있고, 반대편에 있는 마오이스트(Maoists), 혹은 공산주의자, 사회주의자, 아니면 중간에 있는 골리스트(Gaulists)와 같은 중도주의자를 위해서도 투표할 수 있다. 프랑스 사람들은 주요 신문들의 입장이 어떤지 잘 알고 있다. 게다가 공영 텔레비전에 나오는 뉴스 분석가들은 정부를 주도하는 권력에 치중하기도 한다. 우리와는 아주 다른 세계임에 틀림이 없다.

수십 년 동안 공산주의는 많은 프랑스 국민에게 지지를 받아서 인구의 10-20퍼센트 정도나 된다. 예를 들면 공산주의자들은 제2차 세계 대전 중에 레지스탕스에서 잘 알려진 영웅적인 역할을 주도했고 그래서 많은 지지자를 얻었지. 더욱이 그들은 반복적으로 그들이 노동자들의 관심을 대변하고 있다고 주장해 왔다. 프랑스의 잘 알려진 지성인들 중 많은 사람이 정치적 좌파에 헌신되어 있다.

하지만 겉으로 보이는 것이 다는 아니지. 프랑스에서 좌파는 아주 철저하게 훈련된 공산당뿐 아니라 공화당 대통령인 프랑수아 미테랑이 주도하는 사회당도 포함한다. 경우에 따라서는 사회주의자들이 선거 때 공산주의자들과 한 팀이 되기도 한다. 하지만 사회주의자들은 일반적으로 비공산주의자들이야. 워싱턴의 지시에 따르기를 원치 않는 그들은 목적에만 부합한다면 공산주의자들이나 혹은 다른 사람들과도 야합할 수 있지. 그래서 때로는 미테랑이 우리 정부와 나토의 리더십을 혼란스럽게 만들기도 한단다. 하지만 프랑스인은 프랑스인인 거야. 그들 안에는 독립적인 노선이 있는 거니까.

1980년에 왜 공산주의가 지지를 얻고 있는 것일까? 프랑스 사람들은 러시아에 있는 수용소에 관해, 소련의 지배 아래 자유가 억압되고 있는 것에 관해 모르는 것일까? 개인적 자유를 그렇게 소중하게 여기는 사람들이, 경종을 울리는 조르주 마르셰의 수사 뒤에 있는 전제주의적인 면을 보는 데 요령을 피우고 있는 것은 아닐까? 그들은 그가 모스크바에 엄청난 충성을 보이고 중도적 유럽형 공산주의에는 그렇지 못하다는 것을 모르는 것일까? 어떻게 정직한 공산주의자가 그런 지도자들을 지지할 수 있을까?

1968년 5월과 6월에 있었던 학생 혁명 때 나는 프랑스 스트라스부르(Strasbourg)에 있으면서 공산주의가 제시하는 이상주의의 매력을 조금 맛볼 수 있었다. 나는 그때 봄 학기 동안 안식월을 가지면서 신학에 관한 책을 집필하고 있었는데, 나와 아내는 스트라스부르에 머물렀지. 너도 알다시피 그 도시는 웅장한 성당이 자리 잡고 있던 아름다운 곳으로 칼뱅이 피난 중에 머물던 곳이기도 하다.

혁명이 일어났을 때 학생들은 스트라스부르의 개신교와 가톨릭 신학교 건물들을 점령했다. 어리석은 일이었는지 모르겠는데 나는 그들의 기획 모임들에 접근할 수 있었다.

그날 학생들을 주도하던 그 흥분의 도가니! 경찰들이 막고 있는 문을 언제 부수고 반격할지 모르는 상황이었다. 나는 당시 대화의 심각성에 충격을 받았다. 많은 학생은 경찰들이 공격을 한다면 기꺼이 피를 흘릴 각오를 하고 있었던 마르크스주의자들이었어. 그들은 자신들이 프랑스 자본주의자들에 의해 부당하게 착취당하고 있는 하위 계급을 대변한다고 보았지. 그들의 주요 관심은 노동자들의 수동적인 태만함을 일깨워 혁명 중에 학생들과 동참하도록 만들 수 있는 수단들을 고안하는 것이었다. 그들은 혁명이 성공하기 위해서는 노동자들 안에 깊이 자리 잡고 있던 학생들에 대한 의심을 극복해야 한다는 것을 매우 잘 알고 있었다.

나는 그 모임 중 하나를 결코 잊을 수 없다. 한 연사는 스트라스부르 도심 한복판으로 행진을 하자고 동료들을 독려하고 있었는데, 전투적인 사람들은 행진 중에 지나가면서 상점의 유리창에 돌을 던져야 한다고 말하는 거야. 유리 조각이 그들의 머리 위로 떨어져서 자본주의 상점 주인들이 화가 나서 경찰을 부를 테고, 경찰들이 과잉 진압을 하면 아수라장이 될 것이고, 그러면 학생들이 노동자들의 아픔을 대신 짊어지고 매를 맞는다고 노동자들이 받아들이게 될 것이라는 거지. 그러면 노동자와 학생들 사이의 전통적인 적대감이 사라질 것이고 공산당의 혁명을 지지하는 학생들과 노동자들의 힘이 결성될 것이라는 거야.

이 학생 연사의 연설은 논리 분석이 필요했다. 그 순간의 열정으로 돌아가는 머리는 뇌를 지적으로 활동하지 않도록 하니까. 군중은 신중한 고민이 아닌 행동을 원했으니까. 정의와 형제애, 그리고 노동자들의 노동과 소유에 대한 부르주아의 약탈의 종식은 가능해 보였다. 도시에 살고 있는 이에 반대하는 자본주의자들을 물리치기 위해서는 신속하고 결단력 있는 행동이 필요했다. 젊은 혁명가들은 자신을 이웃을 위해 교전하며 선을 행하는 사람으로 여겼다. 나는 대의를 위해 개인적인 고통을 기꺼이 감수하려는 의지에 감탄하지 않을 수 없었다.

내가 지금 말하고 싶은 건 이거야. 미국 사람들은 유럽이든 제3세계든 국민들이 자기 나라에서 볼 수 있는 공산주의의 매력을 보기 어렵다는 거야. 공산주의 국가에서 너무 명백하게 볼 수 있는 경제적 성공의 결여, 수백 만의 사람들에게 가하는 엄청난 육체적 고통, 그리고 심각한 인권 침해는 세상에 있는 수많은 사람이 공산주의를 거부할 것이라고 우리는 전제하고 있으니까. 스트라스부르에서 1968년 5월과 6월의 격동의 날들을 보내며 가졌던 나의 경험은 공산주의의 얼굴의 단면은 비록 허망한 것이라도 젊은이들에게는 아주 이상적이고 매력적으로 보일 수 있다는 것을 깨닫게 해주었다.

게다가 어떤 경우에는 일부 젊은 공산주의자가 "이웃을 네 몸처럼 사랑하라"고 하신 주님을 섬기는 기독교인보다 이웃의 안녕에 더 큰 관심을 가지고 있는 것으로 보였다. 여기 트리니티에서 나의 동료인 허브 캐인(Herb Kane) 박사는 세계적으로 공산주의의 위협은 기독교인들이 복음의 사회적인 요구들을 따르지 않으면서 생기게 된 것이라고 주장한 바 있다. 지나친 과장일 수도 있지만 결코 가볍게 여기지 말아야 할 의미가 분명히 있다.

프랑스에 관한 이야기를 할 때면 할 말이 막 떠오르는 구나. 너무 장황했다. 너를 지루하게 만들지 않았기를 바란다. 모든 것이 다 괜찮을 거야. 너를 위해 기도한다.

진심을 담아,
폴 우드슨

13.

파리에서의 경험 때문에 아직 내가 얼마나 죄악될 수 있는가 하는 문제를 완전히 해결하지는 못했다. 당시 내 질문은 이론적인 틀에 머물러 있었다(그것도 중요하기는 하지만). 나는 어떻게 하면 그리스도인답게 생각할 것인지에 대한 조언보다는 지적인 해결을 원했다.

내가 "로라"라는(보조개를 가진 로라, 기쁨이 솟게 하고 호탕한 웃음을 부르는 로라, 깨끗한 피부와 특히 케임브리지에서 씽씽 자전거를 탈 때 흩날리는 긴 머리를 가진 로라) 스코틀랜드 여인과 데이트를 시작했을 때, 내 믿음에 많은 도전이 있었다. 나는 역사 과목 강의실에서 그녀를 만났다. 강의 후 2시간 정도 함께 산책을 했는데 10분밖에 되지 않은 것 같았다. 그녀는 참 훌륭한 심성을 가지고 있었다. 사람들(특히 약자들)을 향한 애정이 있었고 강한 도덕적 신념이 있었고(그녀의 할아버지는 스코틀랜드 교회의 목사였다), 각 경험을 통해 인생의 마지막 한 방울까지 흡수하려는 열정이 있었다. 그리고 그녀는 불가지론자였다.

이미 그때 나는 제법 연식이 있는 기독교인으로 이미 다른 세 개의 대학을 경험했고 수십 명의 불가지론자와 나의 믿음에 관해 이야기를 나누었다. 하지만 로라는 달랐다. 단지 내가 그녀에게 깊이 빠져서 그녀가 나에 대해 좋게 생각해 주기를 원했기 때문만이 아니라 그녀는 아주 적극적인 불가지론자였기 때문이다. 그녀는 나의 기독교적 고백들이 틀렸다거나 지성적으로 의문스럽다고 나를 설득하려 하지 않았다. 그녀는 내가 만난 누구보다 진정으로 불가지론적 입장에 진심이었다. 그녀가 말하기를 아마도 내가 자신이 전혀 모르는 어떤 경험, 즉 자신이 감당할 수 없는 방식으로 내 사고의 조각들을 구성하는 경험을 한 것 같다고 말했다. 내가 만났던 대부분의 불가지론자는 역설적이게도 굉장히 독단적이어서 하나님에 관해 아무것도 모르면서, 신자들에게 "당신은 하나님에 관해 모릅니다"라고 말했지만, 로라는 달랐다. 그녀는 하나님에 관해 아무것도 몰랐지만 내가 아는지 모르는지에 관해서는 말하지 않았다. 그녀는 불가지론자의 불가지론자였다.

하지만 어느 한 점에서는 독단적이었는데, 꽤 많은 사람이 하나님에 관해서 아무것도 모른다고 하고, 좀 더 많은 사람이 하나님에 관해 안다고 하면서도 그 하나님이 어떤 하나님인가에 관해 같은 입장을 취하지 못하고 있는데, 어떻게 자신이 보는 대로 보지 못한다고 타인은 잃어버린 바 되었고 저주를 받아 지옥에 가게 될 것이라고 감히 말할 수 있는가 하는 점이었다. 그녀가 주장하기를 그것은 최악의 반계몽적 교만이라고 했다.

얼마 동안은 심각한 이야기만 나오면 항상 그 주제로 돌아왔다. 나에게는 그녀를 만족시킬 만한 답이 없었고, 오래 지나지 않아 나 자신을 위해서도 답이 없다는 것을 알았다. 5월 말 경에 우드슨 박사께 편지를 보내어 이에 대한 답변을 구했는데 다른 편지들보다 간단하게 답이 왔다.

1980년 6월 2일

또 다시 학기말이 다가오지만 긴 답변보다는 짧은 답변이 도움이 되겠다 싶어서 급하게 답장을 보낸다. 빠른 답장과 짧은 답장, 이렇게 두 가지 복을 네가 받게 되었구나.

보조개를 가진 너의 로라를 만나 보고 싶다. 나는 내가 말하는 모든 것에 동의하는 여인보다는 반대도 하고 이의도 제기하는 여인을 훨씬 더 좋아한다. 어느 날 아내와 한 번도 심각하게 불일치한 적이 없었다고 주장하는 중년의 목사를 만난 적이 있다. 그때 나는 둘 중에 누가 생각하기를 포기한 거냐고 묻고 싶은 것을 꾹 참았다. 네가 묘사한 대로 너의 로라는 한 남자로 하여금 목숨을 다하도록 현혹했던 페트라크(Patrarch[역자 주: 로라라는 이름의 여인을 사랑했던 이탈리아의 시인])의 로라를 연상하게 하는 구나.

횡설수설하지 않기 위해서 여섯 가지만 말해야겠다.

우선, 모든 사람(혹은 대부분의 사람)이 구원을 받거나 괜찮아질 것이라고 말하는 보편주의에는 여러 형태가 있다. 어떤 사람들은 의도적으로 떨어져 나간 사람을 제외한 모든 사람이 구원을 받을 것이라고 주장한다(구원을 구성하는 요소가 무엇인가에 대한 의견이 분분하지만, 여기에서는 아주 일반적인 의미로 이 단어를 사용할 것이다). 또 어떤 사람은 그들의 종교가 헛되다 할지라도 하나님이 자비롭기 때문에 모든 사람이 구원을 받을 것이라고 주장한다. 또 어떤 사람은 그들의 종교에 대한(혹은 비종교에 대한) 신실함과 믿음 때문에 모든 사람이 구원을 받을 것이라고 주장하기도 하는데, 이는 물론 신자의 좋은 믿음과 신실함에 근거해서 구원을 받을 것이라고 축소시켜 말하는 것이다. 또한 결국 근본적으로는 모든 종교가 같은 것을 말하기 때문에 모두가 구원을 받을 것이라고 말하는 사람도 있다.

여러 개의 다른 형태들이 있기는 하지만 나는 이 분야에는 전문가가 아니다. 따라서 내가 이 편지에서 말하려고 하는 것은 어떤 특정한 종류의 보편주의에는 적용되지만 다른 종류에는 적용되지 않을 수 있다. 네 편지에서 짐작할 수 있는, 로라가 생각하는 보편주의는 제법 멀리 나가 있는 것 같다. 꽤 많은 자료가 나와 있지만 대부분은 신학생이나 목사들을 위한 것들이다. 네가 좀 더 읽어 보기를 원한다면 도서 목록을 보내 주도록 하겠다. 대중적인 차원에서는 폴 리틀(Paul Little)이 쓴 「어떻게 믿음을 잃어버리는가?」(*How to Give Away Your Faith*)의 세 번째 장을 읽는 것보다 좋은 것은 없을 것이라 본다.

두 번째로, 네가 기독교인으로서 보편주의에 대한 질문을 편안하게 대하기 위해서는 우선 네 마음에서 계시에 관한 문제를 해결해야 한다. 하나님이 우리에게 자신을 계시하셨는가, 아니면 그렇지 않은가? 만일 그렇다면 어디에 그 계시가 있는가? 만일 그렇지 않다면 토론은 별 의미가 없다. 그렇다면 로라가 맞는다는 말이 아니라 네 입장과 로라의 입장 모두 동일하게 교만하다는 말이다. 만일 하나님이 자신을 드러내지 않으셨다면 어쩌면 그분은 존재하지 않을지도 모른다. 아니면 그분은 존재하지만 철저하게 추상적이고 변덕스럽고 잔인하기까지 할지도 모른다. 또 아니면 그는 인격체가 아닐지도 모르지. 하지만 이걸 네가 어떻게 알 수 있겠니?

기독교가 주장하는 것은 하나님이 창조를 통해서(그의 실존, 창조적 능력, 섭리에 나타난 것), 증인들이 말하는 대로 시간과 공간의 역사에 나타난 독립적인 행동들을 통해서, 성령을 통해서, 무엇보다도 성육신, 즉 육체를 입은 자기 표현인 그분의 아들 예수 그리스도를 통해서, 우리에게 전달된 성경을 통해서 자신을 우리에게 계시하셨다. 하나님이 말씀하지 않으셨는가? 다시 말하지만 기독교인은, 하나님은 단순히 행동을 통해서만이 아니라 말씀을 통해서도 자신을 계시하셨다고 주장한다. 하나님은 말씀하는 하나님이시다. 인격적이고 초월적인 하나님이 시간과 공간의 역사에 제한된 행동들을 통하여 자신을 계시하기로 하셨듯이 그분은 문화적으로 제한되어 있지만 의미 있고 신뢰할 만한 말씀들을 통해서도 계시하기로 자신을 낮추셨다. 예수 그리스도가 부활하지 않으셨는가? 몇 명의 증인이 그분을 보았는가? 그들의 증언과 관계된 기록들이 얼마나 신빙성이 있는가?

이러한 질문들에 대해서 내가 어떤 답을 줄지 이제는 알 만큼 오랜 시간 너도 기독교인이다. 게다가 아마도 충분히 많은 책을 읽었을 테고, 너의 믿음이 상대적으로 안정될 만큼 좋은 가르침을 받아 왔다. 만일 예수님이 죽었다가 살아나셨고, 잃어버린 바 된 세상을 구원하기 위한 그분의 유일무이한 역할에 관해 예수님과 그분의 제자들이 주장했던 모든 것을 네가 안다는 분명한 확신이 있다면 문제는 이 주어진 것들에 근거해서 로라에게 어떻게 답을 하겠는가 하는 것이겠지. 네가 지금 바로 이 지점에 와 있다고 본다. 그런 것이라면 내가 전에 언급했던 브루스의 작은 책을 로라에게 주는 것이 어떨까 싶다. 로라도 역사를 공부하고 있다니 말이다(편집자 주: 우드슨이 여기서 말한 책은 F.F.브루스의 「신약 성경을 신뢰할 만한가?」[좋은씨앗 역간]를 가리킨다).

세 번째로, 열리고 포용력이 있어 보이는 로라의 입장이 사실은 편협하고 그녀가 생각하는 것보다 훨씬 문화적으로 갇혀 있다는 것을 보는 것이 중요하다. 알렉시 드 토크빌(Alexis de Tocqueville)은 그의 유명한 저서인 「미국의 민주주의」(Democracy in America)에서 이런 말을 했다.

> 나는 정신의 독립과 토론에 있어서의 참된 자유를 미국만큼 용납하지 않는 나라를 알지 못한다. 미국에서는 다수가 의견의 자유 주변에 어마어마한 벽을 쌓아 놓고, 저자는 그 벽 안에서 원하는 대로 글을 쓰게 한다. 하지만 벽을 넘어가면 그에게는 화가 미칠 것이다. 종교 재판의 화형을 당할 위험에 있는 것은 아니지만 지속될 악평과 핍박에 노출되게 된다. 주인은 "내가 생각하는 것처럼 생각하라 아니면 죽으리라"라고 말하지 않지만 그는 "나와 다르게 생각해도 괜찮다. 그래도 네 생명과 재산과 네가 소유한 모든 것을 그대로 유지할 수 있으리라. 그러나 너는 네 백성 중에 이방인이 될 것이다. 네 인권은 보장될 것이나 그것들이 쓸모없는 것이 될

것이니 네 동료들은 결코 너를 선택하는 일이 없을 것임이
라"라고 말한다. 미국의 지배 세력은 결코 웃음거리가 되지
않을 것이다. 얼마나 유력한 사람이든 동료 시민의 칭찬에
서 자유로울 수 있는 작가는 아무도 없다. 다수는 영구적으
로 자기 예찬에 빠져 살 것이지만 미국인들이 이방인들에게
서와 경험을 통해서만 배울 수 있는 진리들도 있다.[4]

알렉시 드 토크빌이 말한 많은 것이 예리하고 잔인하게 들릴 수
도 있다. 하지만 이것이 2년 전에 알렉산드르 솔제니친(Aleksandr
Solzhenitsyn)이 하버드대학교 졸업식 연설에서 했던 말과 다르지 않
다. 일부분만 소개해 보겠다.

> 언론이 강력하게 통제된 동양에서 온 사람이 발견할 수 있는
> 또 다른 충격은 서양 언론에서 전반적으로 발견하게 되는 선
> 호의 일반적 성향입니다. 이 성향에는 일반적으로 용납되는
> 판단의 방식이 있고 보편적인 공동의 관심도 있어 보여서 경
> 쟁보다는 연합을 위한 효과도 있어 보입니다. 언론에 엄청
> 난 자유가 주어져 있지만 그것이 독자층을 위한 것은 아닙
> 니다. 왜냐하면 신문들은 대체로 그들 고유의, 그리고 일반
> 적인 성향에 공개적으로 대치되지 않는 입장들에 대해서만

---

[4] *Democracy in America*, vol. 1, 3rd ed., trans. Henry Reeve (Cambridge: Sever and Francis, 1863), 337–39.

강조하기 때문입니다. 서양에서는 어떤 검열도 없이 사상의 유행할 만한 성향은 유행하지 않을 성향과 신중하게 구별됩니다. 아무것도 금지된 것은 없지만 유행하지 않을 것은 간행물이나 책에서 찾아볼 수도 없고 대학에서도 들을 수 없습니다.[5]

솔제니친의 이 연설이 거의 전 세계적으로 비난을 받았다는 것이 그의 판단을 확증한다.

로라의 입장이 16세기 유럽에 살던 대부분의 사람에게는 정말 엉뚱하게 보였을 게다. 왜일까? 우리가 그들보다 계몽되었기 때문일까? 아니면 로라가(내가 그렇게 말해도 될까?) 20세기 후반 북대서양의 진보 언론의 편견을 대변하기 때문일까? 그녀가 진지하게 사고하려는 독자적인 마음을 가졌기 때문일까? 아니면 그녀가 생각하는 것보다 지금의 유행에 더 강력하게 사로잡혀 있기 때문일까?

네 번째로, 만일 성경에서 소개하는 대로 복음의 진리를 믿는다면, 너에 대한 그녀의 공격이 어떻게 보일까 하는 것이다. 우선 가슴이 아플 정도로 일관성이 없음을 지적하고 싶다. 그녀는 불가지론자, 심지어 순수한 불가지론자라고 주장한다. 하지만 만일 그녀가 진심으로 불가지론자라면 양심상 네가 진리를 발견했고, 성육신하신 진리이신 분을 발견했다는 네 주장에 대해 교만하다고 말할 수

---

[5] *Solzhenitsyn at Harvard*, ed. Ronald Berman (USA: The Ethics and Public Policy Center, 1980), 10 - 11.

없다. 그녀가 할 수 있는 최선의 주장은 그녀는 (아직) 비슷한 것을 발견하지 못했다는 것뿐이다. 네가 교만하다는 그녀의 주장은 그녀가 실제로는 불가지론자가 아니라는 것을 보여 줄 뿐이야. 사실은 일종의 철학적 입장인 다원주의에 깊이 심취해 있을 뿐이지(비록 그녀는 이를 인식하지 못하고 있다 해도).

너는 자신이 마치 진리의 기준이라도 된 것처럼, 자신이 보는 것을 보아야 한다는 것이 문제의 핵심이 아니라는 것을 강조해야 한다. 오히려 그것은 진리의 문제, 계시의 문제인 것이다. 하나님이 이러이러하게 자신을 보여 주셨다면 그분을 다른 모습으로 만들려고 하는 것은 반항과 반역의 행위이다. 기독교적인 관점에서 볼 때, 그녀의 태도는 너보다 너그러운 것이 아니다. 슬프게도 더 무지하고 더 반역적일 뿐이지. 기독교인들은 기껏해야 "내가 옳으니까 당신도 이것을 믿으라"고 말하는 사람들이 아니야. "나는 다른 사람의 은혜로 빵을 발견한 불쌍한 거지입니다. 이 행운을 다른 모든 불쌍한 거지와 나누고 싶습니다"라고 말하는 사람들이다. 금세기 말에 G.K.체스터튼(Chesterton)은 만일 어떤 사람이 절벽에 다가가면서 계속 걷는다면 그는 중력의 법칙을 깨뜨리는 사람이 아니라 증명하는 사람이라고 비꼬듯이 말한 적이 있다. 우리는 자신을 계시하신 그 하나님으로 설명한다. 이를 거부하는 것이 더 너그러운 것이 아니야. 그래서 우리는 여전히 하나님을 의지한다.

이 관점에서 볼 때 그녀는 사실 네게 교만하지 말라고 청하는 것이 아니라 네가 진리로 발견한 것을 거부하라고 청하는 거야. 그녀는 예수님에 대한 너의 신앙이 옳을지도 모른다고 말하겠지. 하지만 만일 성경적인 저자들이 주장한 배타성을 포기하라고 말하는 것은 오른손으로 준 것을 왼손으로 빼앗는 격이다. 간단하게 말하자면 그녀는 길들여진 예수, 모든 것을 요구하기보다는 조금만 요구하는 복음, 자신에게 불쾌감을 주고 변명을 해야만 하는 하나님 대신에 자신의 기분을 상하게 하지 않는 하나님을 원하는 것이다.

괴테가 한 말로 기억하는데, 다음 말을 읽어 보아라.

> 네가 누구와 대적하고 있는지 말해 달라.
> 그러면 네가 누구인지 말해 주겠다.[6]

다섯 번째로, 만일 오해하지 않았다면 그녀는 네가 하나님과 그분의 길에 대한 이해를 법제화하여 동의하지 않는 사람들에게 순응하도록 강요하는 마지막 사람이라고 주장하고 있는 것이다. 교회는 늘 어느 정도는 세상과 대립하는 순례자의 몸이다. 언젠가 우리가 한번은 다룰 필요가 있는 주제이기도 하지. 내가 이를 언급하는 이유는 로라가 어쩌면 기독교 국가로서의 입법화를 비전에 포함시킨 어떤 형태의 장로교에 반발을 하는 것은 아닐까 싶기 때문이다. 내 견해로는 이런 입장을 강력하게 표명하는 사람들은 성경 신학의 관점과, 복음적 목회적 전략의 관점에서 심각한 실수를 범하고 있다.

마지막으로, 신중하길 바란다. 네 아버지가 살아 계셨다면 아마 이렇게 용기 있게 말하지 못했을 게다. 하지만 침묵하는 것을 내 양

---

6 Ernst Bammel, *Judaica* (Tübingen: Mohr, 1986), 117.

심이 허락하지 않는구나. 나는 지금 기독교인은 비기독교인과 교제하면 안 된다는 피상적인 규칙을 말하는 게 아니다. 하지만 사랑의 힘은 대단히 강력하다. 기독교인으로서 자신에게 솔직하게 물어야 할 것이다. 너희 사이의 세계관의 극명한 차이가 영적 성장에 도움이 될지, 자녀들에게 유익을 줄지, 가정에서의 연합을 증진시킬지, 친밀함에 도움이 될지, 전도 생활을 하게 만들지, 너의 기도 생활에 유익할지, 그리고 하나님에게 영광이 될지를 말이다. 성경이 믿지 않는 자들과 멍에를 함께 메지 말라고 경고한 것은 괜히 한 말이 아니다. 물론 이 경고가 결혼 관계에 국한되는 것은 아니지만 틀림없이 적용될 수는 있다. 그녀에게 상처를 주지 않도록 하고, 그렇다고 그냥 헤어지지도 말아라. 그러나 다시 부탁한다. 제발 신중하기 바란다.

사랑과 기도를 담아,
폴 우드슨

14.

　우드슨 박사의 편지가 나를 놀라게 했음을 고백하지 않을 수 없다. 사실 4분의 3 정도 읽고는 그냥 책상에 둔 채 케임브리지의 안개 낀 밤의 차가운 공기를 마시려고 숙소 밖으로 나왔다. 내가 아주 화가 난 것은 아니었다. 이미 말한 대로 그냥 놀라고 약간 슬펐다. 왜 우드슨 박사는 보편주의와 그에 대한 반론들을 나에게 짐으로 준 것일까? 내가 로라와 그녀의 불가지론 선호에 대해 쓴 것은 사실이다. 하지만 잘못 인식된 그녀의 논리에 복잡한 신학적 명제들로 나를 때리기보다는 약간의 여유를 줄 수도 있지 않았을까? 갈 곳을 정해 놓지 않고 무작정 길을 걸어 내려가면서 이런 생각들이 마음을 채웠다. 아마도 내가 생각했던 것보다도 로라를 더 좋아했었나 보다. 내 신앙이 우리 관계에 걸림돌이 될 수도 있겠다는 생각에 마음이 편치 않았다.

　그렇게 걷다가 숙소로 다시 돌아와서야 어느 정도 정신적인 평정을 찾을 수 있었고, 우드슨 박사의 편지를 끝까지 읽을 수 있었다. 나와 로라의 관계가 내가 편지에 적은 것보다 훨씬 심각해 질 수 있음을 그분은 아주 깊게 우려하고 있다는 것을 알게 되었다. 사실 그분이 맞았다.

보편주의의 함정들에 대한 그의 분석에 나는 감사했다. 하지만 내가 로라에 대해서 가지고 있는 좋은 감정을 생각할 때, 그가 로라를 겨냥한 것이 적절했다고는 생각하지 않았다. 로라와 나는 우드슨 박사가 제기한 몇 가지 점들을 함께 토론했다. 처음에는 우드슨 박사에 관해서는 언급하지 않았다. 그러나 그녀는 그녀의 논리에 반박할 수 있는 총알을 누가 어떻게 제공했는지 비꼬듯이 물었다. 그래서 우드슨 박사에 관해 그녀에게 말해 주었다. 나는 그녀가 우리 관계에서 그분을 나에게 공정하지 못한 혜택을 제공한 멀리 있는 적군으로 볼까 봐 두려웠다. 나는 로라가 우리의 토론에서 영적인 면들을 이해하지 못하고 있는 것 같다고 말한 것을 후회한다. 보편주의에 대한 우리 대화는 마치 체스 게임에서 서로에게 마지막 결정타(체크메이트)를 가하려는 것과 같았다.

나는 우드슨 박사께 내가 로라에게 빠져 있음에 대한 그의 우려를 이해한다는 편지를 썼다. 내 마음 깊은 곳에서는 우리 관계가 오래 가지 않을 것임을 알고 있었다. 우선은 내가 곧 미국으로 돌아갈 것이라는 사실 때문이었고, 또 다른 하나는 내 신앙이 나에게 의미하는 것을 로라는 믿으려고 하지 않음으로 로라와 나는 서로 맞지 않는다는 확신이 점점 강해졌기 때문이다. 한 번은 그녀가 우리 미래에 관해 곰곰이 생각하고는 우리가 그동안 잘 지내왔으니 종교적 문제에 있어서의 차이는 그냥 무시하자고 했다. 처음 하루 이틀은 그녀의 제안이 교착 상태에서 벗어날 수 있는 합리적인 방법이라고 생각했다. 합리적이지 않음에도 감정이 합리적으로 보이게 만들 수 있음은 참 놀라운 일이다.

우드슨 박사께 보낸 편지에서 그의 편지가 약간은 고압적으로 여겨졌다는 암시를 했다. 노골적이지 않은 불만이었음에도 내가 짐작했던 것보다 그에게 더 영향을 끼쳤다. 다음의 편지를 그가 보냈는데 그는 근본적으로 주제를 바꾸었다. 그것이 내게는 참 고마웠다.

오해 없기를 바란다. 나는 우드슨 박사와의 편지 왕래를 진정한 특권이라고 여겼다. 그의 성경적인 통찰력과 인간적인 애정은 정말 놀라웠다. 하지만 어느 때는 그의 언급들이 나를 아프게 찔렀고 간섭처럼 보이기도 했다. 어느 때는 내가 더 이상 그의 조언을 원하지 않는다 싶을 정도로 화가 나기도 했다. 그가 대체로 맞을지 모른다는 두려움도 있었다. 최선을 다해 그때를 상기해 보자면 1980년 이른 봄에 내가 가졌던 느낌은 그랬다.

1980년 6월 12일

지난 편지에서 내가 너무 직설적이었던 것 같아 용서를 구한다. 너를 언짢게 할 마음은 전혀 없었다. 나는 로라가 훌륭한 사람이라는 데 의심의 여지가 없다. 그렇지 않았더라면 네가 그녀와 그렇게 많은 시간을 보내지도 않았을 것이고, 그렇게 그녀를 칭찬하지도 않았을 테니까. 확신을 가지고 말하면서 동시에 사랑으로 말하는 것이

때로는 내게 아주 어렵구나. 아마도 나의 어려움을 너는 충분히 이해하리라고 믿는다. 아무튼 용서해 주기 바란다.

하지만 내가 딜레마에 빠졌구나. 너는 지난 편지에서 다른 사람이 대화를 시작하지 않는 한 비신자와 종교에 관해 말할 권리가 신자에게 있다는 확신이 없다고 했다. 특히 한 사람을 다른 사람의 신앙 시스템으로 초청하는 것은 문명인답지 않아 보이고, 특정한 종교적 신념들은 개인적인 것이고, 따라서 다른 사람이 침해해서 검토할 대상이 되어서는 안 된다고 했다.

내 딜레마는 이것이다. 나는 조금 전에 보편주의에 대한 나의 입장을 너무 강하게 말한 것에 대해서 너에게 사과했다. 하지만 너와 로라가 함께 토론했던 그 문제들이 얼마나 심각한 문제인지를 너는 깨달았을 수도 있고 그렇지 않았을 수도 있다고 느꼈다. 어떻게 해야 할까? 또 다시 너를 언짢게 할 수 있음에도 몇 마디 더 해야 할 의무감이 느껴진다. 네가 나를 배려도 없고, 사랑한다는 게 어떤 것인지도 모르는 늙은 신학적 수다쟁이로 믿게 되지 않을까 싶어서 두려움과 떨림이 있지만 말이다.

기독교인은 서로에게, 그리고 비신자들에게 문명인이어야 한다. 예수님도 우리에게 자신과 같이 이웃을 사랑하라고 하지 않으셨니? 우리는 그들이 신자이든 아니든, 그들에게 예의바르고, 너그럽게 대하고, 타인의 행복에도 관심을 가져야 한다.

하지만 여전히 문제는 남아 있다. 비신자들이 우리 믿음에 관해 묻지 않았을 때 그들에게 그리스도의 주장을 소개하는 것이 미개한 것일까? 어떤 사회적 관습들은 종교와 양심의 문제들을 사적인 것들이라고 믿도록 하지. 하지만 만일 그것이 전도에 방해가 된다면 기독교인은 이런 관습들을 깨뜨려야 한다고 나는 주장할 것이다. 신자들은 복음을 전하고 제자 삼으라는 명령을 주님에게 받았으니까. 이는 타협의 여지가 없는 명령이다. 이 명령을 사회적 관습이라는 이름으로 무시하는 것은 예수 그리스도의 제자가 되는 것에 지불해야 할 값을 염두에 두고 있지 않음을 보여 주고 있는지도 모른다. 그런 사람들은 주님의 반대보다 친구와 동료의 책망을 더 두려워하는 것인지도 모르지.

다시 내가 높은 말 위에 올라서 정통이라는 석양을 향해 가고 있다고 생각하기 전에 나도 사회적 압력으로 힘들어 하고 있다는 것을 말해 주고 싶구나. 나도 스스로에게 말하곤 하지. "그들의 삶을 향한 그리스도의 요구들로 내 이웃들을 괴롭힐 권리가 나에게 없다. 그들의 종교적 신념들은 그들 고유의 문제이다. 그들이 믿음에 관해 나에게 물어 주기를 소망한다. 하지만 이 문제에 내가 먼저 말을 시작하지는 않을 것이다. 그러면 그들은 나에게 상처를 받고 나를 간섭자로 여길 테니까." 그렇게 몇 년의 시간이 지나도 내 이웃들이 나에게 그리스도에 관해 묻지 않는다면 내가 그들에게 주님에 관해 말해야 할까 다시 고민하기 시작하겠지.

이와 관련된 몇 가지 생각들이 떠오르는 구나. 우선, 누군가가 복음을 자신에게 전해 주었음으로 인해 진심으로 감사하고 있는 수백만의 사람들을 생각해 보아라. 다시 말해, 많은 사람이 누군가가 먼저 다가가 그리스도를 그들에게 전해 준 것에 대단히 감사하고 있다. 너도 프린스턴에서 기독교 모임에 참석해 달라고 정중하게 졸랐던 사람에 관해 말한 적이 있지. 네가 거절할 것이라는 두려움을 극복한 그 친구가 지금 고맙지 않니?

두 번째로, 기독교인이 누군가에게 복음을 전함에 있어서 무례할 필요는 없다. 이미 언급한 대로 신자들은 이웃을 자신처럼 사랑하라고 부름을 받았다. 십자가 자체에 공격적인 면이 있는 것은 사실이지만 공격적이 됨으로 공격을 더할 이유는 없다. 개인적으로 복음을 전할 때, 강요와 압력에서 자유하게 만든 것 중 하나는 나는 누구도 회심하게 할 수 없다는 사실에 대한 인식이다. 그건 성령께서 하시는 일이다. 나는 사랑하고 신실하라고 부름을 받았고 나머지는 주님에게 맡기면 된다.

세 번째로, 나는 전도를 위해 특별히 부름받은 사람이 있다고 자신 있게 말한다. 내가 믿음을 나누려고 하면 망치게 될지 모른다. 실제로 가장 효과적인 증인들 중에는 정식으로 신학 교육을 받지 않은 평신도가 많다. 평신도이든 교역자이든 우리의 말이 꼬이든 질문에 어떻게 답을 할지 모르든 주님이 우리와 함께하시는 것을 알기 때문에 나는 그리스도를 증거하면서 마음을 놓을 수 있다.

네 번째로, 다시 보편주의 문제로 돌아가서, 만일 사람들이 예수 그리스도를 떠나서 잃어버린 바 되었다고 진심으로 믿는다면 나는 나의 이웃에게 그리스도에 관해서 말해야 할 강력한 충동을 느낄 것이다. 나는 종종 다음의 질문을 스스로에게 한다. "나는 정말로 사람들이 잃어버린 바 되었다고 믿는가, 아니면 거기에 수반되는 엄청난 감정 없이 메마른 교리를 외우듯이 이 말을 하고 있는가?"

마지막으로, 내 예상으로는 그리스도와 사랑에 빠진다면 우리는 사회적 관심을 깨뜨리게 될 것이다. 우리가 사랑하는 사람에 관해 다른 친구들에게 말하지 않는 것은 굉장히 어려운 일이다—네가 로라에 대해서 그렇게 칭찬했듯이. 우리가 그리스도의 사랑의 빚을 졌다면 사람들이 복음을 전하려는 우리를 책망할 것이라는 상당히 과장된 두려움에도 우리는 그리스도에 관해 다른 사람들에게 말해 주고 싶을 것이다.

팀, 나도 너와 마찬가지로 믿음의 길을 가는 동료 여행자이다. 내가 너무 설교조로 이야기했다고 생각한다면 용서하기 바란다. 이 편지에서 보는 것처럼 나도 네가 고민하는 그것들을 가지고 고민한다. 너의 선한 편지는 나로 하여금 멈추어 서서 내 마음의 냉랭함과 위선을 돌아보게 만든다. 내가 너를 응원하고 있음을 잊지 말거라. 우리는 함께 그 길을 가고 있으니까.

진심을 담아,
폴 우드슨

15.

1980년 여름에 미국으로 돌아와 좋은 직장을 구했다(편집자 주: 팀은 그의 돌아가신 아버지의 친구들의 도움으로 이 직장을 구했는데, 그 직업과 풍요로운 수입에 관해서는 17번 편지에서 다룰 것이다). 미국으로 귀국한 충격으로 인해(그것도 뉴욕으로!), 여전히 지속되는 수치심으로 인해, 그리고 이미 짐작한 대로 별로 진전이 없었던 로라를 남겨 두고 떠남으로 인해 나는 1980년 말과 1981년 초에 감정적으로 몇 배 힘들었다. 약간은 소심해져서 우드슨 박사께 보냈던 다음 편지는 다소 간결했는데 이런 나의 감정을 알아챈 듯 그는 설교나 조언 없이 친절함으로 답신을 보내 주셨다.

문화적 다양함에 대한 노출은 청소년 때의 복음주의와 연관된 금기들(taboos)로부터 자유롭게 해주었다. 이런 자유함은 부모 세대의 구속을 공공연하게 거부한 몇몇 내 나이 또래의 복음주의자들을 만나게 되면서 더욱 견고해졌다. 반면에 윗세대 복음주의 지도자들의 기대와 실제로 생동감 있게 주님을 알고 싶었던 나의 열망은 나를 점점 강한 훈련으로 몰아 갔다. 이런 이중적 갈등은 나를 많이 피곤하게 만들었고 내가 어떻게 이를 극복하고 진정으로 거룩해질 수 있는지 고민하게 만들었다.

이전에는 우드슨 박사와 솔직해지는 습관을 발전시켰다면 이제는 소통의 라인을 좀 더 개선할 때가 되었다고 결심했다. 1981년 7월 집으로 돌아온 지 일 년쯤 후에 나는 나의 불확실성들을 좀 더 솔직하게 표현하려고 했다. 종종 아버지가 살아 계셨더라도 이런 편지의 왕래가 있었을까 생각했다. 아마 그렇지 않았을 것이다. 하지만 동시에 역설적으로 과연 내가 아버지와도 우드슨 박사와 그런 것처럼 솔직할 수 있었을까 의문스럽다. 뒤돌아보면 아버지를 잃은, 말로 다할 수 없는 상실감(그 어떤 우정의 상실과 비교할 수 없는)으로 나의 영적인 성장을 자극하고 다른 곁길로 가고 있지 않은지 나의 조심스러운 걸음을 점검해 줄 수 있는 분을 허락해 주셨다는 것이 하나님에게 감사하다.

1981년 8월 5일

벌써 일 년이 지났는데 새로운 직장이 어떤지 궁금하다. 특히 그리스도의 제자로서 어떻게 성장하고 있는지 늘 알고 싶다. 크리스마스 휴가 때 아내와 나는 네가 이곳에 와서 며칠 머물 수 있도록 초청하고 싶구나. 물론 네가 학교를 다니던 때와 달리 며칠을 쉰다는 것이 쉽지 않다는 것을 이해하지만 네가 너무 보고 싶구나.

네가 느끼는 긴장의 일부는 대체로 하나님을 모르는 세상에서의 삶과 관련이 있다. 하지만 이러한 긴장은 20세기 후반 서양 문화에서 독특하게 볼 수 있는 몇 가지 요소를 염두에 둔다면 충분히 감당할 수 있으리라고 나는 생각한다.

우선 애매하거나 적어도 논란이 되는 많은 것 가운데 절대적인 것들을 절대로 가볍게 여기지 말거라. 단순히 진리만 말하는 것이 아니라 윤리적 기준들을 말하는 것이다. 예를 들어, 교만한 것은 언제나 잘못된 것이고, 돈을 신으로 만드는 것도 언제나 잘못된 것이고, 비통함을 키우는 것도 언제나 잘못된 것이고, 미움과 악을 품는 것도 언제나 잘못된 것이고, 호색하는 것도 언제나 잘못된 것이다. 확실한 것들을 위해 성경을 읽고 또 읽기 시작하거라. 네가 해야 할 많은 일을 깨닫게 해 줄 것이다! 사실 두세 개의 불변하는 사실만으로도 많은 어려움을 해결해 줄 수 있을 것이다. 예를 든다면 성경이 우리에게 마음과 뜻과 정성과 힘을 다해서 하나님을 사랑하고 이웃을 자신처럼 사랑하라고 말씀하셨다는 것을 의심할 수 있겠니? 혹은 하나님이 거룩하신 것처럼 우리도 거룩해야 한다는 것은 어떨까? 의심이 들 때마다 확실한 것들을 더욱 강조하거라.

두 번째로, 문화적 다양함에서 비롯된 애매함들은 고려해 볼 만하지만 그러한 문제들에 대한 두 개의 일반적인 접근을 구별하는 것은 매우 중요하다. 첫 번째 접근은, 표현되지 않았지만 은근히 드러나는 두려움이다. "어떻게 빠져나갈 수 있을까?" 혹은 에둘러 "내게 허락된 것은 무엇일까?"라고 묻는 것이다. 그리고 두 번째는 좀 더 방어적인 질문이다. "이 시점에서 내가 어떻게 세상으로부터 나를 보호할 수 있을까?, 이 죄를 피하기 위해서 어떤 방어벽을 내 주변에 쌓아야 할까? 이 시점에서 내가 어떻게 세상으로부터 나 자신을 분리시킬 수 있을까?" 혹은 좀 더 에둘러 "내가 악에 동참한 것처럼 보이는 것을 어떻게 피할 수 있을까?"를 묻는 것이다.

에두른 질문에 있어서 두 접근 모두 나름대로 가치는 있지만 충분히 철저하지는 않다. "내게 허락된 것은 무엇일까?"라는 질문이 정당한 것이기는 하지만 이는 기독교가 마치 금지의 구조를 가지고 있어서 그러한 금지 사항들을 잘 정리하고 배열해서 그러한 규칙들을 잘 따르기만 하면 안전할 것이라는 형태가 되도록 하겠지. "내가 악에 동참한 것처럼 보이는 것을 어떻게 피할 수 있을까?"라는 질문도 정당한 것이기는 하지만 만일 그것을 참된 행동과 거짓된 행동의 기준으로 만들어 버리면 예수님도 그 아래 놓이게 된다. 그분은 죄인들과 타락한 관원들, 그리고 도덕적으로, 예식적으로 부정한 사람들의 친구였지만 그분의 명성이 영향을 받을까 걱정하지 않으셨다(마 11:19). 그러 비나들이 어디에서 오는지를 항상 생각해야 한다. 자신의 명성에 대한 끊임없는 염려는 거룩함과 전도에 대한 열정보다는 지독하게 독실한 척하려는 마음에 더 가까울 수 있다.

고린도전서 8장을 재구성할 수 있다면 이 두 의심할 만한 태도가 바울의 독자들에게도 투영되어 있음을 본다. 거기에서는 우상에게 제물로 드려졌던 고기를 먹는 것이 문제였다. 제물이었던 고기를 먹는 것은 틀렸다고 생각한 보수적인 사람들이 "약한" 형제들로 간주되었다. 다시 말하면 바울은 만일 누군가 그것이 객관적으로 틀리지 않았음에도, 즉 하나님의 눈에 틀리지 않았음에도 틀렸다고 생각한다면 양심이 약한 것이라고 본 것이다. 하지만 적용해서 생각해 보자면 호색이 죄라고 주장하는 사람은 약한 양심이라는 비난을 결코 받지 않는다. 왜냐하면 호색은 죄이기 때문이다. 그러나 제안된 행동—이 경우에는 제물이었던 고기를 먹는 것—그 자체가 악한 것이 아니라 할지라도 바울은 그것을 죄라고 생각하는 사람, 즉 약한 양심을 가진 사람은 탐닉해서는 안된다고 주장한다. 양심을 거스르는 행동은 항상 위험하다. 상처를 입은 양심은 더 이상 그를 보호해줄 수 없으니까.

조금 더 적용해 보자면 성숙함이 더해 가면서 기독교인은 양심에 변화가 있어야 한다. 바울은 곳곳에서 이 점을 분명히 한다. 점차적으로 기독교인의 양심은 말씀에 의해서 만들어져 갈 것이라서 하나님의 말씀이 명령하거나 금하지 않는 곳에서는 자유할 것이고 그렇지 않을 때는 기쁨으로 순종할 것이다.

하지만 고린도전서 8장이 강조하는 가장 흥미로운 점은 이미 그러한 성숙함에 이른 사람들은 아직 그 단계에 이르지 못한 사람들에게 상처를 주지 않기 위해서 그들의 자유를 억제할 것을 권하고 있다는 것이다. 따라서 질문은 "내가 무엇을 자유롭게 할 수 있는가?"가 아니라 "내가 어떻게 그리스도의 교회를 가장 잘 섬길 수 있을까? "아주 민감한 양심을 소유한 사람들을 포함해서 동료 기독교인들에게 어떻게 최선을 다해 덕을 세울 수 있을까"가 되어야 한다. 기독교 사랑의 명령들을 항상 염두에 두어야 한다.

나는 성경이 분명하게 금하지 않고 있음에도 기독교인이 되기 위해서 이런저런 것들을 금해야 한다고 주장하는 사람들을 부드럽게 경계해야 한다고 강력하게 말한다. 하지만 바울이 여기서 다루는 것은 그런 것이 아니다.

예를 들면, 내가 음주는 나쁘다고 주장하는 보수적인 그룹과 함께 일을 한다고 가정해 보자. 솔직히 말하면 성경은 이 문제에 있어 그렇게 금하지 않는다. 예수님도 물을 포도주로 바꾸셨으니까. 술 취함이 금지된 것이고 독주는 인상을 찌푸리게 한다는 것도 문제 삼을 수 있겠지(아마도 농축된 포도주는 문제가 되겠지, 예수님 당시에 대부분의 포도주는 1:3 혹은 1:10으로 희석된 포도주였을 것이다). 하지만 무조건적인 금주는 성경 어디에서도 찾아볼 수 없다. 물론 절대 금주가 되어야 하는 타당한 이유가 많겠지. 건강에 좋다든지, 돈을 아낄 수 있다든지, 어떤 경우에는 전도에 도움이 되기도 하고, 칼로리 섭취량을 줄일 수 있겠고. 그럼에도 성경적인 근거를 가지고 철저한 금주를 말할 수는 없을 것이다.

그러니까 어떻게 해야 할까? 술로 인해 상처를 받거나 술이 위험하다고 생각하는 사람들과 함께 일할 때에는 나는 술을 입에도 대지 않을 거야. 만일 프랑스에서 기독교인들과 함께 일을 한다면 가끔 마실 수도 있지(솔직히 나는 술을 별로 좋아하지는 않는다. 포르투 와인은 예외지만 [역자 주: 포르투갈에서 만든 와인]). 나 혼자 결정할 수 있는 것이라면 나는 안 마시는 게 좋다. 개인적인 취향이기도 하고, 알코올 의존자들과 많이 일해 봐서 경계하는 법을 배웠기 때문이기도 하고, 개인적인 경건이 기독교 경건에 도움을 준다고 믿기 때문이기도 하다(고전 9:24-27을 묵상해 보아라). 하지만 만일 누군가가 내가 술을 마시면 기독교인이 될 수 없다고 말한다면 나는 와인 한 잔을 달라고 요청하고 싶은 유혹을 느낄 것이다. 모든 사람에게 나의 구원은 그런 피상적인 규칙이 아니라 오직 그리스도 한 분에게만 달려 있다는 것과 그리스도의 구속받은 성도로서 나는 새로운 언약을 통해 주어진 성경이 자유롭게 행동하라고 말씀하시는 곳에서는 자유하다는 것을 분명히 보여 주고 싶기 때문이다.

나는 자유하다. 하지만 이는 또한 섬김을 위해 자유하고 바울이 같은 장에서 말한 것처럼(고전 9:19-23) 모든 일에, 모든 사람에게 모든 것을 베풀어 가능한 한 모든 수단으로 어떤 사람들로 구원에 이르도록 하는 일을 위해 자유하다. 무엇을 해야 하고 하지 말아야 한다는 틀에서 주어진 답은 언제나 유익하지 않고 핵심을 놓치게 만든다. 거기에는 염두에 두어야 할 관계가 있고 천국의 진보가 있고 사람들을 그리스도께 인도해야 하는 일이 있다. 그와 같은 문제들에 무게를 두지 않는 윤리적 결정은 이미 소망 없이 타협되고 심각하게 변질된 기독교가 된다.

세 번째로, 일반적으로 서양 문화, 특히 미국 문화는 이미 많은 부분에서 심하게 배교적이라는 사실을 놓치지 말아야 한다. 우리는 의식적으로 우리에게 전승된 기독교 가치들의 유산을 버렸다. 수백 만 명의 사람은 자신들에게 책임을 물으실 주권적이며 거룩하신 하나님 앞에 서 있다고 생각하지 않는다. 그러한 사회는 미디어를 통해 주권적 하나님 앞에서의 도덕적 책임의 개념을, 좋게 말하면 시대에 뒤떨어졌고, 나쁘게 말하면 강압적이고 위험하고 광신적이라고 비웃고 조롱한다. 우리 사회는 유혹을 편리로 만들고 있다. 교만의 유혹은 신용카드를 사용할 수 있는 자극이 되고, 성적인 죄의 유혹은 광고 산업의 기준이 되고, 쾌락과 이기심의 유혹은 정치, 경제, 오락의 사이렌 소리가 된다.

우리 기독교인들은 그와 같은 감언이설에 면역이 되어 있지 않다. 그래서 우리는 우리 시대의 죄에 동참하게 되는데 기쁨으로 하나님을 섬기고 예수 그리스도의 주권을 즐거워하도록 우리 자신을 구별하기 위해서는 하나님이 능력 주시는 대로(빌 2:12, 13) 말씀을 꾸준히 묵상해야 하고 의지의 결정을 반복해야 한다. 모든 세대가 그랬지만 우리 시대에는 특히 시급한 일이다.

이미 제안한 대로, 우리 문화와 역사의 현장에 특이한 두 가지 다른 요소들이 이러한 생각들을 더욱 긴박하게 만든다고 본다. 우선은 레이건 대통령의 정권에서 비롯된 신보수주의의 양상이다. 내가 교회에서 목회를 했던 50년대 대부분의 사람은 비상금을 모아 집을 사고 더 나은 직장과 교육을 위해 열심히 일했다. 대부분의 성인은 제2차 세계 대전의 대공황의 그늘 아래 살았고 어디에나 있었던 냉전의 시대를 살았다.

그리고 케네디 대통령의 암살, 베트남 전쟁, 우드스톡(Woodstock [역자 주: 1969년 뉴욕 우드스톡에서 있었던 록 페스티벌])이 있었다. 이런 일들이 너희 세대에는 역사 책에서나 읽을 수 있는 일들이 되었다는 것이 믿기지 않는구나. 우리는 그때를 살았다. 확신과 방향을 잔인하게 잃어버렸고 더욱 급진적으로 반응하라는 충동이 있었다. 60년대의 히피족들은 세로 줄무늬의 바지를 입고 프로 농구 게임에서 소리를 지르며 응원했다. 많은 사람은 보수주의를 환영했고 직업에 헌신했고 여성들은 다시 아이를 가졌다.

하지만 그것은 같은 보수주의가 아니다. 50년대의 보수주의는 많은 약점이 있었지. 지나치게 강경론을 펼쳤고, 민족주의적이고 교만했다. 하지만 적어도 미래를 만들고 있었다. 공황을 기억하는 부모들은 자녀들을 위해 안전한 미래를 만들고 싶어 했다. 그런 의미에서 다음 세대를 위해 힘든 노동도 감수했다. 이 모든 일은 여전히 일부 도덕적 가치의 절대성을 크게 옹호하던 전통적 문화 속에서 이루어졌다.

신보수주의는 그렇지 않다. 지금 사람들은 자신들을 위해 많은 돈을 원하고, 자녀를 낳는 것은 직업, 자기만족, 물질주의에 이어 세 번째나 네 번째가 되었다. 교육 자체도 이제는 가치가 없어서 그저 더 많은 돈과 권력을 위한 수단일 뿐이지. 이제는 생산자들, 무엇을 만드는 자들보다는 주식을 조정하는 돈 많은 부호들이 영웅이다. 어느 면에서는 보수라고 할 수 있는 여피 세대(yuppie generation)는 어디에서나 볼 수 있듯이 우울할 정도로 이기적이다. 그와 같은 이기심과 탐욕이 바로 우상 숭배의 본질이다.

팀, 내가 지금 말하려는 것은 너의 때를 하나님 말씀의 관점에서 이해해야 한다는 것이다. 그렇지 않으면 시대의 유혹에 빠지게 될 것이다. 너희 세대는 물질적인 것들을 위해서만 정신없이 살도록 만들어졌기 때문에 영성에 대해 반발하거나 엉뚱한 것들을 찾게 될지도 모른다. 이미 그런 표시들이 나타나고 있는데 이러한 새로운 영성의 관심은 결국 자기만족과 관련 있다. 뉴에이지는 처음 생겼을 때보다 훨씬 대중적이 될 것이다.

누가 그의 십자가를 지고 예수님을 주님이라고 고백하겠니?

마지막으로, 공적 도덕성의 복음적 회복이 점점 강해지고 있는 와중에(늦기는 했지만) 희한하게도 개인적인 도덕성이나 영적 진실함에 대한 관심이 상실되고 있다. 우리가 낙태나 권력의 남용, 하나님이 우리에게 맡기신 세상을 오염시키는 일, 억압받고 압제당하는 사람들에 관한 문제들에 점점 민감해지고 있는 것은 제대로 된 일이지만, 이는 단지 고전적 자유주의의 파괴적인 공격에서 벗어나려고 애를 썼던 복음주의적 유산의 주류 중 하나를 회복하는 것일 뿐이다. 자유주의자들은 선한 행위를 강조했고 우리는 칭의를 강조했다. 그들은 가난한 자들을 섬기는 것을 강조했고 우리는 전도를 강조했다. 그들은 공적인 영역에서의 행위를 강조했고 우리는 교리와 개인적인 경건을 강조했다. 따라서 공적인 영역에서 도덕적인 결단을 회복하는 것은 성경의 저자들이 외친 예언자적 부름으로의 건전한 회귀라고 볼 수 있다.

하지만 내가 염려하는 것은 사회적 문제들에 대한 복음주의자들의 외침이 개인적인 도덕성과 경건을 대신하는 것처럼 보인다는 것이다. 내가 틀렸기를 바란다. 하지만 만일 그렇지 않다면 조잡한 기초는 거대한 건물을 오래 받쳐 주지 못할 것이다. 내가 그저 개인적이고 경건한 헌신을 변호하고 있는 것이 아님을 믿어 주기 바란다. 하지만 별난 것을 따라가는 것은 언제나 쉽다. 어떤 문제를 지지하는 것이 대중화되는 순간, 소외되는 것이 무엇인지, 무시되거나 경멸을 받고 있는 것이 무엇인지 묻고 싶다. 성경이 공의에 관심을 가질 것을 요구한다면 성경은 또한 우리가 열심히 기도해서 하나님의 사랑의 무한함을 점점 더 알아 가고 그 안에서 즐거워하는 법을 배워 갈 것을 요구한다(엡 3:14 이하).

    율법주의와 자유, 훈련과 방종에 관한 질문에 장황하게 답을 했구나. 만일 내가 명확하게 설명하지 못했다면 성경이 말하는 것에 대한 나의 이해가 요약이 되었으면 좋겠다. 네가 생각하는 문제들을 독립적으로 생각한다면 결코 답을 찾지 못할 것이다. 너는 하나님과 그가 보내신 예수 그리스도를 알고 사랑하고 순종하기로 마음을 정해야 한다. 타오르는 북극성처럼 그 목표를 분명히 할 때 이러한 문제들을 다루는 것에 네 자신을 훨씬 잘 준비시킬 수 있을 것이다.

너의 동료된 종,
폴 우드슨

16.

솔직히 말하면 우드슨 박사의 바로 이전 편지는 내게 조금 부담스러웠다. 의심의 여지없이 내 직업에서 오는 압박 때문이기도 하고, 독서와 사고, 기도 시간이 부족해서이기도 하고 어쩌면 일종의 냉랭함, 기독교인으로서의 삶에 고착된 무관심 때문이기도 했다. 나는 교회가 죽은 것처럼 보이는 가장 큰 원인 중 하나는 많은 보수 진영에서 교리를 지나치게 강조하기 때문이라고 결론내리기 시작했다. 내가 원했던 것은 생명, 생동감, 경험, 현실이었다.

내가 이런 생각을 우드슨 박사와 나누었을 때 나는 그가 냉담한 기독교를 지지하지 않기 때문에 내 의견에 동의할 것이라고 생각했다. 그래서 그의 반응에 전혀 대비하지 못했다.

1981년 9월 18일

  너는 내게 아주 이상한 대안들을 제시했더구나. 냉랭하고 시들해져 가고 교리적이고 지루한 기독교, 아니면 밝고 경험적이고 설레고 비교리적인 기독교, 이 둘 말고 다른 것은 없을까?

  옛날 사람 말처럼 들릴 수도 있겠지만 네가 그런 관점을 가지게 된 것은 아마도 매일 일을 해야 하는 현실 세계로 네가 들어 온 결과가 아닐까 싶다. 은행은 너를 긴장하게 만들고, 인문학 배경을 가지고 있는 너로서는 재정 산업에서 경쟁력을 가지기 위해 여러 공부를 하고 있겠지. 네 삶은 틀에 갇히고 공격과 압박을 받고 있겠구나. 독서를 위한 시간도 가지기 어렵고 독서를 해도 〈월스트리트 저널〉(The Wall Street Journal)이나 회계학 교과서가 아니라면 차갑고 딱딱한 교리보다는 가볍게 즐길 수 있는 정도의 독서를 원하겠지. 맞니? 혹시 내가 상황을 잘못 판단하고 있다면 고쳐 주기 바란다.

  네가 제시한 양분화에 기여한 또 다른 요소가 있을 것 같다. 진실을 말하자면 나도(그리고 나처럼 신학교에서 가르치는 사람들) 일정 부분 책임이 있다. 풍자적으로 들릴 수 있겠지만 복음주의 설교자들은(내가 훈련을 돕고 있는) 두 극단 중 하나에 빠지려는 경향이 있다. 한 쪽은 놀라울 만큼 적절한 주제를 찾아 탁월하게 전달을 하려고 하는데, 최신 유행어로 메시지를 잘 포장해서 강렬하고 열정적이고 스스로 해결하는 예배를 강조한다. 그들은 교리에는 약하고 대체로 기초적인 성경의 가르침에도 약하지만 이 설교자들은 종교적인 유행어와 함께 그들의 설교를 자유자재로 빛낼 수 있기 때문에 일반 교인들은 그런 문제를 알아채지 못한다.

반대쪽에는 제법 많은 설교가, 특히 보수적인 신학교에서 교육을 받은 사람들로서 성경 구절들을 통해서만 꾸준히 그 답을 찾아간다. 박식한 척 각 분사를 설명하고 헬라어의 절대소유격이나 히브리어의 부정사 구문의 중요성을 신중하게 파헤치며(마치 막 남편과 사별한 교회의 할머니가 그런 고상함에 관심이라도 가질 듯이) 습관적으로 많게는 8개까지 신학적인 단어들이 담긴 실린더를 배열하는 사람들이 있다. 사람들의 반응이 없다면 그건 그들이 확실한 교리의 중요성을 인식하지 못하는 위기의 시대에 살고 있기 때문이라고 생각하겠지. 이런 은혜가 없는 설교를 종종 "강해 설교"라고 부르기도 한단다.

물론 지나치게 풍자적으로 말한 것은 사실이다. 대부분의 설교자들이 이 두 극단에 속하지 않겠지만 여러 다양한 압력을 받으면서 그 사이 어딘가에 자리를 잡고 있음은 틀리지 않은 것 같다. 이런 풍자적인 모습에 맞는 설교자들을 생각해 내는 일이 그리 어려운 일은 아니니까.

첫 번째 형태의 설교자들은 얄팍한 교회를 세운다. 짧은 시간 동안에는 거기에 있는 것이 좋겠지만 많은 사람으로 하여금 그냥 거쳐 지나가도록 하는 경향이 있지. 그러한 설교자들은 언제나 지나가는 유행의 인질이 된다. 일부는 이단이 되기도 하고 대부분은 상대적으로 그리 중요하지 않은 위치에 있게 된다. 그들은 최근의 유행을 종교적인 언어로 포장을 하고는 마치 그것이 심오한 성경적인 통찰인 것처럼 세상을 향해 앵무새처럼 떠들어 댄다. 이를 제대로 알지 못하는 사람들 가운데에서는 시대에 맞고 "함께한다"는 명성을 얻게 되겠지. 이러한 목회에 대해 항거했던 한 나이 많은 설교자가 작사한 짤막한 노래가 기억난다.

너는 내가 함께하지 않는다고 말한다.
친구여, 나도 인정한다.
하지만 내가 무엇과 함께하지 않는지 알게 될 때
나는 차라리 함께하지 않는 쪽을 택한다네.

슬프게도 이 첫 번째 형태의 설교자들은 거의 모든 경우에 두 번째 형태의 설교자들에 의해 주어진 나쁜 사례들에 의해서 힘을 받는다. 두 번째 극단이 제공하는 것은 강해 설교가 아니다. 좋게 말해서 강해 강의이고 나쁘게 말하면 주어진 본문에 적당히 근거한 무작위의 문법적, 역사적, 신학적인 생각들을 나열한 것일 뿐이다. 최악의 경우 말할 수 없이 지루하고 거의 누구에게도 유익을 주지 못한다. 나는 네가 출석하고 있는 교회의 목사에 대해 알지 못하지만 만일 네가 특히 케임브리지에 있는 로이 클레멘트의 목회를 일 년 동안 경험한 후에 그런 설교를 몇 달 동안 들었다면 네가 느끼는 낙심을 충분히 이해할 수 있다.

물론 설교자들에게만 뭐라고 할 것은 아니다. 기독교 라디오나 텔레비전도 즉각적인 반응을 유도하는 슬로건 형식의 신학을 제공하고, 경쟁의 압력 가운데 기독교 간행물들도 결국은 몇 명의 구독자가 있는지만을 중요하게 생각한다. 구독자의 수를 늘리기 위해서는 "함께함"을 추구해야 하고 영적인 패스트푸드 산업을 배급해야 한다. 그래서 일부 간행물은 예언자적 소리를 잃어버렸으며, 그 어느 때보다 인기가 높다. 하지만 그들은 언젠가 즉각적인 오락의 요구에 결국 무너지게 될 거라 예상한다.

반면에 아주 잘 나가며 범국가적으로 청취자들을 보유한 소리들은 미국에 극소수에 불과하다. 만일 설교자들이 잘못 했다면 회중과 독자들에게도 잘못이 있다. 요한계시록 2장과 3장에 나오는 교회들처럼 우리는 우리 문화에서 흘러나오는 샘물에 너무 깊이 취해 있어서 그 물이 오염되었다는 것을 거의 인식하지 못하고 있다.

비판은 이쯤 하자. 그러면 어떻게 해야 할까? 그들은 어려운 경우들이 악법을 만든다고 말하지. 그런 것처럼 그들은 나쁜 신학을 만들고 있다. 따라서 우선은 원칙에서 시작해서 밖으로 나가야 할 것이다.

그렇다면 성경적인 관점에서 볼 때, 기독교의 성숙이 얼마나 강력하게 하나님의 말씀에 대한 깊은 지식과 연관되어 있는지를 아는 것이 무엇보다 중요하다. 히브리서를 받아 본 기독교인들에게 말씀하셨다.

> 멜기세덱에 관하여는(즉 멜기세덱의 제사장 됨이나 이와 관련된 주제들) 우리가 할 말이 많으나 너희가 듣는 것이 둔하므로 설명하기 어려우니라. 때가 오래되었으므로 너희가 마땅히 선생이 되었을 터인데 너희가 다시 하나님의 말씀의 초보에

대하여 누구에게서 가르침을 받아야 할 처지이니 단단한 음식은 못 먹고 젖이나 먹어야 할 자가 되었도다 이는 젖을 먹는 자마다 어린아이니 의의 말씀을 경험하지 못한 자요 단단한 음식은 장성한 자의 것이니 지각을 사용함으로 연단을 받아 선악을 분별하는 자들이니라(히 5:11-14 [고전 3:1 이하 참고]).

인간과 그들의 모든 의견과 유행은 "모두 풀과 같고 그 모든 영광은 풀의 꽃과 같으니 풀은 마르고 꽃은 떨어지되 오직 주의 말씀은 세세토록 있다"(벧전 1:24, 25; 사 40:6-8 참조). 이 편지를 더 읽어 내려가기 전에 시간을 가지고 시편 19편과 119편 그리고 디모데후서를 차분히 묵상해 본다면 좋을 것 같구나. 구약 성경이 지속적으로 하나님 말씀의 부재를 하나님의 심판의 표시로 본 것은 공연한 것이 아니다. 반대로 예수님은 아버지께 기도하기를 "그들을 진리로 거룩하게 하옵소서. 아버지의 말씀은 진리니이다"(요 17:17)라고 기도하셨는데 진리, 곧 하나님의 말씀으로 전달된 진리를 떠나서는 거룩함이 없음을 암시한다.

만일 성경이 천국과 지옥에 관해, 하나님의 본성에 관해, 구원의 길과 우리가 향하고 있는 멸망의 길에 관해, 다양한 형태의 우상 숭배에 관해, 예수 그리스도와 그의 죽음과 부활의 절대적인 중요성에 관해, 성령의 임재와 능력에 관해, 하나님의 사랑에 관해, 영생의 가치에 대한 생각의 중요성에 관해, 자기중심성의 파괴적 본질에 관해, 거룩함의 아름다움과 하나님을 아는 것의 특권에 관해, 교회의 본질에 관해 말하는 것이 사실이라면 성경과 성경을 통한 교리는 분명히 실제 세상과 밀접한 연관이 있다. 문제는 사람들이 들을 준비가 되어 있는가 하는 것이다. 때로는 교리의 무관성에 대해 불평하지만 이는 자신들의 잃어버린 바 되고, 광적이 된 세상의 우선순위에 노예화된 상태를 드러낼 뿐이다.

너는 기독교인이니까 내가 지금까지 한 말에 동의하리라고 믿는다. 그렇다면 문제는 왜 그런 교리들이 자주 연관이 없는 것처럼 보이는가 하는 것이다.

여러 답이 있겠지. 하지만 이미 암시한 대로 나는 그 책임이 상당 부분 설교자들에게 있다고 생각한다. 강해 설교는 단순한 강의 그 이상이다. 이상적으로 말하자면 그것은 원래의 하나님의 말씀을 새로운 세대에 다시 전달하는 것이지. 설교자를 통해서 전달되지만 설교자의 인격은 그가 전하는 진리에 의해서 형성되어야만 한다. 그는 자신이 강해하는 본문을 깊이 생각해야 할 뿐만 아니라 전문가들에게는 흥미롭지만 의도하는 메시지를 전달하는 데 별로 도움이 안 되는 난해한 기술적인 요소들은 가차없이 제거해야 한다. 여기까지 해도 그가 해야 하는 일의 반밖에 하지 않은 거야. 설교자는 절제되고 성령께서 능하게 하시는 방법을 통해서 이 본문이 어떻게 사람들의 삶과 생각에 영향을 끼치게 할 것인가를 생각해야 하기 때문이지.

복음적인 강해 설교나 교리 설교가 지루하고 무관한 것처럼 들리는 가장 큰 이유는 설교자들이 너무 많은 시간을 주해와 요약에 사용하면서 그 하나님의 말씀이 어떻게 상처를 주고 상처를 치유하도록 할 수 있을지(호세아의 언어를 빌리자면)에 너무 적은 시간을 사용하고 있기 때문이다. 또 다른 이유는 일부 설교자들이 전문가처럼 행세를 한다는 것이다. 베드로의 말을 인용하는 것이 좋겠다. "만일 누가 말하려면 하나님의 말씀을 하는 것처럼 하라"(벧전 4:11).

예를 들어, 누가 속죄에 관해 말한다면 우리가 죄를 지었을 때 어떻게 하나님에게 다가갈 수 있는가에 관한 실제적인 것들을 이야기해야 한다는 것이다. 만일 죄에 관한 이야기를 한다면 그건 교회 밖에 있는 대부분의 사람이 가지고 있는 추상적인 개념이 아니라 죄의 본질과 형태를 적나라하게 드러내어 교인들이 자신들의 죄를 발견하고 그 죄를 다루는 법을 배우도록 해야 한다. 만일 죄를 단순히 개인적 소외의 범주에서 다룬다면 그 죄에 대한 답은 개인적인 관계나 자아 성취 정도에 머물게 될 것이다. 죄를 전적으로 법적인 칭의의 범주에서만 다룬다면 실제적으로 죄를 즐기는 것이 너무 가볍게 다뤄질 것이다. 죄를 단지 우리 양심의 죄책감 정도로 다룬다면 하나님 앞에서 우리가 범한 행위의 객관성은 제대로 인식되지 않을 것이다. 죄의 문제에 대한 성경적인 관점은 단순히 우리가 느끼는 죄책감이 아니라 우리가 하나님 앞에 범함으로 저주를 받아 마땅한 객관적인 죄책임에도 말이다.

죄에 대해 어떻게 생각하느냐가 죄로부터의 해결, 너와 세상의 문제, 하나님의 저주와 하나님의 사랑 아래 있는 세상에서 무엇이 중요하고 중요하지 않은지를 결정하는 문제에 영향을 끼칠 것이다. 우리가 생각하고 살아가는 방식에 엄청난 영향을 끼치지 않는 교리의 영역이란 존재하지 않는다. 사실 성경적 주제의 주요 요소들을 제외시키는 것은 제자도에 있어서 나중에 문제가 되거나 예상치 못했던 반발을 불러일으킬 수 있는 흔들림을 유발시킬 수 있다.

마찬가지로 만일 설교자가 성육신하신 하나님의 말씀으로서의 예수님에 관해 말한다면, 우리를 예배, 순종, 회개, 믿음, 이해, 성찰, 제자도 등으로의 부름에 "그래서 어떻다는 건가?"라는 질문과 답이 구체적인 용어로 분명하게 제시되어야 한다.

만일 설교가 너무 사소하고 의미 없어 보이는 교회에 속해 있다면 채움을 받을 수 있는 좋은 성경 공부에 참여하거라. 거기에 에너지를 쏟아라. 모임에 참석하기 전에 미리 성경을 읽고 어떻게 본문을 공부할 수 있을지 기도하거라. 만일 설교가 형식적으로는 성경적이지만 우울할 만큼 지루하다면 설교자가 본문을 통해 전하는 것을 들으면서 너 스스로 적용 질문을 해 보거라. 그냥 마음을 닫지 말고 스스로에게 물어라. 만일 본문이 정말 그렇게 말하고 있다면 내가 살고 생각하고 일하는 데 이것이 어떤 차이를 가져다주어야 할까? 여기서 하나님이 나에게 말씀하시는 것은 무엇일까? 만일 이 모든 것이 다 안 되거든 양육을 받고 성경 공부에서 다른 사람을 인도할 수 있도록 성경을 이해하는 데 도움받을 수 있는 교회를 찾아보거라. 성경을 공부하는 최고의 학생은 거의 모든 경우에 다른 사람으로 하여금 성경을 이해하고 실천에 옮길 수 있도록 도움을 줄 수 있는 사람이니까.

여전히 교리가 삶에 크게 연관이 없다고 생각되거든 그 내용에 있어서는 교리적이지만 영적인 성장을 위한 깊은 관심과 따뜻함으로 쓴 책들을 읽기 시작하거라. 존 번연의 「천로역정」, J.I 패커의 「하나님을 아는 지식」(*Knowing God*, IVP 역간)을 읽거라. "BST(The Bible Speaks Today)성경 강해" 시리즈(IVP 역간, 주석과 설교의 중간 정도의 시리즈)

를 통해서 길을 찾는 것도 좋겠다. 이중에서 알렉 모티어(Alec Motyer)의 「사자의 날」(아모스), 존 스토트(John Stott)의 「의와 자유에 이르는 오직 한 길」(갈라디아서), 「복음을 굳게 지키라」(디모데후서) 같은 것들이다. "틴데일 주석" 시리즈에 있는 데렉 키드너(Derek Kidner)의 두 권짜리 시편도 읽어 보거라. 역사에 관심이 많으니까 아놀드 델리모어(Arnold Dallimore)의 조지 휫필드(George Whitefield) 전기도 읽어 보는 것이 좋겠다. 이 독서 목록들이 너를 더 메마르게 하지 않기를 바란다.

　마지막으로 네가 최근에 네 믿음을 누군가와 나눈 적이 있는지 자신에게 묻기 바란다. 밖으로 분출되지 않는다면 마치 사해(Dead Sea)처럼 받기만 하다가 결국은 죽게 된다. 네 믿음에 관해 정기적으로 누군가와 이야기를 나눈다면 답변을 요구하는 질문들이 생길 것이고 그러면 교리와 성경적 지식의 연관성을 더욱 느낄 수 있을 것이다. 그리고 네가 배우는 진리들이 너의 생각과 가치관을 형성하고 네 구원의 하나님에게 기쁨으로 화답할 수 있게 되도록 기도하라. 혼자서 그리고 다른 사람들과 함께.

**그리스도 예수 안에서,
폴 우드슨**

17.

　좋은 강해 설교의 요소들에 관한 우드슨 박사의 통찰을 배우는 것은 재미있었다. 그의 편지는 나도 언젠가 목사가 될 수도 있겠다는 획기적으로 새로운 아이디어가 내 마음속에 춤추도록 만들었다. 우드슨 박사가 제시한 대로 하나님의 말씀을 보고 설교를 하는 것은 굉장히 스릴 있을 것이다. 그것보다 좋은 평생의 직업이 어디에 있겠는가? 나는 그때까지는 목사들이 설교 이상의 할 일들이 있다는 것을 몰랐다.

　케임에서 돌아온 후에 나는 보험 업계에서 종사하는 아버지의 인맥 덕분에 뉴욕에서 수입이 높은 직장을 찾을 수 있었다. 나는 내가 생각했던 것보다 많은 돈을 벌었고 전에 아버지처럼 그 일을 즐기고 있었다. 특히 최근에 구입한 장난감들을(새 차를) 특히 좋아했다. 뉴욕에 있는 식당들과 극장들도 다양한 색깔의 신용카드로 두툼해진 지갑을 가진 나를 환영했다.

　하지만 장난감들과 가벼운 이성 교제를 통한 사회생활은(부분적으로는 로라를 잊어버리기 위해서) 급격하게 시들해졌다. 나는 스스로에게 물었다. 돈을 벌고 그것을 쓸 수 있는 수많은 방법을 찾아가는 것, 이것이 내가 남은 생애 동안 살고 싶은 삶의 방식인가? 아버지는 말 그대로 돈의 물레방아에서 죽을 때가지 일만 하셨다. 어쩌면 나는 목사가 될 수도 있다. 이 길이 하나님을 기쁘시게 할 것이다. 다른 사람들로 하여금 하나님의 뜻을 따라 생각할 수 있도록 돕는 것보다 중요한 일이 무엇이겠는가?

이런 것들을 생각하자마자 머리가 복잡해지기 시작했다. "팀, 너는 위선자야"라고 나의 양심이 소리치는 것 같았다. "너는 지나간 수년의 시간에도, 그리고 당장의 유혹 가운데도 항상 모든 전선에서 이기적인 생각, 그리고 죄와 싸우고 있잖아. 시시때때로 비참할 정도로 실패하는 네가 어떻게 다른 사람들에게 그리스도 안에서의 승리에 관해 말할 수 있지?"

이러한 생각들이 내 마음속에 맴도는 가운데 나는 우드슨 박사에게 설교와 신학에 관한 그의 이야기를 감사하게 생각했지만 나의 오래된 원수들인 육체의 정욕, 안목의 정욕, 이생의 자랑과 지속적인 싸움으로 인해 낙심되어서 그의 그러한 관찰이 나에게는 더 신랄했다는 내용의 편지를 썼다.

나는 이 문제에 우드슨 박사가 더 새로운 것을 말해 줄 수 있을지 의문을 가졌다. 이 문제들에 관해서는 이미 언급하시지 않았는가! 이런 나에게 해방감을 주는 다음의 편지를 보내 주셨다. 때로는 멀리에서 방황하는 것처럼 보이는 그리스도의 제자에 대한 그의 인내를 보여 주는 편지였다.

1981년 11월 22일

최근에 하나님의 평화가 너와 함께 하는 것이 참 부럽다. 그리스도인의 삶에서 갈등들은 회심 이후에도 지속적으로 신자를 괴롭힌다는 것을 깨닫는 것은 대단히 중요하다. 이 문제에 관해서는 이전에 나눈 것을 기억할 것이다.

반복적으로 유혹을 경험한다는 것은 네가 생각하는 것처럼 그렇게 이상한 일이 아니야. 교회가 시작되면서부터 신자들은 순례자의 여정이 많은 유혹으로 점철되어 있다는 것을 발견했다. 야고보가 한 말을 기억할 게다. "내 형제들아 너희가 여러 가지 시험을 당하거든 온전히 기쁘게 여기라 이는 너희 믿음의 시련이 인내를 만들어 내는 줄 너희가 앎이라"(약 1:2, 3). 베드로는 주님이 유혹들 가운데서 우리를 건지실 수 있음을 지적했다. "주께서 경건한 자는 시험에서 건지실 줄 아시고 불의한 자는 형벌 아래에 두어 심판 날까지 지키시며"(벧후 2:9). 루터도 경고했다. "마귀와 논쟁하지 말라. 그는 아담, 아브라함, 다윗에게 모든 속임수를 썼으며 정확하게 어디에 약점이 있는지를 안다."[7] 청교도인 존 코튼(John Cotton)도 유혹은 틈 나는 대로 길에서 기독교인에게 겁을 주는 짐승과 같다고 했다. 하지만 진정한

---

[7] Roland H. Bainton, *Here I Stand: A Life of Martin Luther* (Abingdon-Cokesbury Press, New York/Nashville, 1950), 363.

기독교인은 다시 제 길로 들어설 것이다. 다시 말하면 만일 사람이 시험을 받아 죄를 범한 후에 그 길에서 벗어나 있게 된다면 이는 그가 진짜로 그리스도를 안 것은 아니라는 의미다. 하지만 네가 시험에 대해 염려하고 있다는 사실은 좋은 표시인 거야.

다른 말로 하자면, 만일 시험들이 너로 하여금 더 많은 죄를 짓도록 하는 문이 되고, 더욱 의욕적으로 즐기도록 중독을 부추긴다면 너는 무릎을 꿇고 하나님의 자비와 건지심을 구해야 할 것이다. 반면에 만일 시험을 물리친다면 너는 무릎을 꿇고 하나님의 지속적인 보호하심을 구해야 할 것이다.

놀라지 말아라. 주를 위해서 사는 사람들은 마귀의 음흉한 관심에 타격을 주기 때문에 마귀의 우선적인 목표가 된다. 그렇지 않은 사람들에게는 마귀가 불편해 할 이유가 없지. 왜냐하면 그들은 자기중심적이고 죄에 대해 대단히 너그럽고 전혀 위기감이 없는 기독교에 만족하는 것으로 이미 효과적인 기독교인의 사명을 저버렸으니까. 주님을 잘 아는 기독교인들은 하나님의 뜻에 순종하려는 노력을 하지 않는 사람들보다 죄와 반역의 마음에 더욱 민감하다. 죽음이 다가오자 칼뱅은 그의 생애 동안에 주님을 향한 마음이 너무 냉랭했음을 안타까워하며 용서를 구했다. 만일 칼뱅의 마음이 냉랭했다면 내 마음은 얼어 버렸다고 해야겠지.

우리는 종종 마르틴 루터를 하나님이 놀라운 방법으로 사용하신 사람이라고 알고 있다. 하지만 그는 여러 번 마귀에게 압도된 적이 있다. 그의 애통함을 한 번 들어 보거라. "1527년에 일주일 이상을 나는 죽음과 지옥의 문 가까이에 있었다. 내 몸의 모든 지체가 떨었고 그리스도를 완전히 잃어버렸으며 하나님에 대한 체념과 모독으로 심하게 흔들렸다."⁸ 그는 마귀를 자기를 해하기로 마음을 정한 인격체로 보았다. 이런 민감함이 그가 작사한 〈내 주는 강한 성이요〉(새찬송가 585)라는 훌륭한 찬송가의 가사를 이해하는 데 도움이 된다. "이 땅에 마귀들 들끓어 우리를 삼키려 하나 겁내지 말고 섰거라. 진리로 이기리로다. 친척과 재물과 명예와 생명을 다 빼앗긴대도 진리는 살아서 그 나라 영원하리라."⁹

루터가 이 가사를 쓸 수 있을 만큼 확신을 가진 이유는 마귀가 십자가에서 패했다는 것을 알았기 때문이다. 그리스도의 이름으로 마귀를 물리칠 수 있었다.

이미 패했음에도 이 마귀는 여전히 그가 우리를 이길 힘이 있다고 믿도록 만들려고 하지. 하지만 루터는 마귀의 모략이 오히려 선을 이루게 될 수 있다고 믿었다. 우리는 시험들로 괴롭힘을 받은 후에 우리 믿음과 복음의 능력, 그리고 하나님의 사랑에 관해 더욱 이해할 수 있게 된다. 루터는 이렇게 말했다. "내가 더 오래 산다면 나는 영혼의 괴롭힘(Anfechtungen)에 관한 책을 쓸 것이다. 왜냐하면 그것 없이는 성경, 믿음, 하나님을 경외함과 그분의 사랑을 이해할 사람이 없기 때문이다. 시험을 받아 본 사람이 아니면 소망의 의미를 알지 못한다."¹⁰ 루터는 또한 경건의 시간을 가진 후에는 시험받을 것

---

8 Bainton, *Here I Stand*, 361.
9 Martin Luther, "A Mighty Fortress Is Our God," in *Trinity Hymnal* (Suwanee, GA: Great Commissions Publications,1990), no. 92.
10 Bainton, *Here I Stand*, 361.

을 기대해야 한다고 주장하기도 했다. 사실 마귀는 우리가 하나님과 교제했을 때 특히 염려를 할 테니까.

다른 곳에서 루터는 이러한 도전들을 기독교인이 져야 하는 십자가와 연관시키기도 한다. 그 십자가에 의해 우리는 믿음과 말씀의 능력을 배운다. "참으로, 기독교인은 음식이나 음료보다 십자가 없이는 살 수 없다."[11]

이런 글들을 처음 읽었을 때 나는 마르틴 루터의 영적인 조언들에 흥미를 느꼈다. 루터는 내가 개인적으로 경험했던 것과 같은 시험과 갈등을 경험한 것처럼 보였다. 그것들을 어떻게 다루어야 하는가에 관한 그의 조언은 거의 500년이 지난 것임에도 대단히 신선하다.

팀, 이 주제에 관해서는 아직도 할 말이 많구나. 하지만 급하게 해결해야 할 학교 업무들이 있다. 네가 너의 죄에 대해 더욱 민감해진다고 해서 낙심하지 말거라. 반면에 네 편지에서 네가 암시한 것들이 네가 포기하고 싶지 않은 죄들을 가리킨다면 제발 조심하거라.

더욱이 기독교인들이 짊어져야 하는 십자가는 그렇게 무겁지 않다. 예수님도 "내 짐은 가볍다"고 하셨어. 그는 신자들에게 시험을 물리칠 수 있는 힘을 주신다. 시험들은 신자를 죄와 낙망의 삶으로 인도하도록 하기 위함이 아니야. 이 문제에 관해서는 마르틴 루터가 했던 또 다른 말이 떠오르는구나. "기독교인은 긍정적인 사람이어야 한다. 만일 그렇지 않다면 마귀는 그를 유혹할 것이다. 때로는 나는

---

11 *The Annotated Luther*, ed. Mary Jane Haemig, vol. 4, *Pastoral Writings* (Minneapolis: Fortress, 2016), 415, Google Books, https://books.google.com/books.

정원에서 목욕을 하다가 아주 심각한 유혹을 받을 때가 있는데 그럴 때 나는 '그리스도를 찬양하라'고 노래를 불렀다. 그렇지 않았다면 나는 그때 거기서 실족했을 수도 있다. 마찬가지로 당신도 그런 생각이 들 때, '이것은 그리스도가 아니다'라고 생각하라. 그리스도께서는 우리 마음이 흔들리는 것을 아신다. 그렇기 때문에 주께서는 '네 마음에 근심하지 말라'고 명하셨다."[12]

팀, 나는 너를 위해 기도할 거야. 베드로의 권면을 기억하거라. "사랑하는 자들아. 거류민과 나그네 같은 너희를 권하노니 영혼을 거슬러 싸우는 육체의 정욕을 제어하라"(벧전 2:11).

진심을 담아,
폴 우드슨

추신: 편지가 일관성이 없음을 용서하거라. 너무 급하게 쓰면서 계속 생각이 밀려와 그렇게 되었구나. 그리고 크리스마스에 우리 집에 오기로 결정했니?

---

12 Martin Luther, *Table Talk*, ed. Theodore G. Tappert; vol. 54 of *Luther's Works*, American Edition, ed. Jaroslav Pelikan and Helmut T. Lehmann (Philadelphia: Fortress, 1967), 96.

18.

　1981년 이른 봄, 우드슨 박사로부터 최근 몇 통의 편지를 받기 전까지 나는 우울해서 두세 번 정신과 의사를 찾은 적이 있다. 여전히 낙심된 상태였지만 나는 영혼의 어두운 밤에서 서서히 벗어나고 있었다. 물론 기독교 서적을 읽은 것도 도움이 되었고 미국에 다시 적응하기 시작한 것과 로라로부터 점점 멀어지고 다른 기독교인들과 교제하기로 시작한 것도 도움이 되었다.

　그럼에도 정신 의학자와의 짧은 만남은 몇몇 질문을 갖게 만들었다. 크리스마스가 다가오자, 내 편지가 그의 학기말 시험을 지나서 도착하도록 염두에 두면서, 심리학 혹은 정신 의학과 기독교 신앙의 관계에 관해 어떻게 생각하는지 우드슨 박사에게 물었다.

1981년 12월 21일

> **편집자 주:** 이 편지는 그가 신학교에서 해야 하는 많은 양의 업무에 대한 불평으로 시작해서, 그리스도인으로서의 삶이 조금씩 나아지고 있다는 팀의 소식에 대해 언급했다. 우드슨의 어조는 약간 안심이 된 것처럼 고무적이었다. 또한 우드슨은 팀이 아쉽게도 크리스마스에 그들과 함께 시간을 보낼 수 없게 되었다고 했던 통화에 관해서도 언급했다. 그러고 나서 새로운 주제로 넘어갔다.

긍정적으로 말하자면, 심리학과 정신 의학은 엄청난 좋은 업적을 이루었다. 전통 의학에 뿌리를 둔 정신 의학은 특히 전망이 밝다. 광범위하기는 하지만 얼마나 많은 상태가 "정신적 질환" 혹은 "화학적 불균형이나 유전적 장애"라는 범주에서 다루어지고 있니? 질병, 우울증, 알코올 의존증, 그리고 이 외의 원인으로 많이 쇠약해진 상태로 심리학자나 정신 의학자를 방문한 사람들을 나는 많이 알고 있다. 잘 활용된다면 그와 같은 기술들은 일반 은총 가운데 나타난 하나님의 선하심을 보여 줄 것이다.

하지만 거기에는 생각해야 할 다른 면도 있다. 심리 치료에 대해 집요하게 지속적으로 비판했던 사람 중 한 사람은 본인도 의학적인 교육을 받았던 토마스 사스(Thomas Szasz)이다. 그가 저술한 많은 책 중에 네가 세 권은 기억했으면 한다. 「정신 질환의 신화」(*Myth of Mental Illness*), 「이상주의와 정신 이상: 사람에 대한 정신 의학적 비인간화에 관한 논문」(*Ideology and Insanity: Essays on Psychiatric Dehumanization of Man*), 「종교, 수사학과 억압으로서의 정신적 치료」(*Mental Healing as*

Religion, Rhetoric and Repression). 복음주의 진영에서는 10여 년 전에 J.E. 아담스(Adams)가 「목회상담학」(*Competent to Counsel*, 총신대학교출판부 역간)이라는 영향력 있는 책을 썼는데, 간단히 말하자면 심리학과 정신의학이 목사들에게 속해야 마땅한 영향과 상담을 그릇되게 침범해서 그들의 학문과 틀을 받아들이지 않은 것은 능숙하지 못하다는 인상을 주었다는 것이 그 책의 요지다. 아담스는 이러한 태도에 이의를 제기하고 목사들에게 그들이 마땅히 감당할 수 있는 능숙한 상담자라는 것을 말하려는 데 관심이 있었다. 내 견해로는 아담스가 책 전반에 걸쳐 환원 논법을 사용함으로 애매한 부분들이 없지 않지만 그 당시에는 많이 위축되어 있는 제법 많은 목사에게 확신과 효율성을 회복하게 하는, 맑은 공기를 제공한 것은 사실이다.

나는 그 이후로 많은 목사가 아무 생각 없이 아담스를 따랐고 그래서 때로는 상당한 피해를 주었음이 두렵다. 한편으로는 그것이 아담스의 잘못은 아니다. 너를 따르는 사람들의 모든 행동에 네가 책임을 질 수는 없으니까. 하지만 아담스의 기술, 성숙함, 애정을 갖추지 못한 채 아담스의 기술과 우선순위만 따르려고 했던 일부 목사를 보아 왔다. 아마도 그가 강조했던 것들이 공감, 애정, 듣는 귀, 기독교의 사랑 없는 무정한 기술에 대한 합리화로 받아들여져서는 안 된다고 가장 먼저 말했을 사람이 아담스일 것이다. 하지만 그를 따른다는 일부 사람은 이 모든 실수를 저지르면서 자기들이 성경적인 상담을 한다는 이유로 그 결함들을 합리화했다.

주제에서 벗어났구나. 너는 기독교 상담의 상태를 물은 것이 아니라 현재의 심리학과 정신 의학에 관해 물었는데 말이다. 특별한 지식이 있는 체하고 싶지는 않지만 심리학자가 아닌 신학자의 사색 정도로 들을 준비가 되어 있다면 나의 인상들을 나누는 것이 괜찮다고 생각한다. 우선 내가 말하고 싶은 첫 번째(꼭 가장 중요한 것일 이유는 없지만) 비판은 대부분의 상담가(이론적인 연구에 종사하는 사람들이 아닌 실제 상담에 종사하는 심리학과 정신 의학 교육을 받은 사람들에 대한 포괄적인 용어로 사용하자면), 특히 미국에 있는 상담가들은 그들의 주도적인 모델들에 있어 지나치게 축소적이라는 것이다. 내가 알고 있는 한 통합적인 접근이 더 일반적인 유럽의 경우에는 덜하다. 하지만 여기에서는 상담가들이 한두 개의 학파에 매여 있는 듯하다. 프로이드 학파이거나, 행동주의 학파이거나, 융 학파이거나……. 각 경우에 그들의 작업에 주입하는 정당한 통찰이 무엇이든 그들의 주도적 모델의 편협함은 인간적 개성의 중요한 면들을 간과하게 만든다는 말이다.

어떤 사람이 음란한 일을 한두 번 행하고 너무 심하게 죄책감을 느껴서 그의 수면, 식사, 삶의 균형에 영향을 끼쳤다고 가정해 보자. 상담가는 뭐라고 말할까?

만일 그 상담가가 융을 따르는 민감한 사람이라면, 아마도 환자의 종교적인 배경과 주입된 도덕적 기준에 주목할 것이다. 그러고는 환자에게(요즘 어떤 상담가들은 고객[clients]라는 말을 선호하겠지만) 속에 있는 것을 다 말하라고 하겠지. 이러한 접근에는 분명히 의심의 여지없이 정신 정화적 해방감이 있을 것이다. 감정을 억누르는 것은 대체로 도움이 되지 않으니까 속에 있는 것을 말하는 것은 일종의 균형을 회복하는 데 도움이 될 것이다.

만일 상담가가 프로이드를 따른다면 이 경우를 대표적인 성적 억누름으로 볼 것이다. 상담가는 속에 있는 것을 말하라고 할 뿐만 아니라 환자가 내재된 성적 억누름을 깨뜨리는 틀로 들어가도록 부드럽게 유도할 것이다. 실제로 토론토에 내가 아는 한 젊은 여인은 잘못된 도덕적 내재로부터 자유해지기 위해서 얼마 동안이라도 밖에 나가 음란하게 행하라는 말을 프로이드 학파의 정신과 의사에게 들었다고 했다. 물론 그 경우는 극단적인 경우겠지. 대부분의 상담가는 그보다는 신중하겠지. 하지만 그러한 모델의 논리가 도달할 수 있는 극단적인 결론이라는 것은 인정해야 할 것이다.

만일 상담가가 행동주의자라면 그가 어떤 조언을 줄지 짐작하기는 쉽지 않다. 하지만 한 가지는 분명하다. 만일 그 상담가가 B.F. 스키너(Skinner) 계열을 충실하게 따르는 행동주의자라면 너와 내가 이해하고 있는 도덕성으로서의 도덕적 질문들은 하지 않을 게다. 우리의 신앙적 체계와 인격적 발전에 대한 다른 부분들과 마찬가지로 그에게 있어 도덕성이란 그저 유전과 환경의 결과일 뿐이야. 따라서 옳음과 그름의 대한 개념은 필연적으로 상대적일 수밖에 없고, 하나님의 성품과 밀접하게 연관된 기독교의 독특한 도덕 개념과는 전혀 무관하다. 기독교에서의 옳음은 하나님이 인정하는 것이고, 그름은 하나님이 인정하지 않는 것이다. 옳음과 그름은 반역의 인류에게 자신을 은혜스럽게 계시하신 영원한 하나님의 성품과 관련되어 있기 때문에 도덕적 의미로 정의할 수 있는 깊은 의미를 지닌다.

이는 물론 행동주의자들에게서는 배울 게 없다는 말이 아니다. 나는 자신의 행동 습관을 떠나기 원하는 동성애자들을 돕기 위해서 기독교 진리에 대한 고백과 함께 행동 수정 기술을 사용하는 기독교 심리학자를 알고 있다. 다만 헌신적인 행동주의자인 상담가는 기독교인들이 그러한 경우에 가장 근본적인 것이라고 여기는 문제를 언급조차 하지 않을 것이라는 말이다.

반대로 지식이 있고 민감한 기독교 상담가라면 상담을 받는 사람의 말을 충분히 듣고 그의 배경을 온유함으로 살펴본 후에 죄책감을 가지고 있는 이유는 거룩하신 하나님 앞에 실제적인 죄책이 있기 때문이라는 결론에 도달할 것이다(상담가가 이것은 그냥 환상이나 상상이 아니라고 결론을 내린다는 전제하에). 죄책이 개인의 배경에 있는 요소들에 의해서 촉발되었음에는 의심의 여지가 없다. 하지만 기독교적 관점에서 볼 때, 중요한 질문은 그 배경이 영향력을 행사했는지가 아니라(틀림없이 그렇겠지만) 왜곡하든 부정하든 그 배경이 성경적인 진리를 드러내는가 하는 것이다. 나도 온유하게 죄책감과 실제적인 객관적 죄책을 연관시키려고 했던 경우가 있는데, 그때도 나는 후자가 상담받는 사람이 상상하는 것보다 훨씬 심각하고 큰 것임을 강조했다. 그 말이 사람들의 관심을 끄는 것은 확실하지만 사실 그건 가장 기본적인 진리일 뿐이다. 그건 하나님에 관해서, 옳고 그름의 본질에 관해서, 실제의 죄책에서 해방될 수 있는 유일한 길에 관해서 말하기 위한 문을 여는 정도일 뿐이지.

만일 죄책감이 죄책의 산물이라면 먼저 해결해야 할 것은 바로 실제의 죄책이다. 죄책감을 다루는 것은 부차적인 일, 여기에 마침내 기독교의 확신 교리가 적용된다. 만일 여러 번의 만남 후에 상담을 받는 사람이 복음을 받아들이지 않고 솔직하게 그리스도에게 다가오지 않는다면 언젠가 나는 내가 더 이상 도울 것이 없다고 말해야 할 것이다. 여전히 친구로 남아 있고 다른 사람에게 그를 소개할 마음도 있지만 무엇보다 나는 복음의 사역자이고, 다른 직업의 곁길로 들어서기를 원치 않으니까.

현대 심리학과 정신 의학에 대한 나의 가장 심각한 도전은 그들이 거짓된 종교를 이루고 있다는 것이다. 그 가지들이 축소적이라는 것이 문제가 아니라 그 가지들이 모두 그들 스스로 거의 식별할 수 없는 이데올로기적 뿌리를 가지고 있다는 것이다. 아니면 좀 더 관대하게 말하자면, 대부분의 심리학자와 정신과 의사는 심오하게 비성경적인 이데올로기적 뿌리들의 모체에서 일하고 있는 것이다.

이런 도전이 심하게 들린다는 것을 잘 안다. 좀 더 설명을 하자면 나는 대부분의 현대 심리학이 신(a god), 목표(일종의 종말론), 가치관을 가지고 있다는 점에서 일종의 종교가 되었다고 생각한다. 세속적 인본주의의 분파로서 그것의 신은 자아고, 예배는 자아를 섬기는 것이다. 그것의 목표는 자기 사랑, 자아관, 자아실현이고 그것의 가치는 자아 이상과 자아의 가능성 실현 주변을 맴도는 실용주의다.

그 대가는 계산이 안될 만큼 엄청나다. 심리학과 정신 의학은 모든 것을 설명할 수 있다고 주장한다. 그들은 좋은 기술, 심지어 좋은 약도 제공한다. 하지만 그들은 의미를 파괴하고 있어. 모든 것이 설명 가능하지만 의미 있는 것은 아무것도 없다.

하나님이 사물을 어떻게 보시는가 하는 것과 비교해 보아라. 성경은 인간이 매우 중요하다고 말한다. 우리는 하나님의 형상으로 만들어졌고 영원의 운명 앞에 있다. 우리 선택들은 중요하고 우리 성품도 중요하고 우리가 하는 말과 생각도 중요하다. 정확하게 말하자면 가장 중요하신 하나님에게 모든 것이 연결되어 있기 때문이다. 하지만 성경은 동시에 우리가 반역자이며 죄인이고, 도덕적 가식으로 우리의 불만족 깊은 곳에 자리하고 있는 뿌리, 즉 우리를 만드시고, 우리가 존재해야 하는 이유인 하나님보다 자기를 중심에 두는 타락한 본성을 가릴 수 없다고 주장한다.

따라서 심리학이 우리 자신을 섬기라고 한다면 그 과정에서 그것은 죄의 개념을 파괴하고 동시에 인간의 존엄성에 대한 합당한 모든 개념도 파괴한다. 결국 우리는 원초적인 배설물에서 빠져나와 다시 그 배설물로 되돌아가게 되는 셈이지. 죄는 뇌에서 발생한 신경 접합부의 방전에 의한 것에 불과한 행동 유형으로 대치된다. 심리학은 죄를 무시함으로 의미를 파괴하고 죄를 상대화시키는 대가로 용서도 없고, 따라서 정결케 됨도 없다. 자신을 섬긴 대가로 그 신은 너무 작아서 우리는 결코 우리 자신보다 높게 오를 수 없게 된다.

지나치게 비판적이고 싶지는 않지만 심리학이나 정신 의학이 철학적 유물론에 팔려 버린다면 인간의 본성, 죄, 죄책, 필요, 구원, 소망, 절망, 목적, 그 외의 많은 것에 있어 실망하지 않을 수 없을 것이다. 특별한 환자, 혹은 고객을 치료하는 데 이런 것들이 부여된다면 그들의 상담도 왜곡될 것이다. 게다가 다른 어떤 사람들의 그룹보다 정신 의학자 자신들의 그룹이 더 많은 정신 의학적 돌봄을 요구하고 있다. 장시간에 걸쳐서 볼 때, 환자들을 치료하는 정신 의학자들이 치유될 확률이, 그런 치료를 받지 않는 비슷한 환자들이 치유될 확률과 통계적으로 크게 다르지 않다는 보고서의 내용도 그런 치료에 안심하지 못하게 만든다.

기독교 목사들이 필연적으로 더 나은 상담가들이라는 말을 하려는 게 아니다. 신학은 잘 정립되어 있더라도 사람을 다루는 기술이 부족하거나 행동의 죄악된 유형이 전 인격에 어떤 영향을 끼치는지를 제대로 이해하지 못하는 경우도 있을 것이다. 끔찍스러울 만큼 경험이 부족하거나 제대로 훈련을 받지 못한 경우도 있을 것이다. 그렇다고 기독교 심리학자들이나 정신과 의사들이 필연적으로 최고의 선택이라는 의미도 아니다. 그들 중 많은 사람이 주일 학교 수준의 신학에서 벗어나지 못한 채 좋은 기술만을 가르쳐 주는 세속적인 기관에서 심리학을 배웠을 것이다. 따라서 그들의 사고는 몇몇 성경 구절을 대기는 하지만 세속적인 의제들로 형성되어 있다.

예를 들면, 자존감을 세우려는 최근의 열정 가운데 기독교 상담가들이 이웃을 자신과 같이 사랑해야 한다는 주님의 명령을 인용하는 것을 내가 얼마나 자주 들었는지 모른다. 이를 통해 그들은 즉각적으로 자신을 먼저 사랑해야만 이웃을 사랑할 수 있다는 결론을 내린다. 그들이 무슨 말을 하려고 하는지는 안다. 그들이 전적으로 틀렸다고 말할 수도 없을 거야. 하지만 나는 우선 낮은 자존감이 이웃을 사랑함에 실패하는 유일한 이유가 아님을 주장할 것이고, 또한 낮은 자존감이 주님이 말씀하시려던 것이 아님을 주장할 것이다.

조금 더 설명하자면, 자기혐오가 온갖 종류의 심리적, 정신 의학적, 심지어는 병리학적 장애에 영향을 끼칠 수 있음은 틀림없는 사실이다. 하지만 자존감이라는 범주에 대한 관심이 너무 강해서 지나친 자존감이 얼마나 많은 문제를 일으키는지를 숙고하는 상담가들이 많지 않다. 거의 대부분의 사람의 경우에 이웃을 더욱 사랑하지 않는 이유는 자신을 사랑하는 데 실패해서가 아니라 자신을 사랑하는 데 무조건적으로 빠져 있기 때문이다. 심지어 낮은 자존감이 존재하는 곳에서조차 기독교적인 관점에서 볼 때에는 거의 모든 경우에 자기중심성이 개입되어 있다.

가령, 어떤 여인이 과거에 아버지에게 성적으로 학대를 받았다면, 혹은 한 젊은이가 자라면서 그의 부모에게 한 번도 격려와 칭찬을 받아 본 적 없다면 상담을 받는 사람은 낮은 자존감으로 인해 힘들어 할 것이다. 하지만 다른 관점에서 본다면 이 사람은 자기중심적인 방법으로 어떻게 하면 고통을 최소화할 수 있는지를 확실하게 배웠다고 말할 수 있다. 그 여인은 수치심을 대면하지 않으려 하면서 아무도 사랑하지 않거나 돌보지 않거나 나누지 않는 방식으로 자신을 보호하려고 할지도 모른다. 그 젊은이는 독립성을 과시하며 반항하거나 그의 동료들에게 인정을 받기 위해서 아주 특정한 부분에만 최선을 다하거나(그를 잘 아는 사람들 사이에서 그는 후회와 분노로 가득 차 있음에도) 다른 사람을 무시함으로 자신이 무시당한 것의 보상을 받으려고 할지도 모른다. 이러한 죄악 된 반응들이 다른 사람의 죄에 의해서 유발되었다는 사실 때문에 그들이 지은 죄가 면제되는 것은 아니다. 이러한 죄들은 사회적 혹은 개인적인 죄의 결과를 더욱 보여 줄 뿐이다. 우리 죄는 최소한 다른 사람에게 죄를 짓도록 만듦으로써 다른 사람에게 상처를 준다. 유기적 근거를 두지 않는 대부분의 감정적 혹은 정신적 아픔들은 잘못된 관계(하나님과의 관계와 다른 사람들과의 관계에 있어서)에서 비롯된다는 사실을 제대로 다루지 못하고 있다.

많은 사람의 경우 최선의 해답은 사실 자존감 확립 자체에 있지 않고 섬김, 다른 사람을 위해 무엇인가를 하는 것, 그리고 나눔에 있다. 예수님이 가르치셨듯이 우리는 죽음으로 살고, 베풂으로 받으며, 우리 자신을 부인함으로 자신을 발견하기 때문이다. 우리 자신을 사랑함같이 다른 사람을 사랑하라는 주님의 권면에서 그분은 우리 자신을 사랑하라고 명하시는 것이 아니라 우리가 그렇게 하고 있음을 전제하시는 것이다.

한 사람이 항상 자신감이 파괴되고 자기를 받아들이지 못하고, 가치가 없다고 여길 수밖에 없는 잔인한 환경에 놓여 있다면 일반적인 자존감 회복에 관한 메시지가 그에게 최선의 치유가 될 수 있는지는 의문이다. 그러한 개인들을 위한 최고의 치료는 그들을 사랑하시는 구원자로, 다른 사람을 용서할 수 있는 법을 배울 수 있도록 하는 용서받음의 기쁨으로, 그들 모두가 중요하다고 말하는 성경적 세계관으로, 각 사람에게는 다른 은사가 있다고 말하는 바울의 메시지로, 실제적인 차원에서 사랑이 실천되는 따뜻한 교회로, 다른 사람을 위해 무언가를 하고 예수님의 가르침이 진리임을 발견할 수 있는 기독교 봉사로 인도되는 것이다(편집자 주: 이 편지를 쓴 지 8년이 지나서 〈타임지〉가 마침내 미국 초등학생의 수학 실력이 떨어진 반면 자신감은 높아졌음을 인정했다. 반대로 한국과 일본 초등학생의 수학 실력은 훨씬 향상되었지만, 실력에 대한 자신감은 훨씬 떨어졌음을 보도했다. 20-30년 동안 자존감에 대한 강조는 정신을 차리게 만들기보다는 스스로에게 속고 있는 나라를 만들었다).

부정적인 것들을 너무 많이 말했지만 한 발짝 물러서서 사실 엄청나게 좋은 영향을 끼친 많은 상담가를 알고 있다고 말하고 싶구나. 특히 어려운 경우들에 종종 조언을 구하고 도움을 받는 유능한 정신과 의사들로 인해 나는 하나님에게 감사한다. 내가 줄 수 있는 실제적인 최선의 조언은 네가 있는 곳에서 유능한 상담가를 찾는 것이 중요하다는 것이다. 그런 사람들은 다양한 배경에서 찾아볼 수 있으며, 최고의 상담가들은 탁월하게 주어진 일을 하면서도 그들의 전문 분야가 상당히 혼란스럽다는 것과 과장된 부분들이 있음을 인정하는 사람들이다.

팀, 너를 위해 기도한다.

**언제나 널 생각하며,
폴 우드슨**

19.

　우드슨 박사의 답변이 나를 완전히 만족시키지는 못했다. 하지만 그 편지에서 좋았던 것은 복잡한 문제들을 그리스도인답게 생각하려는 시도였다. 그 당시에 나는 다시 독서에 빠져 있었다. 어떻게 그런 시간을 낼 수 있었는지는 지금도 모르겠다. 특히 최근에 심취되어 있던 두세 권의 책에 관해서는 우드슨 박사께 언급하는 것이 좋겠다는 생각이 들었다.

　내가 큰 감동을 받았던 책들 중 하나는 로날드 사이더(Ronald Sider)의 「가난한 시대를 사는 부유한 그리스도인」(*Rich Christians*, IVP역간)이다. 동시에 나도 감지할 수 있었던, 복음주의자들 사이에서의 놀라운 발전 중 하나는 지난 4-5년 동안의 적극적인 정치 참여였다(대부분은 경제적으로나 정치적으로나 극우적인 입장을 취했지만). 나는 우드슨 박사께 복음주의 안에서의 이러한 양극화에 대해 어떻게 생각하는지 물었다. 그의 답변에 모두 동의하는지는 않았지만 내가 판단하기에는 경제에 관해 내가 아는 것이 너무 부족하다는 것을 알게 되었다.

그렇다고 해서 이 편지의 적실성이나 관심이 축소되지는 않는다.

1982년 5월 13일

최근에는 한두 줄로 전해 줄 수 있는 정보에 나는 자꾸 책을 쓰게 되는구나.

오해하지 말거라. 네게 소식을 듣는 것은 언제나 기쁘고 네 질문들에 답을 하면서 마치 특권을 누리는 기분이니까. 하지만 내가 쓴 것을 다시 읽어 보면 때로는 너무 거창한 주제에 대해 너무 간단하게 쓴 것은 아닌가 싶어 낙심이 되기도 하고 네가 처한 그 상황을 균형 있게 다루고 있는지 의심이 들기도 한다.

정치적 영역으로의 복음주의적 권리의 회복은 놀라운 현상임에 틀림없다. 단순히 복음주의자들이 그런 일을 하고 있다는 것이 놀라운 것이 아니라(이전 세대의 복음주의자들도 종종 정치적인 활동들을 했으니까) 근본주의 진영(세상으로부터 자신을 격리시킨 것으로 잘 알려진)이 이 일을 주도하고 있다는 것이 놀랍다. 두말할 것도 없이 이러한 정치적 활동이 좌파 자유주의 진영을 격분하게 만들었지만 사실 근본주의자들은 지난 수십 년 동안 좌파가 했던 일을 하고 있을 뿐이다. 유일한 차이라면 근본주의자들의 수는 늘어나는 반면에 자유주의 진영은 수는 줄고 있다는 것과 탁월하게 조직되어 있다는 사실 때문에 근본주의자들은 좀 더 효과적으로 이 일을 하고 있다는 것이겠지.

제리 폴웰(Jerry Falwell)은 적어도 그의 정치적인 일을 교회적인 일로부터 거리를 두려고 애쓰고 있다. 도덕적 다수(The Moral Majority)라는 조직은 복음주의적인 조직이 아니다. 그 조직은 가톨릭, 유대교, 그리고 모르몬교와도 함께 일을 하고 있는데, 이사회에는 적어도 한 명 이상의 모르몬교인이 있는 것으로 안다. 대중이 전반적으로 이러한 거리감을 인식하고 있는가는 또 다른 문제겠지만.

하지만 네 편지는 약간 다른 질문에 초점을 맞추고 있는 것 같은데, 이런 사회적인 문제에 당면했을 때 복음주의 진영 안에서 양극화되는 것에 관해 어떤 입장을 취해야 하는지가 너의 질문의 의도라고 생각한다(편의를 위해서 자기 스스로 근본주의 진영이라고 부른 사람들도 복음주의의 일부분이라고 가정하자).

양측 진영(좌파와 우파라고 부르겠다)은 모두 각기 다른 사회적 압력의 인질이 된 듯하고 그들이 생각하는 것보다는 덜 성경적인 성향이 있다. 이는 기독교인을 문화를 수용하는 사람들과(모든 좋은 은사는 하나님으로부터 온다고 주장하거나 문화는 복음을 통해서 여과할 수 있다고 주장하기 때문에) 문화에 대적하는 사람들(본질적으로 문화는 악하고 책임 있는 기독교인의 삶과 복음 전도는 가정과 교회 그리고 공동체 안에서 기독교적 우선순위를 가진 대안 제시를 요구한다고 주장하기 때문에)로 나눌 수 있음을 인식했던 전통적인 분석을 따른다 할지라도 부인하기 어렵다. 우파는 가치의 쇠퇴, 범죄 증가, 무분별한 낙태, 가족 해체, 그리고 국제적 위험에 대한 인식에 관한 국가적 관심의 상승세를 타고 있다. 베트남 전쟁과 워터게이트 사건에 대한 반응으로 수백만의 미국인이 위상과 자존심을 찾고 싶어 하고, 도덕적 다수는 이러한 분위기에 틀림없이 잘 맞는다. 따라서 종교적 권리는 비록 영향력이 있는 대학의 언론을 장악하지는 못했지만 수가 점점 증가하고 있고 이를 주도하는 지식인들이 아주 강력한 힘을 보이고 있는 뉴라이트(New Right) 운동과 맥을 같이 하고 있다.

하지만 복음주의의 좌파도 국가적 관심사보다는 새롭게 부상되는 다른 중요한 문제들에 세속적인 관심을 보이고 있다. 가난한 노숙인들, 착취되고 학대된 사람들, 많은 도심의 상태, 제3 세계에 사는 가난한 사람들의 절실한 필요(우리 거실에서는 그 냄새나 고통이 느껴지지 않지만 점점 더 시각과 청각을 사로잡는 필요), 환경 파괴 등 모든 것에 대한 관심은 복음주의 진영을 훨씬 뛰어넘는다. 어쩌면 이것들은 레이건 대통령 임기에 대한 반응으로 더욱 강조된다고 볼 수도 있지.

나는 기독교인과 비기독교인이 공유하는 모든 사회적 관심들에 일단은 의심을 가져야 한다고 말하는 게 아니다. 오히려 그 반대지. 성경적 기독교가 개인적인 것임에는 분명하지만 그래서 사적이지는 않다. 우리가 믿는 바에는 사회적인 의미들이 함축되어 있고 우리는 그것을 제대로 표현할 준비가 되어 있어야 한다. 나는 그저 기독교인들은 기독교인처럼 들리지 않는 거대한 운동에 너무 깊이 연관되거나 얽매일 수 있고, 더 안 좋은 경우에는 거대한 운동이 탄력을 잃었을 때 거기에 속해 있던 기독교인들이 그들의 생명력이나 신뢰성, 혹은 이 둘 모두를 잃어버릴 수 있다는 것을 명심하고 항상 신중해야 한다는 것을 말하고 싶을 뿐이다. 무엇보다 중요한 것은 기독교인들은 중심과 주변을 혼동하는 일이 없어야 한다는 것이다. 정당한 사회적 참여라 할지라도 기독교인들이 그것을 설교와 글쓰기의 중심으로 삼으면 오래지 않아서 실제로는(적어도 이론적으로는 그렇지 않더라도) 사회 개혁이 하나님을 아는 것보다 중요해질 것이다. 성경적인 관점에서 볼 때 하나님을 아는 것이 우선적인 위치를 차지해야 하고 그 지식의 적용이 삶의 모든 영역에서 나타나야 하는 것인데도 말이다.

하지만 네 편지의 내용을 볼 때 좀 더 좁은 의미에 초점을 맞추기를 원하는 것 같구나. 그리스도인으로서 지지해야 할 좌파와 우파의 경제적 입장에 대해 말해 주기를 원하지 않을까 싶다. 내가 전문가는 아니지만 몇 줄만 언급할게. 본질적인 성경적 끈을 놓치지 않으면서도 급변하는 세상에서 뒤떨어지지 않으려고 애쓰는 나이 많은 신학자의(이곳 트리니티 신학교에서는 은퇴 후에도 매년 계약을 갱신해서 계속 일할 수 있도록 자비를 베풀고 있지만 이제 은퇴가 3년 밖에 남지 않은) 횡설수설하는 소리 정도로 있는 그대로 받아 주기 바란다.

한편으로 서구의 기독교인들은 물질적인 것들에 덜 매이려고 애쓰는 것이 절실하게 중요하다. 무엇을 본질적인 것으로 생각하는가가 중요한 구분선이 되리라고 본다. 텔레비전이 처음 소개되었을 때가 기억난다. 오늘날은 대부분의 가정에 컬러 텔레비전은 본질적인 것이라서 방마다 한 대씩 있을 만큼 각 가정에 여러 대의 텔레비전이 있어서 몇 년 안에 가족 한 사람당 한 대씩 소유하게 될지도 모르겠다. 다른 각종 전자 기기가 머지않아 그렇게 되겠지.

생활 수준이 높아짐에 따라 한 사회에서 어떤 것들은 불가피한 것들이 될 거야. 복음은 어디에서도 그 당시에는 매우 혁신적이었을 텔레비전 없이 살아야 할 것을 요구하지는 않는다.

진짜 문제는 우리 마음이 어디에 있는가 하는 것이다. 월급이 오르면 주님의 일을 위해서 내가 얼마나 더 헌금할 수 있을지를 가장 먼저 생각하는가? 우리가 충분히 더 할 수 있음에도 단지 인상된 것의 10퍼센트를 교회에 내는 것이 최선이라고 정해 놓고 있지는 않는가? 존 트랩(John Trapp)이 한 말로 기억하는데 "베풂으로 부를 잃을까를 두려워하면서 소유함으로 자신을 잃을까를 두려워하지 않는 자들은 어리석다."

신학생 중 한 명이 투자 회사의 높은 직급으로 스카우트 제의를 받았다. 내가 지도하던 그룹에 있던 그는 하버드에서 MBA를 공부하면서 했던 그의 경험에 관해 내게 말해 주었다. 너도 알겠지만 하버드 상경대학은 사업적 수단을 키우기 위해 철저하게 사례 연구 방식에 의존한다. 동기는 항상 밑바닥에 있다. 공장 문을 닫고 수백 명의 직원을 밖으로 내몰지 않을 수 있는 대안을 묻거나, 판매가 저조한 냄새 제거제를 팔기 위해 고상한 매력에 근거한 값비싼 광고 전략에 대해 의문을 제기하는 것은 진부하고 나약한 것으로 간주된다.

우리는 좀 더 간편하게 살면서도 사회적으로 뒤떨어지지 않을 수 있다. 내 동생과 그의 아내는 자녀들이 자라면서 텔레비전을 볼 수 있는 시간을 철저하게 제한했다. 한번은 몇 년 동안 아예 텔레비전 없이 살기도 했다. 대신에 거의 매주 도서관에 방문해서 그들의 상상력과 생각을 자극할 수 있도록 책을 읽어 주었다(나중에는 그들이 직접 읽었다). 자녀들이 친구들은 다 가지고 있는 것이 자신들에게는 없어서 아쉽다고 느낄 때에는 동생 부부는 제3세계에서 일하면서 살고 있는 친구들을 보여 주어서 그들이 얼마나 많은 것을 당연시하면서 누리는지 깨닫게 해주려고 했다. 조카는 어느 해 여름 동안 아이티에서 교회 친구들과 함께 아주 기본적인 구조만을 가진 집짓기에 참여한 후 변화되었다. 물론 내 동생 부부의 가정에 완벽한 균형을 이루었다고 말하는 게 아니다. 의심의 여지없이 그들은 가정의 여러 부분에서 실패했다. 그들의 자녀들이 이제는 자라서 결혼을 하고 아이를 낳고 살고 있는데도 때로는 그들을 과잉 보호했고, 때로는 너무 강압적일 때도 있었다. 하지만 너그러운 베풂, 자기 부인, 물질에 대한 집착으로부터의 자유는 가정에서 가르치는 것이 아니라 보여주는 것이라는 확신을 가지게 해주었다.

좌파 진영에서는 이보다 강력하고 확실하게 주장하는 말이 있다. 그들은 예수님이 누가복음 18장 22절에서 하신 말씀("네게 있는 것을 다 팔아 가난한 자에게 나눠 주라 그리하면 하늘에서 네게 보화가 있으리라")을 요한복음 3장 5절에서 하신 말씀("사람이 물과 성령으로 나지 아니하면 하나님의 나라에 들어갈 수 없느니라")같이 누가 기독교인이고 누가 아닌가를 결정하는 말로 듣고 싶어 한다. 이 주제로 본문을 집중적으로 해석하려는 제3 세계의 일부 복음주의자가 상대적으로 제법 사치스러운 삶을 살고 있는 것처럼 보인다는 나의 관찰이 너무 매정하게 들릴까? 하지만 실제 내가 가지고 있는 문제는 방법론적인 것이다. 예수님이 여기저기서 가르치신 것들을 어떻게 종합적으로 볼 수 있을까? 예를 든다면 집을 소유하고 있거나, 복음을 전하는 대신에 부모의 장례식에 참석하는 사람들은 예수님의 제자가 될 수 없다고 말해도 될까(눅 9:57-60)? 이것이 너무 편협한 예외의 원칙으로 보인다고 말하는 것이 예수님의 말씀을 상대화하는 것일까?

내게 시간이 있다면 예수님은 습관적으로 급소를 찌르는 말씀을 하셨다는 것을 논증할 준비를 해 볼 것이다. 만일 제자가 되려는 사람의 실제적인 우선순위가 가족이라면 예수님은 그를 따르는 자는 가족을 버려야 한다고 주장할 것이고, 돈이라면 가진 것을 다 팔으라고 말씀하실 것이고, 가정의 안정된 삶이라면 떠돌아다니는 삶을 위해 준비하라고 주장하실 것이다. 사람들을 다루심에 있어서 주님이 보여 주시는 놀라운 유연성은 이와 같은 접근을 확인시켜 준다. 결론을 내리자면 확언컨대 다음과 같다. 내 삶에서 나의 생각, 상상력, 목표, 우선순위를 차지해서 예수님을 정당한 자리에서 밀어내는 신의 역할을 하는 것은 그것이 무엇이든 제거되어야 한다.

부수적이기는 하지만 죄로서의 물질주의는 상대적으로 많은 것을 소유한 사람에게만 제한되지 않는다. 내가 인도, 일본, 아프리카 일부 지역에서 강의했을 때, 나는 사회 경제라는 사다리의 모든 계층에 있는 수많은 사람의 관심이 좀 더 많은 돈을 벌고 물건을 소유해서 영향력을 확장하고, 철저하게 재정적인 근거에 의해서 직장과 친구와 동료를 결정하고, 심지어 기독교 봉사의 형태를 선택한다는 사실에 충격받았다. 모든 악의 뿌리가 되는 것이 돈을 사랑함이라면 나는 그것이 전적으로 미국인의 죄만은 아님을 발견했다.

기독교인이든 비기독교인이든 많은 행동주의자가 사용하는 일반적인 도구는 빈곤층에 속한 사람들이 다른 사람들이 가진 것만큼 많은 돈을 가져야 한다고 느끼게끔 하는 것이다. 프랑스어로는 '르 상티망'(ressentiment)인데, 결과적으로 발생하는 분노, 적대감, 질투는 틀림없이 기독교적인 덕목이 아니다. 우리가 음식과 옷이 있다면 만족하는 법을 배워야 한다는 성경적인 주장이 어디에 있는가? 탐욕이 죄가 아닌가? 더 많이 가진 사람과 늘 자신을 비교할 어떤 권리가 우리에게 있는가? 아니면 다른 사람에게 똑같이 행동하도록 해야 할 권리는 어디에 있는가? 왜 우리는 자신보다 적게 가진 사람과는 비교하려 하지 않는가?

좌파에 속한 많은 나의 기독교 친구를 대하면서 내가 갖는 대부분의 어려움은 마치 모든 종류의 가난이 같은 원인을 가지고 있어서 같은 방식으로 치료될 수 있는 것처럼 가난의 문제에 대한 해결안을 제시한다는 것이다. 그들 대부분은 좌파의 경제 정책을 옹호한다는 것이 나는 두렵다—더욱 많은 세금 부과, 정부에 더 많은 권력, 특히 다양한 복지 프로그램을 통해서 부를 분배할 수 있는 권력. 그들은 의식적으로 마르크스주의와 자본주의를 모두 거부한다. 그리고 이른바 기독교적인 방법, 제3의 방법을 지지한다(사실 제3의 방법 [Third Way]은 영국에서 영향력 있는 기독교 간행물의 이름이기도 하다. 네가 거기에 있을 때 접했는지 모르겠구나). 단지 물질을 거부하는 것이 아닌 이 제3의 방법은 상당히 과격한 형태의 사회주의 정부를 이룰 수 있다. 게다가 세상에 있는 많은 최악의 극단적 빈곤은 전쟁, 가뭄(부분적으로 무책임한 정부의 농업 정책의 조작에서 발생하는), 착취, 그리고 이권 다툼과 밀접한 관계가 있다. 왜 ○○(이)라는 나라는(편집자 주: 서아프리카에 있는 한 나라로 우드슨과의 관계 때문에 이름을 언급하지는 않았다) 엄청난 양의 구리를 수출하는데, 실제로 몇 명의 부끄러운 관리들 말고는 아무도 그 혜택을 누리지 못하고 있는가? 부패가 만연하고 저변에 깔린 철학적인 기반이 충격적인 봉건주의로, 발전을 저해하고 있는 세상의 어떤 지역들에 대해서는 뭐라고 말해야 할까?

자본주의 모델과 공산주의 모델의 단순한 대안은 의심의 여지가 있는 가치를 위해 결정하도록 우리에게 압력을 가한다. 사회주의자들의 지배는 장기적으로 볼 때 동기를 제공하지 못하고, 효율성과 결단력을 위축시키고, 오히려 의존성을 증가시키며 관료적이 될 뿐이다. 또한 부정부패를 조장함으로 국가들로 하여금 시장에서의 경쟁력이 떨어져 빚더미에 앉게 만들고 있음을 점점 많은 증거가 증명하고 있다. 하지만 그럼에도 가장 최악의 문제는 철학적인 것이다. 자본주의와 마르크스주의는 동일 선상의(상호적으로 대치된 것이기는 하지만) 이념이 아니라고 주장하는 저자들의 의견에 동의한다.

참으로 마르크스주의는 이념이면서 동시에 어찌 생각하면 일종의 종교이다. 신이 있고(레닌) 종말론이 있고(새로워진 사람과 함께 공산주의 국가의 완전함), 제사장이 있고(공산당의 지도자들) 등이 있다. 그것은 삶의 모든 부분을 수용하고 있어서 이론적으로는 다른 신앙을 모두 배척한다. 철학적으로는 무신론이라서 기독교, 이슬람교, 그리고 종교적인 확신을 가진 모든 사람을 거부한다. 신앙은 공산당 조직에 철저하게 복종할 때에만 공산당 안에서의 타협이 가능하다. 이 신은 어떤 경쟁자도 용납하지 않기 때문에 공산주의 국가는 전제적일 수밖에 없다.

대조적으로 자본주의는 이론상 전제주의와 일치하고 다양한 형태를 지닌 민주주의와 일치한다. 기독교 자본주의자가 가능하고 이슬람교 자본주의자, 유대교 자본주의자 등이 가능하다. 물론 자본주의는 온갖 종류의 저질스러운 탐심, 잔인한 학대, 노예화 등도 아우를 수 있다. 하지만 이론적인 차원에서 보자면 자본주의는 이념도 아니고 종교라고 보기에도 부족하다. 결국에는 '자유로운' 시장이 부를 창출하는 곳이라는 관찰에 지나지 않는다.

이렇게 볼 때 자본주의는 어떤 이데올로기에서도 적합한 비유를 찾아볼 수 없고 중력의 법칙에서만 찾아볼 수 있다. 만일 네가 충분한 에너지를 소비할 수 있다면(뉴욕에서 영국으로 날아갈 때처럼) 일시적으로 중력을 거스를 수 있을지 모르지만 결국은 중력의 법칙이 이길 것이다. 만일 그것이 맞다면 시장을 대항해서 이기려고 하기보다는 악한 자들이 제도 안으로(궁극적으로는 자유 시장의 '자유'를 파괴하게 될) 가지고 들어올 남용을 억제할 수 있는 법을 제정하고 통과시키려고 애써야 할 것이다. 공정한 경쟁이 있어야겠지만 독점을 막는 법의 제정은 필요하고, 진실함이 있어야겠지만 리베이트와 뇌물은 밝혀내어 처벌해야 한다. 공정하고 정직한 광고가 필요하지만 속임수는 그 자체로 악한 것이며 조잡한 상품으로 소비자를 속이지 못하도록 해야 한다. 산업은 노동자의 안전, 환경적인 안전, 공정한 임금 지불과 정직한 노동을 염두에 두어야 한다. 다른 많은 가능성을 생각해 내는 것은 어렵지 않을 것이다. 하지만 입법의 과정이 너무 번거로워서 시장의 자유와 장려를 파괴한다면 다른 나라나 다른 노동자 그룹이 경제의 영역을 빼앗아 갈 것이다—똑같이 번거로운 무역의 장애들과 관세들이 만들어지지 않는 한. 하지만 만일 그렇게 된다면(투기에 의한 자유의 남용을 벌하는 대신에 투표에 유리할 뿐 아무것도 생산할 수 없는 비효율적인 산업을 보호하기 위해) 장기적으로는 국가의 경제적 생동감을 파괴하는 왜곡이 만연하게 될 것이다.

만일 이런 논리가 맞다면 기독교인은 자유 시장을 권장하는 데

앞장서야 한다(빈곤층을 확대시키는 다른 대안은 더 많은 악을 초래하기 때문에). 하지만 동시에 기독교인은 정의, 평등, 공정, 정직함이 바르게 실행되도록 어떤 제한들을 둘 것인지 물어야 한다. 나는 좌파와 우파의 많은 복음주의자가 이 지점에서 문제를 해결하려 한다고 생각하지 않는다. 어떤 정권도 그들이 다루고 있는 경제가 위축된다면 사회적 문제를 맞서기 위해서 많은 돈을 쓰려고 하지 않을 것이다. 사회적 문제를 해결하기 위해서 많은 돈을 썼는데도 경제를 회복시킬 만한 만족스러운 결과가 나오지 않는다면 결국 가장 상처를 받는 사람들은 가난하고 소외된 사람들이 될 것이다. 어디에다가 선을 그어야 할지 정말 잘 모르겠다.

하지만 기독교인들은 물질적인 축복이 인생에서 가장 중요한 것이 아니며 궁극적인 목적이 되어서도 안 된다는 것을 동료 시민들에게 확신시킬 수 있어야 한다는 것을 더욱 강력하게 주장하고 싶다. 왜냐하면 그것이 가장 중요한 것이 되는 순간 그것은 신이 되고 우상이 되기 때문이다. 가정에 있어서, 개인의 정직함과 시간의 사용에 있어서 끔찍한 피해가 속출하게 될 것이다. 도덕적 우선순위에 대한 합의를 잃은 사회가 시장이 생산적으로 작동하도록 하기 위한 자유를 얼마나 오랫동안 유지할 수 있을지 모르겠다.

아무튼 성경적인 우선순위를 유지하는 것이 중요하다. 미국이 가장 강력한 경제적 능력을 소유한 나라로서의 위치를 잃어버렸다는 것은 하나님을 알고 사랑해서 예배와 기도를 통해 그분의 얼굴을 구하는 시민의 수가 줄어들고 있다는 것보다 더욱 큰 비극이 될 수 없다. 하지만 주어진 미국의 문화적 유산을 볼 때 이 둘은 사람들이 생각하는 것보다 밀접하게 연관되어 있다. 우리의 응집력을 성경적인 기독교가 아닌 다른 곳에서 찾아볼 수 없다고 생각한다(일본과는 달리). 다시 말하면 미국은 하나님의 은혜로운 손길 아래 참된 부흥과 개혁을 경험하든 아니면 아주 오랜 시간 동안(어쩌면 재앙 수준의) 침체를 경험하도록 되어 있다.

이러한 가능한 연결 고리에도 나는 여전히 기독교인에게 그들이 새 하늘과 새 땅에 시민권을 가지고 있음을 기억하고 그 시민권이 미국의 시민권보다 훨씬 중요하다는 것을 기억하는 것이 가장 절실하다고 말하고 싶다. 영적인 갱신은 경제적 혜택을 가져올 수 있다는 실용적인 이유로는 추구할 수 없다. 그와 같은 추구가 안정적이고 상대적으로 의로운 사회를 가져다주든 아니면 빈곤과 고난을 가져다주든 우리는 하나님과 그의 의를 추구해야 할 것이다. 네가 제시하는 문제들이 얼마나 중요하든 궁극적으로 중요할 수는 없다.

**영원의 가치들을 생각하며, 너의 동료,
폴 우드슨**

20.

기독교 신앙과 관련해서 자본주의와 사회주의, 부와 물질주의에 관한 우드슨 박사의 언급은 나의 사고에는 아주 생소한 화음을 만들었다. 사이더의 책을 읽고 난 후 우드슨 박사의 편지를 읽을 때까지는 이 문제들에 관해서 세속적인 용어로밖에는 생각해 본 적이 없다. 프린스턴에서 들었던 정치 이론에 관한 몇 과목이 사물들의 역할에 대해 다시 생각나게 해주기는 했지만 그 토론들은 일반적으로 어떻게 각 나라들이 경제적으로 서로 경쟁하고 있는가 하는 문제에 집중되어 있었다. 하지만 뉴욕시에서 직장 생활을 하면서 나는 개인적인 윤리에 훨씬 많은 관심을 가지게 되었다. 전에 언급한 대로 제법 수입이 괜찮았고 여전히 독신이었고 학생으로서 스파르타식 날들을 보낼 때에는 상상도 못했던 것들을 구입할 수 있었다. 갑작스러운 죄의식들이 양심을 괴롭혔다. 기독교인으로 나는 내 수입이 이렇게 쓰여야 할지 아니면 저렇게 쓰여야 할지 진지하게 고민했다. 그건 전혀 새로운 질문이었다.

어느 날 내가 일하던 맨해튼 사무실에서 멀지 않은 곳에 위치한 서점에서 책들을 찾다가「새로운 규칙: 뒤집힌 세상에서 자기만족 찾기」(*New Rules: Searching for Self-Fulfillment on a World Turned Upside-Down*) 라는 다니엘 양켈로비치(Daniel Yankelovich)의 책을 발견했다. 제목이 나를 사로잡았다. 전에 한 번도 읽어 본 적이 없는 셜록 홈즈의 미스터리 책 몇 권과 함께 그 책을 샀다.

양켈로비치의 연구는 아주 흥미로운 것이었다. 그는 1950년대와 1960년대에는 대부분의 중산층 미국인들이 여전히 다른 사람에 대한 의무라는 동기를 가지고 살았다고 주장했다. 다시 말하면, 사회는 아버지들에게 열심히 일하고 가족들에게 좋은 환경을 제공하는 것이 성공이라고 말해 주었다. 그와 같은 묘사는 나의 아버지의 경우에도 잘 들어맞는다. 사회는 어머니들에게 가정에서 자녀들을 잘 돌보고 집안일을 열심히 하는 것이 성공이라고 말해 주었다. 그와 같은 묘사는 나의 어머니의 경우에도 잘 들어맞는다. 1960년대의 모든 소음과 변화에도 '자신을 향한 의무'(duty-to-self)의 경쟁적 동력은 젊은이들의 문화, 여성 해방 운동 그리고 다른 다양한 그룹의 사람들과 기본적인 거리를 유지했다.

그런데 1970년대 초반에 중산층에서 가치관의 변화가 생겼다. 양켈로비치에 따르면 미국 인구의 17퍼센트가 자아실현이나 자신을 향한 의무의 윤리를 따르는 것을 미덕으로 삼기로 선택한 것이다. 그들은 거의 그래야만 할 의무를 느꼈다. 그 반대편 인구의 20퍼센트 정도가 다른 사람을 향한 의무(duty-to-others)의 동력을 주장하고 있었는데 63퍼센트의 미국 인구는 어떤 경우에는 자신을 향한 의무를 따라 결정하고, 어떤 경우에는 다른 사람을 향한 의무를 따라 결정하며 그 사이를 왔다갔다 했다. 여론 조사를 하는 사람은 이혼에 대한 미국인의 변하는 태도(점차 증가하는 이혼율), 독신 여성의 지위(독신 여성을 받아들이는 사회적 분위기), 성적인 태도에 있어서의 자유적인 경향(예를 들어, 혼전 성관계에 대한 덜 심해진 정죄), 일에 대한 새로운 평가(만일 어떤 직업이 나를 만족시켜 주지 못한다면 다른 직업을 찾는 것), 그리고 거꾸로 뒤집힌 세상에서의 자아 만족을 위한 미국인들의 탐구와 관련된 여러 사회적인 유형들에 대해서 설명할 수 있을 것이라고 믿었다. 만일 직업이나 가정생활 혹은 사람이 자아 만족을 가져다주지 못한다고 느낄 때에는 많은 미국 사람은 그렇게 만족을 줄 수 있는 것을 찾기 위해서 전에는 당연하다고 여겼던 의무를 포기했다.

나는 이 분석에 충격을 받았다. 양켈로비치가 기독교적 범주들에 관해서는 평가하지 않았지만 내가 어릴 적에 경험한 것과 뉴욕에 사는 젊은이로서 느끼는 것들에 비추어 볼 때는 충분히 일리가 있었다. 분명한 것은 나는 기독교인으로 헌신했지만 다른 사람의 복지를 생각하지 않은 채 내가 하고 싶은 것만 하려는 경향은 확실히 강했다. 결국 이웃을 자신처럼 사랑하라는 그리스도의 가르침에도 어쩌면 나도 스스로 인정했던 것보다 자아 만족을 추구하고 있었는지 모른다.

자아 만족의 개념이 그리스도의 제자로서의 삶에서 할 수 있는 역할이 있을까? 나는 장로교에서 자란 사람으로서 희미하게나마 기억하는 것이 있는데, 기억나는 대로 말하자면 "인간의 궁극적인 목적은 하나님을 사랑하고 그를 영원히 즐거워하는 것"이었다. 나는 그 생각이 어떻게 나의 여피적인 취향과 맞을 수 있는지 알 수 없었다.

아무튼 나는 다니엘 양켈로비치의 책에서 얻은 통찰에 관해 우드슨 박사께 편지를 보냈다. 나의 편지는 통계들과 대중적인 사회학적 관점들로 채워져 있었다. 나는 우드슨 박사가, 나에게는 미국 문화에 대한 획기적인 평가로 보였던 것들로부터 혜택을 얻으시기 원했기 때문이다. 그 책은 최근에 발간된 것이라서 그가 아직 읽지 않았을 것이라고 생각했다. 다행히도 우드슨 박사는 그 책의 존재에 관해 몰랐고 그것이 나에게는 일종의 만족감을 주었다. 이번 편지에서는 내가 무언가 주는 쪽에 있었다는 것이 참 좋았다.

1982년 6월 14일

네 편지에 감사한다. 네 편지를 받자마자 답장을 보낸다. 왜냐고? 솔직히 말하자면 세부적인 내용들의 풍성함과 통찰력에 깜짝 놀랐기 때문이다. 양켈로비치의 연구는 우리의 지적인 지평을 넓혀 주는 대단히 중요한 책 중 하나가 될 것 같구나. 나는 아직 읽지 못했지만 그 책에 대한 너의 열정과 너의 이해로 강력한 추천을 느낄 수 있었다. 머지않아 그 책을 읽어 보도록 하겠다.

1960년대와 1970년대에 대한 양켈로비치의 묘사는 그 시절에 내가 본 것과 딱 들어맞는 것 같다. 60년대에 나는 네가 원하는 것을 하라는 윤리가 잡초처럼 올라오는 것 같던 이른바 청년 문화라고 부르는 것을 좋아하지 않는 많은 사람을 접할 수 있었다. 설교 예화를 위해서 읽었던 영화에 관한 책이 좋은 예가 될 것 같구나. 로저 코먼(Roger Corman)이 감독한 영화 〈와일드 엔젤스〉(The Wild Angels, 1966)에서 헤븐리 블루스(Heavenly Blues)는 함께 오토바이를 타던 동료의 죽음을 슬퍼하면서 "인생은 그가 원하던 것을 하도록 내버려 두지 않았고, 모두 그가 착하기를 원했다"고 했다. 헤븐리 블루스는 오토바이족들이 왜 그렇게 행동했는지를 설명한다. "우리는 아무도 우리에게 무엇을 하라고 말하기를 원치 않는다. 우리는 자유하고 싶다. 누구의 간섭도 받지 않고 자유롭게 오토바이를 타고 싶다. 우리는 그저 즐기고 싶다." 자유라는 이름으로 계시된 하나님의 말씀에 근거한 유대교와 기독교의 고착된 윤리에 대한 저항은 당시 청년 문화의 중요한 부분을 차지했고, 젊은 세대와 기성세대 사이에는 엄청난 세대 차이가 있었다.

하지만 1970년대에는 점점 많은 중년층 미국인이 배우자와 자녀들의 행복보다는 자신이 최고가 되는 길을 찾았다. 많은 상담에서 이를 볼 수 있었다. 사회에서 밀물처럼 몰려든 메시지들은 자아 만족의 동력이라는 것을 팔고 있었다. 양켈로비치가 제시하는 통계는 부인하기 어렵고 나의 부족한 경험만으로도 충분히 입증된다.

개인적으로 나에게 충격을 주는 것은 양켈로비치의 분석이 궁극적으로 단순하다는 점이다. 전에 보낸 편지에서 50년대의 보수주의와 최근의 보수주의 차이에 대한 나의 인식에 관해서는 이미 언급한 적이 있다. 양켈로비치는 훨씬 많은 통찰과 확실한 증거를 제시한다. 지나고 나서 보니까 그가 묘사하는 것이 정확하게 보이는데, 내가 이해할 수 없는 것은 그 일이 일어나고 있을 때 왜 나는 그와 같은 사회적 혁명의 범위를 전혀 눈치채지 못했는가 하는 것이다. 어쩌면 언론에서 소외된 70년대의 복음적 회복에 관한 모든 책을 읽느라고 무감각해져 있었는지도 모른다. 그 책은 트리니티에서 나의 동료인 데이비드 웰스(David Wells)와 존 우드브리지가 편집한 「복음주의자들」(The Evangelicals)과, 도널드 블러쉬(Donald Bloesch)의 「복음주의 르네상스」(The Evangelical Renaissance)이다. 언론이 1976년을 "복음주의자의 해"라고 명명한 대로 복음주의 진영은 승리감에 도취되어 있었다. 얼마나 중독성이 강한지! 하지만 일반적인 문화와 심지어는 나와 함께 일하던 일부 기독교인들조차도 자아 만족에 받고 있던 영향을 과소평가했다. 복음주의가 한편으로는 흥하고 있었지만 다른 한편으로는 윤리적으로 타락하고 있던 것이다.

내가 말하고 싶은 것은 너의 편지 때문에 그동안 시간을 내어서 숙고하지 않았던 것들에 즉각적으로 반응하게 되었다는 것이다. 양켈로비치는 왜 그렇게 많은 인력과 재정을 확보하고 있는 복음주의 운동이 잘 길들여진 얌전한 고양이처럼 되었는지를 이해하는 데 적어도 한 가지 열쇠는 제공하고 있다고 생각한다. 복음주의 진영은 당대에 미디어의 주목을 끌었던 자아 만족의 동력에 의해서 전복되었던 거야. 조지 갤럽은(George Gallup)은 복음주의자들이 비기독교인과 별반 다르지 않게 살고 있음을 발견했다. 고삐 풀린 자아 만족의 동력에 대한 공통된 헌신이 그 이유를 설명해 줄 것이다. 아마도 세상적인 것(worldliness, 옛날 근본주의자들이 사용하던 용어)이 복음주의 배를 휩쓸고 있었는데, 신학교에서 가르치는 우리는 그 배가 침몰하고 있다는 것을 알지 못했다.

이 책에 관심을 갖게 해주어서 매우 기쁘다. 때로는 신학에 대한 나의 관심이 더 넓은 세상에 대한 이해의 폭을 넓혀 줄 수 있는 책들을 접하는 데 장애가 될 수 있다는 것이 두렵다. 나의 동료 순례자들의 삶 가운데 어떤 일이 일어나고 있는지에 관한 시각을 넓혀 줄 수 있도록 나의 굳은 마음을 여는 데 너에게 빚을 졌다.

자신이 물질적이 되어 가고 있는지에 관한 너의 개인적인 관심에 관해서는 네가 이 문제를 제기하고 있다는 사실이 이미 좋은 표시가 된다고 생각한다. 단 한순간도 이 문제를 심각하게 고민해 본 적이 없는 기독교인이 많을 것이다. 이 분야에 대한 너의 민감함이 세속적인 책을 읽으면서 더욱 고조되었다는 것이 재미있지 않니?

"물질"과의 관계에 대한 너의 생각을 말해 주기 바란다. 물질에 대한 우리 자세가 기독교의 본질이 실제로 무엇이어야 하는가를 말해 주는(단순히 그것이라고 가정하는 것이 아니라) 좋은 척도가 될 것이라고 확신한다.

**진심을 담아,
폴 우드슨**

21.

　뉴욕에서 내가 추구하던 여피의 삶의 방식이 적어도 약간은 바뀌었다. 내가 구매한 것들을 버리지는 않았지만 적어도 십일조는 했고, 돈을 모았고, 그 돈을 사용할 수 있는 조용한 기회들을 찾았다. 1982년 가을에 나는 두 개의 성경 공부 그룹을 인도하고 있었는데, 그중 하나는 전도를 위한 것이었고 가끔씩 학생부 모임에서 말씀을 전했다. 또한 개인적인 성경 읽기를 즐기며 기도하는 법을 조금씩 배워갔다. 내가 출석하는 교회의 목사는 내가 목회의 길로 들어서는 것에 관해 기도해 본 적이 있는지를 물었다. 가끔 그런 생각을 한 적은 있지만 그것을 놓고 기도를 한 적은 없었다. 하지만 지금은 내가 인도하는 성경 공부 모임에서 하나님의 말씀이 사람들의 삶을 변화시키는 것을 보면서 사람이 할 수 있는 가장 중요한 일은 사람들을 그리스도에게 인도하고 그리스도를 점점 알아 가도록 돕는 일이라고 자연스럽게 믿게 되었다.

　목회의 길로 들어서는 것을 심각하게 고려 중이라는 것을 우드슨 박사께 말씀드리지 않은 채(틀림없이 이 질문 뒤에 무엇이 있는지 그가 짐작할 수 있었겠지만) 나는 그가 볼 때 좋은 목회의 핵심은 무엇인지, 좋은 목회자가 되기 위해서는 어떻게 해야 하는지를 물었다.

1982년 11월 15일

나는 너의 질문에 답해 주기 적절한 몇몇 목사를 알고 있다. 그들은 20년 이상 사역을 했지. 이 질문에 답을 하는 것이 어려운 이유는 일단 좋은 목회라고 판단할 때의 기준과 좋은 목사가 된다는 것이 무슨 의미인가 하는 기준이 정당해야 한다는 것이다. 나는 네가 성공적인 목사라고 할 때 일반적으로 생각하고 있는, 교인의 수가 늘고 유명해지고 좋은 건물을 소유하게 되는 것을 의미하는 것은 아니라고 확신한다. 그럼에도 성장의 표시들이 본유적으로 나쁜 것은 아니다. 마찬가지로 같은 맥락에서 좋은 목사들 중에는 눈에 띄는 열매는 없지만 수년 동안 진실함과 영적 지혜로 섬기면서 작고 어려운 상황에서의 목회를 감당하도록 부름을 받기도 한다. 또 어떤 경우에는 씨 뿌리는 자가 되어서 그들이 떠난 후에 거두는 자가 올 수도 있다. 이렇게 잔인한 현실들은 성공의 외적인 표적들로부터 상대적으로 자유한 좋은 목회를 위한 기준을 세우도록 한다.

성경적인 우선순위와 최근 목회적 사역의 관계를 깊이 생각해 보는 도전은 성공과는 무관하다. 미국의 현대 목사들은 설교자, 상담가, 행정가, 홍보 전문가, 기금 모금자, 기댈 수 있는 사람이 될 것으로 기대된다. 그가 섬기는 교회의 크기에 따라서 그는 청소년 문제에도 전문가가 되어야 하고 복사기 사용에도 능숙해야 하고 때로는 회계사, 관리인, 전도자, 소그룹 전문가, 탁월한 위원장, 팀의 동료, 그리고 투명한 지도자가 되어야 할 수도 있다. 물론 그의 가정도 본이 되어야 하고 낙심되거나 피곤해 보여서도 안 되고 항상 영적이고, 기도하는 사람처럼 보이며, 따뜻하고 열정적이지만 흔들리지 않아야 한다. 그는 설교를 준비하기 위해서 일주일에 40시간 이상을 써야 하고 상담을 위해서 일주일에 30-40시간을 써야 하고 적어도 20시간은 심방을 하고 또 다른 15시간은 방문 전도를 해야 한다. 적어도 20시간은 행정 업무에 할애해야 하고 또 다른 10시간은 병원 심방을, 10-40시간은(어느 지역에 있는가에 따라서) 가난하고 소외된 사람들을 위해 사역을 해야 한다. 그리고 15시간 정도는 그 외의 사소한 일(특히 낮이나 밤이나 아무 때든지 그를 만나고 싶어 하는 사람들을 위해서)을 위해서 남겨 두어야 한다. 그렇게 해도 어떤 이웃이 그의 아내에게 물을 것이다. "저기, 제가 무례하게 굴려는 건 아니지만 정말 궁금해서 묻습니다. 당신 남편은 주일에 일하는 것 말고는 주중에 무슨 일을 하세요?"

진실은 목사가 그의 목회에서 성경적 우선순위를 유지하기 위해서 얼마나 힘들게 애쓰든지 그는 그가 섬기는 사람들의 기대에 미치지 못할 것이라는 것이다—특히 처음 교회에 부임했을 때. 하지만 이러한 현실을 염두에 두더라도 나는 여전히 목사는 분명한 우선순위를 세워야 하고 그 조명 아래에서 자신과 그의 목회를 보아야 한다고 말할 것이다.

오늘날은 너무 많은 목회적 에너지가 상대적으로 주변적인 것들에 사용되고 있어서 중심적인 것을 위해서는 아주 적은 에너지만 남아 있다. 우리는 그리스도를 신뢰해야 하고 복음은 믿는 모든 사람을 구원하기 위한 하나님의 능력임을 믿어야 한다. 그런데 수단, 기술, 조직, 규칙 등 합당하지 않은 것들에 의존하고 있다.

신약 성경에서 목회 사역에 관하여 주목해야 할 첫 번째는, 대부분의 자격 조건들이 예외없이 강조하고 있는 성품이다(딤전 3:1-7; 5:20-22; 6:11, 12; 딛 1:5-9; 벧전 5:1-4를 읽어 보아라). 거기에 열거된 것이 놀라운 이유는 그리 놀랍지 않아 보이는 것을 열거하고 있다는 점이다—술 취하면 안 된다, 평판이 좋아야 한다 등등. 이는 오늘날 제기되고 있는 기준들(탁월한 지적 능력, 카리스마 있는 성격 등등)이 성경에서는 전혀 강조되지 않음을 보여 준다.

사실 영적 지도자의 가장 중요한 특징은 그의 신앙과 삶에서의 일관성 있는 성실함이다. 디모데전서 3장 1-11절을 전체적으로 본다면 부담이 될 수 있다. 감독 혹은 장로의 자격들을 다루고 있는 1-7절을 보면 신중하고(극단적이지 않고 분별력 있고 침착한), 절제하고, 존경받을 만한 성품을 강조한다(너무 부르주아적인 번역이라서 척하는 것처럼 들릴 수도 있지만 행동이 반듯하고 명예스럽기까지 하다는 의미이다). 간단히 말하면 영적 지도자는 질서 있는 삶을 사는 사람이다. 나그네를 대접하고 가르치기를 잘하는 것은 사역과 관계 있어서 기독교를 증거하는 일을 확장하고 신자들을 가르치고 그들에게 덕을 세우는 것을 말한다.

그가 돈을 사랑하지 않고 술에 취하지 않아야 하는 이유는, 그것을 확장하면 예수 그리스도의 노예가 된 사람은 다른 누구나 어떤 것에도 노예가 될 수 없기 때문이다. 그는 믿음을 수호해야 하지만(유 3) 논쟁적이지 말아야 한다—싸울 준비가 되어 있지만 즐기기도 한다(딤후 2:23-26과 대조해 보라).

일일이 다루지 않아도 무슨 말을 하는지는 알 수 있을 것이다. 다른 곳에서는 편애주의를 피해야 할 것에 관해서(딤전 5:21), 경건한 덕을 유지할 것에 관해서(딤전 6:11, 12), 심각한 어려움과 도전을 예상하고 그에 맞서 일관되고 끈기 있게 대처할 것에 관해서(딤후 2:3-7)도 배울 수 있다. 간단하게 말하면 하나님은 타고난 능력보다는 성품과 영적인 성숙함을 보신다는 것이다. 따라서 목회자는 다른 그리스도인과 질적으로 다르지 않다. 목회자를 특징짓는 덕목들은 다른 모든 신자에게도 요구되는 덕목이다. 하지만 목회자는 하나님의 백성의 지도자요, 목자장 되신 예수 그리스도 아래 있는 양떼를 맡은 목자이기 때문에 그는 탁월한 삶을 통해 본을 보이고 방향을 제시할 수 있어야 한다(벧전 5:1-4).

장로, 인도자, 목사의 특별한 특징 중 하나는(내가 볼 때는 신약 성경에서는 이 세 용어가 모두 한 직분, 혹은 역할을 가리킨다) 가르치기를 잘해야 한다는 것이다. 여기에는 세 가지 요소, 즉 진리와 하나님에 대한 지식, 지혜와 분별력으로 다른 사람들을 가르침에 있어서 진리를 잘 전달할 수 있는 능력, 그리고 투명한 본보기가 포함된다.

마지막 요소는 약간의 설명이 필요하다. 교리와 삶에 있어서 눈에 띌 만한 성장의 중요성에 관해서는 목회 서신과 또 다른 말씀에서 상당히 강조하고 있다(딤전 4:14-16; 벧전 5:1-4). 영적 리더십은 본보기와 돌아봄의 균형 잡힌 조합이다. 리더십이 직분의 권위에 의존하는 경우에는 영적 신뢰와 권위가 사라진다. 이단 추종자들은 예외겠지만 말이다.

리더십이 자기 부인, 기독교인으로서의 삶의 방식과 길에 있어서 그리스도를 존귀케 하는 본이 될 때 그 지도자에게 얼마나 더 많은 도덕적 권위가 주어지게 되는지는 참으로 놀랍다. 반면에 본이 되기는 하지만 구두로 가르침이 없는 곳에서는 사람들이 하나님의 말씀이 아닌 목사에게 주목하게 된다. 본이 됨이 노예 됨의 한 형태로 전락하게 되는 셈이지. 간단하게 말해서, 목사는 바울처럼 이 말을 할 수 있어야 한다. "내가 그리스도를 본받는 자가 된 것같이 너희는 나를 본받는 자가 되라"(고전 11:1). "이는 내가 꺼리지 않고 하나님의 뜻을 다 여러분에게 전하였음이라"(행 20:27).

지금까지는 대부분 성품과 우선순위에 관해서만 언급했다. 하지만 우선순위에 대한 논의는 목회라는 이름에 걸맞은(말씀과 기도의 사역) 목회의 실제적인 사역으로 돌아가야 한다. 이는 오랜 시간의 연구, 묵상, 말씀과 적용에 대한 숙고를 말하고 하나님이 구원하시기 위해 부르신 사람들을 대신하여 하나님 앞에 드리는 중보와 찬양을 위한 일정한 시간을 요구한다.

다른 모든 것은 이러한 우선순위에서 흘러나와야 한다. 예를 들면, 행정은 의심의 여지없이 중요하지만(특히 점점 많아지는 업무량의 경우) 단지 그 자체가 목적이 되어서는 안 되고 가장 최신의 세속적 경영 세미나의 복사본이어서도 안 된다.

내가 아는 어떤 교회들은 너무 원활하게 조직되어 있어서 성령께서 일어나 떠나셔도(적어도 한동안은) 아무도 그가 떠나신 것을 알아차릴 수 없을 정도이다. 물론 나는 형편없는 행정을 변호하는 것이 아니다. 이 영역에서도 우리가 배워야 할 기술들이 있다(이미 말한 대로 특히 늘어나는 업무량의 경우).

하지만 행정도 궁극적인 목표로 하나님의 영광을 염두에 두어야 하고 사람들을 조정하는 것이 아닌 하나님의 백성에게 덕을 세우는 일을 기관의 목적으로 두어야 한다. 행정은 회중 안에 있는 모든 단계(구역 모임, 청소년 모임부터 제직회나 당회에 이르기까지)에서 기도와 말씀 사역을 도울 수 있어야 한다. 마찬가지로, 모든 관계적인 기술이 필요하고 어떤 것들은 배워야 할 것들이지만 기본적으로 이것들은 데일 카네기(Dale Carnegie)의 수업 결과가 아닌 신자들의 삶에서 흘러나오는 성령의 열매여야 한다(갈 5:22-26).

이 모든 것 위에 만일 성경적인 우선순위들이 잘 지켜진다면 목사들은 지속적으로 자기의 시간이 어떻게 사용되는지를 관찰할 것이고 급한 것들 때문에 중요한 것을 희생시키는 일을 하지 않을 것이다. 언제나 상담해야 할 사람이 더 많아지고, 써야 할 편지가 늘어나고, 심방할 사람들이 늘어나고 도움이 필요한 학대받는 사람들이 많아질 것이다.

하지만 이 모든 훌륭한 사역이 많은 시간을 빼앗아 가서 목사가 말씀과 기도 사역에 자신을 온전히 헌신하지 못한다면 그는 그의 소명을 저버린 것이고, 성경적인 우선순위를 위험에 빠뜨리게 한 것이라서 장기적으로는 결국 순종과 효율성을 모두 파괴하게 될 것이다. 이 모든 형태의 섬김이 목사의 삶 가운데 어디에 자리를 차지하든

간에(그 비율도 상황에 따라 틀림없이 달라질 것이다) 기본적인 우선순위는 결코 양보하지 말아야 할 것이다. 마찬가지로 여러 명의 직원을 둔 교회에서도 전문 분야가 무엇이든 간에 신약의 목사는 기도와 말씀 사역에 깊이 헌신해야 한다(말씀 사역이라 함은 단지 설교에만 국한되는 것이 아니다).

다른 말로 하자면 바울이 말한 대로 우리 목표가 가능한 한 모든 수단을 통해서 사람들을 그리스도께로 인도하기 위한 것이라면, 그리스도의 몸을 세우는 것이라면, 주된 수단이 말씀과 기도의 사역이라면 우리가 취하는 모든 것, 모든 구조와 조직, 복사기와 건물과 위원회, 우리가 가진 모든 것은 그 목표를 향해 기울어져야 한다. 목회는 그 목표를 염두에 두고 말씀과 기도를 통하여 사람들을 영생을 위해 준비시키는 일이다.

생산적인 어느 한 형태의 목회가 있는 것도 아니고 좋은 목회를 보여 주는 한 형태의 특성이 있는 것도 아니다. 목회자들 간의 개성의 다양성은 어느 한 특정한 형태가 교회를 세우는 데 중요한 것이 아님을 보여 주는 좋은 표시이다. 하지만 내가 특별히 칭찬하는(세상이 보기에는 성공적이든 아니든) 사역을 하는 목사들은 주 예수님을 향한 사랑이 투명하고 자라는 사람들이고, 헌신과 명쾌함과 실제적인 적용과 참된 열정을 가지고 성경을 강해할 수 있는 능력이 성장하는 사람들이다. 또한 사람들을 향한 사랑이 형식적이거나 감상적이지 않고 자기를 부인하며 지각력이 있는 사람들이고(이는 목회적 돌봄을 위해서는 필수적이다), 복음을 전하고 삶에서 적용하려는 열망이 그들 삶의 초점과 우선순위에서 밀리지 않도록 하는 사람들이다.

이 모든 것이 준비된 사람이 누가 있을까?

**사랑을 담아,
폴 우드슨**

추신: 리차드 백스터(Richard Baxter)의 「참 목자상」(*The Reformed Pastor*)를 읽어 보렴. 큰 유익이 있을 것이다(처음 기록되었을 때의 제목은 "갱신된 목사" 같은 것이었다). 여러 면에서 시대에 엄청 뒤떨어졌지만 우선순위는 제대로 세워져 있다.

22.

우드슨 박사의 다음 편지는 내가 크리스마스 때쯤에 쓴 편지의 내용을 담고 있어서 상황에 대한 설명은 따로 필요하지 않다.

1983년 1월 12일

지니(Ginny, 실제 이름은 버지니아[Virginia]니?)와의 관계가 더욱 깊어진다니 얼마나 기쁜지 모르겠다. 그녀는 참 사랑스러운 여인 같더구나. 콜롬비아에서 석사 과정에 있다면 그녀의 음악적인 재능과 교육의 탁월함은 틀림이 없겠구나. 지니와 같은 성숙하고 안정된 기독교인을 발견한다는 것이 얼마나 놀라운 주님의 선물인지! 나와 내 아내가 언제쯤 그녀를 만나 볼 수 있을까?

너의 독서에 관해 듣는 것도 나에게는 큰 기쁨이다. 맞다. 패커의 「하나님을 아는 지식」은 읽고 또 읽어야 할 책이다. 만일 주님이 다음 백 년 안에 다시 오시지 않는다면 금세기의 책들 중에서 이 책은 다음 세대에도 기독교인들이 여전히 읽고 있을 몇 안 되는 책들 중 하나가 될 것이다. 또한 백스터의 「참 목자상」도 읽어 봤다니 참으로 기쁘다.

하나님의 뜻을 아는 것에 관한 프리슨(Friesen)의 책도 목회로의 소명을 고민하고 있는 현재 너의 마음을 끌어당기기에 충분할 것 같구나. 그와 같은 상황에서 하나님의 뜻을 결정하는 문제는 대단히 어렵다. 프리슨은 필요에 대한 반응으로 지나치게 치우친 경향이 있다. 하나님의 뜻과 관련된 대부분의 성경 구절들은 거룩함, 가족과 조화를 이루는 삶, 하나님에게 순종함 등에 초점을 맞춘다. 음성, 내적인 충동, 부담 등과 같은 것에 전적으로 의존하여 하나님의 뜻을 결정하는 것, 특히 그와 같은 경험들에 성경의 기준이나 영적으로 사색하는 성숙한 그리스도인들의 합의된 지혜에 도전하는 권위를 부여할 때 지나치게 주관적이 될 수 있다.

마찬가지로 하나님의 뜻이 중앙으로 들어갈수록 가치가 더해지는 일련의 동심원인 것처럼 하나님의 뜻에 대한 "황소의 눈"(역자 주: 과녁의 중앙) 견해도 의심스럽다. 이 견해에 따르면 사람들은 하나님의 차선책과 세 번째 선택은 쉽게 찾을 수 있지만 열정적인 기독교인들은 최고, 즉 하나님 뜻의 황소의 눈을 찾으려고 애를 써야 한다는 것인데 이것 역시도 경계하고 피해야 할 것이다(성경이 하나님의 뜻에 관해 말하는 다양한 방식을 프리슨이 신중하게 살펴보았는지 확실치 않지만).

네가 목회자로서의 소명을 놓고 고민이 많구나. 어디에서 시작하면 좋을까(너를 위해 또 다른 책 한 권을 쓰지 않아야 할텐데!)?

우선 네가 이 문제를 가지고 고민하고 있다는 게 얼마나 기쁜지 말해 주고 싶다. 몇 년 전에 「너의 작은 야망을 포기하라」(*Give up your Small Ambitions*)는 책을 읽은 적이 있다. 나는 네가 물질적인 소득과 사회적 승진을, 기껏해야 수명이 짧은 혜택 정도로, 최악의 경우 천국에 보화를 쌓아 놓는 우선적인 목표로부터 기독교인들을 멀어지게 만드는 함정으로 인식하는 성숙함에 이미 도달했다고 본다. 하지만 그와 같은 성숙함이 소명 자체를 의미하지는 않는다. 우선 몇 가지 장애물을 세우고 네가 전문적인 사역자의 길에 들어서지 말아야 하는 이유를 말해 주어야 할 것 같다. 왜 그래야 하는지는 잠시 후에 말해 주겠다(내가 전문적인 사역이라고 말할 때 그 의미는 경제적으로 지원받는 사역을 의미할 뿐이다[고전 9:3이후 ; 갈 6:6 ; 딤후 2:2-4을 보아라]).

우선 증거의 다양함을 관찰하기 위해서 몇몇 성경 구절을 살펴보는 것이 도움이 될 것이다. 이 구절들이 결코 완전한 것은 아니라서 이 외에도 많은 것이 더해져야겠지만 적어도 시작점으로는 충분할 것이다.

사울(바울)의 회심과 부르심에 관한 이야기부터 보자(사도행전 9장과 관련된 구절들). 여기에는 그 이전에 씨를 뿌리는 과정이 없었다(적어도 공개적이고 친근한 환경에서). 부활하시고 영광을 받으신 그리스도께서 교회를 핍박하기 위해 다메섹으로 가는 바울에게 초자연적이고 독특한 방식으로 나타나셨다. 바울의 회심과 사도로서의 부르심은 같은 경험의 일부였다―그는 이 둘을 나누어 생각할 수 없었다(예를 들어, 고전 9:15-18).

사도행전 13장 2, 3절에서 성령께서는(아마도 선지자들을 통해서) 안디

옥에 있는 교회로 하여금(적어도 교회의 선지자들과 교사들) 사도행전 13, 14장에 기록된 교회를 세우기 위한 전도 팀으로 바나바와 사울을 따로 세우라고 하셨다.

디모데전서 3장 1절에서 바울은 "사람이 감독의 직분을 얻으려 함은 선한 일을 사모하는 것이라"고 했다. 그리고 나서 바울은 필요한 자격 조건들을 열거한다. 이 자격 조건들은 분명히 비록 그런 사모함이 있다 하더라도 제외시킬 수 있음을 의미한다. 동시에 인간적인 차원에서 볼 때 사모함은 후보자의 자격 요건의 시작임을 알 수 있다. 이 문제는 잠시 후에 다시 생각해 보자.

디모데후서 2장 2절에서 강조하는 것은 아주 다르다. "또 네가 많은 증인들 앞에서 내게 들은 바를 충성된 사람들에게 부탁하라. 그들이 또 다른 사람들을 가르칠 수 있으리라." 내 생각에 여기에서 암시하는 것은 복음이 계속 전파될 수 있도록 하기 위해서 디모데에게 믿을 만한 사람을 찾아야 할 책임이 있다는 것이 아닐까 한다. 약간은 다른 관점이기는 하지만 위로부터 시작되어야 하는 또 다른 증거는 디도서 1장 5절이다. "내가 너를 그레데에 남겨 둔 이유는 남은 일을 정리하고 내가 명한 대로 각 성에 장로들을 세우려 함이니." 그리고 나서 바울은 자격 조건들을 열거한다.

야고보서 3장 1절에는 준엄한 경고도 있다. "내 형제들아 너희는 선생 된 우리가 더 큰 심판을 받을 줄 알고 선생이 많이 되지 말라." 따라서 모든 기독교인이 상호 간의 책망과 격려, 그리고 교제에 참여해야 하지만 상대적으로 몇 사람만이 교회 안에서 인정된 교사 역할을 감당할 수 있고, 그들의 임무에는 위험이 따른다는 것을 온전히 인식하고 있어야 한다.

이에 더해서 소명에 관한 전반적인 토론을 위해서는 에베소서 4장 11절을 그 문맥 안에서 살펴보아야 한다. 바울이 주장하기를 어떤 사람을 교회에서 사도로, 선지자로, 전도자로, 그리고 목사와 교사로 부르시는 분은 곧 하나님 자신이라고 한다. 이는 한 개인을 다윗의 보좌에 앉히심이 그의 경건과 그를 임명한 하나님을 향한 충성된 순종을 보장했던 것처럼 부르심을 받은 사람들 안에 완전한 하나님의 뜻이 있음을 보장한다. 그러나 이 부르심이 너무 제도화되어 안전하고 길들여진, 단지 교회적인 개념이 되어 감에 대해서는 경계해야 한다.

하나님의 부르심을 전문적인 목회로의 부르심으로 보려는 현대의 논쟁들은 일종의 축소주의를 보여 준다. 오순절적이고 경건한 배경을 가지고 있는 사람들은 하나님이 그들을 사역으로 부르셨기 때문에 다른 선택의 여지가 없다는 주관적인 면을 강조할 것이다. 그들은 자신을 예레미야로 본다(침묵하고자 했어도 하나님의 말씀이 그를 타오르게 해서 마음에 평안이 없었던). 어떤 경우에는 교회와 교회의 지도자들이 한목소리로 인정하지 않으려고 하는데도 자신의 주장을 앞세우기도 하지. 또 어떤 사람들은 지상대명령을 언급하며 이 명령이면 누구든지 부르심에 충분하지 않느냐고 주장하기도 한다. "너는 일어나 네가 할 수 있는 최선을 다해 섬기라. 여기에는 물론 문이 완전히 닫히지 않았다면 전문적 목회도 포함된다"고 말하는 거지. 그 외에도 지극히 일반적이라고 할 수 있는 다른 유형들도 있다.

내가 생각할 때는 성경에는 하나의 유형만 있는 것은 아니다. 이상적으로는 세 개의 주요 실타래가 연결되어야 한다—그 길에서 섬기겠다는 타오르는 열망(딤전 3:1), 덕망이 있는 지도자에 의해 허락됨(때로는 주도된), 그리고 성경적 기준들을 충족시킴.

내 생각에 이 논의를 더욱 힘들게 만드는 것은 한편으로는 오순절파의 전통을 따르는 사람들과 경건파에 속한 사람들이 종종 다른 요소들은 배제한 채 지나치게 소명의 주관적인 면을 강조했다는 데 있다. 이에 대한 반응으로 많은 비오순절파 전통을 따르는 사람들은 성경의 권위와 완성을 위기에 처하게 만드는 일종의 계시적 형태를 지적하고, 그래서 영적인 경험은 완전히 배제하는 일종의 합리주의를 강조한다. 개인적으로 내게는 이 두 접근 모두 편하지 않다.

바울이 디모데전서 3장 1절에서 암시한, 감독이 되려는 열정을 생각해 본다면 바울이 염두에 두고 있었던 것은 단지 안전한 직업을 얻기 위한 자기 혼자 확신에 찬 열정은 아니었다. 오히려 그는 그러한 특별한 방법으로 그리스도를 섬기고 싶다는, 성령께서 감동하신 열정을(그럼에도 다양한 방법으로 점검하고 첫 번째 장애물이라 할 수 있는 기준에 부합된 열정) 염두에 두고 있었다.

나는 사람마다 부르심이 조금씩 다르다고 말하고 싶다. 우리는 자신의 특별한 경험을 너무 엄격하게 일반화시키려고 하지 말아야 한다. 하지만 그리스도를 이런 특별한 방식으로 섬기겠다는 타오르는 충동이 없다면, 그와 같은 열정은 교회 내에서 중요한 위치를 차지하고 싶은, 일종의 정욕이 될 수 있다는 사실을 깊이 염두에 두어야 한다. 시간이 있다면 이런 충동을 좀 더 넓은 차원에서 영적 경험을 다루고 있는 신약 성경의 주제들과 연결시켜 연구해 보고 싶다.

교단의 지도자들이, 소명감을 가지고 나오는 목사들이 아주 적다고 불평할 때(최근에는 이런 불평이 늘어난 것 같다) 그들이 무엇을 말하려고 하는지 이해하는 것도 중요하다. 물론 애매하게 이 말을 하는 사람들도 있다. 그런 경우에는 그들이 무슨 말을 하는지 이해하기가 더 어렵겠지. 어쩌면 목회라는 영적 순례의 길에서 그들이 추구했던 것이 무엇이었는지를 어렴풋이 보여 주는 것일지도 모르지.

하지만 내 경험에 의하면 그들이 의미하는 것은 대체로 이것이다. 그들이 목사가 되려는 사람들에게 왜 이 길로 주님을 섬기려고 하는가를 물으면 돌아오는 대답이 "저는 성경 공부 인도하기를 좋아합니다. 그래서 이 길로 들어서려고 합니다" 라든지 "주변에 있는 사람들이 나에게 목회를 해 보라고 권하는데, 그들이 존경받는 지도자들이기 때문에 그들의 말을 신중하게 들어야 한다고 생각합니다"라는(혹은 이와 비슷한 다른 대답들) 초점이 없는 것들이다. 그들의 열정은 어디에 있는가? 그들의 열망은 어디에 있는가? 그들 안에 어떤 충동이 있는가? 마일 후보자가 대화를 시작하자마자 은퇴 후의 혜택, 주거 비용, 그들이 하고 싶은 일들에 대한 지극히 제한된 선택에 관한 이야기를 꺼낸다면 그들은 컴퓨터 과학이나 위생 공학 쪽으로 조용히 옮기는 것이 나을 것이다. 무엇이라고 부르든, 개인마다 어떤 차이가 있든지 섬기는 자의 마음이 있어야 하고 예수 그리스도와 교회를, 그 길로 마음을 다해 섬기고 싶다는 분산되지 않은 헌신이 있어야 한다.

이것이 바로 이 시점에서 이를 추구하려는 너의 의욕을 꺾으려고 하는 나의 의중이다. 적어도 너의 마음, 동기를 아주 신중하게 살펴 보거라. 극소수의 목사들만 크고 성장하는 교회에서 사역하고 있다. 만일 그것이 너의 비전이라면 다시 생각하거라. 하나님이 그런 엄청난 기회의 문을 여실 수도 있겠지.

하지만 보장된 것이 아니라서 너의 결정에 어떤 영향도 끼쳐서는 안 된다. 엄청나게 많은 목사가 상대적으로 작고 매력 없어 보이는 교회에서 사역하고 있다. 많은 목사가 돈으로는 보상할 수 없는 일들을 감당하고 있다—드문드문 조문객들이 앉아 있는 장례식장에서 동거녀가 술에 취해서 중얼거리기도 하고 소리를 지르기도 하는 동네 술주정뱅이의 장례식을 집례하기도 하고 아홉 살에 암으로 죽은 아이를 묻기도 하고, 관용이나 인내(심지어 상식조차도)는 찾아볼 수 없는 힘 있고 화난 교인들에 의해 아수라장이 된 교회의 회의를 인도해야 하기도 한다. 이러한 과열된 일들과 불가능해 보이는 셀 수 없이 많은 어려운 상황 가운데 목회의 열정(이 단어의 옛날 의미에서)이 확인된다.

바울의 서신을 서너 번 빠르게 읽어 내려가 보면 그에게 가장 큰 고통을 주었던 것은 기독교인들과의 관계였음을 알 수 있다. 전문적인 사역자가 된다면 너의 경험도 이와 크게 다르지 않을 것이다. 아무튼 네가 다니는 교회의 지도자들에게 말해 보거라. 그리고 장로와 목사와 감독에 대한 성경 구절들을 꼼꼼하게 공부하거라. 하지만 무엇보다 기도 중에 주님의 얼굴을 구하거라. 네가 다메섹과 같은 종류의 경험을 구할 필요는 없다—부르심의 경험을 즉각적으로 경험하는 사람은 그리 많지 않다. 하지만 성령께서 강권하신 충동과 그로 인해 대가를 지불해야 할 종의 마음에 대해 아무것도 모른다면 목회에 대한 모든 관심을 접기 바란다.

이에 관해 지니는 어떻게 생각하고 있니?

그리스도의 사랑 안에서,
폴 우드슨

23.

이번에도 우드슨 박사의 편지는 약간 부담스러웠다. 그럼에도 나는 목회에 대한 그의 설명과 개인에게 부여할 수 있는 요구에 대한 그의 경고는 아주 흥미로웠다. 하지만 그의 마지막 말은 정말 나를 심하게 동요하게 만들었다. 그는 만일 내가 성령께서 강권하신 충동과 종의 마음에 대해 아무것도 모른다면 목회에 대한 모든 관심을 접기 바란다고 부탁하듯 말했다. 그 편지를 받고 처음 한 달이 지나고, 그 후에도 얼마 동안 나는 그 내용을 숙고했다. 게다가 나의 동기들을 점검하기 위해서 몇 날 동안 영혼의 어두운 밤을 경험하기도 했다. 우드슨 박사가 편지에서 말한 것을 내가 알고 있는지 조차 확실하지 않았다. 사람들이 내 시간은 말고라도 나의 영혼과 몸을 점령하고 있는 것처럼 느낄지도 모른다는 생각은 나를 떨리게 했다. 과연 내가 이런 자세로 진실로 종의 마음을 가질 수 있을까?

그럼에도 내가 목회의 문제에 대해 좀 더 탐구해 본다고 해서 무슨 해로움이 있을까 생각했다. 지니도 그것이 그리 나쁜 생각이 아니라고 동의해 주었다. 내가 겪어야 했던 자기 발견의 깊은 아픔을 알고 있으면서도 별다른 언급을 하지 않은 것은 나의 당혹감과 어두운 밤의 경험에 무관심해서가 아니라 오히려 그 반대였다. 하지만 대체로 그녀는 자신의 의견을 그냥 마음에 담아 두는 편이었다. 나중에서야 이 문제는 하나님과 나 사이의 개인적인 문제라고 그녀가 결론을 내렸던 것임을 알게 되었다. 나는 내 인생을 위한 하나님의 뜻에 관하여 신중하게 생각할 필요가 있었다. 나중에 알았지만 그녀는 내가 목사가 되기를 원하고 있었다.

나는 어떤 신학교를 선택해야 하는지 이 알쏭달쏭한 문제에 대해서 적어도 우드슨 박사께 조언을 구해야겠다고 결론을 내렸다. 신학교들 사이에 어떤 차이가 있는지 나는 아무것도 알지 못했다. 만일 차이가 있다면 나는 그의 반응에 진심으로 관심이 있다는 사실을 눈치채지 못하도록 다소 애매한 용어로 질문을 드렸다. 이 주제에 대해 내가 엄청 몰입되어 있음을 조금이라도 보여 주어서 그가 아주 미묘하게라도 목회 쪽으로 나에게 압력을 주지 않을까 두려웠다. 이렇게 민감한 때에 어떤 형태로든지 압력은 내가 가장 원하지 않던 것이었으니까.

마침내 그가 다시 신학교를 선택해야 한다면 어떻게 할 것인지 물어 보는 방식으로 편지를 썼다. 그의 관심을 분산시키기 위해서 1969년 컵스(역자 주: 시카고의 야구팀) 이야기를 꺼내 그 시즌 말기에 열광적인 분위기를 이어 가던 그들의 역량에 대해서 지나가는 말로 언급했다. 내가 응원하던 뛰어난 메츠(뉴욕의 야구팀)가 흔들거리던 컵스를 물리친 영광이 기억났기 때문이다. 시카고에 오래 머물면서 우드슨 박사는 컵스의 팬이 되어 있었다. 내가 믿고 있던 대로 그가 컵스의 팬이라면 메츠에 대한 아주 사소한 긍정적인 언급이라도 최소한 한 페이지 이상의 응수를 끌어 낼 수 있으리라 확신했으니까.

1983년 3월 12일

> **편집자 주:** 우리는 이 편지의 약 한 페이지 정도를 삭제했다. 거기에는 왜 시카고 컵스가 1969년 여름에 참패를 당했는지, 왜 메츠가 컵스를 이길 수 있을 정도로 말도 안 되게 운이 좋았는지에 대한 어색한 설명과 함께 팀의 메츠에 대한 지나친 충성심을 볼 때 팀에게는 윤리적인 정당한 결정을 내릴 능력이 부재한 것 같다는 농담이 적혀 있었다.

컵스의 특징보다 심각한 문제로 넘어가 보자(시카고에 사는 많은 나의 동료들은 그들의 대화 가운데 이 두 문제를 그런 식으로 순서를 매기지 않을 것 같아서 두렵지만).

네가 말한 대로 비복음주의 신학교가 아닌 복음주의 신학교를 택하는 것에는 장단점이 있다. 이런 기본적인 선택을 한 후에는 너의 헌신과 기질에 어느 복음주의 신학교 혹은 어느 비복음주의 신학교가 맞는지 선택해야 하겠지.

이 중요한 질문에 있어서 나의 감성은 어느 정도 내 아버지의 조언에 따라서 형성되었다는 것을 말하지 않을 수 없구나. 아버지의 전제는 단순했다. "신학적인 교육을 위해서는 복음주의 신학교에 가라." 기본적인 신학 프로그램에서 소진해야 할 에너지를 생각할 때 어쩌면 너는 신학적으로 언제나 방어적이 될 수밖에 없는 곳에서 공부하기를 원치 않을 것이다(편집자 주: 물론 우드슨 때에는 대학을 졸업한 후에 밟는 첫 번째 신학 과정을 일반적으로 신학 학사라고 불렀다). 그러고 나서 주님이 대학원 과정으로 인도하시거든 그 프로그램이 복음적이든 아니든 너의 전공을 위해 가장 탁월한 프로그램을 가진 곳을 택하거라. 복음주의적인 상황에서 공부를 하면 너의 사역을 세워 갈 튼튼한 신학적인 기초를 가지게 될 것이다. 너의 이어지는 전공은 그 기초에서 무언가를 빼는 것이 아니라 그 기초 위에 새로운 면들을 더하는 것이 되어야 한다.

게다가 복음주의 학교에서 받게 될 교육 수준에 대한 두려움은 접어 두어도 좋다. 몇몇 복음주의 신학교는 그들의 학문적 신뢰도에 있어서도 주목을 받고 있으니까. 사실 어찌 생각하면 너도 지금 일반 학교보다는 탁월한 신앙 고백적 학교에서 진보적 교육(이 단어의 가장 좋은 의미에서)을 받고 있지 않니? 그 이유는 두 가지이다. 우선 대체로 신앙 고백적 학교들은 말씀 사역이 무엇보다 중요하다고 생각하기 때문에 아직도 헬라어와 히브리어에서 기본적인 실력을 요구하고 있다. 두 번째로, 좋은 학교들은 폭넓게 2차적인 신학교 자료들과 친근감을 요구한다. 이른바 자유주의 학교라고 부르는 곳들은 일반적으로 보수적인 신학교를 무시하고, 특히 복음주의를 무시하는 경향이 있는 반면에 말이다.

복음주의 신학교에서 공부하기로 마음을 정한 후에도 각 학교들의 신학적인 특징들을 고려해야 한다. 어떤 곳들은 세대주의적이고 어떤 곳들은 개혁주의 혹은 웨슬리주의, 혹은 오순절주의적 특징들이 있다. 또 어떤 곳들은 복음주의적 핵심들에 동의하기 때문에 다양한 복음주의 전통에서 왔음에도 함께 사역하는 교수진을 갖춘 폭넓은 복음주의적 성격을 띠기도 한다.

나는 지금 일하고 있는 복음주의 학교에서 평생을 함께할 친구들을 만들었다는 사실에 특별히 감사하고 있다. 나의 많은 학생 동료는 사역과 섬김에 대한 같은 비전을 공유하고 신학교에서 어려운 시기에 함께 기도하고 격려해 주었다.

이와 관련해서 또 다른 이야기를 해 보자. 지금 너는 복음주의 신학교에 다닌다는 것이 어떤 것일지에 대한 왜곡된 인식을 가지고 있을지 모르겠다. 많은 사람이 이런 인식을 가지고 있다. 신앙이 있는 학생들과 교수들 모두 죄인, 성도로 남아 있다. 신학교는 천국의 예행실도 아니고 완전한 교회도 아니다. 제이콥 스페너(Jacob Spener)가 바로 지적한 대로 신학교들은 성령의 작업실이다. 하지만 실제 사람들은 때로는 성령의 역사를 방해하고 스페너가 말한 기준에도 도달하지 못하는 신학교가 많다. 신학교 생활을 즐길 수 있을 거라고 기대할 수는 있지만 모든 것이 영적으로 상승 분위기일 것이라고는 기대하지 말아야 한다.

사실 너는 신학교에서 영혼의 건조함 때문에 괴로워하게 될지도 모른다. 왜 그럴까? 왜 그렇게 많은 신학교 학생들이 영적으로 고갈될까? 가능한 한 가지 설명은 그들이 성경을 영적인 양분을 취해야 할 기록된 하나님의 말씀으로 보기보다는 냉정하게 분석해야 할 교과서로 취급하기 시작한다는 것이다. 신학교에 다니는 동안에 정기적으로 경건 생활을 유지한 학생들은 그렇지 않은 학생들보다 3-4년 후에 더 탁월한 영적 생동감을 보여 준다. 신학교 학생들과 교수들은 묵상에 관한 시편 1편의 조언을 무시하지 말아야 한다.

신학교에 있는 동안에 생동감 있는 믿음을 유지하기 위한 또 다른 제안은 실제 세상에 참여하도록 하는 아웃리치 프로그램에 동참하는 것이다. 삶을 변화시키는 복음의 능력을 보는 것은 마음을 새롭게 하는 데 엄청난 동력이 된다.

세 번째 제안은 신학을 하나님의 뜻을 따라 생각하려는 인간적인 탐구로 보는 것이다. 만일 복음적인 실천이 좋은 복음적 신학에서 흘러나온다면 신학은 네가 신학교에 다니는 동안에 추구해야 할 가장 중요한 훈련 중 하나가 되어야 할 것이다. 네가 짐작하겠지만(내가 무엇을 가르치는지 안다면) 나는 이것이 얼마나 유효한 전제인지에 확신이 있다.

당연하게도 나는 복음주의 신학교들을 선호한다. 하지만 비복음주의 신학교들의 장점들로는 어떤 것들이 있을까? 상당히 많이 따라오기는 했지만 전반적으로 복음주의 신학교들은 일부 비복음주의 신학교들의 학문적 수준에 아직 도달하지 못했다. 많은 비복음주의 신학교에는 1-2세기 걸쳐 축적한 광범위한 도서들이 있다. 복음주의 학자들보다 넓은 신학적 공동체에서 훨씬 잘 알려진 탁월한 교수들이 있다. 이 교수들 아래에서 공부하는 것의 가치는 아무도 부정할 수 없을 것이다. 게다가 이들 중 몇몇 학교는 교수진에 복음주의 교수들을 포함하고 있다—다시 말해 상당히 경쟁력 있는 복음주의 신앙이 이 학교들에서 발견되기도 한다는 것이다.

하지만 성경적 신앙에 대해 적대적인 것이 비복음주의 신학교에서의 교육의 약점이다. 일부 복음주의 학교에서는 지나치게 편협한 관점을 가지고 졸업할 위험이 있는 반면에 많은 비복음주의 신학교에서는 그 어떤 곳에서 믿음의 근거를 가지지 못한 채 졸업할 위험이 있다. 혹시 〈CT〉(1982년 2월 5일자)에서 클락 피녹(Clark Pinnock)의 "자유주의자들은 신학 교육에서 중심을 잃어버렸다"는 논문을 읽어 보았니? 여기 트리니티 신학교에서 가르친 적이 있던 피녹은 〈신학교육〉(Theological Education, 1982sus 봄, p.32)이라는 간행지에 기고된 에드워드 팔리(Edward Farley, 밴더빌트에서 가르치는)의 분석에 대해 평을 하면서 자유주의 신학교의 음산한(dismal, 그의 용어를 그대로 사용하자면) 모습을 소개한다. 그는 이렇게 썼다.

> 성경의 신뢰할 만한 권위에 대한 믿음에 근거한 전통적인 패턴은 비평적인 역사적 연구의 부정적인 영향으로 인해 위축되었다. 건물의 초석이 무너졌고 따라서 구조물 전체가 무너지고 있다. 더 이상은 연구하고 적용할 수 있는 신적 계시에 대한 확실한 지식이 없다. 규범적인 조직 신학을 위한 자료가 없고 믿음을 변호해야 할 필요도 없다. 이전에 이 일에 전제되었다고 여겨지던 권위는 상대화되어 사라지고 말았다. 더 이상 성경에 대한 신뢰할 만한 신적 선생은 없고 인간의 불협화음만 있을 뿐이다. 따라서 교수진들은 같은 협주곡을 연주하는 오케스트라와 같지 않고 각 연주자가 다른 사람과는 화음을 이루지 않은 채 각자 자기의 악보만 연주하는 것 같다.

어쩌면 너무 가혹한 비판처럼 보일 수 있지만 기독교 사역을 준비하기 위한 비복음주의 환경을 선택하려고 할 때 한 번쯤 멈추어 생각해 볼 필요가 있는 말이다.

더 많은 것을 말하는 게 망설여지는구나(너는 이미 내가 말을 많이 했다고 생각할지 모르지만). 내가 너에게 비복음주의 신학교와는 다른 편견으로 트리니티나 고든 콘웰이나 달라스나 웨스트민스터와 같은 신학교로 가도록 설득하는 것처럼 의심할지 모르겠다. 지금 내게 가장 중요한 것은 네가 사역의 길로 들어서야겠다는 확신이 생긴다면 "하나님의 모든 뜻"(행 20:27)을 전하고 살아 낼 수 있도록 너를 준비시킬 수 있는 교육을 받으라고 말하는 것이다.

팀, 네가 무엇을 하든지 나는 너와 지니를 위한 최선만을 원한다는 사실을 잊지 말기 바란다. 내 마음속에 최선이란 네가 하나님의 뜻이라고 믿는 것을 행하는 것이다—비록 그것이 맨해튼의 거칠고 험한 비즈니스 세계에서 그분을 신실하게 섬기는 것을 의미할지라도 말이다. 이 세속적인 문화 안에서는 다른 곳에서와 마찬가지로 거기에서도 그리스도를 위한 담대한 증인들이 필요하다.

아무튼 앞으로도 모든 것이 잘되리라고 믿는다. 그때까지 기도할게. 나중에 꼭 만나고 싶은 지니에게도 안부를 전해 주렴.

진실함으로,
폴 우드슨

24.

1983년 5월 마침내 하나님이 나를 목회로 부르신다는 확신이 생겼다. 플로리다 탬파에서 이끼가 덮인 나무들로 둘러싸인 골프장을 달빛 아래 터덜터덜 걷다가 목사가 되겠다고 헌신했다는 빌리 그래이엄의 이야기를 읽은 적이 있다. 상징적이지만 그래이엄은 18번 홀의 그린 끝자락에서 주님에게 헌신한 것이다.

나의 헌신의 구체적인 순간은 그보다는 훨씬 덜 드라마틱하다. 나는 주변 공원에서 사색하며 산책을 하고 있었다. 나의 마음은 달려가고 있었지만 내 발은 느린 보폭으로 걷고 있었다. 무슨 일이 일어났는지 의식도 못한 채 나는 이렇게 말했다. "좋습니다. 하나님, 목회의 길로 가겠습니다. 하지만 그래서 주님이 무엇을 얻게 될지는 주님이 아십니다. 저의 약함은 저의 강함을 보잘것없게 만들 것입니다. 제가 설교를 할 수 있을지도 모르겠습니다. 게다가 저는 종종 위선적이라 느껴지고 저 스스로 인정하는 것보다 이기적입니다. 하지만 주님이 원하시는 것을 하고 싶습니다. 주님, 약한 죄인인 저를 불쌍히 여겨 주시고 주님의 힘을 제게 주소서." 과장하지 않더라도 돌아오는 길에 나는 내 마음에 차오르는 평안을 느낄 수 있었다.

다음 날 저녁에 나는 지니를 만났다. 그녀는 나를 보자마자 웃으면서 말했다. "팀, 사역의 길로 들어서기로 마음을 정한 거군요. 그렇죠?"

나는 깜짝 놀라서 그녀에게 물었다. "어떻게 알았어요?" 어쩌면 신비스러운 만지심이었는지 모르겠지만 그녀는 내가 훨씬 여유가 있어 보이고 얼굴은 덜 핼쑥해 보였다고 했다. 오늘까지 나는 그녀가 어떻게 알았는지 여전히 이해하지 못한다. 하지만 그녀는 기뻐했다. 그때서야 그녀는 내가 사역의 길로 들어서기를 오랫동안 원했고 몇 달 동안 이를 위해 기도했다는 사실을 알려 주었다. 나는 지니의 믿음과 주님을 향한 사랑에 큰 감동을 받았다. 그녀는 그때나 지금이나 나보다 훨씬 나은 그리스도인이다. 이에 관해서는 의심의 여지가 없다.

며칠 후 목사님에게 말씀드리고 난 후에(그도 역시 내가 그쪽 방향으로 나가기를 기도했다고 했다) 갑자기 내 결정에 함축된 의미들에 압도되기 시작했다. 봄은 이미 시작되었고 만일 신학교에 입학하려면 너무 늦은 감이 있어서 빨리 입학 신청서를 제출해야 했다. 많은 생각을 하지 않고 트리니티에 원서를 넣기로 결정했다. 거기에는 적어도 내가 아는 한 사람, 우드슨 박사가 계시기 때문이다. 나는 아직 트리니티 신학교의 요람을 읽어 보지 않았지만 신학교를 어떻게 선택해야 하는지에 관한 신중한 고민과 조사라면 충분히 했다고 생각했다.

하지만 트리니티는 일리노이주에 있어서 지니가 안정적인 직업을 가지고 있던 뉴욕시와는 거리가 많이 떨어져 있었다. 바람에 흔들리지 않기 위해서 나는 다음 날 저녁에 지니에게 청혼하기로 마음을 정했다. 뉴욕에 있는 지니 생각에 내가 어떻게 트리니티에서 학업에 집중할 수 있겠는가? 물론 지난 몇 달 동안 이 요청에 관해 생각하고 있었다. 이제 더 이상 지체할 수 없었다.

다음 날 오후 직장에 있는데 마치 시계가 멈춘 것 같았다. 굉장히 조급했고 호흡도 가빠졌다. 마침내 6시가 되었을 때 나는 집으로 달려갔고 7시 15분에 지니의 아파트로 차를 몰고 갔다. 그녀의 룸메이트는 지니가 곧 나올 것이라고 말해 주었다. 나는 또 기다려야 했다. 겨우 15분인데 마치 그 시간은 영원한 것 같았다. 마침내 지니와 나는 우리가 좋아하던 식당으로 향할 수 있었다.

그날 내가 먹은 음식의 맛은 하나도 기억이 나지 않는다. 메인 요리가 무엇이었는지조차 기억나지 않는다. 우리는 사무실에서의 전쟁 같은 치열한 일들을 이야기하면서 식사를 마치고 카푸치노 커피를 마신 후에(우리가 함께 즐겼던) 나는 용기를 내어서 청혼을 했다.

지니는 잠시 생각에 잠기고 나서는 얼굴에 함박웃음을 지었다. 나는 그때 그녀가 무슨 말을 했는지 잊을 수가 없지만 그게 무엇인지는 비밀로 간직하겠다. 적어도 그녀의 말이 운명적인 대답, "좋아요!"를 담고 있었다는 것은 말해 줄 수 있다. 몹시 기뻤다. 하지만 동시에 두려움도 느꼈다. 나는 그녀에게 뉴욕에서 즐기고 있는 직업을 포기하고, 특히 친한 친구들과 헤어지라고 요청하는 것이었으니까. 우리 둘은 그날 눈물을 흘렸다. 감정이란 참 재미있는 것이다. 기쁨과 슬픔은 우리가 생각하는 것보다 잘 어우러진다.

많은 소식을 가지고 나는 말을 쏟아 내는 온수 탱크나, 모든 방향으로 뿌려 대는 물뿌리개처럼 우드슨 박사께 편지를 썼다. 기독교 사역을 위해 준비하기로 했다는 것, 트리니티 신학교에 지원할 것이라는 것, 지니와 내가 약혼을 했고 여름에 결혼한다는 것, 9월에는 일리노이에 있는 디어필드(역자 주: 트리니티 신학교가 있는 곳)에 간다는 것 등을 재빠르게 써 내려갔다. 나중에 생각이 나서 우드슨 박사께 결혼에 대한 어떤 조언이 있는지, 이 주제에 관해 거의 아무것도 모르는 제자에게 필요한 것을 말해 줄 시간이라고 말씀드렸다. 물론 우드슨 박사 부부를 잠정적으로 8월 중순에 예정된 우리 결혼식에 초대하는 것도 잊지 않았다.

그렇게 편지를 쓰는 중에도 파리에서의 고통스러웠던 경험이 또다시 내 마음을 어둡게 했다. 우드슨 박사가 그것을 기억하지 못했으면 싶었다.

기쁘게도 우드슨 박사는 내 편지에 답장을 보내 주셨고, 실망스럽게도 파리에서의 나의 도덕적 실수를 잊지 않고 있었다.

1983년 5월 11일

너의 놀라운 편지에 어떻게 답장을 시작해야 할까? 내가 말할 수 있는 것은 이 편지를 받고 난 후에 나는 무릎을 꿇고 너와 지니로 인하여 주님에게 감사했다는 것이다. 그러고 나서 아내를 불러 이 기쁜 소식을 들려주었다. 그녀도 나만큼이나 기뻐하더구나. 그녀는 네가 목회의 길로 들어서게 되었다는 것뿐 아니라, 단지 네가 트리니티로 오게 되었다는 것뿐만 아니라, 네가 따뜻한 마음을 가진 인생의 동반자를 가지게 되었다는 사실로 인해서 가장 놀란 것 같았다. 이 모든 소식이 그녀에게 얼마나 큰 기쁨이 되는지! 너를 향한 하나님의 선하심을 아직도 찬양하고 있다.

너는 약혼과 결혼에 관해서 내가 줄 수 있는 조언이 있는지를 물었지? 이 주제에 관해서는 책들이 봇물처럼 쏟아져 나오고 있다. 실제로 〈뉴스위크〉(Newsweek, 1982년 2월 1일자)지에서 이 많은 책에 관해 비판한 기사를 한 번 읽어 보렴. 그 기사는 제목이 아주 선정적이다. "침실에서의 성경", 이 기사의 저자들인 케네스 우드워드(Kenneth Woodward)와 엘로이즈 살홀츠(Eloise Salholz)는 다른 여러 평론가와 함께 찰리와 마르다 쉐드(Charlie and Martha Shedd), 에드와 가이에 휘트(Ed and Gaye Wheat)가 쓴 복음주의 책들의 내용을 비웃는다. 하지만 이 평론가들의 비판적 언급은 그 책들이 성경적으로 책임이 있다는 것을 의미한다고 볼 수 있지. 네가 다니는 교회의 목사가 좋은 제목의 책들을 알려 줄 수 있을 것이다.

너와 지니가 너희 목사나 그가 추천하는 사람에게 혼전 상담을 받을 수 있는 시간을 낼 수 있겠니? 네가 바쁜 줄은 알지만 그 일의 중요성을 생각하면 바쁘다는 핑계를 댈 여지가 없을 거야. 상담 과정은 네가 결혼생활에 부드럽게 적응할 수 있도록 도와줄 것이다.

내 경험부터 몇 마디 해도 괜찮겠지? 내가 아내와 결혼하기 전에 신학교 교수님이 나에게 해주었던 조언이 있다. 나는 그것을 항상 소중하게 여기고 있었는데 너와 나누고 싶구나. 그는 내가 엘리자베스를 사랑하더라도 아마도 그녀에 관한 5-10퍼센트 정도는 내가 정말 마음에 들지 않을 것이라고 하더구나. 그리고 말하기를 결혼에서 중요한 것은 네가 네 아내를 사랑하는 90-95퍼센트에 집중하고 나머지 5-10퍼센트가 그것을 대신하지 않도록 하는 것이라고 했다. 다시 말하면 5-10퍼센트가 너를 괴롭힐 때 90-95퍼센트에 관해 생각하라는 말이다. 그러고는 교수님이 말했지. "폴, 엘리자베스도 너에 관해 정말로 좋아하지 않는 5-10퍼센트가 있다는 것을 기억하기 바란다." 교수님의 마지막 말을 생각해 볼 때 확률은 그분이 제시한 것보다 훨씬 높을 거야. 내가 자신 있게 말할 수 있는 것은 내 아내의 경우 잘 참아 주었다는 거지. 그녀가 나에 대해서 마음에 들지 않는 부분이 5퍼센트뿐이라고?

두 번째 문제에 관해서는 어떻게 시작을 해야 할지 모르겠구나. 네가 파리에서 편지를 썼을 때 우리가 나눴던 이야기가 기억나니? 나는 구체적으로 무엇이 너를 괴롭히는지 묻지 않았다. 하지만 내가 잘못 안 것이 아니라면 네가 말했던 도덕적 실수는 한 여인과의 관계를 의미하지 않나 싶다. 너의 상황을 이해함에 있어서 나의 문제는 내가 너와는 다른 환경에서 자랐다는 것이다. 우리가 자랄 때 교회에서는 성적인 부도덕성이 너무 치명적인 것이어서 그로 인한 두려움 때문에 사람들이 도덕적이 되려고 했다는 것이야. 우리가 결혼했을 때 우리는 모두 성적인 경험이 없는 사람이어야 한다고 전제했기 때문에 그 좁고 편협한 길에서 벗어나는 것을 몹시 두려워했다. 오늘날에는 이런 모습이 아주 진기해 보이겠지만 몇 십 년 전까지만 해도 복음주의자들과 근본주의자들 진영에서는 귀한 유산이었다.

최근의 누군가를 상담해 주면서 오늘날 자유의 시대는 역설적이게도 성생활과 관련된 문제에 있어서 중독과 죄책을 낳고 있다는 것을 알게 되었다. 심지어 기독교인들조차도 이제는 과거 삶의 방식과 행동("죄"라고 읽어라)에 관한 죄책감을 가지고 결혼 생활을 시작한다.

의심의 여지없이 기독교의 위대한 위로 중 하나는 그리스도 안에서 우리가 발견하는 죄의 용서이다. 간음을 행했던 다윗도 용서를 받았다. 하지만 죄에는 결과들이 있다. 죄책감은 계속해서 되돌아와 우리를 짓누른다(우리가 이미 용서를 구했던 죄와 관련된 죄책들조차도). 만일 과거의 죄들로 인한 죄책으로 괴로워한다면 네가 신뢰할 수 있는 주님 안에 있는, 나이가 더 많은 형제를 찾아가 이 문제를 놓고 그와 함께 이야기 나눌 것을 권한다. 내가 이렇게 담대하게 이를 제안하는 유일한 이유는 목사들 중에 과거의 문제들을 제대로 다루지 못해서 자신들이 과거의 기억과 죄책감을 떨쳐 내지 못하고 있다는 사실을 나중에야 발견하게 되는 사람들을 자주 만나기 때문이다. 지금이라도 이 문제를 다루는 것이 훨씬 좋다. 더 이야기하기를 원한다면 전화해 주렴. 이런 민감한 문제들을 이야기하는 것은 글보다 말이 더 쉬울 것 같구나.

주제를 완전히 바꾸어 보자면 나는 네가 트리니티로 온다는 사실이 무척 기쁘다. 네가 목회를 위해 준비하거나 트리니티 신학교를 선택하는 일에 내가 압력을 준 것으로 느끼지 않기를 바란다. 솔직히 트리니티가 너에게 맞는 신학교인지 아닌지도 나는 잘 모르니까.

하지만 내가 최근에 알게 된 한 가지를 너에게 말해 주어야 할 것 같다. 오는 1983년에 나는 1년간 안식년을 갖게 되었다. 연구를 위한 지원비를 신청했는데 허락이 되었다는 연락을 최근에 받았다. 게다가 감사하게도 학교도 이 일을 지지해 주는구나. 그래서 나와 아내는 다음 학기에 우리가 좋아하던 스트라스부르로 돌아가서 거기에서 특별 계시와 자연 계시 사이의 관계에 관한 칼뱅의 관점에 관한 논문을 마치게 될 것이다.

팀, 분명한 것은 나 없이도 트리니티는 아무 문제없을 거라는 거야. 여기에서의 시간을 엄청 즐길 수 있을 것이다. 하지만 내가 이곳 디어필드에 있어서 너와 지니를 환영하지 못하는 것은 너무 아쉽다. 만일 네 결혼식이 8월에 있다면 거기에도 참석할 수 없어서 더욱 아쉽다.

나와 아내가 마음에 새겨 둔 것은 우리가 유럽에서 돌아온 후에 가장 먼저 해야 할 일 중에 하나가 너희를 우리 집 저녁 식사에 초대하는 것이라는 거다. 짐작하기는 아마 그때쯤이면 우리가 없는 동안 너희가 트리니티에서 많은 친구를 만들어 놓았겠지.

팀, 다시 말하지만 편지해 줘서 고맙다. 네 편지를 받는 게 얼마나 기쁜지 모른다. 만일 지니가 내 아내에게 편지를 쓰기 원한다면 그렇게 해도 된다고 말해 주거라. 엘리자베스도 지니와 편지 왕래를 무척 기뻐할 게다.

**너의 삶, 가정, 섬김을 위한 기도와 함께,
폴 우드슨**

25.

"1983년 8월 6일에 롱아일랜드 플러싱에 사는 버지니아 앤 스완슨(Virginia Anne Swanson)과 뉴저지 플래밍턴에 사는 티모시 마크 저니맨(Timothy Mark Journeyman)은 롱아일랜드 플러싱에 있는 제일장로교회에서 결혼을 했다." 롱아일랜드 지역 신문에 우리 결혼에 관한 짧은 묘사는 이렇게 시작했다.

어떤 타고난 말재주꾼도 그 특별한 날 나와 지니가 경험했던 감정을 표현하지는 못했을 것이다. 결혼식과 피로연 동안에 지니는 정말 아름다웠고 확신에 차 있었다. 나는 마치 유체이탈 같은 경험을 했다. 당신도 그런 경험을 했을지 모르겠다. 난 분명 거기에 있는데 거기에 있지 않았다. 작가 거트루드 스타인(Gertrude Stein)의 유명한 말을 인용하자면 "거기에는 그곳이 없다"(There is no there, there). 적어도 기절은 하지 않았다.

내 직계 가족들은 모두 결혼식에 참석했다. 어머니는 기쁨의 눈물을 흘렸고, 내 동생 잭은 나와 지니를 축복했고, 여동생 로즈와 팻은 지니와 아주 잘 맞는 것 같았다. 이상하게 보일지 모르지만 그들은 그날 서로 처음 만났는데도 말이다.

   지니의 부모님과 형제자매들도 그녀의 모교회에서 열린 예배에 모두 참석했는데 자매는 들러리 역할을 했다. 지니의 가족은 모두 기독교인이었는데 전에는 세상에 속해 있던 나 같은 사람에게는 정말 진기한 현상이었다.

   프린스턴 시절 대학 친구들과 직장 동료들도 참석했다. 그들도 무척 즐기는 듯 보였다(분위기를 고조시키는 음료가 없었음에도). 그들 중 몇 명은 피로연 때 옛날에 그들이 알던 팀이 독신 생활을 포기하고, 고속 승진할 자리를 마다하고 목사가 되기로 했다는 것을 믿을 수 없다고 내 귀에 속삭였다.

   주례 목사님이 결혼 예배 중에 전한 지혜로운 기독교적 권면이 내 친구들에게 영적인 자극을 주었는지는 모르겠다. 하지만 누가 아는가! 적어도 나의 어머니와 다른 가족들은 결혼식 때 복음을 들었다.

   지니와 나는 애디론댁 산맥(Adirondack Mountains)에 있는 조지 호수(Lake George) 근처의 휴양지로 신혼여행을 갔다. 아주 어릴 때 뉴욕주 근처 캠핑장에서 엄청 무더운 여름을 지낸 적이 있다. 경치는 물론 스위스의 젤맷(Zermatt)에 비할 수는 없었지만 지니와 나는 멀리 갈 수 있는 시간적 여유가 없었다. 돈도 물론 없었다. 곧 학교 등록금을 내야 했으니까. 게다가 몇 주 안에 우리는 디어필드로 향하기 전에 뉴욕에서의 생활을 정리해야 하는 복잡한 일이 남아 있었다.

   학교에 갔을 때 우드슨 박사가 거기에 계시지 않을 것이라는 소식은 나와 지니를 한동안 허탈감에 빠지게 했다. 우리가 트리니티로 가기로 한 결정적인 원인은 우드슨 박사였으니까. 물론 5월과 6월에 있었던 제법 긴 전화 통화에서는 그 말을 하지 않았다. 그를 불편하게 할 이유가 없었기 때문이다.

아무튼 트리니티로의 이사는 우리가 예상했던 것보다 훨씬 순조롭게 진행되었다. 첫해에는 내가 노스쇼어(North Shore) 지역에 있는 은행에서 시간제 일자리를 구하기로 마음을 먹었다. 그러던 중 놀랍게도 블러프 호수(Lake Bluff) 근교에 있는 집을 관리해 주며 살 수 있는 기회가 주어져서 거주 문제가 해결되었다. 또한 하나님의 은혜로 하이랜드 파크에 있는 한 은행에서 시간제로 일을 할 수 있게 되었다. 얼마나 다행인지! 지니는 집 관리 업무를 감당하는 것을 제외하고는 비교적 여유를 가질 수 있게 되었다. 그래서 지니는 트리니티에서 몇 과목을 들으면서 종교학 석사 과정을 시작하기로 했는데, 이 또한 우리에게 큰 기쁨이 되었다.

오리엔테이션이 지나고 우리 두 사람에게 수업 시간이 다가왔다. 목회학 석사 과정의 필수 과목 중에서 나는 우드브리지 박사에게 '유럽 교회사1'을 들었다. 그가 종종 프랑스의 영광에 관해 장황하게 설명할 때면 그와 우드슨 박사가 교수 휴게실에서 프랑스에 대한 애정을 공유하며 이야기를 나누지 않았을까 상상이 될 정도였다.

특히 나는 변증학 과목에 매료되었다. 그 수업을 듣기 전까지는 변증학이 하나의 학문이 될 수 있는지에 대한 생각조차 없었다. 프린스턴에서 왜 내가 갑자기 기독교인이 되었는지 알고 싶어서 나에게 다가왔던 몇몇 친구를 알고 있다. 그리스도의 부활을 위한 증거에 관해 내가 할 수 있는 최선의 논리로 답변을 했다. 그런데 지금 트리니티에서는 최종 판결을 내리도록 하는 증거가 있는지를 묻고 전제된 기초주의의 붕괴를 평가하도록 하는, 신적 증명, 토마스주의, 믿음과 이성의 관계에 관해 연구해 보라는 요청을 받았다. 전에는 존재하는지 조차 몰랐던 수많은 질문과 용어이다.

수업을 시작하고 4주 정도 지나서 나는 우드슨 박사께 편지를 썼다. 트리니티에서의 첫인상에 관해 말씀을 드리고 특히 변증학 수업 시간에 배우는 것들에 관심을 가지게 되었다고 말씀드렸다.

한 달 정도 지나서 프랑스 스트라스부르 도장이 찍힌 편지를 받았다. 기쁜 마음으로 편지를 열었다.

1983년 11월 5일

유럽에서 내가 가장 좋아하는 쉼의 장소 중 하나인 스트라스부르에서 안부를 전한다. 기억할지 모르겠지만 1968년 5월과 6월 학생들이 혁명을 일으켜서 도시를 점령했을 때 내가 여기에 있었다(편집자 주: 우드슨은 그때 스트라스부르에서의 경험을 12번째 편지에서 언급했다). 도시는 이제 훨씬 차분해졌다. 나무들이 즐비하게 서 있는 운하 주변을 산책하면서 나는 혁명적인 흥분과 열정으로 점철되었던 1968년의 소란스러웠던 날들을 영화 필름을 되돌려 보듯 회상하기도 한다. 학생 식당 근처에 있는 공원 벤치에 앉아서 어떻게 샤를르 드 골(Charles de Gaulle)이 무질서 가운데서 프랑스를 구할 수 있었는지 생각했던 것이 기억난다. 그의 정치적인 상황에서는 다른 어떤 선택도 없었던 것 같다. 내가 제대로 기억하고 있다면 드 골은 그의 수하들이 여전히 그에게 충성하는지를 몹시 알고 싶어서 서독으로 떠났다. 그들은 여전히 충성하고 있었다.

찬란한 성당과 함께 이 도시는 정말 아름답다. 골목길을 걷는 것이 너무 좋아서 가끔 죄책감이 들 정도이다. 나와 아내는 저렴한 가격에 맛있는 오믈렛과 감자튀김을 먹을 수 있는 작은 식당에서 점심 식사 하는 것을 특별히 좋아한다. 이 둘의 조화가 네게는 이상하게 보일지 모르지만 사실은 진짜 맛있다. 특히 감자튀김을 마요네즈에 찍어 먹어 보거라.

맨해튼의 거친 삶에서 트리니티의 고요한 학생 생활로 전환한 것을 설명해 준 네 편지가 무척 고맙다. 너와 지니가 그곳에서 잘 맞는 교회를 찾을 수 있고, 새로운 친구들을 많이 만날 수 있고, 학교에서 제공하는 교육의 혜택을 누릴 수 있으리라 믿는다.

변증학에 대한 너의 언급이 몇 가지 생각을 떠올리게 하는구나. 10년 이상 지금까지 내가 연구하고 있는 프로젝트가 너의 질문들과 관련이 있다. 나는 칼뱅이 자연 신학에 대해서 어떤 생각을 하고 있었는지를 연구하는 중이다. 오래전에 유명한 스위스 신학자 칼 바르트(Karl Barth)로부터 강의를 들을 기회가 있었다. 바르트의 사상에 심취해 있던 나는 그 당시 신정통 문서들을 읽는 데 많은 시간을 할애했다. 나는 자연 신학에 대한 바르트의 부정적인 평가는 그 주제에 대한 칼뱅의 견해를 공정하게 다루지 않았다고 생각했다. 이러한 생각이 지금의 프로젝트를 시작하게 만든 거지—이 주제에 관한 그들의 관점들의 공통점과 차이점이 무엇인지를 알기 위해서.

그리스도의 신성이나 성경의 권위에 관한 개인의 믿음을 유지함에 있어 칼뱅은 이성적 논증에 어떤 역할을 부여할까? 이런 문제들이 내 연구의 핵심이다. 네가 짐작하는 대로 이것들이 변증학의 가능성과 변증학 연구에 결정적인 영향을 끼친다.

변증학에 대한 다양한 입장의 상대적 가치를 신학적으로 평가하는 일을 너무 길게 다루는 것이 망설여지는구나. 이 매력적인 주제를 함께 나눌 사람들이 트리니티나 이웃에 있는 휘튼대학에 많이 있다. 게다가 너는 지금 그 분야에서 제법 많은 책을 읽고 있을 테니 내가 무엇을 말하든 어쩌면 반복이 될 수 있을 듯 싶다.

하지만 최근에 복음주의의 4분의 1 정도를 휩쓸고 있는 상당히 영향력 있는 반변증학적 흐름이 존재한다는 사실에 대해서는 너에게 알려야 할 것 같다. 이 흐름은 종종 아우구스티누스, 칼뱅, 루터 등과 같은 사람들이 기독교 신앙을 변호하기 위해서 역사적 증거나 신적 증명들을 부인했다고 주장하는 학자들에 의해서 주도되고 있다. 최근의 반변증학적 변증학자들이 볼 때에는 최종 판결을 내릴 증거란 없다. 그들은 오직 성령의 역사하심만이 죄인의 회심을 가능케 하고 성경이 하나님의 말씀이라는 확신을 가지게 한다고 믿는다. 칼뱅주의자로서 나는 제대로만 설명될 수 있다면 이 주장에 전적으로 동의한다.

하지만 일부 과격한 변증학자들은 한 걸음 더 나가서 변증이라는 영역 자체가(부활을 위한 신적 증명이나 역사적 증거의 사용을 포함해서) 길을 잘못 들어섰다고 말한다. 죄인의 마음은 너무 어두워서 믿음을 정당화할 수 있는 어떤 논증도 절대로 이해할 수 없다고 주장하는 거지.

한 면에서는 이 말은 틀림없이 맞다. 우리는 본질상 죄로 인해 죽었으니까(엡 2:5). 하지만 반변증학적 변증학자들은 여기에서 잘못된 추론을 끌어 내고 있다. 바울과는 달리 그들은 기독교인들이 부활에 대한 믿음을 위해서(한 가지 예를 들자면) 합당한 증거를 제시해야 할 책임이 없다는 결론을 내린다. 그들의 의도가 무엇이든 간에 참된 믿음은 공적인 영역에서는 어떤 논증이나 증거와도 연결될 수 없다는 인상을 남겨 주는 셈이다. 진정한 믿음이 믿음으로 남기 위해서는 스스로 존재해야 한다는 말이지.

나는 이 부분에 이의를 제기한다. 사도 바울은 만일 그리스도가 죽은 자 가운데서 살아나지 않았다면, "우리가 전파하는 것도 헛것이요 또 너희 믿음도 헛것이라"(고전 15:14)고 했다. 그렇다면 그는 부활을 주장하는 진리를 확증하기 위한 증인들의 중요성을 언급하고 있는 것이다(고전 15:3-7, 15). 다른 말로 하면, 사도 바울은 증거주의 변증학에 대한 성경적인 보증을 제공하고 있는 것으로 보인다는 것이다. 누가에 의하면 바울은 데살로니가에 있는 회당에 들어가 "성경을 가지고 강론하며 뜻을 풀어 그리스도가 해를 받고 죽은 자 가운데서 다시 살아나야 할 것을 증언"했다(행 17:2, 3).

그 사도에 의하면 부활과 하나님의 존재에 대한 믿음을 유지하기 위한 설득력 있는 증거는 유효하다. 문제는 회심하지 않은 마음이 그 설득력 있는 증거를 거절한다는 것이다(롬 1, 2장). 예를 들면 그 마음은 믿지 않을 것이고 참 하나님에 대한 믿음을 악한 우상 숭배와 같은 것으로 바꿀 것이다. 오직 성령께서만 눈먼 자들의 영적인 눈을 뜨게 하실 수 있다. 사도 바울은 왜 비신자들이 여전히 책임이 있는가를 설명하기 위해서 하나님의 존재를 확인하는 창조로부터 증거를 인용한다―그들은 현존하는 증거를 거부하고 있는 것이다.

칼뱅은 바울의 발자취를 거의 그대로 따른다. 그는 그리스도의 부활은 증인들에 의해 확인되었다고 믿었다. 다시 말하면 예수 그리스도의 부활이 실제로 일어났음을 믿을 수 있도록 하는 좋은 증거가 있다는 것이다. 동시에 칼뱅은 성령께서 개인을 거듭나게 하시지 않는다면 그는 그리스도를 구주로 고백하지도 않고 그의 죄를 회개하지도 않을 것임을 아주 잘 이해하고 있었다.

그렇다면 왜 유능한 개혁주의 신학자들, 역사가들, 그리고 철학가들이 지금 그렇게 주장할까? 여기에는 몇 가지 이유가 있다. 첫째, 어떤 사람들은 자연 신학에 반대하는 바르트의 논증에 영향을 받았다. 둘째, 좀 더 정확한 이유로는 어떤 사람들은 고전적 기초주의라고 알려진 신학적인 입장이 처참하게 붕괴되어서 그 자체의 회복을 기적이라고 여기기 때문이다.

독보적인 논문인(알빈 플란팅가[Alvin Plantinga]와 니콜라스 월터스토프[Nicholas Paul Wolterstorff]가 편집한 "믿음과 합리성: 이성과 하나님에 대한 믿음"[1983, p.18])에 기고된 "이성과 하나님에 대한 믿음"에서 뛰어난 철학자인 플란팅가 교수는 기초주의가 무엇인지를 다음과 같이 묘사한다(역자 주: 기초주의[foundationalism]란, 만일 어떤 지식이나 정당한 신앙이 있다면 그 지식과 신앙은 다른 지식이나 신앙에서 비롯된 추론에 의존하지 않는 기초에 근거한다는 입장).

기초주의자에 의하면 어떤 명제는 기본적이고 어떤 명제는 그렇지 않다. 정당하지 않은 명제들은 증거의 근거에 의해서만 채택되는데 증거는 궁극적으로 정당한 기초까지 거슬러 올라가야 한다. 하나님의 존재는 정당한 기초의 명제가 아니다. 따라서 한 사람은 증거가 있을 때에만 신적 신앙을 받아들이는 데 있어서 합리적이 된다.

어떤 면에서는 플란팅가는 단언적인 고전적 기초주의의 붕괴를 환영한다고 볼 수 있다. 제법 많은 무신론적 기초주의자들은 신의 존재를 위한 논증들을 철회시키기 위해서 자신의 전제를 포기해야 했다. 무신론자들에게 하나님에 대한 신앙은 불가능한데 이는 이를 증명할 충분한 증거가 없기 때문이다. 하나님에 대한 신앙은 적절한 기초가 되지 않는다. 자증적이지도 않고 감각에 열려 있는 것도 아니고 교정이 가능한 것도 아니기 때문이다.

플란팅가는 우선적으로 무신론적 증거주의자들에게 그의 시선을 맞추고 있다. 만약 그가 하나님에 대한 신앙이 정당한 기초에 속하고 증거적 기준의 축적을 요구하지 않는 것임을 보일 수 있다면 무신론적 기초주의자의 공격으로부터 신본주의를 구출할 수 있다고 생각했다.

이 구출 작전을 위한 길을 열기 위해서 플란팅가는 고전적 기초주의를 강하게 비판한 것이다. 적어도 스스로 만족하는 범위에서라도 그는 고전적 기초주의가 붕괴했음을 확신한다. 이렇게 붕괴된 어원의 잔재들을 옆으로 치우면서 자신의 변증적 선수(하나님에 대한 믿음이 정당한 기초임을 보이는 것)를 두기 위한 경우를 만드는 것이다.

만일 플란팅가의 독자들이 여기까지 그의 논리를 따라와 준다면 그는 다음 단계로 큰 폭의 걸음을 뗄 수 있다. 그는 기독교 기초주의자나 무신론 기초주의자 모두가 전제한 대로 하나님에 대한 믿음은 증거가 필요 없다는 전제를 상정할 수 있게 된다는 말이다.

하지만 플란팅가는 무신론적인 고전적 기초주의를 공격하기 위한 목적으로 매복해 있으면서 모든 형태의 기독교 증거주의도 공격한 것이다. 그는 고전적 기초주의의 붕괴를 전제하면서 기독교 진리가 주장하는 것들을 변호하기 위한 모든 기독교 증거주의자의 접근도 회복이 불가능한 결함이 있다고 보았다. 그들의 예상된 공격을 막기 위해서 그는 가장 강력한 반대에 대한 답을 미리 하게 된다.

플란팅가 교수는 자신이 오랜 시간 지속해 왔던 기독교 변증가들의 전통을 깨고 있다는 사실을 잘 알고 있었다. 하지만 또 다른 부류의 신자들이 그가 변호하고 있는 입장의 지혜를 인정했다는 사실에서 위로받는다. 실제로 여러 영향력 있는 이름들을 언급함으로(성경의 저자들, 개혁가들[특히 장 칼뱅], 칼 바르트와 그 외 신학자들) 그가 하는 일에 정당성을 부여하려고 시도했다. 그렇게 함으로 그가 제안하는 '개혁주의 인식론'은 성경적이고 복음주의적인 확고한 지지를 받게 되는 것이다.

앞서 언급한 것을 통해 내가 플란팅가의 논증에 별로 매력을 느끼지 못한다는 것을 이미 눈치챘는지 모르겠다. 내가 우려하는 것 몇 가지만 설명하도록 하자. 만일 하나님에 대한 신앙이 정당한 기초라서 하나님이 존재한다고 전제하고 있다면 왜 꼭 기독교인이 되어야 할까? 불교나 힌두교를 믿거나 혹 아무것도 믿지 않아도 되지 않을까? 네가 유신론자로서의 인식론적 권리 안에 있다는 것을 아는 것이 위로가 되는 것은 사실이지만 무신론자가 되면 안 되는 이유는 뭘까?

플란팅가는 이 반론에 대한 답을 "위대한 펌킨 반론"(The Great Pumpkin Objection)(역자 주: 〈피너츠〉라는 만화에는 매년 할로윈 때마다 나타나 아이들에게 선물을 주는 대왕 호박이라는 상상의 캐릭터가 등장하는데, 다른 해석들을 가능하게 하는 강한 믿음과 어리석은 믿음의 상징으로 사용된다. p.77)이라고 부르는 것에서 답을 주려고 하지만 그리 설득력이 있어 보이지는 않는다. 그는 이렇게 기록한다.

> 당연히 기독교인은 하나님에 대한 믿음이 전적으로 정당하고 합리적이라고 생각할 것이다. 만일 그가 다른 전제들에 근거해서 이 믿음을 받아들인다면 다른 그것들이 그를 위한 기초가 되고 정당하다고 결론을 내릴 것이다. 버트런드 러셀(Bertrand Russell)이나 매덜린 머레이 오헤어(Madelyn Murray O'Hare)의 추종자들은 동의하지 않겠지만 이게 어떻게 합당한가? 나의 기준들이 혹은 기독교 공동체의 기준들이 그들이 제시하는 예에 언제나 부합해야 하는가? 분명 그렇지 않다. 기독교 공동체는 다른 사람들이 아닌 자기가 세운 예들에 대해서 책임이 있다.

플란팅가는 러셀이나 머레이 아니면 펌킨을 전하는 사람들을 찾아가 "당신들이 틀리고 우리 기독교인들이 맞습니다"라고 말할 수 없게 되었다. 다른 말로 하면 그는 무신론자나 불교도 혹은 위대한 펌킨파의 여사제들이 "아, 이제 알겠네요. 기독교가 말하는 진리에 대한 주장을 다시 생각해 봐야 할 강력한 논리가 있네요"라고 말할 수 있도록 도울 어떤 증거가 있다고 그는 믿지 않는 것이다. 따라서 급진적인 반변증주의의 벌침이 플란팅가가 내세운 제안의 꼬리에 붙어 있는 셈이지.

사실 나는 변증학 분야가(바울과 초기 기독교 변증가인 테르툴리아누스, 알렉산드리아의 클레멘스 등과 같은 기독교인들이 참여했던) 바르트와 그의 의붓자식인 새로운 '개혁주의 인식론'에서 막다른 길에 들어섰다고 주장하고 싶다. 이는 플란팅가가 편집한 책에 있는 또 다른 논문에 의해서 확증된다. 홀베르다(D. Holwerda)가 쓴 "판넨베르크의 신학에서의 믿음, 이성, 그리고 부활"이라는 제목의 논문이다. 신앙주의적(fideistic) 색깔을 입힌 채 홀베르다는 아주 빠르고 담대하게 칼뱅의 사상을 뛰어넘어 포스트모던의 막다른 골목이라고 부를 만한 위치로 진군한다. 그는 이렇게 말한다. "이성은 자율적이지도 않고 신앙과 과학의 문제에 있어 합리성을 위한 고유의 기준을 자율적으로 세우지도 않는다. 다양한 종류의 신념은 불가피하게 합리성에 대한 정의를 세울 수밖에 없다. 이것이 이 책에 나오는 다양한 논문의 주제이다."

플란팅가 교수의 입장에 대한 간략한 비평 중 하나가 몇 년 전 〈CT〉에 기고된 적이 있다. 지금은 기억이 나지 않는 네덜란드계 이름을 가진 철학자이자 신학자가 쓴 것이었는데 네가 원한다면 〈CT〉의 그 논문 복사본을 찾아볼 수 있다. 여기 스트라스부르에는 그 복사본들이 없구나. 있다면 네게 그 자료의 출처를 알려 줄 수 있을 텐데.

그 저자는 적어도 암시적으로 개혁주의 인식론의 변증학적 막다른 골목의 문제를 제시한다. 플란팅가는 하나님이 존재한다는 정당한 기초를 공유하지 않는 비신자에게 할 말이 아무것도 없는가? 저자는 그렇지 않다고 생각한다.

또 다른 점을 말하자면 나는 플란팅가의 제안이 그가 주장하는 것처럼 칼뱅의 사상과 일치하지 않는다고 생각한다. 예를 들면, 플란팅가는 그의 취지에서 "눈으로 직접 보는 것을 통해 배운 것 말고는 지극히 일반적이고 교육을 받지 못한 사람이라 할지라도 하나님의 작품의 위대함을 모를 수 없다. 왜냐하면 그것은 하늘에 있는 주인의 측량할 수 없고 독특하지만 질서 있는 다양함을 드러내기 때문이다"라고 한 칼뱅의 말을 인용한다.

처음 읽으면 칼뱅이 하늘을 관찰하는(경험주의?) 일반적인 사람들도 질서 있는 다양함으로 드러나는 하나님의 작품을 인식할 수 있다고 말하는 것처럼 보인다. 그렇게 읽으면 일반적인 사람들도 예술적인 창조 질서를 통해 작가이신 하나님의 존재를 추론할 수 있다고 볼 수 있는데 이건 아주 구태의연한 신학적 논증의 소리이지 않니?

물론 플란팅가는 칼뱅이 이런 식으로 해석되는 것을 용납하지 않을 것이다. 이는 칼뱅이 그의 생각 중에 고전적 기초주의 변증을 위한 공간을 두었다는 것을 의미하니까. 결과적으로 비약(혹은 호도)이 있다고 내가 생각하는 부분에 대해서 플란팅가는 그 구절이 무엇을 의미하는지 설명하려고 한다. 그는 이렇게 기록했다.

절대적인 논증을 가지고 있어서 믿는다고 말함으로(일종의 목적론적 논증으로) 그 사람이 정당화되거나 합리적이 되는 것은 아니다. 그는 정당성과 합리성을 위해 어떤 논증도 필요하지 않다. 그의 믿음은 다른 어떤 전제에 근거할 필요가 없어서 귀납적이든 연역적이든 어떤 논증 없이도 하나님을 믿기로 한 것은 온전히 이성적이다. 칼뱅은 이러한 상태에서 그 사람이 하나님의 존재를 아는 것이라고 말하는 것이다 (P.67).

팀, 플란팅가 교수가 개혁주의 인식론이 칼뱅의 생각에 부합한다는 것을 우리에게 설득하기 위해서는 칼뱅의 글을 이보다는 좀 더 신중하게 읽어야 한다. 그가 제시하는 구절들은 너무 선택적이고 그의 해석은 설득력이 없다. 이 부분에 대한 나의 연구 결과에 따르면 칼뱅은 아주 심오하고 복잡한 입장을 취하고 있어서 감히 그의 입장은 '터쉬엄 퀴드'(tertium quid [편집자 주: 제3의 입장])라고 말하겠다. 어쩌면 그래서 합리주의적 증거주의자들이나 신앙주의적 개혁주의 인식론자들이 모두 자신의 입장을 변론한다고 생각하는 구절들을 찾을 수 있는 것인지도 모르겠다. 다른 말로 하자면 칼뱅의 사상은 플란팅가의 개혁주의 인식론과도 정확하게 들어맞지 않고 최종 판결을 위해서는 필연적으로 증거가 필요하다고 주장하는 견고한 증거주의와도 정확히 들어맞지 않는다. 이 주제에 대한 나의 연구가 끝나면 내가 연구한 것을 너와 나누도록 하겠다.

내가 플란팅가 교수를 많이 존경하고 개혁주의 인식론에 대한 보증을 제공하기 위해 애쓰는 그의 동료들을 존경하고 있음을 알기 바란다. 플란팅가 교수는 전문적인 철학자들 사이에서 유신론에 대한 토론을 합당한 것으로 만들 수 있도록 기여한 분이다. 하지만 개혁주의 전통의 역사에 대한 나의 연구는 복잡한 문제들에 대한 개혁주의 기독교인들의 입장이 다양했음을 믿게 해주었다.

플란팅가의 입장은 증거주의의 역사에 대해서도 잘 알고 있지 못한 것 같다. 플란팅가와 그의 동료들은 기독교 사상사에는 증거주의의 다양한 형태가 있었다는 것을 모르는 것 같다는 말이다. 오히려 반대로 그들은 왜 기독교가 사실인가를 비신자들에게 논리적으로 설명하는 것이, 자율적인 이성의 독재를 옹호하는 것처럼 여기도록 하는 바르트의 자연 신학에 대한 불만을 채택한 것으로 보인다. 결국 불가피하게 아주 비도덕적인 결과에 이르도록 한 셈이지.

짐작해 보자면, 고전적 기초주의의 붕괴에 대한 아주 강력한 신앙적 반응은 새로운 개혁주의 인식론의 윤곽을 형성하는 데 그리 잘 알려지지 않았지만 아주 강력한 역할을 했다. 좀 더 간단히 말하자면 증거가 너무 강력해서 만일 사람들이 기독교인이 되지 않는다면 그는 반역자이거나 멍청이라고 말하는 듯한 일부 기독교 변증가들의 단순한 증거주의가 철학 진영에서 무너지면서, 과도한 반응으로 이 새로운 개혁주의적 인식론은 증거, 증인, 논증과 결별한 인식론에 근거한 신학을 세우고 싶어 한다는 것이다. 나는 이 두 진영 모두 너무 나갔다고 생각한다.

한 관점에서 볼 때 하나님은 사람들이 핑계할 수 없는 풍성한 증거들을 주셨지만, 다른 관점에서 볼 때는 그 증거들은 결코 그 자체로 우리 내면에 있는 자기중심성, 깊은 상실감, 깊은 반항심을 극복할 수 있게 해주지 못한다. 우리 죄인들은 하나님을 떠나거나 지배하려는 이유를 항상 찾게 되지. 하나님은 복음의 전도를 통해서(역사를 통해 나타났던 증인들의 간증을 포함해서) 잃어버린 바 된 사람들이 구원에 이르는 믿음으로 오도록 정하셨다. 하지만 이러한 변화를 가능하게 하는 궁극적인 요소는 증거나 설교 자체가 아니라 성령 하나님이시다(고전 2:6-16을 보아라).

내가 보기에는 이 새로운 개혁주의적 인식론은 우리의 타락한 본성과 조명하시는 성령의 역사의 본질에 수반되는 것들을 제대로 다루지 못하고 있다. 아무튼 플란팅가는 그의 접근 방법이 일종의 반작용이라는 것과 그의 반응이 그렇게 설득력이 없다는 것을 부인한다. 그의 접근은 놀라울 정도로 역사적 인식이 없어.

그렇지 않다고 주장하는 많은 이야기에도 나는 개혁주의 인식론을 주장하는 사람들의 글에서 성경에 대한 신중한 해석, 칼뱅의 글에 대한 일관성 있는 연구, 혹은 자연 신학에 대한 바르트의 불만을 합리화하는 에른스트 비저(Ernst Bizer)의 신정통주의 역사기록학에 대한 재평가 수용을 찾아볼 수 없다. 질 라이트(Jill Raitt), 올리비에 파티오(Olivier Fatio), 그리고 리처드 뮬러(Richard Muller)와 같은 교수들의 최근 연구들은 바르트를 따르는 사람들의 역사 기록학이 개혁주의 인식론을 주장하는 사람들이 생각하는 것처럼 그렇게 견고하지 않음을 이해하는 데 도움이 된다. 머지않아 비저의 역사 기록학도 사라질 수 있다.

나는 플란팅가 교수가 변증학을 그의 프로그램에 좀 더 성공적으로 접목시킬 수 있는 길을 고안해 낼 수 있기를 희망한다. 나는 그가 그렇게 할 것이라고 기대한다. 이런 일이 곧 일어날 것이라고 기대하는 데는 실제적인 이유가 있다. 대학가와 좀 더 폭넓은 문화권에 있는 많은 이가 다양한 종교의 진리 주장을 어떻게 다룰 것인지에 관한 질문으로 당황하고 있다. 작년에 한 대학교의 학생 모임에서 강연했을 때, 비신자처럼 보인 한 학생이 질의응답 시간에 왜 내가 무함마드나 공자가 아닌 그리스도가 길이요 진리요 생명이라고 생각하는지 노골적으로 질문했다. 심지어는 많은 복음주의 학생도 이 질문에 당황한다. 애석하게도 개혁주의 인식론을 지지하는 사람들은 이 학생들에게 해 줄 말이 없어 보인다. 사실 나도 개혁주의 인식론을 지지하는 사람이 "왜 무함마드가 아닌 예수인가?"를 묻는 구도자에게 어떻게 대답할지가 궁금하다. 신자라면 비록 증거를 사용해야 하는 위험을 감수하고라도 이러한 질문들에 답을 하려고 애를 써야 하지 않을까?

늦은 저녁에 이 편지를 쓰고 있다. 피곤하면 너무 조심성 없이 글을 쓰곤 한다. 이 편지에서도 그랬는지 모르겠다. 만일 그랬다면 지금 후회한다.

모든 게 다 평안하기를 바란다. 지니에게도 안부 전하거라.

**그리스도 예수 안에서,
폴 우드슨**

26.

  1983-1984년 학기 중에는 우드슨 박사께 자주 편지 쓰는 것을 망설였다. 트리니티에서 첫 주를 보내면서 나는 교수님들이 얼마나 다양한 일을 감당하고 있는지 관찰할 수 있었다. 아버지에 대한 우정에 근거한 것이었다 하더라도 우드슨 박사가 그렇게 편지를 보내 준 것이 얼마나 친절한 일이었는지 감사하게 되었다. 안식년 동안이라도 나의 궁금한 것들의 질문으로부터 쉼이 필요하실 거라 생각했다. 아무튼 트리니티에서는 내 마음에 앞을 다투어 질문들이 떠오르게 만드는 교수님이 많았다.

  신학교에 갓 입학한 나에게는 너무 많은 것이 유혹적이었다. 어떤 교수는 그저 다른 주제로 들어가기 위해서 가볍게 아주 흥미로운 질문을 던졌는데, 그 질문을 듣고 정신이 바짝 들었다. 내 마음은 너무 빨리 정보들에 눌리게 되었다. 필독서라고 적어 놓은 책 제목들은 또 다른 읽어야 할 책 목록을 만들어 냈다. 강의안에 나와 있는 모든 책을 정말 다 읽어야 하는 걸까? 그 모든 것이 다 시험에 나올까? 꼭 읽어 보라고 하지만 필독서 목록에 들어 있지 않은 책들은 어떤가? 게다가 서점에 들어설 때마다 나는 전부 사고 싶었다. 책에 내 마음이 압도되었는데, 그때는 몰랐지만 신학교 첫 학기 증상의 피해자가 되어 있었다.

첫 학기의 처음 몇 주 동안 지니와 나는 허겁지겁 저녁 식사를 마치고 설거지를 한 후에 독서할 수 있는 개인 공간으로 잽싸게 사라졌다. 우리가 정신을 차리고 대화를 시작할 때는 우리를 좌절하게 만드는 새로운 곤경에 대해 서로 이해하려고 했다. 우리는 한 번도 들어 본 적이 없는 용어들에 치였지만(실천적 행동[praxis], 존재론적, 유기, 동사역적[concursive], 제3의 어형 변형과 같은 맨해튼 사무실에 있는 동료들은 사용하지 않는 단어였다) 동료 학생들은 이 난해한 언어들을 다 이해하고 있는 것처럼 보였다. 우리는 또한 전에 한 번도 숙고해 본 적도 없고 소화할 기술도 없던 사고들의 물결에 침식되었다.

우리는 '화이트 호스 인'에서 콜라를 마시며, 휴식을 취하던 중 친구에게서 '종말론적'이라는 용어를 듣고는 한 가닥의 희망이 생겼다 (편집자 주: 화이트 호스 인은 트리니티의 매점의 이름이다. 이 매점은 마르틴 루터의 최초 지지 학생들이 종교 개혁가의 사상들을 논하기 위해서 모였던 영국 케임브리지에 있는 장소의 이름을 따서 지었다. 그 당시에 모인 학생들은 독일인이라는 별명이 붙었다). 종말론적이라는 말은 나와 지니가 졸업이라고 부르는 날이 언젠가는 온다는 의미였다. 실제로 이 과정을 이수하고 학교를 졸업한 사람들이 있다는 소문이 돌았다. 우리와 비슷한 배경에서 온 사람들도 있었다.

그 학기에 전면적으로 나타난 문제가 하나 있었다. 새로 입학해서 사귄 나의 두 친구인 빈센트 파커(Vincent Parker)와 리처드 스트로브리지(Richard Strawbridge)는 둘 다 플로리다 잭슨빌에서 왔는데, 성경 무오설의 의미를 두고 복음주의 안에 논쟁이 벌어지고 있다는 이야기를 나에게 들려주었다. 둘 다 트리니티에서 2년 차였기 때문에 신학적으로 잘 알고 있었고, 웨스드몬트대학(Westmont College)의 로버트 건드리(Robert Gundry) 교수가 편집 비평을 독특하게 사용함으로 폭풍의 눈이 되었던 1982년 크리스마스 때의 복음주의 신학회에서 무슨 일이 있었는지에 관해 그가 들은 것을 전해 주었다. 나는 주의 깊게 듣는 척했지만 빈센트와 리처드가 무슨 말을 하는지 도통 알아들을 수 없었다. 그들은 또한 램시 마이클스(Ramsey Michaels) 교수가 고든콘웰신학교 교수진에서 물러나라는 요청을 받았다고 언급했다. 이 사건은 〈CT〉에 실렸다(1983년 7월 15일). 그 기사에 따르면 마이클스의 동료들과 고든콘웰신학교의 이사들 중 제법 많은 사람이 그가 무오설에 대한 올바른 견해를 가지고 있다고 믿지 않았다.

내가 트리니티에 지원하기 전까지는 무오설이라는 단어를 많이 접해 본 적이 없었다. 또한 그 단어를 놓고 어떤 난리가 벌어지고 있는지도 전혀 몰랐다. 나는 성경이 영감으로 된 하나님의 말씀이고 성경이 증거하는 대로 신뢰할 만하다고 믿고 있었다. 만일 그것이 무오설의 의미라면 나는 무오설을 지지하는 사람이었다. 하지만 이 문제에 관해 나는 깊이 생각해 본 적은 없었다.

1983년 가을 학기에 나는 〈CT〉에서 "성경의 권위: 근본주의자들과 비복음주의자들이 모두 맞는"이라는 제목의 케네스 칸처(Kenneth Kantzer)의 통찰력 있는 논설을 읽게 되었다. "권위는 믿음과 실천에 한정되어 있는가?"라는 질문에 칸처 교수는 이렇게 대답한다.

실제적인 면에서 복음주의자는 믿음과 역사는 상호 밀접하게 연관되어 있음을 지적하고 따라서 믿음과 과학의 사실들도 그렇다고 지적한다. 만일 성경이 전적으로 신뢰할 만하지 않다면 우리가 무엇을 신뢰할 만하고 무엇을 신뢰할 만하지 않은지를 구별할 수 있는 능력이 없는 한, 성경은 그 권위를 상실하게 된다. 애석하게도 중요한 역사와 덜 중요한 역사, 중요한 사실과 덜 중요한 사실 사이에 분명한 선을 그을 수 있어 보이지 않는다. 결과적으로 만일 우리가 그렇게 한다면 이는 우리가 성경의 가르침 위에 신학을 세우는 것이 아니라 성경에서 취할 수 있는 선택적인 사용 위에 신학을 세우는 것이 된다. 그러면 우리가 성경을 판단하는 것이고 성경이 우리를 판단하는 위치에 있지 않은 것이다.

칸처 박사의 논설은 분별력 있고 차분하면서도 합리적인 분석으로 보였다. 나에게는 다양한 논쟁의 중요성에 조금 더 관심을 가질 수 있게 해주었다.

나는 아무도 끌 수 없어 보이는 무오성의 불에 관하여 우드슨 박사는 어떻게 생각하는지가 궁금해졌다. 이 문제를 그는 나와 한 번도 나눈 적이 없는데 현재 이것을 배우고 있는 나로서는 왜 그러셨는지가 궁금했다. 그래서 안식년의 단꿈을 깰 수 있는 위험에도 그에게 다시 편지를 쓰기로 마음을 정했다. 나는 무오성 논쟁에 있어서 최근의 "세례"를 설명했다. 나는 또한 이 논쟁이 복음주의자들이 복음주의적 아웃리치나 사회적 활동 등과 같은 일에 한마음으로 동역하는 데 방해가 되지 않을까 하는 염려를 내비쳤다. 현재 그가 하고 있는 연구를 볼 때 칸처의 논설이 도움이 될 수 있겠다는 제안도 했다. 왜냐하면 그의 논설은 "성경의 권위에 있어서의 칼 바르트", "성경의 인간 저자에 있어서의 칼 바르트", "복음주의자들은 바르트에게서 무엇을 배울 수 있을까?", "바르트는 어디에서 잘못되었나?" 등의 소주제를 포함하고 있기 때문이다. 우드슨 박사는 스트라스부르에서는 〈CT〉를 정기적으로 구독할 수 없다고 말했기 때문에 어쩌면 이 논설을 읽지 못하셨을 수도 있다고 생각했다.

1983년 12월 22일

엘리자베스와 나는 스트라스부르에서 너와 지니에게 크리스마스 인사를 전한다. 우리 주님의 탄생을 축하하는 날이 지나고 나서야 이 인사가 너희에게 전달되겠구나. 그럼에도 너희를 향한 사랑과 감사의 마음은 달라질 게 없다.

팀, 안식년에 나를 괴롭히는 것에 대해서 지나치게 변증적(여기서는 다른 의미로 이 단어를 사용한다)일 필요가 없다. 너에게 편지를 받는 것이 나에게는 반가운 일이니까. 한편으로는 비록 너에게는 새로운 집이겠지만 너는 나에게 집을 의미한다. 트리니티에서의 네 학업의 진보를 접할 수 있다는 것이 나에게는 기쁨이다.

의심의 여지없이 성경 무오설에 대한 논란은 복음주의자들에게는 아픔이었다. 이 논란이 너무 과열되었고 불행했음에는 네 말이 맞다. 양쪽 진영의 사람들은 자기 말에 너무 도취되어서 나중에 후회할 만한 말을 쏟아 내었다. 나도 이 문제에 있어 잘못이 있지 않을까 싶어 두렵다.

네가 칸처 박사의 논문을 읽었다니 기쁘다. 그것에 관해 알려 주어서 고맙다. 여기에서 최근 〈CT〉 간행물을 받아 볼 수가 없어서 이 특별한 논문을 아직 읽어 보지 못했다. 지혜와 주님과의 겸손한 동행으로 인해 내가 존경하는 칸처 박사가 성경 무오설에 관하여 훌륭한 말씀을 해주셨구나. 나는 왜 많은 사람이 이 교리를 그렇게 중요하게 생각하는지를 이해할 수 있도록 몇 마디만 첨언하고 싶다.

첫 번째로, 성경이 성경 자체의 권위에 대해서 얼마나 강하게 말하는지를 주목해 주기 바란다. 나의 친구 중 한 명인 웨인 그루뎀(Wayne Grudem) 교수가 쓴 최근 논문인, "성경의 자기 증명과 성경에 관한 교리 형성의 문제"(카슨 교수와 우드브리지 교수가 편집한 「성경과 진리」[*Scripture and Truth*]라는 책에 실린)가 너에게 유익이 될 것 같다. 지금 여기에는 그 책이 없지만 금년에 존더반출판사에서 출판한 것으로 안다. 그루뎀 교수는 그 자체의 사실 됨(truthfulness)에 관하여 말하고 있는 정경의 많은 구절을 살펴보았다. 그리고 성경은 진리라는 것을 성경 스스로 증명한다는 명제를 위한 좋은 논증을 제공했다.

물론 성경적인 범주에서 "사실 됨"을 어떻게 정의하는지가 중요하다. 같은 책에서 로저 니콜(Roger Nicole) 교수는 이 주제를 다루었다. 그의 논문에서 칸처 박사도 성경적 진리의 본질에 관해 언급했지.

복음주의자들이 성경이 말하는 것을 사실이라고 주장할 때, 그들은 의미 있는 방법으로 현실에 부합하는 이 말을 묘사하면서 어원적인 의미에서 "사실"(true)을 사용한다. 사실은 거짓과 대조된다. 성경이 말하는 바는 언제나 사실이고 거짓이 아니라는 말이다. 오늘날 어떤 저자들은 성경이 이런 의미에서는 거짓이거나 사실이 아니라는 것을 인정하지 않으려고 한다. 그들은 성경이 사실이라고 말하지만 "사실"의 의미를 윤리적인 것으로 전환하고 있다.

지난 몇 년 동안 성경에 오류가 있다고 믿는 사람들이 그들의 주장을 뒷받침하기 위해서 성경 자체가 말하고 있는 교리적인 언급을 사용해서 논증하려고 하지 않음을 발견했다. 그 이유는 매우 당연한 건데, 그렇게 하는 것이 어려운 작업이기 때문이다.

성경의 무류성(infallibility, 나는 이 단어를 선호한다)은 최근 근본주의자들이 고안해 낸 교리가 아니다. 오히려 그것은 17세기 말까지는 유럽 대륙에서, 그리고 훨씬 이후까지 영국에서 기독교 교회의 핵심적인 가르침이었다.

1890년까지 대부분의 미국인이 성경의 무류성 교리를 옹호했다. 예를 들면, 1893년에 워싱턴 글래든(Wasington Gladden)은 대부분의 미국 개인교인은 성경에는 교리나 사실이나 수칙에 있어서도 오류가 없다고 믿는다고 주장했다. 그가 관찰한 바로는 "그것이 대부분의 기독교인이 믿고 있는 교리다. 지적인 목사들은 그렇게 믿지 않지만 평신도에게는 다른 생각이 없었다"(「누가 성경을 썼는가? 대중을 위한 책」[*Who wrote the Bible? A Book for people*, p.357]).

게다가 랜달 발머(Randall Balmer)는 그의 트리니티 석사 논문에서 성경 원문에 대한 무류성의 가르침은 19세기 미국 전역에서 당연한 것이었음을 보여 주는 놀라운 증거를 제시했다. 발머는 "영감"(1881년)이라는 논문에서 두 명의 장로교인인 B.B 워필드(Warfield)와 A.A. 핫지(Hodge)가 원문에 대한 무오성을 가장 먼저 제안한 것이라는 어니스트 샌딘(Ernest Sandeen) 교수의 해석이 잘못되었음을 보여 주었지. 애석하게도 몇몇 주목할 만한 학자가 여과 없이 샌딘을 따랐다. 흥미롭게도 이 두 장로교인은 이 유명한 논문에서 한 번도 무오성이라는 단어를 사용하지 않고 전통적인 용어인 무류성이라는 단어를 사용했다.

학계에서 여전히 많은 사람이 1881년의 그 논문이 성경적 무오성의 출발점이었다고 믿고 있다는 것이 얼마나 애석한 일인지 모른다. 사실 나는 교부 시대부터 교회에서는 성경의 무오설이 핵심적인 전통이었음을 주장하고 싶다.

이 전통에 관해 가장 신빙성 있는 증언 중 하나는 로마 가톨릭이었던 요한 마이어 본 에크(Johann Maier Von Eck)이다. 에크는 1518년에 성경의 무류성에 관한 질문을 놓고 에라스무스와 서신 왕래가 있었다. 에라스무스는 여러 가정 중에 마태가 마태복음 2장 6절에서 기억의 오류가 있었음을 보여 준다는 가능성을 제기한 적이 있다. 에라스무스의 공언에 대한 에크의 응수를 들어 보거라.

이 문제를 논함에 우선 마태복음 2장에 대한 당신의 언급에서 "복음서 기록자들이 그 증거를 다른 책에서 취하지 않고 단지 기억에 의존함으로 실수를 했다"고 한 말에 많은 사람이 상처받았다는 사실을 말씀드리고 싶습니다. 이 말에서 당신은 복음서 기록자들이 일반인처럼 기록을 한다고 생각하고 기록된 자료들을 살펴보지 않고 기억에 의존해서 썼다고, 그래서 실수를 범했다고 주장한 듯합니다. 에라스무스여, 들으십시오. 복음서 기자들이 복음서에서 실수를 했다는 말을 어느 기독교인이 인내하고 들어줄 것이라고 생각하십니까? 만일 이 점에서 성경의 권위가 흔들린다면 오류의 의심을 피해갈 수 있는 어떤 구절이 있겠습니까? 아우구스티누스가 순차적 논리를 통해 내린 결론을 보십시오.[13]

팀, 에크는 어떤 기독교인도 성경에는 오류가, 심지어 아주 작은 변형된 실수라도 존재한다는 에라스무스의 주장을 용납할 것이라고는 상상할 수 없다고 말하고 있는 것을 주목해 보거라. 더욱이 에크는 그의 입장이 아우구스티누스까지 거슬러 올라가는 전통을 반영하는 것이라고 믿었다. 이 관점에 의한다면 기독교 종교의 사실성은 성경의 무류성과 연관되어 있다(첨언하자면 에라스무스는 왜 그랬는지는 확실치 않지만 나중에 마 2:6에 대한 그의 언급을 스스로 철회했다).

1519년 라이프치히에서 에크와 논쟁을 벌였던 루터는 적어도 한

---

13 Letter 769, from Johann Maier von Eck, February 2, 1518, in *The Correspondence of Erasmus* (Toronto: University of Toronto Press, 1979), 5, 289. Emphasis added.

부분에서는 동의를 했는데 바로 성경의 무류성에 대한 믿음이다. 루터는 이렇게 기록한다. "하지만 때로는 사제들이 오류를 범할 수 있음을 모든 사람이 안다. 따라서 전혀 오류가 없는 성경으로부터 증거를 제시할 때에만 나는 그들을 신뢰할 준비가 되어 있다."[14]

루터와 에크 둘 다 이 문제에 대한 권위로서 아우구스티누스까지 거슬러 올라간다. 히포의 감독(역자 주: 아우구스티누스)은 이렇게 썼다.

> 거룩한 책에서 틀린 것이 발견될 수 있다고 믿는다면 가장 재앙적인 결과가 따르게 될 것으로 보인다. 권위라는 거룩한 성전에 틀린 것이 하나라도 용납된다면 의무를 요구함에 있어서 누군가 믿어지지 않거나 그대로 실천하기 어렵다고 할 때, 그들을 설득할 만한 어떤 것도 이 책에 남지 않을 것이며, 이는 의도적으로, 그리고 의무감으로 저자가 사실이 아닌 것을 말했다고 주장하는 것이 된다.[15]

또한 아우구스티누스는 이렇게 주장한다.

> 나는 오직 성경의 정경에만 존경과 영광을 돌리기를 배웠

---

14 Martin Luther, *Career of the Reformer II,* ed. George W. Forell and Helmut T. Lehmann; vol. 32 of *Luther's Works,* American Edition, ed. Jaroslav Pelikan and Helmut T. Lehmann (Philadelphia: Fortress), 11.

15 Augustine, *Prolegomena: St. Augustine's Life and Work, Confessions, Letters,* vol. 1 of *The Nicene and Post-Nicene Fathers of the Christian Church,* Series 1, ed. Philip Schaff (Buffalo: The Christian Literature Co., 1886), 251 - 52.

다. 이렇게 함에 있어 저자들은 오류로부터 완전히 자유했다고 확실하게 믿는다.[16]

아우구스티누스는 비기독교인들이 기독교 자체를 무너뜨리기 위한 입장으로 복음서들의 조화를 공격하고 있음을 보았다. 그는 복음서 기록자들의 이야기가 조화를 이루고 있음을 보여 주기 위한 책을 쓰기로 결심을 했다. 「복음서의 조화」(The Harmony of the Gospels)라는 책의 서문에서 그의 목표를 이렇게 설명했다.

> 이 작업이 성공적인 결론에 이르도록 하기 위해서 우리는 문제가 되고 있는 저자들이 서로 적대 관계에 있지 않다는 것을 증명해야 한다. 왜냐하면 이를 대적하는 사람들이 이 사실, 즉 복음서 기록자들이 서로 조화를 이루고 있지 않다는 것을, 그들의 최고의 주장으로 여기는 습관 가운데 있기 때문이다.[17]

다시 루터에게 돌아가 보자면 신정통주의 신학자들이 이 위대한 독일 사상가가 하나님의 말씀과 성경을 구분하려고 했다고 주장한 것을 너도 알고 있으리라고 본다(편집자 주: 여기서 우드슨의 논증은 역사적

---

16 Augustine, *Prolegomena*, 350.
17 Augustine, *Sermon on the Mount, Harmony of the Gospels, Homilies on the Gospels*, vol. 6 of NPNF, Series 1, ed. Philip Schaff (Buffalo: The Christian Literature Co., 1886), 81.

인 관심을 갖게 하지만 신학적으로는 혼란을 야기할 수 있다. 성경의 사용에 대한 판단에 근거한다면, 성경과 하나님의 말씀은 동일시될 수 없다고 볼 수 있다. 예를 들어, 주님의 말씀이 구약에서는 이런저런 선지자들에게 임한다고 말하는 본문의 의도는 성경이 그들에게 임했다는 것이 아니다. 하지만 성경 안에서 하나님의 말씀, 혹은 비슷한 표현들은 이미 기록된 성경[즉 우리가 지금 성경책이라고 부르는 것]에 선행하는 것을 가리킬 수 있다. 성경과 하나님의 말씀 사이의 절대적인 구분을 두려고 하는 최근의 학자들은 그저 성경의 권위를 축소시키는 데 관심을 가지고 있을 뿐이다. 이 경우에 하나님의 말씀이 단순하게 성경과 동일시될 수 없다고 말하는 것이 맞을 수 있지만 하나님의 말씀이 성경을 가리킬 수 없다든지, 하나님의 말씀은 성경과는 다른 범주에서 사용되어야 한다고 생각하는 것은 잘못되었다. 우드슨의 대적들은 실제 인물들이었다). 그들의 논리는 진실로 설득력이 없는데 왜 그런지를 설명하는 것은 너무 지루해질 수 있겠다. 나는 질 라이트, 올리비에 파티오, 그리고 리처드 뮬러와 같은 교수들이 신정통주의 역사기록학(Historiography)이 주장하는 중요한 전제들을 다시 다루고 있다는 것이 기쁘다. 칼 바르트의 제자였던 에른스트 비저가 (개혁주의 전통을 위하여) 중심이 되어 만든 이 역사 기록학은 점점 쇠퇴하는 그들의 수정주의 비평을 계속 유지할 수 없을 것이다.

내가 아는 한 성경과 하나님의 말씀을 확실하게 구분한 첫 번째 사람은 바뤼흐 스피노자(Baruch Spinoza)이다. 그의 「신학정치론」 (*Tractatus Theologia Politics*, 1670)에서 스피노자(1677년에 사망)는 그 당시 기독교인들은 성경의 무류성 교리를 믿고 있었다고 공개적으로 인정했다. 당시의 신학자들을 업신여기면서 스피노자는 말했다.

헬라인 자신들을 격찬하는 것으로 만족할 수 없어서 그들은 선지자들도 격찬하고 싶어한다. 꿈에서 조차 경험한 적이 없는 성경의 신적 본질의 일면을 결정적으로 증거하면서 말이다. 이 미스터리에 대한 그들의 열광적인 존경은 성경에 대한 그들의 믿음이 살아 있는 신앙이 아니라 형식적인 동의에 불과하다는 것을 증명할 뿐이다. 그리고 성경에 대한 연구와 바른 해석을 위해서 모든 구절에서 참되고 신적이라는 원리를 미리 정해 놓음으로 이 사실은 더욱 분명히 드러난다.[18]

스피노자는 널리 인정되는 성경의 무류성에 대한 교리를 뒤집기 위해서 그렇게 주장했다.

저항파(역자 주: 네덜란드의 아르미니우스파 개신교인) 교회 역사가인 장 르 클레르크(Jean Le Clerc)도 그 당시 기독교인들은 성경 무류설의 교리를 주장했다고 전제했는데, 1680년경에 그는 프랑스 비평가인 리처드 시몽(Richard Simon)과의 중대한 논쟁에서 이 입장을 아주 신랄하게 공격했다.

팀, 내가 또 너무 흥분하는 것 같아서 두렵다. 내가 왜 성경 무류설 교리는 잭 로저스(Jack Rogers)나 도날드 맥킴(Donald McKim)이 제안하는 대로 17세기 후반의 혁신도 아니고, 어니스트 샌딘이나 조지 마

---

18 *The Chief Works of Benedict de Spinoza*, vol. 1 of *Introduction, Tractatus-Theologico-Politicus, Tractatus Politicus*, trans. from the Latin with an introduction by R. H. M. Elwes, rev. ed. (London: George Bell and Sons, 1891), 7 - 8.

즈든(George Marsden) 교수가 제안한 대로 19세기 말 프린스턴 교수들이 제안한 것도 아니었음을 주장하고 있는지 이런 미지근한 예들을 통해서도 네가 볼 수 있으면 좋겠다. 오히려 이 교리는 17세기 말엽까지 대륙에서 기독교인들의 사상을 주도하고 있었다.

사실 어떤 기독교인들은 성경에 기록된 역사적 이야기들의 사실성과 정확성에 있어서 성경에 기록된 사건들의 정확한 연대까지도 계산할 수 있음을 확신하기도 했다. 예를 들면, 루터의 아주 똑똑한 동료였던 멜란히톤(Melanchthon)은 1546년 칼뱅에게 보낸 편지에서 다음과 같은 놀라운 말을 한다. "안녕히 가시오. 3846년 전 노아가 방주에 들어간 그날, 방주에 들어감으로 하나님은 교회가 거대한 바다의 심연에 흔들릴지라도 결코 교회를 버리지 않으실 것이라는 약속을 주셨습니다." 분명히 멜란히톤은 성경의 이야기들이 정확해서 그런 계산이 가능하다고 믿었다.

하지만 이 일화는 최근 성경 무오설에 관한 교리가 19세기 미국 복음주의자들의 사상에 끼친 베이컨주의(Baconianism)와 상식적 현실주의(Common Sense Realism)의 영향에 의해서 만들어진 정밀주의(Precisionistic)의 한 형태라는 마즈든 교수의 영향력 있는 해석을 떠올리게 한다. 이 해석에 관한 평가는 시작하지 않겠다. 만일 그런다면 이 편지는 끝나지 않을 테니까. 지금은 이 정도로 만족하자. 마즈든의 매력적인 이 해석이 나에게는 전혀 설득력이 없다. 19세기 이전 시대를 살았던 기독교인들은 성경의 무오설을 믿었고, 마즈든 교수가 프린스턴 사람들에게서 비롯되었다고 한 정밀주의적 무오설의 수준에서(그보다 더하지 않았다면) 역사적 정확성을 인정했기 때문이다(1980년 근본주의에 관한 그의 책에 나오는 "장로교인들과 진리"라는 장을 참고해라). 아마도 다른 기회에 나는 마즈든 교수의 역사 재구성에 대해 더 책임 있는 방식으로 대화할 수 있을 것이다.

지니에게 안부를 전해 주거라. 트리니티와 거기에 있는 친구들이 그립구나. 하지만 우리가 스트라스부르에서의 삶을 아주 즐기고 있다고 말하지 않는다면 그건 솔직한 게 아니겠지. 이번 안식년이 마치 증기처럼 우리 눈에서 빨리 사라지는 것 같다. 정말 끔찍한 생각이지.

**진심을 담아,
폴 우드슨**

27.

　트리니티신학교에서 대부분의 학생이 일 년 중 가장 낙심되는 때는 2월이라고 말하는데, 우리도 같은 경험을 했다. 겨울은 길었고 학업에 대한 압박은 엄청났다. 학년을 마치려면 아직도 긴 시간이 남아 있어서 앞이 캄캄했다. 이 무렵 대부분의 신학생이 학업 중에 경험한다는 학문과 신앙, 학문적 열심과 경건을 병행하는 어려움을 겪고 있었다. 트리니티와 같은 고백적인 신학교에서는 수업들이 신앙을 파괴하지는 않았고 실제로 어느 정도 지적인 단계에서는 그 자체로 흥미롭고 적합하고 유익한 엄청난 양의 정보로 인해 채움을 받고 있었다. 하지만 주님으로 인한 기쁨은 무슨 이유에서인지 시들해졌고, 전에는 즐거움으로 성경을 읽었는데 지금은 점점 교과서가 되어 갔다. 그것은 내가 좋아하던 교과서였지만 하나님을 알고 예배하는 중요한 수단이라기보다는 지적인 농사를 짓기 위한 들판에 불과했다.
　기말 시험 몇 주 전에 나는 이 암울한 분위기를 묘사하면서 이렇게 느끼는 것은 나만이 아닌 것 같다는 내용의 편지를 우드슨 박사께 보냈다. 나는 이 우울함에 기여한 일련의 환경에 관해서는 전혀 생각해 본 적이 없었다. 나는 성경을 학문적으로 공부하면서 점점 지쳐 가는 신학생들이 직면해야 하는 도전으로만 여기고 질문을 드렸다. 이를 막기 위해서 무엇을 해야 하는지 알고 싶었다.

돌아보면 3주 정도 후에 받은 우드슨 박사의 답신은 목회적인 차원에서 보자면 그렇게 딱 들어맞는 것은 아니었지만 그는 좀 더 현명하게 내 질문의 의도를 벗어나 영적인 건강에 얼마나 많은 요소가 (심지어 스트레스와 수면 시간 같은 일상적인 것까지) 영향을 끼치는지를 지적하고자 했다. 다른 차원에서 보자면 우드슨 교수의 답은 정말 탁월한 것이었다. 내 질문에 답을 하면서도 내 질문 뒤에 있는 더 깊은 질문은 언급하지 않았기 때문이다. 하지만 같은 이유에서 그는 마음을 다해 하나님을 사랑하고 생각과 경건이 조화된 총체적인 기독교인의 삶을 산다는 것이 무엇인지를 분명하게 설명해 주었다.

1984년 3월 19일

네가 질문한 주제는 대단히 중요한 것이다. 성경 구절에 대한 관찰과 그 후에 신학교의 학문적 환경에서 목사와 신학교 교수로서의 몇 년간의 경험을 통한 실제적인 결론들을 말해 주는 것으로 네 질문에 답을 하도록 하마. 마가복음 12장 28-34절을 읽고 그 구절을 네 앞에 펼쳐 둔다면 내가 말하는 것을 따라오는 데 도움이 될 거다.

특히 30절 "네 마음을 다하고 목숨을 다하고 뜻을 다하고 힘을 다하여 주 너의 하나님을 사랑하라"는 말씀에 주목하거라. 이 말씀의 핵심은 하나님을 사랑하는 것이 단순한 규칙들의 종교보다 훨씬 더 기본이라는 것이다. 랍비들은 율법을 613개의 계명으로 만들었다. 그리고 예수님에게 다가온 서기관은 어느 계명이 가장 크냐고 물었지. 예수님은 이 모든 것 뒤에 있는 한 가지로 대답하셨다. 그와 같은 기본으로 몇 번이고 반복해서 되돌아오는 것은 참으로 생명력이 있다.

신명기 6장을 인용하신 대로 예수님이 우리가 하나님을 향해 실천해야 한다고 한 사랑은 전인격에서 나오는 것이다—마음(너도 아는 대로 단순한 감정이 아니라 전인격을 가리킨다), 목숨과 뜻과 힘을 다해서. 여기서 언급된 '뜻'(mind)은 결코 덜 중요한 것을 가리키지는 않는다. 마음을 다해서 하나님을 사랑한다고 할 때, 종종 현대인들이 의미하는 것은 감정인데 우리는 그렇게 마음으로만 하나님을 섬기면 된다고 생각한다. 이 본문은 우리 이해가 왜곡되었음을 보여 준다. 우리는 우리 마음과 목숨과 힘과 함께 '뜻'(mind)으로도 하나님을 사랑해야 한다. 이것들이 서로 배타적인 것이 아니니까 이것들을 일일이 다 설명할 필요는 없겠지. 내가 말하고자 하는 것은 적어도 네가 느끼는 긴장의 일부는 네가 하나님을 향한 헌신을 너무 편협하게 생각하는 데서 비롯되는 것이 아닐까 하는 것이다. 기분이 고조되기 전까지는 너의 사랑이 혹시 식지 않았을까 걱정하는 거지.

본문에 암시된 것은 틀림없이 만일 마음으로 하나님을 사랑한다면 하나님에 관해 더 많은 것을 발견하게 될 것이고, 그래서 하나님에 관한 바른 자료들로 네 마음을 채울 것이라는 게다. 젊은 설교자를 위한 존 웨슬리의 조언은 비록 그의 편지가 1780년 〈아르미니우

스지)(Arminian Magazine)에 처음 게재되었지만 여전히 유효하다.

과거에 너를 엄청나게 힘들게 했고 지금까지도 힘들게 하는 것은 독서의 부족이 아닐까 염려된다. 나는 그렇게 독서를 거의 하지 않는 설교자를 본 적이 없다. 어쩌면 그것을 소홀히 여김으로 그 맛을 잃었는지도 모른다. 그래서 설교의 재능이 더 이상 자라지 않는 거지. 그것은 7년 전과 하나도 달라지지 않았다. 생동감이 있기는 하지만 깊지가 않아. 약간의 변화가 있기는 하지만 사고의 범위가 좁다. 명상과 매일의 기도와 함께 독서만이 이것을 채워 줄 수 있다. 이것을 생략하는 것은 자신에게 잘못을 하고 있는 거야. 그것 없이는 절대로 깊이 있는 설교자가 될 수 없고 철저한 기독교인이 될 수 없다. 오! 시작하거라. 개인적인 훈련을 위해 일상의 습관을 교정하거라. 전에 몰랐던 그 맛을 알게 될 수 있을 것이다. 처음에는 지루하더라도 나중에는 기쁨이 될 것이다. 좋아하든 좋아하지 않든 읽어라. 그리고 매일 기도하거라. 그게 너를 위한 길이다. 다른 길은 없어. 그렇지 않다면 너는 경솔한 사람이 될 것이고 피상적인 설교자가 될 것이다. 네 영혼에 공정하게 행하거라. 자랄 수 있는 시간과 수단을 제공하라. 더 이상 배고파 하지 말거라. 네 십자가를 지고 통합적인 그리스도인이 되거라. 그러면 모든 하나님의 자녀가 너로 인하여 즐거워할 것이다(근심하기 보다는). 특히 네게 맡겨진 사람들이.

가장 중요한 계명은 "이스라엘아 들으라. 주 곧 우리 하나님은 유일한 주시라"(막 12:29)는 말씀으로 시작된다는 것은 염두에 둘 가치가 있다. 물론 우선적으로는 우리가 어떻게 하나님에 관해 생각해야 할지―아무도 그와 견줄 수 없으니 그는 유일한 주님이시다―에 관해 말하고 있지만, 그다음에 즉각적으로 따라오는 계명을 볼 때 하나님의 유일하심과 하나님을 사랑하라는 계명이 연결되어 있음을 보는 것은 어렵지 않다. 주 우리의 하나님이 하나인 것처럼 우리는 전심으로 그를 사랑해야 한다. 다시 말하면 우리의 전체, 전인적으로! 삶의 모든 것이 하나님을 향한 우리 사랑에 기여해야 하는데 이는 하나님은 한 분이시고, 그 하나님이 우리 삶 전부의 하나님이시기 때문이다. 채플에서 수백 명의 학생과 함께 〈영광〉이나 〈어찌 날 위함이온지〉 찬송을 부르고 파이프 오르간이 천사들의 찬송을 고대하며 울려 퍼질 때에도 그분을 사랑하는 법을 배우고, 도서관에 앉아서 헬라어 시험을 위해 준비할 때에도 이것이 우리가 그분에게 드리는 예배가 될 것이며 우리 마음의 훈련이 나중에 사역을 통해서 하나님의 백성을 양육하는 데 쓰임받게 될 것이라는 확신으로 하나님을 사랑하는 법을 배운다.

첫 번째 계명을 제대로 이해한다면 이웃을 우리와 같이 사랑하라는 두 번째 계명이 뒤따라오게 된다. 왜냐하면 그래야 너무 많은 신자들이 두 번째 계명을 소홀히 여기게 만드는 선택적 경건을 극복할 수 있기 때문이다. 다음 글은 데이비드 왓슨(David C.K. Watson)이 능청스럽게 쓴 말이라고 생각된다.

> 힘 있는 군대가 행진하듯이 교회가 행진한다.
>
> 형제들이여, 우리는 행진한다.
>
> 늘 그랬듯이 우리는 행진한다.
>
> 우리는 모두 나누어져 있어서
>
> 많은 사람이 교리에는 강하지만
>
> 선행에는 힘을 잃은 채 행진한다.

나는 어쩌면 교리를 약화시키기 원하는 마지막 사람이 될지도 모른다. 하지만 나는 교리를 하나님에 대한 우리 지식과 하나님을 향한 우리 사랑에 기여할 수 있는 방식으로 가르치고 흡수하기를 원한다. 만일 그렇게 한다면 우리를 향한 하나님의 명령은 적어도 교회를 사랑하고 이웃을 사랑하라는 그의 명령이 우리 생각과 의무의 부분이 될 것이다.

이제 좀 더 실제적인 조언을 해주고 싶구나.

첫 번째로, 네가 지금 경험하고 있는 것의 일부는 신학을 공부하는 것에서 비롯된 것이 아니라(너는 그렇게 생각할지 모르지만) 학문적으로 존중될 대학원에서의 삶의 속도에서 비롯된 것이다. 항상 할 게 있지. 이는 너 자신에게, 그리고 시간 사용에 있어 항상 압력을 느낀다는 의미이고, 결과적으로 네가 우선순위를 정하고 그 우선순위를 지켜야 한다는 의미이기도 하다. 네가 만일 기도, 감사, 말씀을 묵상하는 정기적인 시간을 희생한다면 네가 직면하는 문제는 더욱 커질 것이다. 너는 하루 종일 성경을 공부하기 때문에 너의 경건 시간을 희생해도 좋다는 생각에 안주하려고 할지 모르겠다. 진실은 너에게 그 시간이 훨씬 더 많이 필요하다는 것이야. 그 보상도 엄청나다. 매일 하루를 시작하면서 주님의 얼굴을 구한다면 네 하루의 학문적인 부분들을 좀 더 경건함으로 바꿀 수 있을 것이다.

항상 할 게 있다. 양질의 교육은 너와 밖에 있는 지식의 지평 사이의 거리를 보게 만드는 시야를 갖게 해줄 거야. 사실 공부를 할수록 그 지평선은 점점 멀어져가겠지. 아마도 성경 공부 말고는 별 게 없을 것이라는 은밀한 생각으로 신학교에 왔을지 모르겠다. 그래 봐야 그저 한 권의 책이니까. 하지만 점점 지식이 늘어 갈수록 너는 성경과 관련된 학문을 배우는 부지런한 학생 앞에 놓인 배움의 영역이 엄청나게 넓다는 것을 발견하게 되지. 네가 받는 교육의 목적 중 하나는 바로 그것, 즉 밖에 있는 것의 아주 적은 부분을 깨닫도록 하는 거야. 하지만 이러한 방대한 지식이 네가 중요한 것을 소홀히 여기도록 만들어서는 안 된다. 성경과 신학에 관한 모든 것을 네가 다 소화할 수 없을 것이라는 바로 그 이유 때문에 너는 우선순위를 정해야 할 필요가 있고 의식적으로 속도를 좀 줄일 필요가 있다.

두 번째로, 성적이 전부는 아니다. 물론 중요하지만 가장 중요한 건 아니다. 만일 누가 학점을 3.8을 받고 자신의 영혼을 잃어버린다면 그게 무슨 유익이 있을까? 만일 성적이 그만큼 네게 중요하다면 네 졸업을 한두 학기 늦추어라. 그렇게 하는 한이 있어도 네 우선순위를 지키거라.

세 번째로, 네가 학생으로서 경험하고 있는 일이 너에게만 일어나는 일이라고 생각하지 말거라. 그건 대부분의 학생이 직면하는 도전일 뿐만 아니라 어느 전문적인 사역에 종사하든지 직면하는 도전이

기도 하다. 우리가 성취할 수 있는 것보다는 언제나 할 일이 더 많다. 늘 그래 왔다. 루터가 그의 친구인 랭(Lang)에게 1516년에 쓴 이 구절을 나는 참 좋아한다.

> 나는 두 명의 대서인과 비서가 필요합니다. 나는 거의 하루 종일 편지만 쓰기 때문에 계속 같은 일만 반복하고 있는지 의식조차 하지 못할 때가 있습니다. 하지만 아시는 대로 나는 수도원의 설교자이고, 중간중간에 독서를 하고 도시에 있는 교회에서 설교를 해달라는 부탁을 받기도 합니다. 수도사들과 수도승들의 학업을 지도해야 합니다. 나는 또한 교구 담당 사제이고, 라이츠카우(Leitzkau) 연못에 있는 물고기를 돌봐야 하고, 톨가우(Torggau)에 있는 법원에서 헤르츠베르크(Herzberg) 시민들을 대표하고, 바울에 대해 강론을 하며, 시편 주석을 위한 자료들을 수집하고 있습니다. 이미 언급한 대로 내 시간의 가장 많은 부분은 편지를 쓰는 데 할애하고 있습니다. 방해 없이 긴 시간을 기도하고 예배에 집중하기가 어렵습니다. 게다가 이 모든 일에 육체, 세상과 마귀와 나와의 싸움이 있습니다.[19]

하지만 그렇게 바빴기 때문에 루터는 기도해야 하는 시간을 따로

---

19 Martin Luther, "To John Lang," Wittenberg, Oct. 26, 1516, in Letters I, ed. Gottfried G. Krodel; vol. 48 of *Luther's Works*, American Edition, ed. Jaroslav Pelikan and Helmut T. Lehmann (Philadelphia: Fortress, 1963), 27 – 28.

정해 놓았다. 네가 지금 만드는 습관이 남은 네 생애와 사역을 복되게 하거나 흉하게 할 것이다.

　네 번째로, 신학교는 너를 하나님의 사람으로 만들어 주지 못한다는 것을 깨닫기 바란다. 신학교는 참 특이해서 어느 정도는 뒤틀리게 하는 기관인 것 같다. 우리는 네 삶에서 지나치게 많은 시간을 학업에 할애할 것을 요구한다. 하지만 지역 교회처럼 다양함과 여러 종류의 사역과 다양한 연령과 관심사를 가진 사람들의 모임이 아니다. 여기에는 그들의 학업의 결과와 수년간의 목회와 선교의 훌륭한 경험을 통해 너를 가르칠 사람들이 있다. 신학교가 해야 할 일은 비교적 잘 감당하고 있지만 영적인 성숙은 보장할 수 없다. 학생들이 지역 교회에 뿌리를 내리고 교회 사역에 활동적으로 참여할 때 그 본분을 다할 수 있다. 그와 같은 사역에 보내는 시간과 학업에 보내는 시간의 비율은 개입된 요소들에 따라서 학생들마다 큰 차이가 있을 것이다. 하지만 생각이 있는 학생이라면 그의 삶 전체가 신학교를 중심으로 움직이도록 하지는 않을 게다.

　다섯 번째로, 고백적인 신학교라 할지라도 능력 있는 학생들은 어려운 질문들과 씨름하면서 자기 성찰과 의심의 과정을 거치게 될 것이다. 의심이 생기는 것을 두려워하지 말고 바르게 다루는 법을 배우거라. 지난 세기에 F.J.A.호르트(Hort)는 이렇게 말했다. "신념이라고 부를 만한 신념은 땀을 흘려서 그것을 사야 한다. 수고와 사고의 책임을 회피한 타인의 땅에서 수확한 쉬운 결론들은 진리에 부합할 수도 있고 그렇지 않을 수도 있다. 두 경우 모두 그 능력을 거의 혹은 전혀 경험할 수 없을 것이다."[20]

여섯 번째로, 그들이 새롭게 발견한 지적 기갈에 취한 많은 젊은 학도의 교만을 피하고, 마찬가지로 자신의 영적 기량에 대한 확신에 취해 결과적으로 열심히 공부하지 않아도 된다고 생각하는 사람들의 열정에서 비롯된 교만도 피하거라. 우리는 모두 우리가 마땅히 되어야 할 사람이 아직 되지 못했다. 우리는 모두 그리스도인의 여정에서 훨씬 더 낮아져야 할 것이다.

마지막으로, 특히 그리스도인의 삶에서 네가 가장 취약하다고 생각되는 부분의 성경적인 균형을 유지하거라. 너는 유능한 학생이다. 그렇기 때문에 경우에 따라서는 네가 지적인 면에 지나치게 확신을 가지고 관계를 계발하는 일이나 개인적인 기도와 묵상 훈련을 무시할 수 있는 위험이 있다. 사람을 대하는 기술은 있지만 신학적인 사고를 함께 다루는 데 어려움이 있는 사람들도 있다. 또한 내적인 것과 경건한 것만 추구하는 사람들도 있지. 한편으로 우리는 하나님이 그분의 교회로 부르신 사람들의 다양함과 그들에게 주시는 은사의 다양함을 그저 기뻐할 수 있지만 이 다양함이 성경적 균형, 성경적 온전함, 성경적 성숙(마음과 목숨과 뜻과 힘을 다해 하나님을 사랑하고 이웃을 우리 몸처럼 사랑하는)을 추구하는 데 방해가 되는 핑계로 사용해서는 안 될 것이다.

**너의 동료된 순례자,
폴 우드슨**

---

[20] F. J. A. Hort, *The Way The Truth The Life* (London, 1893), xxxiv-xxxv.

28.

우드슨 박사가 이전 편지에서 보여 주신 건전함과 균형에 감사했지만 바르게든 그릇되게든 나는 그리스도의 몸에 있는 은사들의 다양함이 공정하게 다루어지지 않았다고 생각했다. 아무튼 나는 학문적인 쪽에 관심이 많았기 때문에 하나님이 내게 주신 은사를 키우고 있는 것이라는 확신을 가지고 그쪽 면으로만 나의 초점이 맞추어진 것을 합리화했다. 세 번째 학기가 끝날 때쯤에 적어도 다음 학년을 위해서는 예일대학교신학과로 옮기는 게 좋겠다고 마음을 먹었다. 하지만 그 학기를 마칠 때까지는 아무에게도 말하지 않기로 결심했다. 이 문제에 관해서는 우드슨 박사도 개입하기를 원치 않았다.

그래서 지니와 나는 뉴헤이븐으로 이사를 갔고 예의상 내 결정에 관해 우드슨 박사께 편지를 통해 알려 드렸다. 이 결정은 복음주의자들이 학문계에서 복음을 제대로 전하기 위해서는 학문적으로 존경을 받아야 한다는 확신이 점점 커져서 내린 것임을 말씀드렸다. 물론 그가 스트라스부르에서 돌아오기 한두 주 전에 내린 결정이라

죄송했지만 나의 우선순위는 옳았다. 트리니티와 디어필드로 돌아오기 며칠 전에 이런 답장을 보내셨다.

1984년 8월 1일

네 결정을 알려 줘서 고맙다. 이 문제를 네가 많이 생각하고 기도해서 결정했으리라 확신한다. 한 일 년 전쯤에 고백적인 신학교의 분위기에서 성경과 신학을 공부하는 경우와 그렇지 않은 경우의 장점과 단점에 관한 나의 입장을 너에게 알려 주었다. 다시 반복할 필요는 없다고 생각하고 네가 결정할 때 내가 말한 것을 염두에 두고 했을 것임을 의심하지 않는다.

> **편집자 주:** 이어서 우드슨 박사는 팀과 지니를 보내면서 짐을 싸는 것도 도와주지 못한 것이 아쉽다는 표현을 했다. 마치 함께 있으면서 팀의 어깨를 두드리며 격려해 주지 못했음에 죄책감을 느끼는 것처럼, 아니면 팀이 시카고를 떠나기 전에 이 문제들을 말할 마음이 없었다는 것에 약간은 실망한 듯한 애매하고 어색한 부분도 있었다. 그리고 나서 그의 개인적인 편지들을 더 이상 만년필로 쓰지 않는다는 사실에 관심을 갖게 만드는 문단도 있었다. 처음으로 컴퓨터로 편지를 쓴 셈인데 [그 일을 하는 것은 그의 아내였지만 세밀한 학자의 눈을 가지고 볼 때 밑줄을 긋거나 이탤릭체로 쓰는 수고를 하지 않아도 되도록 했다.

박식한 체하는 것으로 들릴지 모른다는 위험이 있지만(내가 종종 그렇게 한다는 것을 알고 있으니까) 복음주의자들이 학문적으로 존중을 받으려고 하는 데 있어서 지혜로운지에 관해서는 의심의 여지가 많다. 우리에게 필요한 것은 학문적 책임감(academic responsibility)이다. 여기에는 엄청난 차이가 있다.

학문적 존경심(academic respectability)을 만족할 만한 수준으로 끌어올리는 것은 신학적으로나 영적으로 타협할 수 있게 만든다. 나는 예수님이 공적인 영향력을 갖기 위해서 산헤드린 공회의 회원이 되려고 하신 것을 찾아볼 수 없고, 바울이 그 당시의 범주에서 학문적 존경심을 추구하고 있는 모습을 찾아볼 수 없다. 만일 그랬다면 수사학에 관해(예를 들어, 고전 2:1 이하)에 관해 그런 글을 쓰지 않았을 것이다.

하지만 학문적인 책임감은 다르다. 이는 논쟁 가운데 진실성을 추구하는 것이고 우리 안에 있는 것으로 모든 사람에게 답을 주겠다는 희망과, 진리로 사람들을 설득해 보겠다는 희망으로 장황함을 피하겠다는 의미이다. 그냥 내 말로 표현하자면 학문적 존경심은 그것을 신뢰하도록 하기 위해서 지나치게 자신에게 관심이 많은 반면에, 학문적 책임감은 우리로 하여금 훈련하고 공부하도록 만든다.

얼마 전 내 동료 한 명이 유수한 대학교에 성경 연구 쪽으로 중요한 자리에 지원한 적이 있다. 그는 박사 논문을 지도했던 은사께 그의 이름을 추천인으로 사용해도 되겠는가 물었다. 그 은사는 개인적으로 격려와 지원을 아끼지 않았지만 아쉽게도 자신의 이름을 사용하는 것은 거절했다. 그가 말하기를 "성경의 권위에 대한 자네의 입장을 언급한다면 그건 자네에게 상처가 될 거야"라고 했다.

이 일은 흥미로운 질문을 많이 불러일으킨다. 고백적인 학교에서 교수들이 고백을 붙들고 씨름해야 하는 것은 바로 진정성이다. 그렇지 않으면 위선되지 않기 위해서 학교를 떠나야 할 것이다. 하지만 최근의 일반 대학에서는 다른 어떤 것도 중요하지 않고 그 영역에서의 실력만 요구된다. 따라서 한 역사학과에서는 마르크스주의 역사학자와(편집자 주: "마르크스주의 역사 학자" 오늘날은 이 단어가 이미 고어가 되었을 만큼 이상하게 들리지만) 아날학파(Annales school, 대중적으로 잘 알려진 에마뉘엘 르 루아 라뒤리[Emmanuel Le Roy Ladurie]가 특히 그의 유명한 책 「몽타유」[*Moutaillou*]에서 말한 종류의 일을 하는 사람), 그리고 그 외의 사람들이 함께 일할 수 있다. 마찬가지로 성경연구학과에서 무신론자와(마이클 굴더)와 후기 불트만주의 실존주의자(존 A.T. 로빈슨)와, 전형적인 진보주의자(제프리 람페)와, 보수 가톨릭(이그나스 드 라 포테리)과 진보주의 가톨릭(레이몬드 브라운)과, 복음주의자(하워드 마샬)가 함께 있을 수 있다 (그 외의 다른 학파는 언급하지 않더라도).

하지만 실제로 만일 마르크스주의 역사가가 학과장 자리에 앉는다면, 그런데 만일 부교수가 마르크스 역사기록학을 반대한다면 학과장은 부교수가 그 학과의 교수로 임용되는 것을 막을 수 있다. 마찬가지로 성경연구학과에서 현존하는 교수가 성경에 대한 복음주의 입장을 반대한다면 실력의 문제는 중요하지 않을 수 있다. 그런 의미에서 나는 진보주의적 친구들보다 더 진보적이라고 할 수도 있다. 대학교에서는 실력과 합리성 그리고 비판적인 대화가 제공된다면 어떤 입장이라도 용납될 수 있다. "합리적"이라고 말할 때 한 사람의 입장은 단순한 감정적인 호소가 아니라 치열한 이성으로 유지되어야 한다는 의미이고, "비판적"이라고 할 때에는 어떤 입장이라도 정당화되어야지 그냥 선언되어서는 안 된다는 의미이다.

하지만 문제는 더 심각하다. 많은 사람에게 대학은 인간 이성의 자율성이 지배하는 곳이다. 성경이 말하는 것이 권위가 있다고 주장하는 우리 같은 사람들은 이성의 자율성을 위협한다. 사실 우리는 이성 그 자체는 타락과 함께 변질되었다고 주장하지. 이는 물론 우리가 반이성적이 되어야 한다는 의미는 아니고, 다만 이성적이라고 부르는 것은 그것이 무엇이든 항상 신뢰할 수 있는 것은 아니라는 의미이다. 더욱 중요한 것은 인간의 이상이 자율적이라는 그 말 자체가 다시 평가되어야 할 이념적 입장이라는 것이다. 그렇게 다시 생각해 볼 때, 인간의 자율성에 대해서 의문을 가지는 것은 대단히 합리적인 일이 되는 거지. 이런 대안적인 입장을 좀 더 적극적으로 소개할 수 있는 자리가 있어야 하는 것은 분명한 사실이다.

하지만 인간 이성의 자율성이 전제된 학자들의 진영에서, 혹은 계시는 최종적으로 전제적이지 않아야 한다고 주장하는 곳에서 그 일을 하려고 한다면 존경심의 값은 받아들이기 어려울 만큼 비싼 것임을 알게 될 것이다. 네 입장을 바꾸거나 아니면 네가 진정으로 무엇을 생각하고 있는지를 아무도 모르게 해서 네 마음의 평안을 유지하기로 결정해야 하는 거니까. 그리스도의 증인으로서 그 값은 너무 높다.

반면 학문적 책임감은 다른 문제다. 몹시 부끄럽지만 지난 50-60년 동안 거의 복음주의 학계는 우물 안 개구리 같았고 대중적인 수준을 제외하고는 당대의 지적인 도전에 관여하지 않았다고 말할 수밖에 없다. 그런 시도가 있었을 때, 그 한계를 볼 수 있는 사람들에게는 너무 선명하게 보일 만큼 (복음주의 학계는) 무능했다. 물론 예외적으로 탁월했던 경우도 있었지만 일반적인 모습은 진리에 닫혀 있어서 우리가 자랑할 것이 아무것도 없었다고 말해야 할 것이다.

하지만 이제 젊은 복음주의 학자들이 일어나고 있다. 도전과 기회가 엄청나다. 하지만 동시에 학문적인 존경심을 얻으려는 유혹도 엄청나다. 그것이 직장과 영향력에 이르는 길이니까. 복음주의 교회가 경험하는 유혹도 성경 학자들이 경험하는 유혹 못지않게 크다고들 말한다.

참 슬픈 현실이라고 생각한다. 하나님은 그러한 소심함과 겁을 귀하게 여기실 거라고 생각하지 않기 때문이다. 철의 장막 뒤에 있는 신자들에게 말해 보거라. 그들은 예수님을 주님이라고 고백한다는 이유만으로 학업의 문이 막히고 맹렬한 비난을 감수해야 한다는 것을 발견하게 될 것이다. 우리의 유혹은 점점 더 교묘해졌지만 그렇다고 덜 위험해진 것은 아니다.

만일 하나님이 너를 학자의 삶으로 부르셨다면 마음을 다해서 학문적 책임감을 추구하거라―새로운 신이 아닌 하나님을 향한 제물로, 그렇게 한다면 너의 연구가 너의 때에 영향을 줄 것이고 지적인 분위기에 변화를 가져다 줄 것이다. 그렇다면 최소한 네 뒤를 따르는 더 젊은 학자들의 관심에 유익을 주게 될 것이고, 너를 본으로 삼아서 학자인 제자로서의 길을 배우게 될 것이다. 학문적인 책임감을 추구하면서 너의 말을 듣게 될 사람들과 네가 영향을 끼칠 사람들의 세부적인 것들을 채워 주기 위해서 하나님을 신뢰하거라. 책임 있는 학문은 진리를 발견하고 튼튼하게 세워 주는 일과 사람들의 마음을 얻는 데 단순한 존경심보다 훨씬 많은 가능성을 가지고 있다. 반면에 네가 저급한 길을 택하여 학문적인 존경심을 추구한다면 세상으로부터는 박수갈채를 받을지 모르지만 네가 천국의 인정을 받게 될지는 훨씬 더 의심스러울 것이다. 아주 가끔씩은 이 둘을 모두 취한 학자가 있기는 하지만 그들이 단순히 존경심만 추구하면서 그렇게 될 수 있었다고 생각하지 않는다.

이제 너는 예일로 가기로 결정을 했는데 내가 너에게 조언을 해주는 것이 너무 주제 넘는 일은 아니겠지? 만일 네가 두 번째 신학 학위를 위해서 예일로 가기로 했다고 해도(아니면 비슷한 수준의 신학교) 나는 너에게 비슷한 조언을 해주었을 거다. 하지만 너의 정식 신학 훈련이 겨우 일 년 정도밖에 되지 않았기 때문에 이 조언은 좀 더 시급해졌다.

첫 번째로, 너의 의문과 갈등을 숨기지 말거라. 정직하지 못함은 학문에서든지 믿음에서든지 결코 최선의 정책이 될 수 없다. 그것들을 잘 소화하거라. 너의 상황에서 이 말은 너에게 추가적인 필독 도서 목록을 제공할 수 있는 사람들, 자문 역할을 해 줄 수 있는 사람들, 그리고 이러한 갈등을 직접 거친 사람들과 지속적인 교제를 가질 필요가 있다는 말이다.

두 번째로, 비판받을 때 그러한 비판(너 자신에 관한 것이든 다른 사람에 관한 것이든)에 대해 적어도 비판적이 되거라.

세 번째로, 판단을 유보할 준비를 하거라. 처음 몇 년 동안은 어려운 질문들에 대한 모든 답을 발견할 수 없을 것이다. 몇 주 전에 신약학과에 있는 한 동료와 이야기를 나누는 중에 그는 12년 전에 유럽에서 박사 학위를 공부할 때 요한복음 1장(사역 아주 초기에 예수님을 하나님의 아들, 메시아, 이스라엘의 왕, 인자 등으로 간주한 부분)을 병행 구절인 마태복음 16장(아마도 사역의 중반쯤에 마치 그 고백이 전혀 새로운 것인 양 예수님을 메시야요 하나님의 아들로 고백한 부분)과 어떻게 연관시켜야 할지 몰랐다고 했다. 물론 나의 동료는 기본적인 이론들과 특히 이 점에 있어서 요한복음이 연대적으로 기록된 것이 아니라서 요한의 교회에서 벌어지고 있는 일들을 반추한 것이지 예수님의 때에 무슨 일이 일어났는지를 기록하고 있는 것이 아니라는 주도적인 입장에 대해서는 잘 알고 있었다. 요한의 기독론은 다른 복음서 기자들이 떠난 곳에서 시작된다(사람들은 그렇게 주장한다). 겨우 3년 전에야 내 친구는 완전히 만족할 만한 답을 찾을 수 있었다.

내가 말하고자 하는 것은 어떤 신학 교육에서든지 너는 해결할 수 없는 많은 것에 노출될 것이라는 점이다. 그것은 트리니티에서도 사실이고 예일에서도 사실이다. 다만 논쟁의 영역이 달라지는 것이라서 우리는 단순하지만 견고한 고백적 헌신 안에서 말한다는 것뿐이다. 하지만 원칙적으로 해결되지 못한 문제들을 다루는 최선의 길은 분명하다. 어떤 문제들은 너의 능력에 따라 최선을 다해 해결하지만 어떤 것들은 판단을 유보해야 한다.

네 번째로, 일반적으로 은혜의 방편이라고 부르는 것들을 소홀히 하지 말거라(기도, 말씀의 묵상, 교제와 예배, 하나님의 백성을 가르치는 것 등). 그리고 사역들에 동참하거라. 이 영역에서 실패한다면 네가 전복될 가능성이 매우 높다. 한 사람의 믿음의 안정감은 단순한 지적 논쟁보다 훨씬 강력하다. 한 가지 문제에 몰입하는 사람이 되지 말거라. 예를 들어, 성경에 의하면 구원은 자신을 보여 주신 대로 예수 그리스도를 신뢰함으로 되는 것이지 성경 교리에 대한 특정한 입장 표명을 통하여 되는 것이 아니다(성경에 대한 교리가 그 일부분인 넓은 의미에서의 계시에 대한 교리에 입장 표명이 중요하기는 하지만).

다섯 번째로, 겨우 매달려 방어적이나 수동적이 되지 않도록 하거라. 만일 하나님이 네가 예일에 있기를 원하신다면 토론하고, 논쟁하고 말하고 읽고 생각함으로 관여하거라. 아주 귀한 경험이 될 수 있을 것이다. 간증을 하자면 나는 전에는 보지 못했다는 것이 부끄러울 만큼 아주 기초적인 진실을 깨닫는 데 제법 긴 시간이 걸렸다. 진보적인 동료들은 늘 나에게 문제를 제시하는 것 같았는데 우리는 늘 방어적인 자세만 취하고 있었다. 그들이 아주 흥미롭고 새로운 질문들을 던지면 그 질문들이 우리가 받아들이기 어려운 세계관에서 비롯된 것들이었음에도 우리는 지난 세기에 했던 것과 같은 질문들을 반문하기만 하거나 아니면 그들의 질문에 뭐라고 대답해야 할지를 고민하기만 했다.

하지만 이제는 더 이상 그렇게 하지 않는다. 나는 그들이 사고의 복잡함 가운데 질문들을 불러일으키는 것처럼 나도 나의 사고로부터 질문을 불러일으켜야 한다고 생각한다. 다시 말하면 나는 현대의 사상들을 배우기를 원하지만 나의 질문들이 다른 사람들에 의해서 만들어지도록 허락하는 것을 거부한다. 나에게는 나의 질문이 있다. 나는 그들의 사고의 틀이 나의 것과 너무 달라서 그들이 묻거나 대답할 수 없는 질문들을 할 수 있는 능력이 있다. 하지만 어느 한 시점에 이른다면 나의 틀이 성경의 사상이 전제하는 것에 더 가깝고 따라서 나의 대답들이 더 영구적이라는 것을 주장할 것이다. 나의 글들이 20년 전보다는 훨씬 자유롭고, 조금 더 창조적이고 되었고, 좀 더 흥미로워졌기를 바란다. 훨씬 이전에 이것을 배웠더라면 하는 아쉬움이 있다.

새로운 한 해를 즐기기를 바라고 계속 연락하자.

그리스도 안에서 사랑으로,
폴 우드슨

29.

　예일에서의 첫 몇 주와 몇 달 동안은 나에게 엄청나게 자극적이었다. 두려운 기대에도 대부분의 과목들은 재미있었고 복음주의자로서 나의 입장에 거슬리는 것들 몇 개를 발견했을 뿐이다. 11월 말, 추수감사절을 맞아 지니와 함께 롱아일랜드에 있는 부모님 댁에 방문했을 때에야 비로소 예일신학교의 개방성에 관해 말할 수 있었다. 절대적인 주장이 없기 때문에 다른 종류의 신학과 함께 복음주의도 따뜻하게 환영하는 분위기에 놀랐다. 다른 입장을 틀렸다고 비판하는 것 말고는 어떤 의견도 용납되었고 심지어 존중되었다. 특히 정죄된 의견은 전위적인 것(avant garde)에 속했다. 무엇보다도 여성의 안수는 말할 것도 없고 동성애자들의 안수에 반대하는 것은 격렬한 반발을 불러일으켰다. 이에 따른 결과로 복음주의자들은 그냥 거기에 있다는 것을 감사하고 훌륭한 도서관과 풍부한 유산(조나단 에드워즈와 티모시 드와이트의 이름은 모든 건물에 있었다), 양질의 교육을 즐기면서 말조심하는 법을 배워 나갔다. 점점 그들은 이빨이 없는 잘 사육된 복음주의자가 되어 갔다. 여전히 많은 사람이 적어도 기본적으로는 그들이 입학할 때 가지고 있었던 확신을 유지하고 있었지만, 그들의 관용 수준은 점점 더 부드럽게 적용되어서 바울(가장 유연성이 있던 사도)이나 심지어 예수님보다 훨씬 많은 것을 받아들일 수 있게 되었다. 나는 내가 이것들을 제대로 평가하고 있다고 생각하는지 우드슨 박사께 질문하는 편지를 썼다.

1984년 11월 30일

너의 놀라울 만큼 담대한 편지에 진심으로 감사한다. 네가 사건의 맥을 그렇게 빨리 짚을 수 있다는 사실에 놀랍고 기쁘다.

에큐메니즘(ecumenism)이 세계 기독교계의 큰 부분을 대표하는 표어였던 시절이 있다. 내가 틀리지 않는다면 요즘 에큐메니즘은 대체로 빛을 잃어버렸다. 물론 아직도 엄청난 돈과 노력을 쓰고 있지만 많은 진영에서 진부하고 적합하지 않은 것으로 여기고 있다. 지금은 다원주의라는 더 강력한 대형 버스에게 추월당해 유리한 위치를 내주었다. 역사적 에큐메니즘은 동의를 얻어 내고 연합을 보여 주기 위해서 믿음과 교인의 태도에서 가장 낮은 공통분모를 찾아 그 차이들을 수용하려고 했다. 반면, 다원주의는 다양성을 즐기고 어떤 입장도 다른 입장보다 낫지 않기 때문에 다양성은 전혀 문제되지 않는다고 주장한다. 의문의 여지도 없고 절대적으로 굽히지 않는 당당한 요구를 할 수 있는 유일한 입장은 다원주의 그 자체뿐이다.

다원주의가 아직 예일에는 널리 퍼지지 않았을 수도 있다. 예일의 초점은 아직은 기독교 신학이니까. 하지만 작년에 내 동료 중 한 명인 신약학과의 카슨 박사가 한 명문 대학 신학교에서 강의를 한 적이 있는데(물론 논란이 되는 신학교에서 초청한 것이 아니라 작은 복음주의 학생 모임에서 초청한 것이었지만), 거기에서 한 아메리칸 인디언이 정령 신앙의 예배로 학생회를 인도했다고 한다.

인도 출신의 기독교 학자인 수난드 스미트라(Sunand Sumithra) 박사는 몇 년 전에 튀빙겐에서 아주 성공적으로 박사 논문을 마쳤는데 그 논문에서 그는 제네바에서 있었던 WCC(World Council of Churches) 문서들에 대한 연구를 바탕으로 적어도 WCC의 핵심 지도자들의 장기적인 목적이 단순히 기독교 교회의 연합이 아니라 세계 종교의 연합임을 보여 주었다. 이 논문은 "계시로서의 혁명: M.M. 토마스의 신학에 대한 연구"(Revolution as Revelation: A Study of M.M. Thomas's Theology [Tubingen: International Christian Network/New Delhi: Theological Research and Communication Institute, 1984])라는 제목으로 출판되었다.

이 문제에 있어서 분명한 사실은 모든 가치가 동등하다면 어떤 가치도 의미가 없다는 것이다. 민주주의에서는 마치 모든 가치들이 같은 것인 양 취급되어야 한다고(명백하게 그들은 서로 다름에도) 주장하는 것보다는 모든 가치에 대해 적극적이고 강력하게 논의되어야 한다고 주장하는 것이 훨씬 지혜롭다. 유신론과 무신론은 같은 것이 아니다. 유신론과 이신론은 같은 것이 아니다. 유신론과 일신론도 같지 않고 삼위일체적 일신론과 유니테리안 일신론도 같지 않다. 이를 주장하는 사람들이 신실한 사람이기 때문이라든지(신실함을 진리보다 중요하게 여기는), 아니면 이 모든 입장은 더 큰 진리에 이르도록 하는 다양한 길이라든지(말도 안 되는 모순) 하는 이유로 이 세계관 사이의 심오한 차이를 결과적으로 아주 미세한 것이라고 결론 내리는 것은 엄청난 믿음의 비약이다.

다원주의의 첫 번째 희생 제물은 합리성이다. 두 번째는 지적인 진정성이고, 세 번째는 참된 수용이다. 내 경험에서 볼 때 헌신된 다원주의자보다 편협한 사람들은 없다. 한 사회에서 참된 수용은 상호 배타적인 가치를 가지고 있는 모임들이 어떤 부분에서는 자기들이 옳고 다른 사람이 틀렸다고 다른 사람을 설득하는 이 일을 개방적이고 솔직하고 정중하게 할 때 존재한다. 거짓된 수용은 다른 사람을 자기 입장으로 설득하는 모든 노력을 개종주의라고 거부하고 우리는 결국 같은 것을 말한다거나 모두 각자의 의견을 말할 권리가 있으니까 우리가 무엇을 믿든지 상관없다는 건강하지 않은 전제로 참된 논쟁과 적극적인 토론을 교묘하게 금하는 곳에 존재한다. 우리는 서로 다른 의견을 가질 권리가 있지만 그렇다고 모든 것이 동등한 가치를 가졌다고 결론 내리는 것은 너무 큰 비약이다.

지적인 수준에서 다원주의는 이른바 새 해석학(new hermeneutics)이라는 것과 연결되어 있다. 네가 이 분야에 대해서 얼마나 많은 독서를 했는지 모르겠구나. 너무 지나치게 단순화하는 위험이 있기는 하지만 새해석학은 아무도 본문의 의미에 관해서는 정확하게 말할 수 없고, 우리가 그 본문에 부여하는 의미에 관해서만 말할 수 있다고 이해하기 위한 시도로서 주관주의와 밀접하게 연관되어 있는 입장이다. 핵심은 본문의 의미가 아니라(본문은 일치된 의미가 없다는 것이 그들의 일반적인 주장이다) 내가 어떤 의미를 그 안에서 발견하고 부여하는가에 있다는 것이지.

　이 주제에 관해서는 많은 책이 나와 있는데 새 해석학의 가치에 대해 중요하게 다루는 책들도 있고(예를 들면, 우리의 주관성, 문화적 교만, 우리가 볼 수 없는 사각지대에 대한 강력한 경고들을 다루는), 새해석학의 이론적 한계들에 대해 경고하면서 유아(唯我)론으로 치우칠 위험을 지적하는 책들도 있다. 하지만 나의 관심은 신학적인 것이다. 기독교적인 입장에서, 좀 더 정확하게는 유력한 유신론적 입장에서 우리를 상대주의의 늪에 빠지지 않도록 하는 것은 하나님 자신이시다. 그분은 무엇이 참이고 무엇이 아닌지 아신다. 그분의 생각을 분변하는 것이 쉽지 않을 수 있고, 물론 복잡하기 이를 데 없는 무한하신 하나님의 생각을 온전히 이해할 수 없지만 적어도 우리는 진리(하나님이 이해하시는 진리, 우리가 어떻게 생각하든 객관적인 진리)라는 것이 존재한다고 주장하는 것에 일관성을 갖도록 하는 구조를 가지고 있다.

　다른 말로 하면, 다원주의는(내 생각에는 지성 사상의 역사에서 볼 수 있는 가장 조잡한 세계관 중 하나인) 인격적이고 초월적이고 사고하고 말하는 전지하신 하나님의 존재를 부인할 때에만 일리가 있다. 그렇지 않다면 전혀 일리가 없다. 그래서 지불해야 하는 대가가 감당할 수 없을 만큼 엄청나다. 모든 충성은 문제가 있다고 주장하면서도 절대적인 충성을 요구하고 있기 때문이다. 그 어떤 해석도 다른 해석을 강압적으로 제어할 수 없다고 하면서도 다른 해석을 강압적으로 제어할 수 없다고 말하는 그 해석은 예외로 생각하기 때문이다.

　물론 대부분의 사람은 자의식적이거나 철학적인 차원에서 다원주의를 취하지 않는다. 하지만 그게 바로 문제가 아니겠니? 다원주의는 서구 세계의 대부분에서 주도적인 '배경 소음'이 되고 있다. 다원주의는 지혜롭고 너그럽고 온유하고 잘 참고 인내하고 지적이라고 여겨지지. 하지만 사실은 전혀 그렇지 않고 그것이 추구하는 안전장치조차도 제대로 보전할 수 없는 상태다. 하지만 대중의 마음에는 그곳이 가장 인격적인 곳이라는 인식이 있기 때문에 성숙한 기독교인들조차도 그 영향력으로부터 자유하기가 쉽지 않다. 결과적으로 다른 사람을 전도하거나 신약에서 솔직하게 배타적인 주장을 하는 사람에 대해 연민을 느낄 수 있을 만큼(요 5:19 이하 ; 14:6 ; 행 4:12 ; 갈 1:8,9) 견고하거나 확신에 찬 믿음이 만들어지지 않은 셈이다.

간단하게 말해서, 황제가 옷을 입지 않고 있는데 세상은 그가 정신을 차리고 깨어나기에 좋은 장소가 되어 버린 거지. 반면에 황제의 왕좌로 다가가 황제가 발가벗은 상태에 있음을 알린다면 그의 어깨에 황제의 홀(scepter)이 닿기를 더 이상 기대할 수 없게 된 거지.

20세기 말, 미국 문화의(사실은 서구의) 지배적인 흐름의 중심에 이것이 놓여 있다는 사실을 이해하지 못한다면 너의 사역의 효율성은 엄청나게 축소될 것이다. 네가 이 문제에 대해 보인 영적 본능이 너를 잘 세워 주리라고 확신한다. 또 연락해 주기를 바란다. 엘리자베스와 나는 너를 응원한다.

그리스도를 섬김으로,
폴 우드슨

30.

　다원주의의 유혹에 대한 우드슨 박사의 경고가 내게는 이상하리만치 익숙하게 들렸다. 그때서야 나는 내가 케임브리지를 다녔을 때 그에게서 받은 편지가 왜 내 마음을 상하게 했었는지 기억이 났다. 아주 이성적인 편지에서 그는 나의 불가지론자 친구였던 로라가 칭찬하던 보편주의의 전제들에 도전했었다. 그때 로라는 "그 길"을 안다고 주장하는 모든 사람을 불신하고 있었고, 나는 그녀를 너무 좋아해서 그녀를 비판하는 어떤 말도 듣고 싶어하지 않았다. 열병은 사람을 이상하게 만드니까.

　우드슨 박사의 새 편지는 지난 번 것의 주제를 반복하고 있었는데 그 당시 감정적으로 격해졌던 로라와의 대화들을 기억나게 했다. 또한 그 편지에 대한 나의 심통스러운 반응 때문에 불편했던 기억도 떠오르게 했다. 우드슨 박사의 무정함 때문에 나는 집 밖으로 나가 시원한 케임브리지의 저녁을 향해 달리며 운동을 했었으니까.

　지금은 내 신앙이 조금 더 성숙해져서 그런지는 몰라도, 압도적인 다원주의적 환경이 구원자이신 그리스도의 유일성에 대한 믿음을 약화시킬 수 있다는 경고들을 완전히 무시하지 않았다. 나는 신학적으로 더욱 견고한 곳에 서 있어야 된다고 믿었지만, 다원주의의 매력에서 완전히 자유롭지 않다는 사실은 인정해야 했다. 나는 그것이 내 사고에 영향을 끼칠까, 특히 그리스도에 관해 아무것도 모르는 사람들의 잃어버린 바 된 상태에 대한 내 사고에 영향을 끼칠까 걱정스러웠다.

물론 잘못된 인상을 주고 싶지는 않았다. 예일에서 받는 교육이 만족스럽지 않다는 의미는 전혀 아니었으니까. 일반적으로 학문적 수준이 높았다. 게다가 나는 바이니키 도서관(Beinecke Library)에서 공부하는 게 정말 좋았다. 많은 책과 논문을 비롯한 각종 문서들의 보물 창고 같은 곳이었다!

하지만 몇몇 강의가 솔직히 건전하지 못하게 진보적인 것을 발견한 적도 있다. 신학적, 성경적, 비평적인 문제를 다루는 신뢰할 만한 복음주의 문서가 철저하게 무시되거나, 지적으로 퇴보된 것으로 간주되었기 때문이다. 그런 문서들은 종종 수업 중 토론에서 포장지 정도로 버림을 받기도 했다. 다원주의라는 실용적인 목적 때문에 그것은 미개한 것으로 취급받았다. 나는 다원주의적 입장을 자랑하면서도 복음주의 학계에 대해서는 닫힌 태도를 가진 일부 교수를 이해할 수 없었다. 그들에게 종교적 다원주의는 복음주의 믿음 앞에서는 멈추는 것 같았고, 그렇지 않다면 무례한 형태의 근본주의 같았다. 다행히도 제법 많은 교수님이 그렇게 편협하거나 이데올로기적으로 앞을 보지 못하는 분들이 아니었다. 특히 한스 프라이(Hans Frei),

폴 호머(Paul Holmer), 에이브러햄 말헤르버(Abraham Malherbe) 교수님과 이야기를 나누는 것이 즐거웠다.

나는 우드슨 박사께 예일에서의 이런 뒤섞인 감정을 인정하고 싶지 않았다. 내가 트리니티에서 공부한 것은 순전히 지니를 예일로 데리고 가기 위해서였고, 그랬다가 그곳의 신학적인 환경에 당황스러워하는 엄청 변덕스러운 사람으로 생각하실까 싶었기 때문이다. 나는 다원주의의 문제와 크게 관계가 없어 보이는 이차적인 문제를 가지고 그에게 편지를 썼다. 내가 책을 사는 습관이 계획적이지 않고 충동적이라는 것을 발견했다. 트리니티에서는 복음주의적 관점에서 기록된 제법 많은 책을 샀다. 그리고 지금 예일에서는 좀 더 진보적인 입장에서 기록된 책들을 제법 많이 사들이고 있다. 자칭 독서광인 나는 앞으로도 계속 책을 살 것이다. 하지만 이러한 즐거운 열망을 만족시켜 줄 수 있는 덜 충동적이고, 더 경제적이고, 궁극적으로는 더욱 만족스러운 다른 방법이 없을까?

어떻게 나의 서재를 만들어 가야 할지에 관한 조언을 묻는 편지를 우드슨 박사께 썼다. 자신을 독서광이라고 하는 그분도 이 문제를 가지고 씨름을 했을 것 같았다. 나의 예일에서의 경험으로부터 그의 관심을 분산시키기 위해서 뉴헤이븐에서 지니의 교회 활동에 관해서도 제법 길게 말씀을 드렸다. 그녀는 여성 성경 공부를 인도하고 있었는데, 모임을 인도해야 하기 때문에 그 모임에 있는 누구보다 자신이 많은 것을 얻는다고 했다. 때로는 내가 주석 책을 열심히 봐야 할 만한 질문들을 하기도 했다. 그러면서 함께 공부하니까 재미있다고 서로에게 말하고는 했다.

1984년 12월 19일

나와 아내는 이번 크리스마스가 너희에게 가장 행복한 절기 중 하나가 되기를 바란다. 그때 너와 지니는 뉴헤이븐에 있을 거니? 아니면 롱아일랜드에 있는 지니의 가족이나 플레밍턴에 계신 너의 어머니를 찾아 뵐 거니?

우리는 디어필드에 있으면서 친구들을 방문할 계획이다. 엘리자베스의 누이인 마가렛이 며칠 동안 우리와 함께 지낼 거야. 특히 크리스마스 때가 되면 나와 엘리자베스는 주님이 그분의 섭리 가운데 우리에게 자녀들을 주셨더라면 얼마나 좋았을까 생각하고는 한다. 우리는 아직도 가끔 아름다운 조명이 켜진 트리 주위에 자녀들이 둘러앉아 있는 모습을 상상하고는 하지. 크리스마스 이브에는 타오르는 장작불은 따뜻한 온기를 더하고, 엘리자베스는 어른들은 이해할 수 없고 오직 아이들만 이해할 수 있는 꿈의 세계로 모험을 떠날 때까지 크리스마스 이야기들을 아이들에게 읽어 주는 거야.

아이들에 대한 이런 생각에도 우리 삶에 나타난 하나님의 지혜를 부인할 수는 없다. 그분은 지금까지 신실하셨다. 그리스도를 부인하라고 요구하는 검사관에게 했던 폴리캅(Polycarp)의 가슴 아픈 대답이 새겨진 패가 학교 책상 위에 있다. 자신의 말이 순교를 앞당길 것이라는 것을 알면서도 폴리캅은 이렇게 말했다. "지난 86년 동안 내가 그분을 섬기는 동안 그분은 나에게 아무것도 잘못한 것이 없소.

그런데 어떻게 내가 나를 구원한 나의 왕을 욕되게 할 수 있단 말이오." 팀, 너도 알다시피 나는 그렇게 귀감이 되는 사람이 아니야. 나는 그리스도를 위해서 그렇게 많은 고난을 받지도 않았고 86년 동안 주님을 섬기지도 않았지. 하지만 나는 폴리캅의 말에 전적으로 동의한다. 하나님은 나에게 아무것도 잘못한 것이 없으셔서 내 목숨을 다해 나도 그분을 신뢰한다.

엘리자베스와 나는 어느 날 갑자기 그냥 차에 올라서 곧장 뉴헤이븐으로 가서 너희 집 문을 노크할지도 모른다. 나이든 사람들이 이렇게 다짜고짜 초청해 달라고 말하는 것이 주제넘게 들리지는 않을지 모르겠다. 언젠가 정말 꼭 너희를 만나고 싶구나. 우리가 함께 보낸 시간이 너무 짧았다는 생각이 자꾸만 든다.

서재를 어떻게 만들 것인가에 대한 네 질문에 잠시 생각했다. 내 경험에 비추어서 몇 가지 제안을 해 보도록 하겠다. 그것이 어떤 것인지 금방 이해할 수 있을 게다. 이것들은 그저 학교 사무실과 집 서재에 있는 책꽂이에 많은 책을 소장하고, 심지어 지하실 창고에는 그보다 많은 책을 두고 있는, 책을 사랑하는 사람이 반추하는 것일 뿐 전문적인 도서관 사서의 조언이 아니다. 어쩌면 내가 네게 주는 잘못된 정보들을 바로잡기 위해서 〈CT〉에 실린(1980, 5월 4일) 월터 엘웰(Walter Elwell)의 흥미로운 기사, "독서광: 이를 피하기 위한 여덟 가지 방법"을 읽어 보는 것도 좋을 것 같다.

나의 첫 번째 원칙은 이것이다. 책들이 있고 또 책들이 있다. 첫 번째 범주의 책들은 네가 서재에 두고 싶은 책들이고 두 번째 범주의 책들은 서재에 두고자 하는 네 기준에 맞지 않는 다른 많은 책이다. 책은 사람이 그 책에 어떤 가치를 두는가에 따라서 그 가치가 달라진다. 대부분의 책이 누군가에게 가치가 있는 법이지. 아마도 대부분의 책의 가치가 오랫동안 지속되지는 않을 게다. 네 사역에 있어서 어떤 책들이 너에게 가치가 있을 것인지에 대한 너의 개인적인 판단에 따라 서재를 만들 수 있을 것이다.

신학생들이 경험하는 결정적인 유혹 중 하나는 모든 책을 사고 싶은 것이야. 이는 물론 가능하지도 않고 필요하지도 않다. 그들의 열망은 그들의 경제적인 사정을 초과하지. 게다가 낙심이 되는 것은 충동에 의해서 구입한 대부분의 책은 관심을 쉽게 잃어버리게 된다는 것이야. 학생의 관심은 변하게 되고 읽지도 않고 도움도 되지 않는 책들이 곳곳에 쌓이게 되지. 내 말을 명심하거라. 한번 책장에 꽂아 둔 책은 버리기가 어렵다.

이제 두 번째 원칙에 관해 말해 보자. 책을 많이 사는 것이 중요한 것이 아니라 좋은 책을 사는 것이 중요하다. 파리에 있는 국립도서관(the Bibliotheque Nationale) 사서가 말하기를 1,300만에서 1,700만 권까지 소장된 책들 중에서 약 5만 권 정도만 계속 읽힌다고 하더구나. 나머지 대부분의 책은(현재 정확한 수치는 알 수 없지만) 누가 추천하기 전에는 거의 읽히지 않는다는 말이다. 이 통계는 만일 우리가 좋은 책들을 선별한다면 그 책을 우리가 처분해도 누군가 읽게 된다는 것을 암시하지. 많은 대학 도서관들이 중요한 자료들을 위한 연구실을 따로 두는데, 거기에는 자주 읽히는 책들이 진열되어 있다. 너와 나도 우리 서재에 없는 자료들의 도움을 받고 싶으면 특별히 수집된 책들이 있는 곳으로 가면 된다.

우리 대부분은 책을 사는 데 쓸 수 있는 비용이 한정되어 있다. 그렇기 때문에 우리에게 가장 중요한 책에 투자하는 게 일리가 있다.

세 번째 원칙은 한 사람이 중요하다고 여기는 책들이 다른 사람에게도 반드시 중요한 책들은 아니라는 것이다. 예를 들어 네가 만일 목회를 하게 된다면 너의 핵심적인 책들은 교회 역사가가 중요하게 여기는 책들과 현저하게 다를 것이다.

목사가 수집할 수 있는 핵심적인 책들로는 어떤 것이 있을까? 구입할 수 있는 최고의 책들이 어떤 것들일지 쉽게 짐작할 수 있을 것이다. 최고의 주석들, 경건 서적들, 원어를 연구할 수 있는 자료들, 교회 역사 연구들, 해석에 관한 연구들, 자서전들, 윤리에 관한 책들, 기독교 상담, 기독교 교육, 교회 행정에 관한 책들이겠지. 어쩌면 내가 놓친 범주가 또 있을지 모르겠다. 다시 말하지만 이 분야의 많은 책이 필요한 것은 아니다. 하지만 각 분야에서 적어도 최고의 책 몇 권은 있어야 할 게다. 주님이 주변에 좋은 도서관이 없는 지역으로 너를 부르실 수도 있다. 그때는 중요한 핵심적인 책들로 만든 서재를 갖는 것은 더욱 특별해지겠지.

하지만 어떤 책이 최고의 책들인지 어떻게 결정할 수 있을까? 학생들에게 필독서들을 지정해 줄 때 교수들은 그들의 연구 분야에서 그래도 상대적으로 가치가 있다고 생각되는 다양한 책을 선정한다. 따라서 아마도 이미 네 서재에는 좋은 책이 많이 있을 것이다. 하지만 교수들의 좋은 책들은 너의 관점에서 볼 때에도 좋은 책들이어야 한다. 만일 수업 시간에 지정된 책들이 너의 개인적인 기준에 맞지 않는다면 그 책들은 나중에 팔아도 된다. 또한 교수들마다 책을 평가하는 기준이 다를 수 있다. 네가 좀 더 확실하게 공부하기 원하는 분야의 책들을 구입하려고 한다면 다른 교수들에게 목록을 부탁할 수 있을 것이다. 신중하게 선별하는 과정을 통해서 너는 아주 유용하게 개인에게 잘 맞는 중요한 도서들로 구성된 서재를 만들 수 있을 것이다. 많은 책을 소장하게 되지는 않겠지만 너의 관점에서 좋은 책들은 소장할 수 있을 것이야.

네 번째 원칙은 그냥 제안 정도로 받아 주면 좋겠는데 좋은 서재를 만드는 것에 더해서 하나 혹은 여러 개의 전문적인 분야에서 관련된 책들을 수집하는 게 좋을 것 같구나. 나는 20대 때 나의 전문 분야 중 하나로 신학교 교과서를 염두에 두었단다. 그리고 40년이 지난 지금, 제법 그럴 듯하게 신학교 교과서들을 수집해 놓았다. 오랜 시간 동안 그 책들을 읽어 온 것이 나에게는 기쁨이었다. 하지만 네가 고든콘웰신학교 근처에 있으니 거기에 소장된 방대한 신학교 교과서들을 한번 둘러 볼 수 있겠구나. 나의 친한 친구로 거기에서 가르치고 있는 로저 니콜 교수를 한번 방문해 보거라(편집자 주: 니콜 박사는 2010년 하나님의 부르심을 받고 세상을 떠났다). 니콜 교수는 내가 알고 있기로는 미국에서 개인적으로 최고의 신학교 교과서들을 소장하고 있다. 어느 날 오후에 그는 자신이 어떻게 그렇게 멋진 서재를 꾸밀 수 있었는지에 관한 놀라운 이야기를 은혜스럽게 말해 준 적이 있다. 나는 그 일을 어떻게 해야 하는지에 있어서 그의 진지함과 기술에 감탄을 금하지 않을 수 없었다.

여기에 몇 가지 더 떠오르는 것들이 있다.

1. 몇 개의 학문적 단체에 가입을 해서 그들의 간행물들을 받아 보도록 해라. 만일 어떤 간행물이 특별히 너의 관심을 끈다면 네가 대학원에 있을 때 그 간행물들을 수집하기 시작하는 게 좋을 게다. 내가 학생이었을 때 누군가 그 말을 해주었더라면 얼마나 좋았을까!

2. 너의 책들을 다른 학생들이나 친구 목사들과 함께 공유하는 것도 좋다. 책을 수집함에 여러 사람이 함께하는 것도 큰 유익이 있으니까.

3. 네 주변에 있는 도서관끼리 연결된 서비스의 혜택을 받을 것을 권한다. 그렇게 하면 네가 그 책을 사기 전에 네가 자주 가는 도서관에 없는 책이 혹시 다른 도서관에는 있는지 먼저 알아 볼 수 있을 것이다.

4. 책 할인을 해주는 매장들이 있다면 가입을 해 놓도록 해라. 어쩌면 내가 구입한 대부분의 책은 할인 서적 목록을 통해 할인가로 구입할 수 있었을 지도 모른다.

5. 미리 계획하거라. 예를 들어, 네가 만일 이사야서로 시리즈 강해 설교를 할 계획을 6개월 전에 세웠다면 이사야서에 대한 좋은 주석이나 연구서를 사기 위한 돈을 모으기 시작하거라.

팀, 이 주제에 관해서는 정말 할 말이 끝이 없구나. 나는 정말로 책을 사랑하고 실제로 어떤 책들은 나에게 가장 진실한 친구와 같단다. 이상하게 들릴지 모르지만 사실이야.

엘리자베스가 저녁 식사를 하라고 부르는구나. 어떻게 서재를 꾸밀까에 대한 나의 주절거림에서 너를 놓아 줄 수 있게 되었다.

정말로 마지막 한마디만 덧붙여야겠다. 나의 핵심적인 서재 목록에 속하지 않거나 할 수 있는 연구의 관심 밖에 있는 수백 권의 책이 여기저기 쌓여 있다. 팔아야 할지 아니면 누구에게 주어야 할지 잘 모르겠다. 어떤 책이든 그 책들을 처분하는 게 나에게는 어려운 일이라서 지난 20-30년 동안 그렇게 책을 모아 두었다. 내가 이 말을 하는 이유는 내가 네게 제안한 원칙들 안에 위선이 도사리고 있다는 사실을 네가 알도록 하기 위함이다. 이 편지에서 한 말들은 내가 지금 실천하고 있는 가이드라인을 준 것이 아니라 만일 다시 할 수 있다면 그렇게 하겠다는 제안임을 이해해 주기 바란다.

지니에게도 안부 전해 주거라. 모든 게 평안하고 새해도 좋은 한 해가 되기를 바란다.

진심을 담아,
폴 우드슨

31.

나는 우드슨 박사의 마지막 편지에 어떤 반응을 보여야 할지 몰랐다. 자기를 비하하는 듯한 그의 말에도 서재를 만들기 위한 그의 제안들은 상당히 유익했다. 핵심적인 책들로 서재를 꾸미는 일은 목회를 하려고 하는 사람들에게는 상당히 신중한 일일 것이다. 나는 전문적 분야를 청교도들의 경건 서적으로 하기로 즉시 결정했다. 십스(Sibbes)와 백스터(Baxter)의 저서들에 대한 진심 어린 애독자가 되어 있었기 때문이다. 나는 많은 청교도의 주제들을 반영하고 있는 J.I.패커의 「하나님을 아는 지식」을 읽음으로 엄청난 유익을 얻었다 (편집자 주: 패커는 나중에 「경건함을 추구함: 기독교인의 삶에 대한 청교도의 비전」 [A Quest for Guidelines: The Puritan Vision of the Christian Life 〈1990〉]을 저술했다).

하지만 솔직히 말하면 우드슨 박사 부부께서 만일 자녀가 있었더라면 어땠을까 상상해 본다는 지나치게 절제된 이야기가 나에게는 불편했다. 물론 우리를 불편하게 하려고 한 말은 아니었다. 또한 세상적인 의미에서 불편했던 것도 아니다. 하나님의 온전하신 뜻이 우드슨 박사의 삶에서 나타났다는 것을 적어도 이론적으로는 우리도 안다. 그때는 이미 지니와 나는 기독교인의 길은 곧 그리스도의 길이며, 그것은 하나님의 자녀들이 자기들이 원하는 것을 다 받는 그런 행보가 아니라는 것을 알고 있었으니까.

하지만 우드슨 박사 부부를 진정으로 위로하기 위해서 무슨 말을 쓸 수 있을까? 지니와 나에게는 아직 자녀가 없었지만 언젠가는 부모가 될 것이라는 희망이 있었다. 우리 상황은 우드슨 박사의 상황과 같지 않았다. 그래서 우리는 그들이 경험하고 있는 것을 충분히 공감해서 이해한다고 말할 수 있는 입장이 아니라고 생각했다. 틀림없이 우리는 그렇지 않았다.

하지만 그럼에도 우드슨 박사는 나의 많은 부분에 대해서 상담을 해주시지 않았는가? 적어도 그와 그의 아내를 위로할 수 있는 바른 말이라도 해드려야 하지 않을까? 하지만 어떤 말이 적절할지에 대해서는 내게 아무런 지혜가 없다는 느낌이 들었다.

그러던 차에 밥이라는 교회 친구가 12월 말에 우리 집 문을 두드렸다. 그날 오전에 그의 아내 샐리가 다시는 돌아오지 않을 것이라고 말하고는 집을 나갔다는 것이었다. 지니와 나는 믿을 수 없었다. 밥과 샐리는 세 자녀를 둔 정말 이상적인 기독교인 부부였고 밥은 남성 성경 공부를 인도했고 샐리도 교회에서 아주 활동적이었기 때문이다. 밥이 그의 마음을 우리에게 쏟아 내었을 때 나는 공적으로 보이는 모습 뒤에 있는 현실이 당황스러웠다. 그들의 결혼은 악몽이었다. 밥은 내가 사역을 위해서 훈련을 받고 있다는 것을 알고 있었고 우리는 친구였기 때문에 나를 찾아온 것이었지만 나는 그를 도와 주기 위해서 해줄 수 있는 말이 없었다. 이러한 사람들의 문제를 다룰 수 있을 만큼의 이해가 나에게는 없었으니까. 밥을 위한 나의 조언들은 너무 단순하고 평범한 말 뿐이라고 느꼈다.

 이러한 경험들을 하면서 나는 내가 목회를 위해 준비하고 있는 것이 과연 가치가 있는 것인지 고민하기 시작했다. 여기서 나는 헬라어와 히브리어를 공부하고 교회 역사를 공부하고 신학을 공부하고 다양한 주제를 공부하고 있다. 내가 생각할 때 아주 훌륭한 정규 교육을 받고 있었다. 하지만 그럼에도 나는 우드슨 박사가 상실감으로 인한 고통을 드러낼 때 무슨 말로 위로를 할지 몰랐고, 목사님의 도움을 즉시 받도록 하라는 말 말고는 밥에게 어떤 상담을 해줘야 할지도 몰랐다. 전문적인 주제의 문제들과 단어들을 다루는 신학교 교육이 과연 목회 현장에서 만나는 상처받은 사람들에게 얼마나 적합한 것들일까? 나에게 우드슨 박사 부부, 밥과 샐리는 미래에 내가 상담해야 할 심각한 상황에 처한 다른 수백 명의 사람을 대표하기 시작했다. 나에게는 정말 할 말이 별로 없었다.

 심각한 자기 의심이 내 마음 속으로 기어 들어왔다. 그 당시에는 그런 기분을 지니와도 나눌 수 없었다. 그때 사실 나는 우리가 예일에 다시 등록할 수 있는 기회를 잡아야 한다고 지니를 설득하고 있었다. 그렇다고 우드슨 박사에게 크리스마스 때 하신 말씀이 내가 상처받은 사람들을 위한 사역을 감당할 자격이 있는지 다시 생각하게 만들었다고 말씀드릴 수도 없었다. 나는 혼자인 것 같았다. 나의 염려와 자기 의심을 누구와 나눌 수 있을까?

 나는 우드슨 박사께 편지를 썼다. 크리스마스 편지와는 전혀 동떨어진 내용으로 정규 신학 교육이 유익하기는 하지만 사람들을 섬김에 있어 최선의 교육은 아닐 수 있을 것 같다는 지나가는 우려를 애매하게 언급했다. 나의 암시는 완곡했다(아마도 좀 더 깊게 말한다면 내가 실패한 것처럼 느껴질 수 있을 것 같았다). 우드슨 박사께서 이를 눈치채실까 싶었는데 결국 눈치채셨다.

1985년 1월 15일

> **편집자 주:** 이 편지의 날짜는 우드슨 박사가 서두에 어떤 말을 했을지를 설명한다.

작년에 네가 시카고에 있었을 때 시카고 베어스 팀을 조금이라도 더 좋아할 수 있게 되었기를 희망한다. 여전히 뉴욕 자이언츠가 네가 가장 좋아하는 팀이겠지만. 여기 시카고에 있는 일부 사람은 다음 시즌에는 베어스가 상당히 경쟁력 있는 팀이 될 것이라고 예상하고 있다. 다음 시즌에 자이언츠와 베어스의 플레이오프 게임에서 너와 내가 서로 다른 팀을 응원하게 된다면 재미있지 않겠니?

지난 편지에서 나는 〈CT〉의 1984년 11월 9일자에 나왔던 기사를 읽어 보았는지 묻는 것을 깜박했구나. 그 기사 제목은 "복음주의 학생들이 예일에서 눈에 보인다"였다. 예일에서의 너의 학업에 대한 언급에 비추어 볼 때 그 기사에 대한 너의 생각은 어떤지 알려 주면 고맙겠구나.

최근에 네가 보낸 편지의 의도를 내가 제대로 이해했는지는 모르겠지만 네가 목회를 위해서 받는 교육에 대해서 심각하게 재고하고 있다는 것을 느낄 수 있었다. 만일 그렇게 느끼고 있다면 네가 그렇게 느끼는 첫 번째 신학생은 아닐 것이다. 사실 "전문적인"(따옴표를 사용한 것은 솔직히 이 단어를 전문성보다는 섬김으로 특정되어야 하는 목회에 사용하는 것을 좋아하지 않기 때문이다) 직업을 위해서 훈련받는 많은 사람이 자신들이 배우는 단어가 직업 분야가 다른 사람들에게는 너무 생소한 것임을 발견한다. 게다가 전문가로서 한 분야에서 어느 정도 유능하기 위해서는 오랫동안 힘들게 공부해야 할 의무가 있다. 너를 수술할 의사가 좋은 학교를 다니고 정말 열심히 공부했다는 것을 아는 것이 너의 마음을 편하게 해주지 않니?

마찬가지로 목사도 습득해야 할 도구들이 있다. 만일 네가 히브리어와 헬라어를 모른다면 설교를 준비하면서 수준 이하의 주석들에 의존하게 된다. 네가 교회 역사를 제대로 알지 못한다면 여호와의 증인이 뿌리는 잘못된 정보들에 대해 답변하는 데 어려움을 겪게 될 것이다. 너도 알다시피 그들은 집집마다 다니며 삼위일체 교리가 니케아 공의회(주후 325년)까지는 존재하지 않았다고 말한다. 여호와의 증인의 주장에 대해 묻는 교인에게 너는 뭐라고 대답을 해주겠니? 만일 네가 신학을 진지하게 공부한 적이 없다면 복음의 위대한 진리들을 교인들에게 가르치는 데 너는 제대로 자격을 갖추지 못하게 될 것이다. 이것들은 신학교 교육의 실제적인 가치에 대한 몇 가지 예에 불과할 뿐이다. 그것들은 신학 교육을 추구하는 것의 폭넓은 당위성을 제공한다.

이 첫 공격적인 말에 대한 너의 반응이 어떤 것일지 짐작해 볼까?:

"박사님이 말씀하시는 이유는 너무 방어적으로 들립니다. 말씀하시는 것들은 이미 제가 다 받아들인 것들인데 왜 다시 검토하시는 건가요? 저를 불편하게 하는 것은 그보다 깊은 것임을 이해하지 못하시나요? 저는 지금 교육을 받으면서 목회에 대한 열정과 능력을 잃어 가고 있는 겁니다. 제가 지금 받는 교육은 자꾸 그리스도의 복된 소식을 가지고 다가가기를 원하는 바로 그 사람들로부터 멀어지게 만드는 것 같습니다. 저의 언어 공부와 기술적인 신학적 지식은 단순히 교회에 다니지 않는 사람들뿐만 아니라 저와 그리스도 안에 있는 형제자매들 사이에도 장벽을 만들고 있습니다."

만일 이것이 너의 불만이라면 충분히 근거가 있는 불만이다. 신학교에서 오랫동안 가르친 교수들 중 일부는 목회를 위한 준비는 단순히 "올바른" 과목에서 합격 점수를 받는 것 이상의 의미가 있다는 사실을 이해하지 못한다. 우리 중 일부는 만일 학생들이 우리가 세워 놓은 합당하다고 생각되는 학문적 장애물을 잘 뛰어넘을 수만 있다면 목회에서도 문제가 없을 것이라고 전제하기도 하지. 하지만 실제로는 미래의 목회에 대한 열정은 교인들에게는 머리로 얻은 지식보다 많은 것을 의미한다. 나는 설교를 잘하지 못하는 경건한 목사들을 알고 있다. 그들의 교회는 그럼에도 성장하고 교인들은 그를 사랑한다. 나는 머리로는 엄청나게 많은 것을 알고 있지만 주님을 위한 마음은 없는 목사가 섬기는 교회 중에 영적으로 살아 있는 교회를 거의 본 적이 없다. 목사는 교인들과 교제하고 교인들에게 연민을 느끼고 그들을 위해 기도할 수 있어야 한다. 목사는 교인들이 삶의 어려운 문제들을 감당할 수 있도록 그들에게 하나님의 말씀을 전할 수 있어야 한다.

무엇보다도 목사가 될 사람은 주님을 잘 알아야 한다. 즉 목회를 위한 준비에는 영적인 형성(formation, 기도와 성경 읽기 훈련을 발전시키는)이 포함되어야 한다는 말이다.

어떤 프로그램이 이 모든 요소를 제공할 수 있는지를 찾는 건 쉽지 않겠지. 아마도 너는 목회학 석사 과정을 하면서 탁월한 이론적 과목들은 수강했지만 목회 신학을 위한 과목들은 많이 수강하지 못한 것으로 안다. 그렇다면 목회를 준비함에 있어서 지나치게 학문적으로 치우치지 않고 균형을 유지하기 위해서 그런 과목들을 더 들어 볼 수 있을 것이다. 실력 있는 담임 목사와의 장기간 인턴십을 계획할 수도 있을 것 같다. 그러면 좀 더 실제적인 경험을 할 수 있을 테니까. 교회 역사 과목을 택할 때 하나님이 특별히 사용하신 사람들의 특징이 무엇이었는지를 배우려고 하는 것도 도움이 될 것이다. 신약 성경 수업에서 본문들을 주해할 때 그 본문을 어떻게 설교할지를 깊이 생각해 볼 수도 있겠지. 그리고 신학을 공부할 때, 성경적으로 파생된 교리를 삶과 사고의 각 영역에 어떻게 적용할 수 있을지를 결정할 수도 있을 것이다. 이 문제에 있어서는 청교도 저술들이 너에게 큰 도움을 줄 수도 있다. 그 용어들과 관점들을 현대인들에게 맞추도록 해야겠지만 그들의 설교와 저술에서 청교도 목사들과 신학자들이 교리에 근거한 "용도들"을 어떻게 표현하고 있는지를 배우도록 하거라.

하지만 이미 말한 대로 목회를 위한 준비에서 결코 빼놓을 수 없는 요소는 바로 루터의 말처럼 하늘에 계신 우리 아버지의 사랑의 마음을 우리에게 계시하신 살아 계신 그리스도를 아는 것이다. 어떤 목사들은 기독론에는 정통이면서도 그리스도를 잘 알지 못한다. 또 어떤 목사들은 신학교에서 훈련을 제대로 받지 못했음에도 〈죄 짐 맡은 우리 구주〉(새찬송가 369장) 찬송을 부를 때 그들이 마음으로부터 그 찬송을 부른다. 그들은 주인을 알고 있다는 것을 느낄 수 있다. 그들은 어려움 중에 있는 심령에 주어야 할 올바른 위로의 말을 알고 있을 것이다. 나는 네가 그리스도를 잘 알고 또한 그분에 관해서 다른 사람들에게 잘 가르칠 수 있는 목사가 되기를 기도하고 있다. 내 생각에는 그것이 가장 이상적인 목사이다. 백스터의 「참 목자상」을 한 번 더 읽어 볼 것을 권한다.

지니에게 우리의 따뜻한 안부를 전해 주기 바란다.

**동료된 종,
폴 우드슨**

32.

1월에는 해방 신학을 선택 과목으로 청강하기 시작했다. 나는 구티에레즈(Gutiérrez)의 책 두 권과 논문들, 그리고 대체로 라틴 아메리카 출신 학자들이 쓴 여러 책을 읽었다. 어떤 것들은 아주 복잡하고 난해했으며, 어떤 것들은 대단히 흥미로워서 미국 독립 전쟁에 수반되었던 신학적 근거들을 떠올리게 했다. 동시에 정확하게 무엇인지는 지적할 수 없었지만 왠지 이들의 논쟁 중에 성경을 다루는 방법이 불편하기도 했다. 우드슨 박사께 보낸 편지에 대한 답변은 내가 제시했던 해석학적인 것보다는 좀 더 폭넓게 다룬 것이었다.

1985년 2월 1일

네가 해방 신학을 공부하고 있다니 잘된 일이구나. 하지만 때로는 해방 신학의 강력한 호소를 소수의 지배층이 많은 부를 차지하고 있는 나라에서 절대적 빈곤을 어느 정도 경험해 보지 않은 사람이 이해할 수 있을까 의문이 생긴다.

비교를 지나치게 비약하지 말아야겠지만 미국 해방 전쟁에 대한 너의 언급은 적절하다고 생각한다. 어떤 학자들은 18세기 후반에 미국에서 전해진 수백 편의 설교를 살펴보고, 때로는 암묵적으로, 때로는 노골적으로 미국과 구약 이스라엘의 운명을 연결시켰음을 발견했다. 하나님의 손 안에 있다는 것, 하나님의 구속적 목적을 이루고 있다는 것, 하나님이 대적하시는 위험한 적들에 의해서 둘러싸여 있다는 것을 연결 고리로 강력하게 입장을 표명했다. 영국과의 전쟁이 발발했을 때 이 신학에 동의할 수 없었고 여전히 조지 3세에게 충성했던 많은 사람이 지금은 캐나다가 된 북쪽으로 이주했고, 나중에는 "연합 제국 충성자"(United Empire Loyalists)가 되었다.

하지만 이렇게 말하는 사람들 중에도 오늘날 대부분의 학자는 미국(혹은 다른 어떤 나라와도)을 구약 이스라엘과 연관시키는 데 성경을 사용하는 것을 옹호하려 하지 않을 것이다. 고대 이스라엘이 예표하는 것은 하나님의 새로운 언약 백성인 교회이다. 아니면 전통적인 세대주의자들 가운데는 교회를 상대적으로 독립된 기관으로 보면서 고대 이스라엘을 유기적으로 언약적인 현대 이스라엘과 연관시키지만 미국과 혼동해서는 안될 것이다. 이는 독립 전쟁이 틀렸다는 것이 아니라 그것을 합리화하기 위해서 성경적인 근거를 찾는 것이 틀렸다는 말이다.

물론 평화주의자는 어떤 경우에도 독립을 위해 무기를 드는 것은 잘못된 일이었고 지금도 그것은 잘못된 일이라고 주장할지 모른다.

하지만 대부분은 우리 국가의 조상들이 자유를 수호하기 위해서 무기를 든 것은 옳은 일이었다고 생각한다고 믿는데, 이는 원칙적으로 오늘날도 자유를 수호하기 위해서 혁명의 순간에 그렇게 하는 것은 정당하다는 것을 의미한다. 그러니까 모든 혁명이 정당하다는 의미는 아니고 깊이 숙고하지 않고 무조건 모든 혁명을 정죄하는 것은 건전하지 못하다는 의미다.

기독교인들 사이에서는 로마서 13장 1절 이하에 대한 해석을 놓고 많은 논란이 있어 왔다. 혁명은 언제나 옳지 못하다고 주장하는 사람들이 주로 이 구절들을 인용하는데, 물론 그 경우에 우리 국가가 탄생하기 위해서 일어났던 전쟁도 정죄해야 일관성이 있겠지. 반대로 어떤 사람들은 로마서 13장이 공공연하게 전제하는 것은 권세가 기본적으로 정의로워야 한다는 것을 주장한다. 그들은 선을 행하고 악을 심판하는 하나님의 종이어야 한다는 것이지. 하지만 권세 잡은 자가 철저하게 타락했다고 가정한다면 그들이 심판해야 할 가장 악한 곳은 바로 그들 자신이 된다. 그렇다면 어떻게 하지? 공적으로 세워진 권세가 행하는 억압이 더 이상 참을 수 없게 될 때, 유일한 책임 있는 행동은 그들의 족쇄를 끊어 버릴 반란이 일어나는 때가 와야 하지 않을까? 우리 조상들은 틀림없이 그렇게 생각했다. 오늘날 라틴 아메리카 국가에서 행해지는 불의가 우리 조상들이 영국에게 당했던 것보다 훨씬 강력하고 잔인하다고 생각하고 있다.

하지만 그래서 혁명가들이 제안하는 대안이 언제나 더 낫다는 의미는 아니다. 억압에 대한 혁명이 또 다른 억압을 만들어 내는 경우들이 빈번하다는 것은 참 당황스러운 일이다. 하지만 적어도 원칙적으로 혁명을 통해 태어난 미국의 중산층 기독교인들이 부분적으로 (만약 오직 부분적이라면) 지금은 받아들이기 어렵다고 판단되는 성경에서 비롯된 논쟁에 근거해서 해방 신학이 말하고자 하는 내용과 이유를 신중하게 듣지 않은 채 너무 빨리 해방 신학을 정죄하지는 말아야 할 것이다.

사실 제법 많은 라틴 신학자는 지금 그들이 하고 있는 일은 그들 상황에서의 신학(상황화 된 신학)이라고 주장한다(이전 편지에서 내가 간단하게 언급했던 새해석학의 일종이다). 따라서 그들의 문화에서 살지 않는 (우리와 같은) 사람들은 그것을 판단할 마땅한 위치에 있지 않다고 그들은 말한다. 그들은 미국에서 자란 신학을 라틴 아메리카로 수입하는 것으로는 충분하지 않고 라틴 아메리카 고유의 신학을 만들어야 한다고 주장한다.

다시 말하지만 그들은 중요한 말을 하고 있다. 일단 전혀 다른 예를 하나 들어 보자면, 사하라 주변의 아프리카 흑인들에 의해서 만들어진 조직 신학은 유럽이나 미국 사람들에 의해서 만들어진 것보다 훨씬 더 가족이나 가족 단위의 부족에 큰 의미를 둘 것임에 틀림이 없다. 교회를 위한 수많은 가족의 은유들, 신약 성경에 스며들어 있는 연합됨의 의미가(우리에게는 생소하거나 우리가 종종 무시하는) 그들에게는 신학적 방앗간의 중요한 곡식이 될 것이다. 의심의 여지없이 그들은 귀신과 귀신을 쫓아내는 일에 훨씬 더 많은 지면을 할애할 것이다.

구원은 법적인 범주보다는 힘의 대결이라는 구도에서 좀 더 강력하게 묘사될 것이다. 만일 우리가 가정하고 있는 아프리카 신학자가 지혜롭고 잘 준비된 사람이라면 그는 개인이나 법적인 것을 강조하는 성경의 범주를 소홀히 다루지 않을 것이다(지혜롭고 잘 준비된 서구의 신학자가 교회의 연합성이나 하나님과 사탄 사이의 힘의 대결로 복음을 다루는 것에 소홀하지 않는 것처럼). 이 두 작업에 대한 균형이나 배분도 크게 차이를 보일 것이다. 하지만 아프리카 사람과 서구 사람은 모두 그들이 해석하고 있는 성경이 그 자체로 권위를 가지며 그들은 서로에게서 배워야 하고 서로에 의해서 수정되어야 함에 동의하는 것이 대단히 중요하다. 그들은 모두 그들과 다른 문화를 위한 연구가 바로 그 다른 문화에 속한 사람에 의해서 적절하게 행해질 수 있다고 주장할 수 있을 것이다. 하지만 그렇다고 해서 그들이 성경에 관해 말하는 모든 것이 다른 문화에 속한 사람의 비판으로부터 자유하다고 말하는 것은 아니다. 적어도 이론적으로는 그들은 그들에게 아주 치명적인 사각지대가 있을 수 있음과, 그들 문화 자체가 걸림돌이 되어서 중요한 해석적 오류를 만들 수 있음을 인정할 만큼 겸손해야 할 것이다. 우리가 서로 필요한 이유가 바로 여기에 있다. 다른 문화에 속한 기독교인들에게 많은 것을 배울 수 있는 이유도 여기에 있다.

하지만 성경이 합의된 권위로 존중되지 않는 곳에서는 새 해석학의 영향은 치명적이 될 가능성이 훨씬 높다. 양측은 모두 상대방은 비판할 권리가 없다고 주장할 것이고 나의 문화에서 비롯된 나의 해석은 난공불락이 될 것이다. 그리고 갑자기 성경은 부지불식간에 지배당해서 나는 성경을 사용하고 애매하게 인식된 권위를 휘두르지만, 나의 문화적 배경에서만 발견된 단일적인 것이기 때문에 그저 발견된 것만 말할 뿐이다. 그쯤되면 성경은 더 이상 문화 위에 존재하지 않고 문화의 지배를 받게 된다.

따라서 구티에레즈에 관해 말할 때 나의 영적 소경됨과 무경험으로 비판하지 않도록 신중해야 하지만 동시에 아무도 하나님의 말씀을 지배할 권한이 없음을 주장할 필요가 있다.

구티에레즈의 사고는 복잡하기 때문에 그의 연구를 충분히 다루면서 글을 쓸 시간이 없구나. 하지만 그가 성경을 다루는 점에 있어서(너의 편지에서 보여 준 핵심적인 관심이었던) 몇 가지 질문을 던져 보자. 구티에레즈는 출애굽을 그의 신학적 사고에 있어서 주도적인 패턴으로 택했다. 여기에서 하나님은 노예된 백성을 포로 됨에서 건져 약속의 땅으로 인도하신다. 그는 이것이 오늘날 억압 가운데 사는 사람들을 위한 주도적인 패러다임이 되어야 한다고 말하고 이것을 실천 행동(praxis, 모든 참된 신학적 사고를 가능하게 하는 틀로서의 하나님의 실제적인 행하심)의 개념과 연결을 시킨다.

내 첫 번째 질문은 이것이다. 이 특별한 패러다임을 선택하도록 만든 근거들은 무엇인가? 예를 들어, 왜 포로 시절에 이방 세력에 복종하라고 한 예레미야를 택하지 않았는가? 혹은 혁명이 성공한 후에 혁명적인 대학살을 허락할 패러다임으로 가나안 사람들을 모두 진멸하라는 명령을 택하지 못하도록 무엇이 신학자들을 멈추게 할 것인가(물론 나는 그들이 그것을 택할 것이라고 말하는 것이 아니라 방법론적인 차원에서 그들을 어떻게 멈추게 할 것이 있는가를 묻고 있을 뿐이다)? 출애굽의 사건을 구티에레즈가 택할 권한은 어디에서 온 것일까? 평화주의자들은 그가 산상수훈을 택했어야 한다고 주장할 것이다. 그의 선택에 대한 보장은 어디에 있는가?

나는 그와 같은 선택은(다른 것들과 함께) 언제나 정경과의 연결에 의해서 제한되어야 한다고 주장하고 싶다. 출애굽이 구속사에서 어떤 위치를 차지하고 있는가? 신약 성경에서 출애굽이 예표하는 것은 무엇인가? 그건 단지 로마 정권을 무너뜨리는 것이 아니지 않은가!

만일 누가 출애굽을 택한다면 그 이야기의 그저 한 부분만을 택하도록 하는 권리는 어떻게 부여되는가? 출애굽에 관한 성경 이야기는 하나님이 시작하신 일이지 대중적 혁명의 열정을 말하고 있는 것은 아니지 않는가? 기적과 재앙을 통해 하나님이 그 은혜를 드러내심과 연결되어 있지 않은가? 나는 출애굽을 이 모든 사건과 연결시키고 새로운 언약 아래에서 완성된 구원과 연결시켜서 정경적으로 한정된 체계 안에서 전체와 부분들을 의미 있게 만들 수 있다고 믿는다. 구티에레즈는 어떻게 그렇게 할 수 있을지 나는 잘 모르겠다.

요약하자면, 내가 보는 한 출애굽을 선택한 보장은 성경적으로 혹은 정경 안에서 철저하게 보장된 것이 아니다. 그 보장은 성경 밖에 있는 많은 라틴 국가에서 볼 수 있는 빈곤과 억압의 상황에서 온 것이다. 나를 매우 긴장하게 만드는 것이 바로 그것이다. 내가 볼 때 그것은 내가 필요하다고 생각하는 것을 성경이 말하도록 성경을 지배하는 또 다른 방법이기 때문이다. 거기에는 하나님의 말씀에 대한 철저하고 원칙적인 복종이 없다.

조급한 마음으로 첨언하자면 나는 결코 쿠티에레즈의 연구에 통찰력이 없다는 말도 아니고 그 어떤 혁명을 위한 경우도 가능하지 않다는 말을 하는 것도 아니다. 현 시점에서 나를 염려하게 만드는 것은 그저 성경에 대한 사용일 뿐이다.

이보다 훨씬 비중이 적지만 나를 염려하게 만드는 또 하나는 내가 읽은 대부분의 해방 신학자들은 본질적으로 마르크스의 역사와 경제 분석을 따르고 있다. 그래서 그들의 사회에서의 악의 문제를 바로잡기 위해서 마르크스의 처방을 따르고 있다는 것이다. 만일 내가 오랫동안 라틴 아메리카에 살았더라면 어쩌면 다르게 생각했을지도 모른다. 잠깐 방문한 것으로는 권위 있게 이런 글을 쓸 자격이 없고 또한 솔직히 나는 경제학자도 아니다. 하지만 대부분의 해방 신학자들도 마찬가지가 아닐까! 건강한 경제와 부의 다양한 분배는 건강한 경쟁과 자유 시장에 대한 적절한 신뢰, 교육에 대한 헌신, 노동을 악이 아닌 덕으로 여기는 세계관, 독점을 억제하고 안전하고 살기 좋은 환경을 보장하는 충분한 정부의 통제력, 언론의 자유(힘을 분배하고 인간의 타락을 부분적으로나마 견제할 수 있는 비판의 가능성), 부패를 척결할 수 있는 사회 안에서의 도덕적 합의, 그리고 조건과 시간 등을 포함한다고 생각한다. 조금만 더 생각해 보면 위에 언급한 것 외에 몇 가지 더 첨가할 수 있으리라 확신한다. 하지만 아무튼 라틴 아메리카의 겨우 몇몇 국가에서만 위에 열거된 것들 중 두세 가지 요소 정도만 존재할 뿐이다.

너무 비판적인 어조로 이 편지를 마무리하고 싶지 않구나. 편하게 뒤에 앉아서 무언가를 열심히 하고 있는 사람들에게 무차별 사격을 가하는 것은 아주 쉬운 일이겠지—단지 그들이 하는 것이 마음에 들지 않아서. 반면에 단지 무언가 할 필요가 있기 때문에 실제로 하고 있는 것이 언제나 지혜로운 것이라는 의미도 아니다. 가끔 라틴 아메리카를 방문했을 때 고무적이었던 것은 개인적인 경건과 실제적인 돌봄, 그리스도를 향한 헌신과 희생적인 봉사, 살아 있는 믿음과 가난하고 도움이 필요한 사람들을 향한 애정을 함께 실천하는 많은 교회들이 있다는 것이었다. 어떤 구조적인 변화가 필요하든 더 많은 대중들이 변화되고 그와 같은 믿음과 가치관과 행동들이 널리 퍼져 나가지 않는다면 그리 오래가지 않을 것이다.

잘 있기를 바라며,
폴 우드슨

33.

예일에서의 시간은 주류 해방 신학의 장점과 약점을 평가할 수 있는 흔치 않은 유익한 시간이었다. 게다가 신학교에서 만난 몇 명의 학생과의 진심어린 교제도 즐기고 있었다. 프랭크 크로포드(Frank Crawford)라는 아프리카계 미국인은 나의 사색 산책의 동행자가 되었는데 신학적으로 자유주의 색채를 강하게 가지고 있던 그는 근본주의자 친구인 팀 저니맨이 왜 그렇게 믿고 있는지 이해할 수 없었다. 그는 백인인 내가 결코 이해하지 못할 흑인들과 다른 소수 인종이 경험하고 있는 인종 차별의 교묘한 형태들에 관해 생각해 볼 것을 강요했다. 프랭크가 내 곁에서 함께 걸으면서 나의 사색 산책은 토론 산책으로 바뀌었다.

프랭크는 외향적이고 너그럽고 함께하기에 참 즐거운 친구였다. 종종 그를 우리 집에 초대해서 함께 저녁도 먹고, 카푸치노와 빵을 즐기기 위해 인근 식당에 가기도 했다. 나는 프랭크가 그리스도를 주님이요 구세주라고 고백한다면 어땠을까 생각해 보기도 했다. 그의 가능성은 무한해 보였고 도시에 있는 사람들을 위한 그의 마음은 나보다 훨씬 더 민감했으니까.

서서히 나는 나의 목회학 석사 과정은 복음주의 신학교에서 마치는 것이 낫겠다는 결론에 도달했다. 지니는 어떻게 생각하는지 물었을 때 그녀도 동의했다. 오히려 굉장히 기뻐하는 것을 느낄 수 있었다. 다시 한 번 아무도 흉내 낼 수 없는 미소가 그녀의 얼굴에 나타났으니까. 나는 트리니티에 편지를 써서 1985-1986년 가을 학기에 재입학할 수 있도록 허락해 달라고 요청했다.

이렇게 계획을 변경한 이유는 이것이었다. 예일에서 택한 전문화된 과목들을 소화하면서(해방 신학 과목은 인종 차별과 경제적 착취에 눈을 뜨게 해준 과목이었다) 성경 원어들에 대한 나의 지식이 자라지 않고 있었다. 게다가 성경적 비평에 관해서는 많은 것을 배웠지만 정작 성경의 실제적인 내용에 대해서는 배우지 못했다. 미래의 목사로서 중요하다 할지라도 성경적 비평 이론보다는 성경의 내용을 설교하고 싶었다. 사실 이른바 급진적 학생인 친구들은 어떤 설교를 할 수 있을지 나로서는 알 수 없었다.

예일에서 보낸 시간 중 또 다른 실망은 내가 이미 언급한 것이었다. 즉 그때도 이해할 수 없었고 지금도 이해할 수 없는데 왜 신뢰할 만한 복음주의 논문들이나 책들이 몇몇 교수의 반박을 위한 포장으로라도 언급되지 않는가 하는 것이었다. 이것도 엄밀한 편견이 아닌가? 물론 일부 복음주의 학교들이 그렇게 탁월하지는 않지만 나머지 학교들은 충분히 칭찬할 만해서 단순히 지적으로 아는 것이 없다고 무시될 수 없는데도 말이다.

수업 중 복음주의자들이 언급될 때에는 대체로 이런저런 방법으로 학자들이 보수적인 복음주의 교리를 공격할 때였다. 예를 들면 최근 성경 무오설의 기원에 대한 마즈든 교수의 설명은(1980) 여러 교수에 의해서 환영을 받았다. 그의 논문은 그들로 하여금 왜 성경 무오설의 교리가 근본주의자들의 고안으로 무시해도 되는지, 왜 그것이 틀림없이 중심적인 기독교 전통에 속하지 않았는지를 합리화하는 데 도움을 주었다. 수업에 참여한 학생들은 마즈든 교수의 역사적 재구성이 가지고 있는 치명적 약점의 가능성에 관해서는 들어본 적이 없었다.

지니와 나는 1985-1986년 학기에 트리니티로 돌아갈 계획이라는 내용의 편지를 우드슨 박사께 보냈다. 이 결정 뒤에 있는 이유를 가능한 한 차분하게 설명을 드리려고 애썼다(예일에 머무는 것의 장단점과 트리니티로 돌아가는 것의 장단점). 나는 뉴헤이븐에서의 학업이 가져다 준 유익들을 할 수 있는 만큼 두드러지게 보이려고 했고 어떤 경우에도 우드슨 박사께서 거기에서 내가 경험한 것이 '신 포도'였다고 생각하기를 전혀 원치 않았다. 만일 그렇다면 그건 내가 진심으로 말하고 싶었던 것을 오해한 것이니까. 이 편지를 보낸 후에도 계속 불안한 마음이 들었다. 우드슨 박사께서는 내가 그저 너무 변덕스러워서 어떤 것에도 마음을 정하지 못한다고 생각하시지는 않을까? 그의 회신은 이런 나의 불안감을 어느 정도 해소해 주었다.

1985년 4월 10일

얼마나 좋은 소식인가! 저니맨 부부가 마침내 다시 우리 이웃이 된다니! 너희가 트리니티로 돌아온다는 소식에 우리는 너무 기쁘단다. 이사에 대해 네 안에 있는 복잡한 감정은 충분히 이해가 된다. 예일에서 네가 보낸 시간은 아주 특별한 것이었다. 예일에 있는 몇몇 학자는 수업 중에 복음주의적인 문서들에 충분한 관심을 보이지 않는다고 한 너의 관찰을 좀 더 숙고해 보았다. 그럴듯한 이유 중 하나는 단순히 편견에서 비롯된 것이라고 보는 것보다는 덜 분명하지만 좀 더 적절해 보이기는 하는데 설명해도 될까?

거의 모든 사람은 중요한 전제를 가지고 활동한다. 그들의 연구에서 객관성을(편견으로부터 자유함을 암시하는) 자랑하는 학자들도 그들의 선제된 이해에 근거한 가정으로부터는 자유할 수 없다.

공정한 연구에서 전제들이 언제나 파괴적인 것일 필요는 없다. 만일 학자가 그의 연구의 서문이나 첫 번째 수업 시간에 공개적으로 그의 전제들을 말한다면 학생들이나 다른 학자들은 그 사람의 연구를 평가할 때 그것들을 염두에 둘 것이다.

내 짐작에는 복음주의 문서들을 언급하지 않은 예일의 교수들이 침묵한 것은 네가 생각하는 것처럼 그렇게 악한 의도는 아니었을 것이고, 오히려 그들은 언급되지 않은 전제에 근거해서 일을 했을 것이다. 그것은 그들의 경험에서 비롯된 것이지. 이 전제란 무엇일까?

신뢰할 만한 복음적인 학문은(그들의 기준에 의하면) 존재하지 않는다는 간단한 명제가 바로 그것이다. 그들이 대학원 과정에서 공부하는 동안 그런 문서들을 접해 본 적이 없는 거지.

팀, 금세기 초 근본주의 안에 깊이 흐르고 있던 반지성주의 모습을 상기할 필요가 있다. 똑똑하고 젊은 보수적인 기독교인들은 만일 일반 대학에서 공부를 하면 그들의 믿음을 잃어버릴 수 있다는 경고를 받았다. 이러한 흐름을 뒤집기 위해서 젊은 복음주의자 그룹인 E.J 카넬(Carnell), 케네스 칸처(Kenneth Kantzer), 사무엘 슐츠(Samuel Shultz), 칼 헨리(Carl Henry)와 몇몇 다른 사람은 1940년 후반과 1950년 초반에 최고의 교육을 받기 위해서 보스턴으로 가기로 결심했다. 하버드나 보스톤과 같은 대학에서 말이다. 하지만 그렇게 하고도 수십 년 동안 복음주의자들은 상대적으로 1950년대의 신정통주의나 불트만주의, 혹은 1960년의 급진신학의 신학적인 패러다임을 주도하던 상대방에게서 그 가치를 인정받을 만한 연구 업적을 거의 내놓지 못했다. 복음주의 학자들은 종교적 기득권에서 볼 때에는 외부인이었던 셈이지.

하지만 종신직을 받은 많은 교수가 대학원 교육을 받았던 때도 50년대와 60년대 같은 시기였다. 그들의 교수들은 웨스트민스터, 달라스, 휘튼, 웨스트몬트, 풀러의 복음주의자들과 근본주의자들이 어떤 글들을 쓰고 있는지에 큰 관심을 갖지 않았다.

너는 1950년대에 해롤드 브라운(Harold O.J.Brown) 박사가 하버드 신학교에서 어떤 교육을 받았는지 들어보도록 해라. 그 당시에는 근본주의자나 복음주의자가 학생들 중에 얼마 되지 않았고 교수들 중에는 더 적었다. 브라운 박사가 말하는 대로 저명한 정통주의 역사학자였던 조지 플로로브스키(George Florovsky)는 그가 정통이고 복음주의자로 알려져 있었기 때문에 하버드에서는 예외적인 인물로 간주되었다. 플로로브스키 교수는 종종 이런 말을 했다. "여기에서는 (하버드) 그들이 나를 근본주의자라고 불렀는데 이는 내가 실제로 하나님을 믿었기 때문이다."

이런 주류 신학교 교육의 분위기에서 훈련받은 오늘날 많은 교수는 신뢰할 만한 복음주의 학문이 존재한다는 것을 상상하는 데 어려움이 있다. 그들이 직접 경험한 것이 아니니까. 아니면 만일 그들이 복음주의 배경에서 뛰쳐나왔다면 아마도 책들을 포함해서 보수적인 기독교를 기억나게 하는 모든 것과는 스스로 거리 두기를 원하도록 했을지도 모른다.

좀 더 복잡하게 생각해 보자면 그 교수들 중에 어떤 사람은 "복음주의 학문"이라는 표현 자체가 모순이라고 여길지도 모른다. 복음주의자들은 그들의 연구에서 객관성이 결여되어 있기 때문에 진정한 학자가 될 수 없다고 생각하는 거지. 왜 그렇게 생각할까? 복음주의자들은 '성경은 하나님의 말씀'이라는 전제에 발이 묶여 있다고 보기 때문이다. 만일 그들의 연구 결과가 성경의 가르침과 모순이 될 때에는 그들은 불가피하게 연구 결과에서 물러날 수밖에 없다. 좀 더 진보적인 학자들은 증거가 그들을 인도하도록 한다는 것에 긍지를 가지고 있다.

만약에 이러한 렌즈를 통해서 학문 세계를 본다면 그 교수들이 복음주의 문서들에 거의 주의를 기울이지 않고 있는 자신들의 태도를 왜 합리화하고 있는지를 좀 더 잘 이해할 수 있을 것이다.

이러한 교수들에게 덜 분명한 것은 그들 자신도 그들의 연구가 그들이 주장하는 것보다는 덜 객관적이 될 수밖에 없는 전제들을 가지고 있다는 사실이다. 그 전제들이란 어떤 것들일까? 주도적인 전제는 각 사람이 이성을 기준으로 자신의 신념, 조직, 전통을 판단할 의무가 있다는 믿음일 것이다. 비평에 있어서 이런 훈련의 목표는 무지, 편견, 인간 정신에 방해가 되는 것은 무엇이든지 제거하는 것이다. 칸트의 격언인(때로는 잘못 해석되지만) "너의 이성을 사용할 용기를 가져라"에 프리미엄이 붙는다.

표면적으로는 이 전제가 상당히 매력적이다. 우리는 선과 악, 진리와 오류를 구별할 수 있어야 한다. 하지만 어떤 명분으로 그 일을 하는 걸까? 많은 현대 사상가에게 있어서 유일하게 합당한 대답은 "나의 이성의 명분으로"이다.

하지만 비판력이 모든 것을 판단하기 위한 이성의 권위라는 이름으로 모든 권위를 녹여 버린다면, 나는 나의 마음에 가장 합리적인 것만 믿게 될 것이다. 만일 다른 사람들이 같은 방식을 따른다면 그들은 그들의 눈에 옳은 것만 믿게 되겠지. 그들 사이에 융화될 수 없는 의견 차이가 발생한다면 이성이 진리를 분별하는 권위라는 신념 자체에 의심이 생기게 될 것이다. 지적인 무질서는 불가피해질 것이고 결국 절대적 진리가 존재한다는 확신은 독단적인 상대주의자들에 의해 비웃음을 산다. 그러면 진리는 공동체에 따라 달라진다는 제안이 효력을 발생하게 된다(예를 들어, 토마스 쿤[Thomas Kuhn]).

결국 진리라든지 옳고 그름이 존재하지 않는다면, 이성을 덮치려는 열정은 더욱 힘을 얻게 될 것이고 사람들은 자신들에게 좋아 보이는 것을 하게 될 것이고, 그들이 하고 있는 것이 잘못된 것이라고 말할 수 있는 도덕적 근거를 가진 사람은 아무도 없게 될 것이다.

심지어 지금도 문화적 허무주의의 바람이 학계에서는 제법 거세게 불고 있다. 성경의 가르침이나 기독교의 전통이 더 이상은 윤리를 확립하거나 세계관 혹은 진리를 세우는 데 기준이 되지 못하고 있기 때문이다. 일부 신학교 학자들은 신학에 대한 연구를 인식론에 대한 연구로 바꾸었고, 포스트모던주의자들은 진리를 인식할 수 있도록(만일 진리가 있다면) 도와줄 수 있는 어떤 기준이 있는지 확신하지 못한다. 그들은 아직도 여전히 이런 기준이 존재한다고 믿고 있는 플란팅가 교수의 고전적 근본주의와 문화 전쟁을 벌이는 중이다.

급진적으로 회의적인 입장을 취하는 학자들이 어떤 의미에서 자신들이 복음주의 학자들보다 객관적이라고 말하는지 이해하기가 어렵다. 그들의 개인적인 전제와 관심이 그들의 연구 프로그램을 결정적으로 형성한다고 말하지 않는가?

팀, 너도 알다시피, 많은 학자는 자신들의 전제에 영향을 받고 있다는 것을 인정한다. 그럼에도 그들은 여전히 복음주의자들에 대한 불평을 멈추지 않고 있다. 그들 스스로 자신들의 전제에 의해서 영향을 받고 있으면서도 적어도 그들은 그들의 관점에서 의심의 여지 없이 바른 전제를 택했다고 생각하고 있는 셈이다.

하지만 현대 사상의 "바른" 전제란 무엇인가? 강력한 명제 중 하나는 역사주의이다. 〈미국 역사 리뷰〉(*American Historical Review*) 89호 (1984년 10월) 910쪽에 기고된 최근 논문인 "19세기 미국에서의 역사의식"에서 도로시 로스(Dorothy Ross)는 이 사상에 대해 통찰력 있는 정의를 제시한다. "모든 역사적인 현상들은 역사적으로 이해될 수 있다고 믿는 교리, 역사에 있었던 모든 사건은 역사의 이전 사건에 의해 설명될 수 있다고 믿는 교리."

19세기 후반에 역사주의가 학계에서는 섭리주의(providentialism)를 압도했는데 그것은 학자들로 하여금 섭리, 성육신, 기적 혹은 하나님의 말씀의 계시를 통한 하나님의 개입을 언급하지 못하게 만들었고, 모든 것은 역사적으로 제한되어 있기 때문에 모든 것은 상대적이라는 폐쇄된 시스템을 만들었다. 성경은 다른 문학 작품과 마찬가지고 그저 하나의 문학 작품이 되었고, 기독교 신앙은 세상에 있는 다른 종교보다 신뢰할 만한 것이 되지 못했으며, 윤리는 하나님의 계시된 말씀이 아닌 특정한 공동체의 문화적 규범으로 정의되었다.

어떤 학자들은 공공연하게 자신들이 기본적으로 역사주의를 지지한다고 말했지만 무엇보다 역사주의자가 되도록 만들었던 전제들을 설명하는 데 솔직하지 못했다. 예를 들면, 어떤 이들은 30년 전 그들의 고등학교 선생님들이 가르쳤던 자연주의적 진화론을 이미 확립된 사실이라는 믿음을 받아들였다. 자연주의적 진화론은 여전히 그들에게는 소중한 교리로 남아 있어서 재검토되어야 할 것이 아니라 확립되어야 할 것이었다. 그들은 진화론 자체가 엄청나게 진화해 왔다는 사실을 모르는 것 같았다. 대표적인 자연주의적 진화론자인 스티븐 굴드(Stephen Gould)는 그가 60년대에 진화론에 대해 믿고 있는 것들의 대부분을 70년대에 버려야 했다고 인정했다.

이 얼마나 모순인가! 미신과 무지, 그리고 편견의 족쇄를 벗어 버리도록 돕기 위해서 비판력의 중요성을 강조하는 그 사람들이 자연주의 진화론의 주장에 대한 증거를 재검토할 것을 요구받으면, 마음을 닫아 버리고 있다. 독단적으로 한 신념을 주장하는 데 헌신적이며, 신선한 검토를 거부하는 학자가 어떻게 객관적 학문에 대해 열려 있다고 경적을 울릴 수 있단 말인가! 역사주의의 핵심적인 기둥이라고 할 수 있는 자연주의 진화론이 불안정하다는 것을 발견했을 때, 이 학자들은 과연 역사주의에 대한 신념을 포기할 마음이 있는가?

참으로 자연주의 진화론과 역사주의에 대한 헌신이 너무 철저하기 때문에 주도적인 학계의 지적 패러다임에서는 그 교리들에 도전을 하는 사람은 이단에 준하는 사람이 된다. 공동체적인 압력은 개인을 재빨리 침묵하게 만들 것이고, 그는 종교적 근본주의자로 낙인 찍히게 될 것이며, 공동체의 의미 있는 명예와 권위가 있는 자리(권위 있는 대학에서의 종신직이나 영향력 있는 출판사에서의 출간 등)에서 퇴출될 것이다. 그들에게 동의하지 않는 자들에 대한 선동은 대단히 효력이 있어서 그는 투명인간 취급을 받게 될 것이고, 학계에서는 더 이상 선수로 뛸 수 없게 될 것이다.

미국에 있는 주류 대학에서 특히 사회 과학이나 인문학에서 복음주의자들 중 정교수가 된 사람들이 매우 적은 이유가 바로 여기에 있다. 종종 복음주의 학자들은 삭막한 대안을 대면해야 한다. 그들의 믿음을 사적인 것으로 만들어 침묵하거나, 현재 주도적인 패러다임에 맞도록 수정을 해야 하는 것이지. 사회 과학이나 인문학 분야에 있는 복음주의 교수들 중 이런 압력으로부터 자유할 만큼 강한 사람은 거의 드물다. 흥미롭게도 자연 과학 분야에서는 복음주의자들이 훨씬 많다. 왜 그런지는 나도 잘 모르겠다.

팀, 내가 제안하는 것은 이것이다. 너의 교수들 중 많은 사람은 그들도 의식하지 못한 채 일종의 전제에 의해서 연구를 하고 있을지 모른다는 것이다. 여기에는 학계를 주도하고 있는 "모두가 다 알고 있다"는 변종도 포함된다. 즉 별 생각 없이 자연주의 진화론은 확립된 사실이라고 전제하거나, 프로이드와 마르크스는 반박할 수 없이 치밀한 통찰력을 가지고 있다고 전제하는 것 등이지. 이런 관점에서 볼 때 이런 전제들을 회피하는 많은 복음주의 문서가 왜 전혀 적합해 보이지 않는지가 분명해진다.

좀 더 넓은 학계에서 인정받는 복음주의 학자들은 이러한 패러다임의 형태를 수용할 의지를 보이기도 한다. 예를 들어, 하나님에 관한 이야기를 공격적이지 않게 말함으로 역사주의나 현재 주도하는 패러다임의 진화론적 명제를 도전하지 않는 것이지.

어찌 생각하면 알빈 플란팅가 교수의 용기는 이러한 상황에서 정말 칭찬할 만한 것이다. 복음주의 학자로서 그는 대부분의 학계에 만연한, 폐쇄된 프로그램을 유지하는 일련의 전제들에 직접적으로 도전했다. 하나님을 믿는다는 것이 정당한 기초가 된다는 것을 확증함에 있어 이보다 전략적인 공격 방법이 있을까? 그의 제안에 대해 내가 우려하고 있는 점은 그의 용기와 담대함을 귀히 여기는 지금 이 순간에는 합당하지 않을 것이다. 내 짐작에 비복음주의 동료들과 함께 복음주의 학자들이 자연주의 진화론은 설득력 있는 이념이 아니며 마르크스의 분석의 원리도 전혀 설득력이 없다는 확실한 증거를 제공하지 않는 한 현재의 압도적인 패러다임은 흔들리지 않을 것이다. 너도 알다시피 교리의 추종자들은 종종 그들의 입장에 도전이 되는 증거를 진지하게 받아들이는 데 방해가 되는 그것을 믿으려는 의지가 있다.

하지만 이러한 환경이 "모두가 알고 있다"는 그들의 전제를 다시 재고하도록 해야 할 책임에서 우리를 자유하게 하지는 않는다. 현재 압도적인 패러다임으로는 설명할 수 없는 변칙적인 것들이 충분히 많이 나온다면 학자들은 사물들을 갑자기 다르게 보기 시작할 수 있다. 나는 토마스 쿤을 그렇게 좋아하지는 않지만 패러다임 변화에 있어서 구조에 관한 그의 통찰들 중 어떤 것들은 대단히 매력적이다. 기존의 패러다임(자연주의적 진화론, 역사주의, 프로이드주의, 마르크스주의)은 우리가 상상하는 것보다 훨씬 빨리 붕괴될 수 있다.

팀, 내가 또 다시 장황함의 먹이가 되고 말았구나. 간단하게 말하자면 내가 말하려는 것은 이것이다. 예일에 있는 네 교수들 중 몇 명은 네가 보기에는 복음주의 문서들에 대해서 고의적으로 편파적이게 보일지도 모르겠다. 여기서 나는 또 다른 제안을 하는 거야. 어떤 사람들은 전혀 그런 의도가 없었다는 거지. 사실 그들은 너의 불평을 들으면 상처를 받기보다는 충격을 받을지 모른다. 그들은 수업 토론 때 자신들이 열린 마음을 가지고 있다고 믿었을 테니까. 학문 세계에 관한 그들의 생각에는 어떤 전제가 깊이 뿌리내리고 있어서 복음주의 문서들도 그들의 주제에 도움이 될 수 있음을 인식하지 못한다.

네가 만일 이런 일부 교수의 사고방식을 이해한다면 복음주의자들에 대한 그들의 언급을 너무 쉽게 통찰로 여기지 않게 될 것이다.

그들은 그저 그들의 수사학이 복음주의 학생들에게는 상처가 된다는 사실을 의식하지 못하고 있을 뿐이다.

    그래서 실제적인 제안을 하려고 한다. 교수 중 한 분을 초대해서 차를 마시면서 너의 고민을 나누는 거야. 이러한 시도에 너는 그 교수가 보이는 친절한 반응에 상당히 놀랄지도 모른다. 이들과 친분을 쌓는 것이 중요하다.

    개인적으로 말하자면 나도 유럽에 있을 때, 기독교 신앙에 조금의 공간도 허락하지 않는 교수들이나 마르크스주의 교수들과도 친분을 쌓았다. 물론 그들은 내가 무엇을 믿는지 알지만 그들은 또한 내가 진심으로 나의 친구들을 소중히 여기고 있다는 것도 안다. 결과적으로 우리는 친구로서 이러한 문제들을 토론할 수 있었지. 그들 중 일부는 복음주의 신앙을 전보다는 덜 무시하는 것을 느낄 수 있었다.

    다시 지니에게 안부를 전한다. 내 아내가 나중에 네 아내에게 편지를 쓸 것이지만 네가 거할 집을 찾는 데 우리가 할 수 있는 일이 있다면 알려 다오.

따뜻한 마음을 담아,
폴 우드슨

34.

1985년 6월에 이삿짐 트레일러에 힘들게 짐을 싣고 뉴헤이븐에서 어머니가 계시는 뉴저지 플레밍턴으로 운전을 했다. 우리는 어머니의 집밥을 즐기고 내 여동생인 로스와 연세가 많은 고모 한 분을 포함해서 친척들과 친구들을 방문했다. 여름에 미주리에 있는 캔자스시티와, 워싱턴 D.C.에서 일을 하던 내 동생 잭과 여동생 팻은 일 때문에 합류할 수 없었는데 특히 어머니는 많이 아쉬워하셨다.

집에 머무는 일주일 동안 어머니와 지니는 많이 가까워졌다. 한번은 두 사람이 거실 소파에 앉아서 담소를 나누는 모습을 보았는데, 이 두 사람이 참 특별한 사람들이라는 생각이 들었다. 나는 지니가 나보다는 효과적으로 어머니에게 복음을 전할 수 있지 않을까 생각했다. 어쩌면 나는 아들이니까 내가 종교적인 이야기를 꺼낼 때마다 귀를 막고 안 들으려고 하셨고, 어머니보다는 전혀 모르는 사람을 전도하는 게 훨씬 쉽겠다는 생각을 했었다.

일주일 후에 지니와 나는 트레일러를 떼어 놓고 뉴욕주 북부에 있는, 우리가 가장 좋아하는 애디론댁으로 향했다. 뉴욕 스페큘레이터(Speculator)에 있는 우드스 수양관에 있는 오두막집 하나를 예약해 놓았다. 한 주 동안 느긋하게 시간을 보내면서 강당에서 좋은 성경 공부를 들었다. 특히 플레전트(Pleasant) 호수 위로 떠올랐다가 회색과 초록색으로 물든 산 너머로 사라지는 태양을 보는 것을 좋아했다. 오두막집은 해변가 근처여서 겨우 20-30미터만 가면 바다를 볼 수 있었다. 제대로 휴가를 보내면서 나는 비로소 사람이 되어 가는 것처럼 느껴졌다. 우리 둘 다 많은 시간 독서를 했는데 나는 셜록 홈즈의 미스터리에 심취해 있었고, 그녀는 앤 모로우 린드버그(Anne Morrow Lindbergh [역자 주: 미국 여류 작가])의 책들을 읽었다.

7월 중순쯤 특별한 계획 없이 스페큘레이터에서 플레밍턴으로 돌아왔고 거기에서 서쪽으로 디어필드까지 갔다(트레일러와 함께). 다행히도 하이랜드 파크에 있는 은행에서 다시 일을 할 수 있게 되었고 이번에는 우드슨 부부께서 하이랜드에서 찾아 준 작고 사랑스러운 아파트에 짐을 풀 수 있었다. 우리는 그들의 추천으로 보지도 않고 그곳을 계약했다.

우리가 도착하고 며칠 후에 전화가 울렸다. 우드슨 박사였다. 그는 여름 수양회에서 성경을 가르치고 막 돌아오는 길이었는데 아파트가 마음에 드는지 물으셨다. 물론 우리 마음에 들었다. 그리고 그는 다음 토요일 오후에 하이랜드 파크 근처에 있는 그의 집으로 간단하게 저녁 식사를 하러 오지 않겠느냐고 초대해 주셨다.

늦은 토요일 오후에 우리는 우드슨 부부의 집에 도착했는데 네덜란드 식민지 시대풍의 이층집으로, 큰 길에서 들어가 몇 그루의 참

나무 그늘이 드리워진 곳에 있었다. 우리는 차에서 내리면서 우드슨 박사께서 우리를 맞이하기 위해서 활기차게 나오시는 모습을 볼 수 있었다. 그는 우리를 반갑게 맞이하며 집 문까지 데리고 가셨고 우드슨 부인이 거기에서 우리를 맞아 주셨다. 내가 "우드슨 박사님"이라고 부르자 그는 즉각 끼어드시면서 "우리를 폴과 엘리자베스라고 불러라" 하고 말씀해 주셨다. 하지만 지니도 나도 그렇게 부르는 것은 불편했다. 얼마나 가깝든지 익숙하다고 함부로 할 수 없는 어른 세계의 존경심이 우드슨 교수께는 있었기 때문이다.

얼마나 좋은 시간이었는지 모른다. 저녁 식사도 맛있었지만 뭘 먹었는지는 잘 기억이 나지 않는다. 내게 특별히 즐거웠던 것은 토론의 시간이었다. 또 다른 신학생 부부인 진 패티콜드와 매리 패티콜드도 함께 초대되어서 나와 지니는 대화를 이어가야 한다는 의무감을 느끼지 않아서 쉽게 편해질 수 있었다.

저녁 식사 후에 우리 여섯 명은 거실로 옮겨서 특별하게 블렌딩한 커피(우드슨 부부가 즐기는 약간의 사치였다)를 마시며 대화를 이어갔다. 거기에는 그가 있었다! 지난 7년 동안 편지를 주고받고 지금은 대면해서 대화를 나눌 수 있는 우드슨 박사가 실제로 거기에 있었다! 그는 내가 기억하는 것처럼 그렇게 키가 크지는 않았고 목소리보다 나이가 들어 보였다. 그의 얼굴에는 솔직함, 진실함, 그리고 겸손함이 나타났다. 특별히 나에게 인상적이었던 것은 우리가 말할 때에 중요한 말을 듣는 것처럼 각자의 말을 경청했다는 것이다. 그는 모든 주제에 대해 마지막 말을 해야 할 것처럼 애쓰지 않았다.

한 시간 정도 지난 후에 나는 우드슨 부부가 지니와 나를 거의 가족의 일원으로 여긴다는 것을 깨달았다. 그들이 우리를 대하는 것을 보면서 그런 생각을 가질 수 있었다. 우드슨 박사는 아이가 없었고 나는 그가 프린스턴을 다닐 때부터 친구의 아들이었기 때문에 좁고 험한 길을 가는 동안 그토록 나를 붙들려고 그 엄청난 시간을 할애했던 것은 아니었을까? 그렇다면 패티콜드 부부와의 관계는 어떨까? 아직 나는 잘 모르지만 의식적으로든 무의식적으로든 우드슨 부부는 마치 부모처럼 몇몇 학생을 돌보아 주지 않았을까 싶다. 아무튼 그날 저녁에 지니와 나는 우드슨 부부께서 편지를 통해 그랬던 것처럼 대면해서도 우리에게 우정을 보여 주셨음을 느낄 수 있었다.

지니와 나는 우드슨 박사에게 너무 많은 질문을 했고 그는 이 질문들에 관심을 보이고 답을 하기에 충분할 만큼 좋은 성품을 가지고 계셨다. 밤 11시가 다 되어서 그가 조금 피곤해 하는 것이 느껴졌다. 그럼에도 무정함이 재주라도 되듯이 계속 질문을 드렸다. 나는 세속적 인본주의의 유행에 대해 어떻게 생각하시는지 물었다. 그의 눈이 반짝이는 것을 보면서 우드슨 박사께서 이 주제에 관해 하실 말씀이 있다는 것을 알 수 있었다. 그는 복음주의자들과 근본주의자들이 인본주의를 정죄하는 데 훨씬 신중해야 할 것에 관한 말씀으로 시작하셨다. 지니가 약간 짜증이 난 듯했다.

지니는 우드슨 박사께서 피곤해 하시는 것을 눈치챘다. 이제 쉬시도록 해야 할 때가 되었다고 지니는 나에게 사인을 보냈고 매리 패티콜드도 같은 사인을 진 패티콜드에게 보내는 것을 힐끗 볼 수 있었다. 우리 넷은 우드슨 부부에게 그들의 대접과 친절에 깊은 감사 인사를 드리고 작별 인사를 했다. 지니와 나는 집으로 운전해 돌아오면서 우리가 이제 완전히 우드슨 박사 부부의 이웃이 되었다는 생각에 행복해했다.

그다음 달에 나는 우드슨 박사를 뵙지 못했다. 학기가 시작하기 전에 돈을 벌어야 해서 은행에서 풀타임으로 일을 했고 우드슨 박사는 동부 어디에선가 강연을 위한 여행 중이셨다. 그리고 9월 중순쯤에 보스턴 우체국 도장이 찍힌 편지 하나를 받았다.

1985년 9월 10일

엘리자베스와 나에게는 몇 주 전 너와 지니 그리고 패티콜드 부부와 함께 보낸 토요일 저녁이 너무 즐거웠다. 우리는 저니맨 부부가 몇 년의 시간이 흘러 드디어 우리 집에 왔다는 사실이 믿어지지 않을 지경이었어. 우리 부부는 지금도 가끔씩 그날 저녁에 관한 이야기를 한단다.

지난달에 나와 엘리자베스는 동부 해안을 여행했다. 뉴잉글랜드를 비롯해서 몇 군데서 설교할 기회가 있었지. 또한 하버드에서 작은 연구 하나를 하고 싶었다. 다음 주일에는 시간이 있어서 보스턴에 있는 파크 스트릿(Park Street) 교회에서 예배하려고 한다. 그다음 화요일에는 우리의 좋은 친구인 로저 니콜을 방문하게 될 것이다. 니콜 교수가 고든콘웰신학교에서 오랫동안 탁월한 교수였다는 것은 이미 언급한 적이 있던 것으로 안다. 그는 또한 자신의 엄청난 서재의 사서이기도 하다. 우리는 함께 있을 때는 영어와 불어를 섞어서 쓰기도 하는데 불어를 사용하려는 내 노력을 응원해 준다고 말하는 게 낫겠지. 우리는 17세기 신학에 관해 이야기하는 것을 좋아한다. 내 활동 계획에 대해서는 이만큼 하자.

네가 이제 신학교에서의 마지막 학년에 들어선다는 것이 믿어지니? 금년이 네게는 최고의 해가 되기를 바란다. 지니도 종교학 석사과정을 마치게 되는 거니?

너는 혹시 지나간 대화에서 단어를 더하거나 빼고 싶었던 적이 있니? 네 마음속으로 대화를 되풀이하며 혹시 오해한 부분이 있지는 않았는지 궁금하다.

몇 주 전 우리가 함께 좋은 저녁을 보낸 후에 한 가지 작은 후회가 있었다. 네가 세속주의의 유행에 대해서 물었던 것을 기억하는지 모르겠다. 돌아보면 그때 복음주의자들과 근본주의자들이 좀 더 신중하고 무조건적으로 인본주의를 정죄하지 않으면 좋겠다고 다소 퉁명스럽게 대답했던 기억이 있다.

진 패티콜드는 그걸 눈치채고 약간 당황한 듯했다. 내가 그 말의 의미를 설명하기도 전에 그날 저녁 모임이 끝났지. 그게 계속 마음에 걸렸다. 그래서 오늘 이 문제를 정리하기 위해서 간단하게 몇 마디 적어 보내기로 했다. 호텔 편지지와 휘갈긴 글씨체를 용서해 주기 바란다. 진 패티콜드에게도 편지를 보낼 것이다. 너도 진과 좀 더 가까워질 수 있기를 바란다. 그는 참 좋은 젊은이야. 그는 일리노이 대학에 있는 인터바시티 간사였던 학생을 통해 주님에게 오게 되었다.

내가 말하고 싶은 것은 이거야. 우리는 20세기의 세속적 인본주의와 15세기 혹은 16세기의 기독교 인본주의를 조심스럽게 구분해야 한다. 세속적 인본주의는 무신론의 핵심 명제로부터 그 함의들을 끌어온다(장 폴 사르트르의 논문인 "실존주의는 인본주의다"라는 맥락에서). 여기에는 다음과 같은 원리들이 포함된다. 하나님은 존재하지 않기 때문에 인간이 자유롭게 선택할 가치들은 스스로 만들어 낼 수 있다. 어떤 가치에도 신적인 제재가 없다.

반면에 15세기와 16세기의 인본주의는 본질적으로 유신론과 대치된 것은 아니었다. 오스카 크리스텔러(Oscar Kristeller) 교수는 그의 저서에서 이 인본주의는 교육적 과정인 인문학 연구(문법, 역사, 시, 수사학, 도덕적 철학)와 관련이 있었다고 주장했다. 이 인문학은 직접적으로 신학에 도전하거나 신학을 옹호하지 않았다. 만일 "르네상스 인본주의"의 통찰력 있는 분석에 관심이 있다면 크리스텔러 교수의 탁월한 책인 「르네상스 사상: 고전적, 학문적 인본주의 흐름」(*Renaissance Thought: The Classic, Scholastic and Humanist Strains*)을 읽어 보기 바란다.

많은 인본주의자가 탁월한 기독교인들이었고 로마 가톨릭 중에 탁월한 기독교 인본주의자로는 에라스무스와 돌프(Dorp)를 들 수 있겠고, 개신교 중에는 츠빙글리, 칼뱅, 부써, 불링거, 멜란히톤을 들 수 있겠지. 이 학자들은 인본주의 교육 과정에서 교육을 받았고 거기에서 얻은 지식을 그들의 성경적, 신학적 고찰의 배경으로 사용했다. 인본주의자로서 그들은 가능한 한 최고의 고대 문서를 편집하는 데 심혈을 기울였다. 그래서 많은 사람이 탁월한 라틴어 학자가 되었고 헬라어 학자가 되었다. 고전을 연구하면서 갈고닦은 그들의 언어적 기술은 성경을 연구하고자 할 때 큰 유익을 주었다.

헬라어에 대한 지식으로 루터는 에라스무스와 마찬가지로 원래 헬라어 사본들에 대한 잘못된 번역들이 제롬의 라틴어 벌게이트 번역판에 있다는 것을 알게 되었다(편집자 역: 개혁주의자들이 사용한 라틴어 벌게이트 번역판은 제롬 이후로 대폭 수정이 가해진 후의 것이었다. 제롬은 그 전통의 기원이었지만 16세기의 벌게이트는 제롬이 만든 것에서 많은 부분에 수정을 가한 것이었다.) 몇 가지 잘못된 번역들이 로마 가톨릭 교리의 골격이 되기도 했다. 예를 들면, 루터는 마태복음의 핵심적인 본문은 "고해하라"(Do Penance, 벌게이트 번역처럼)가 아닌 "회개하라"로 번역되어야 한다는 사실에 충격을 받았다. 그의 헬라어 이해 능력은 로마 가톨릭의 주요 성례 중 하나가 매우 빈약한 성경적 근거를 가지고 있음을 알게 해준 셈이다.

한마디로 일부 개혁주의자들의 인본주의 교육은 성경을 더 잘 이해할 수 있도록 돕는 데 중요한 요소였다. 개신교 종교 개혁은 부분적으로는 기독교 인본주의 운동의 도움을 받았다고 볼 수 있는데, 루터의 추종자들 중 많은 사람이 기독교 인본주의자들이었다.

이러한 배경에서 나는 복음주의와 근본주의를 대변하는 사람들이 그들이 어떤 형태의 인본주의를 염두에 두고 있는지 말하지 않은 채 인본주의를 정죄하는 것이 불편하다. 만일 신중하지 않는다면 그들은 공공의 복음주의를 호도할 수 있을 것이다.

한두 해 전에 텔레비전을 보고 있었는데 한 보수적인 기독교 대변인이 인본주의를 혹독하게 비판했다. 패널로 참가했던 한 비복음주의 역사가는 그의 불편하고 장황한 이야기가 마치기를 기다렸다가 조용히 물었다. "하지만 칼뱅도 인본주의자가 아니었나요?" 기독교인은 씩씩거리며 대답을 했지만 별로 도움이 되지 못했고 이미 큰 타격을 입었다.

부끄러웠다. 대단히 권위적이면서 실력 있는 사람을 대면할 때까지 확신에 차 있던 형제 기독교인과 믿지 않는 학자에 의해서 완벽하게 기독교 대변인이 망신을 당하는 것을 목격한 시청자들을 위해 진심으로 슬퍼하며 텔레비전을 껐다. 이 기억은 교리주의에 집착하고 인본주의에 대한 짧은 지식에 의존하는 일부 기독교인의 마음 상태를 확인했을 뿐이다.

팀, 이 편지에 내가 두서없이 쓴 내용이 이미 너에게는 낯설지 않다는 것을 안다. 너는 프린스턴에서 역사 전공이었고 트리니티와 예일에서 이미 이 문제들을 공부했을 테니까 말이다. 하지만 네가 그 질문을 했을 때, 왜 내가 그렇게 퉁명스럽게 말했는지 설명하고 싶었다. 텔레비전의 생생한 기억이 갑자기 떠올랐다.

그렇더라도 내가 좀 더 정중하게 말했어야 했다. 지나치게 집착하거나 비판을 수용하지 못하는 것은 별로 얻을 게 없다. 사람들은 결국 거리를 두게 될 테니까 말이다.

지니에게 안부를 전해다오. 디어필드로 돌아가면 너희와 또 만날 수 있기를 진심으로 고대한다. 모든 게 평안하기를 바란다.

**그리스도 안에서 하나 된,
폴 우드슨**

35.

　1985-1986년 가을 학기 초에 지니와 나는 적어도 몇 번 더 우드슨 박사와 대화를 나눌 기회를 가졌다. 학교 밖으로 나가서 파이와 커피를 주문하고 한가롭게 대화를 나눌 수 있는 베이커스 스퀘어로 초대하는 것이 가장 좋다는 것을 알았다. 우드슨 박사께서 학교에서는 워낙에 바빴기 때문에 방해 없이 단둘이 10분을 이야기하는 것도 어려웠다.

　지니와 나는 학교 안에서 여성 안수에 관한 무겁지 않은 토론에 관심을 가졌다. 교수들 중 일부는 노골적으로 여성 안수에 우호적이었고 일부는 노골적으로 반대했다. 하지만 대부분은 수업 시간에 자신의 입장을 말하지 않았다. 적절한 담화에서 (여성 안수는 문제가 되지 않았지만 아버지, 아들, 성령과 같은 가부장적인 성경적인 용어들이나 예전에서의 용어들은 바뀌어야 한다고 주장하는) 여성주의자들의 주장을 가이드라인으로 삼고 있는 예일에서 돌아온 후에 우리는 트리니티에서 신선한 분위기를 발견했다. 학생들은 사회적으로 소외되지 않고도 여성 안수에 대해 찬성하거나 반대하는 입장을 취할 수 있었다. 지니와 나는 이 문제에 대해 친구들과 몇 번 직접적인 토론을 했다. 이 문제에 관해서는 지니도 나도 확고한 입장을 취하지 않았다.

교정을 떠나 베이커스 스퀘어에서 우드슨 박사와 담소를 나누던 중에 나는 이 문제에 대한 그의 입장이 무엇인지 직설적으로 여쭈었다. 그는 그의 입장을 정리해서 이야기를 시작했지만 성경의 저자들이 성경을 기록할 때 당시의 문화가 어떤 영향을 끼쳤는지에 관한 주제로 우회했다. 나는 여성 안수에 관한 우드슨 박사의 관점을 정말 알고 싶었지만 그의 우회가 전적으로 핵심을 놓치고 있는 것은 아님을 알 수 있었다.

우드슨 박사가 시계를 보더니 벌떡 일어난 것은 우리가 두 번째 커피를 마시기 시작했을 때였다. 조금 당황한 듯했다. 15분 전에 시작된 교수 위원회 모임을 깜빡 잊고 있었다는 것이다.

한 손으로 계산서를 낚아채고는 즐거운 시간을 가질 수 있게 해주어서 고맙다는 인사와 함께 급하게 계산대로 향하셨다. 지니와 나는 급하게 작별 인사 말고는 아무 말도 할 수 없었다. 우리는 거기에 약간은 당황한 채로 앉아 있다가 코트를 입고는 차로 향했다. 상쾌했지만 약간은 추운 가을 오후였다.

그다음 열흘 동안 나는 우드슨 박사님을 보지 못했다. 하지만 추수감사절 휴가 이후에 학생 우편함에서 나는 그의 편지를 발견하고 몹시 기뻤다. 급하게 편지를 열었다.

1985년 11월 25일

독일 사람들이 말하는 커피 휴식(Kaffee Pause)을 너무 무례하게 망친 것을 지니와 네가 용서해 주리라 믿는다. 나에게는 굉장히 중요한 교수 위원회 모임이었다. 내가 은퇴할 나이가 지나서 매년 계약을 갱신하고 있다는 것을 너도 알 것이다. 마지막까지 합당하게 나의 책임을 다하고 싶다.

나중에 여성 안수의 문제에 관해서는 좀 더 이야기를 나눌 수 있는 기회가 있겠지. 이 주제에 대한 지니의 생각이 특히 궁금하구나. 사역에 있어서 두 사람 각자의 역할에 관해서는 생각을 해 본 적이 있니? 목회자 청빙 위원회는 종종 이 문제에 대해서 부부가 어떻게 생각하는지를 알고 싶어한다.

애석하게도 이번 학기가 마칠 때까지는 더 이상 너희와 함께 커피를 마시는 시간을 즐길 수 없게 되었다. 크리스마스 휴가 때까지 내 일정이 꽉 찼다. 하지만 엘리자베스와 나는 크리스마스 휴가 때 너희가 하루는 우리 집에 와서 함께 저녁 식사를 할 수 있기를 간절히 원한다. 지니가 엘리자베스에게 전화를 한 번 해달라고 전해 주지 않겠니? 두 사람은 언제가 가능한지 시간을 맞출 수 있을 거야.

그날 저녁에 미식축구에 관한 이야기도 좀 하자. NFL 플레이오프 게임이 있을 거야. 금년 시즌에 베어스가 그렇게 잘한다는 게 정말 믿을 수 없다. 짐 맥마혼(Jim McMahon), 리처드 덴트(Richard Dent), 그리고 냉장고(Fridge [역자 주: 선수의 별명])는 이번에 정말 잘한다. 하지만 너처럼 뉴욕 자이언트의 광적인 팬은 이렇게 훌륭한 시카고 팀에 대한 나의 평이 지나치다고 생각하겠지.

베이커스 스퀘어에서 나누었던 우리 대화에서 몇 가지 생각들을 좀 더 발전시켜 보고 싶었다. 내가 말한 대로 성경의 인간 저자에게 끼친 문화적 영향에 대해서는 여러 입장이 있는데 세 가지 정도가 떠오르는구나.

1) 어떤 기독교인들은 성경의 저자들은 불러 주는 대로 그냥 받아 쓰기만 했다고 주장한다. 이 이론에 의하면 성경의 저자들이 살았던 문화적 영향은 성경을 기록하는 데 아주 미미했다. 다른 편지에서 인용한 적이 있었던 존 에크는 이 입장을 취하는 것처럼 보인다. 진리의 근원이신 성령 하나님이 우선적인 저자이기 때문에 성경의 기록들은 무류하다는 것인데 이런 입장은 종종 영감의 "예언적"(mantic) 이론이라고 불리기도 한다. 이 입장을 지지하는 사람들은 종종 성경을 해석함에 있어서 문자적 접근을 강조한다.

2) 누가의 서론(1:1-4)이나 모세가 한 몇몇 언급에 준해서 성경의 저자들이 어떤 경우에는 성령 하나님이 직접적으로 그들에게 영감을 주시고 쓰게 하신 것을 기록했지만, 다른 경우에는 이미 기록된 자료들을 이용하고 자신들의 연구와 지식, 그리고 열정으로(예를 들어, 고후 10-13장; 많은 시편) 기록했다고 주장하는 사람들도 있다. 하지만 이 경우에도 성령께서는 그들의 기록을 간섭하셔서 그들은 어떤 오류도 범하지 않았다. 이 견해에서는 당대의 문화적 영향이 저자들의 문법, 단어의 표현, 문학적인 장르, 역사적 관계 등등을 선택하는

것에서 나타나지만, 그럼에도 그들의 기록은 여전히 무류하다. 너도 알다시피 이런 입장은 영감의 "동시적"(concursive) 이론이라고 불린다. 벤자민 워필드(Benjamin Warfield)가 이 관점을 옹호한다.

3) 또 다른 학자들은 성경의 저자들은 그들이 살고 있던 사회의 문화적 신념들을 성경 안에 무비판적으로 받아들였다고 주장한다. 그 사회들이 원시적이고, 미신적이었기 때문에 성경 저자들의 기록들은 무오한 하나님의 말씀과 문화적으로 유발된 오류가 섞여 있다고 보는 거지. 그래서 성경을 비평하는 사람들의 과제는, 영구적이고 진실한 하나님의 말씀을 그 가치에 있어서 잠시 있다 사라질 일시적인 것들에서 걸러 내는 것이라고 말한다. 18세기 독일의 고등 비평가로 잘 알려진 요한 잘로모 젬러(Johann Salamo Semler)가 이런 입장을 대변한다.

다시 여성 안수 문제로 가 보자. 성경을 보는 첫 번째 입장을 옹호하는 사람들은 종종 여성 안수에 대해서 강력하게 반대하는 목소리를 낼 것이다. 그들은 그것이 무슨 의미일지(그리고 결과는 피상적인 읽기임에도) 깊이 숙고하지 않은 채 성경의 문자적인 읽기를 변호하려는 경향이 있다. 그들 대부분은 "서로 거룩한 입맞춤으로 문안하라"는 구절을 우리 문화에서 문자적으로 순종해야 한다고 주장하지 않을 것이고, 서로의 발을 씻기라는 것이 주님의 만찬에서처럼 문자적으로 행해져야 하는 활동이라고 주장하지 않을 것이다. 하지만 왜 어떤 구절들에 대해서는 그렇게 하지 않으면서 이 구절들에 대해서는 유동적으로 접근을 하느냐고 묻는 사람은 거의 없다. 그래서 이 입장을 철저하게 주장하는 사람들은 여러 저자에 의해 기록된 성경의 부분들이 단어의 선택과 스타일에 있어서 엄청난 차이를 보이는 사실을 설명할 수 없다. 영감의 받아쓰기 이론은 성경의 실제적인 현상들에 의해서 어렵지 않게 교정된다.

두 번째 입장을 옹호하는 학자들은 그렇게 쉽게 무시되지 못한다. 그들은 여성 안수에 대해서도 혼합된 반응을 보이는데 오스본(Osborne), 카이저(Kaiser), 칸처(모두 트리니티 교수다)와 같은 사람들은 여성 안수를 지지하지만 모두 같은 근거를 가지고 있는 것은 아니다. 너무 대충 다루는 것 같기는 하지만 카이저 박사는 디모데전서 2장 11-15절과 같은 구절들을 공정하게 주해하면 이 입장을 지지할 수 있고, 다른 사람들이 오류를 범하고 있는 것이라고 주장한다. 오스본 박사는 그 본문에 제한이 있는 것은 사실이지만 그것은 1세기 교회에 있었던 문화적인 요소로 오늘날은 더 이상 유효하지 않다고 주장한다. 칸처 박사는 가정과 교회에서의 여성과 남성의 역할에 구분을 두고 있다고 하면서 디모데전서 2장은 가정과 관계가 있다고 주장한다.

반면에 트리니티에 있는 다른 학자들은 여성 안수를 강력하게 반대하는데 디모데전서 2장을 인용할 때 그들은 다르게 읽는다. 조금 전에 언급한 세 경우에 대한 그들의 반응은 각기 다를 것이다. 카이저 박사에 대해서는 그 구절에 대한 좀 더 설득력 있는 주해를 내놓아야 한다(단어, 표현, 사고의 흐름 등을 연구해서 그들의 주장이 일리가 있도록). 오스본 박사에 대해서는 그것이 무엇을 의미하든 금지된 것이 창조와 타락과 관련이 있다면 그 금지에 대한 당위성은 쉽게 상상할 수 있는 대로 독립된 일시적인 문화 현상이라는 것을 설득시켜야 한다.

또한 칸처 박사에 대해서는 디모데전서 2장이 가정이 아닌 교회에 관한 것임을 설득시켜야 한다고 말할 것이다.

그 어느 쪽도 바르게 해석된 성경이 말하는 바를 무시하기를 원치 않지만 해석적 가능성은 첫 번째 그룹에 속한 사람들보다는 두 번째 그룹에 속한 사람들에게 조금 더 열려 있다.

세 번째 그룹에 속하는 현대 학자들은 일반적으로 여성 안수를 선호할 것이다. 두 번째 그룹에 있는 그들의 동료들과 마찬가지로 그들도 여성 안수를 반대하는 사람들이 주해를 제대로 하지 않았다고 주장할 것이다. 하지만 그들은 한 걸음 더 나아가서 여성들이 교회에서 가르치지 못하게 한 것은 성경이 기록될 당시의 문화적 기준이기 때문에 성경에서 가르치고 있는 다른 주제들(자유, 사랑, 평등, 정의)의 이름으로 무시되어야 한다고 제안할 것이다. 다시 말하면 이 그룹에 속하는 많은 사람은 성경이 여성의 역할과 남성의 역할을 구분하지만 성경은 알곡과 가라지가 섞여 있다고 생각하기 때문에 가라지에 속한다고 생각되는 부분은 안전하게 제거하려 할 것이다.

역사적으로 말하자면, 영감에 있어서 일종의 받아쓰기 이론을 받아들이고 성경을 이해하려는 접근에서 엄격한 문자주의를 강조하는 첫 번째 입장은 아주 초기부터 지금까지 존재해 왔다. 두 번째 입장도 마찬가지로 장구하고 가치 있는 역사를 가지고 있다. 문자적 성향이 덜하고 장르에 더 민감한 이 입장은 많은 지지자가 있다. 여러 사람을 언급할 수 있겠지만 아우구스티누스나 칼뱅도 성령께서는 성경을 우리 이해에 맞도록 수용하신다고 주장했다. 다시 말하면 성경은 종종 현상적인 언어, 보이는 언어로 기록되었다는 것이다.

우리는 그것이 일리 있게 이해하도록 노력할 수 있지만 여전히 성경은 무류한 것으로 남아 있다.

하지만 역사적인 관점에서 볼 때 세 번째 입장은 소설적인 수용성 교리를 제안한다. 이 입장에 의하면 성령 하나님이 성경의 언어를 성경 저자들의 오류가 있는 문화적 신앙 시스템으로 수용하신다. 예를 들면 성경의 우주적 선언들은 모두 오류가 있다. 그것들은 원시적인 사람들의 신앙을 반영할 뿐이라는 것이다. 세 번째 입장 뒤에는 교묘하게 암시된 삼단 논법이 숨어 있다. 1) 인간 저자들은 성경의 기록에 아주 중요한 역할을 한다. 2) 실수를 하는 것이 인간이다. 3) 결과적으로 인간이 기록한 성경은 실수가 있어야 한다.

물론 이 삼단 논법의 약점은 2)번에 있다. 마치 오류가 언제나 모든 인간의 모든 생각과 말과 행동에 있어야 하는 것처럼, 오류를 범하는 것이 인간 됨의 본질은 아니다. 모든 인간은 때로는 오류 없이 말하고 행동하기도 한다―그래서 그들이 덜 인간적이 되는 것은 아니다! 따라서 성경이 오류 없이 인간을 통해서 기록될 수 없다는 본질적인 이유는 없다.

아무튼 내가 알기로는 성경에 대한 이 세 번째 입장은 16세기 소시누스의 가르침에 처음으로 등장한다. 그것은 종교 개혁가들이나 교부들의 생각에는 없었다. 이 주제에 관해서는 글렌 선샤인(Glen-Sunshine) 의 탁월한 석사 논문을 읽어 보기 바란다. 글렌은 칼뱅의 수용 입장을 소시누스의 입장과 대조했는데, 이 둘의 입장은 아주 현격한 차이를 보인다. 짐작할 수 있는 대로 소시누스는 이성의 역할에 높은 프리미엄을 붙였는데 그는 가변적이고 일시적인 말씀에서 정통성이 있는 말씀을 구별해 내어야 했다. 이 입장을 지지하는 일부 사람이 이것이 중요한 복음적 전통을 대변한다고 주장하고 있지만 나는 역사를 신중하게 읽는다면 그런 결론을 정당화할 수 없다고 생각한다.

기독교의 영역을 벗어나서 철저하게 세속적인 집단으로 네 번째 입장을 말하는 사람들이 있는데, 역사주의자들이다. 그들은 성경은 철저하게 성경 저자들의 문화에서만 해석되어야 한다고 노골적으로 주장한다. 하나님은 존재하지 않기 때문에 성경에서 찾을 수 있는 하나님의 말씀은 없다.

각 입장에 대한 설명이 극단적으로 간단하다는 것은 인정한다. 하지만 나는 각 개인이 어떻게 특별한 해석에 이르게 되는지를 평가하려고 할 때 유익하다고 생각한다. 성경 본문의 의미를 놓고 논쟁하는 학자들은 다양한 전제를 가진 서로 다른 입장에 속해 있기 때문에 놀랄 만큼 서로 다른 관점에서 접근할 것이다.

만일 우리가 여성 안수에 동의하지 않는다면(또는 다른 많은 문제에도) 우리는 우리의 동의하지 않음이 이런 다른 전제에서 비롯된다는 것을 발견하게 될 것이다. 마음과 마음이 진정으로 서로 만나기 위해서는 건전한 대화와 왜 사람들은 같은 본문의 의미에 그렇게 크게 동의하지 않는지를 찾아 내기 위한 해석적 정교함이 있어야 한다.

너는 내가 두 번째 입장을 가장 편안해 한다는 것을 잘 알고 있을 것이다. 성경에 관한 성경의 가르침과 가장 잘 부합하는 것으로 보이기 때문이다. 그것은 교회사에서는 아우구스티누스의 입장을 대변하고 또한 해석학(hermeneutics)의 문제들(편집자 주: 해석에 대한 이론과 실천을 공부하는 학문)에 가장 설득력 있는 답변을 제공하는 유일한 입장이라고 생각한다.

팀, 네가 내 해석학 선택 과목을 택하지 않은 것을 안다. 내 강의안으로 너에게 부담을 주는 것은 맞지 않겠지. 그럼에도 적어도 한 가지만 설득해 보자꾸나. 성경의 모든 부분은 여러 면에서 문화적으로 제한받지만 그 사실 자체가 성경의 권위를 축소시키지는 않는다. 성경은 문화적 현상이라고 할 수 있는 인간의 언어를 통해서 우리에게 왔다. 그것은 문학적인 장르를 사용하고, 관습을 묘사하고, 예절을 전제하고 인간 역사의 면들을 소개한다—이 모든 것이 문화적 현상이지. 하지만 인간은 본질적으로 서로를 이해할 수 없다는 입장을 고수하지 않는 한 이는 성경과 해석자가 모두 문화에 매여 있기 때문에(사실은 서로 다른 문화) 성경의 해석자가 성경을 상대화시킨다는 것을 의미하지는 않는다. 다른 사람의 단어들에 대한 이해가 완전하지는 않을 수 있지만, 그래서 그것이 사실이 아니어야 할 이유는 없다. 한 사람의 이해의 지평을 다른 사람의 이해의 지평(현대적인 표현을 빌리자면)과 맞물리도록 하는 것은 정보의 이동을 신뢰할 수 있도록 하기 위해 많은 작업을 필요로 하지만, 그래서 할 수 없는 일은 아니다. 사실 아주 회의적인 현대 해석가들인 "해체주의자들" 중 어떤 사람들은 그들이 옳다는 것을 우리에게 설득시키기 위해서 긴 논문을 쓰는 것이 참 흥미롭다는 생각을 했다. 그들 중 일부는 만일 그들을 누가 잘못 해석한다면 상당히 못마땅해 할 것이다. 왜 그들은 같은 예의를 바울에게는 보일 수 없을까?

성경의 내용을 다른 사람에게 전달하려고 시도하는 일에서의 문화적인 문제를 간단히 예로 들어 보자. 이 예는 내가 고안해 낸 것은 아니지만 시사하는 바가 있다. 만일 네가 태국에 가서 불교 수도승에게 예수님이 주님인 것을 설명하려고 한다고 하자(가장 큰 문화적 장애가 되는 태국어를 네가 잘 안다는 전제하에). 만일 네가 단순히 예수님은 주님이라고 (태국어로) 말한다면, 그 불교 수도승은 네가 예수는 부처보다 열등하다는 데 네가 동의하고 있다고 전제할 것이다. 물론 너의 의도에 대한 이런 오해는, 불교인들은 가장 고귀한 상태는 인간이 아무것도 아니라는 사실에 도달함에 있다고 생각할 것이기 때문이다. 부처는 뜨겁거나 차지 않고 선하거나 악하지 않고 위로 향하거나 아래로 향하지 않는다. 네가 예수님이 누구인가를 설명할수록 너는 그의 열등에 동의하는 셈이 되는 것이다.

물론 나는 태국에서는 예수님이 주님이라는 것을 확증하는 것이 불가능하다는 말을 하는 게 아니다. 하지만 태국인이 신약의 이 표현의 의미를 알기 위해서는 가능한 한 신약의 문화와 언어에서 의미하는 그 표현을 이해할 수 있어야 한다. 태국인이 그 표현을 이해하는 데 경험하는 장애는 문화적인 것인데 거기에는 불교 신앙에 의해서 세워진 세계관도 포함된다. 태국에 있는 선교사는 태국인이 단순히 앵무새처럼 그 표현을 반복하도록 하기보다는 세계관 전부를 바꾸어야 한다.

이러한 예화는 멀리 있는 사람들을 대상으로 하기 때문에 안전해 보이지만 우리 가까이에서도 유사한 예를 찾는 것이 그리 어렵지 않다. 예를 든다면 성경에 관해서는 전혀 아무런 지식도 없이 뉴에이지 운동의 우물에 빠져 있는 사람에게 "하나님은 사랑이라"는 말은 무슨 의미일까? 네가 어떤 하나님을 말하고 있는지 성경에서 사랑은 어떤 것인지를 말하지 않는다면 그는 틀림없이 너를 오해할 것이다.

이러한 예화들을 통해 내가 말하려고 하는 것은 성경에서 자신을 계시하신 하나님은 언어 문화 체계에서 계시하셨고 모든 현대 독자들은 또 다른 언어 문화 체계에서 살고 있다는 것이다. 우리는 그 본문이 처음 주어졌을 때 그것이 어떤 의미였는지 파고 내려가도록 최선을 다해야 한다. 따라서 성경이 문화적으로 제한된다는 사실은 내가 막 예를 들어 설명한 방법대로 그 권위를 축소시키지는 않는다. 이는 단지 우리가 바로 이해하기 위해서는 해결해야 할 해석적 장애가 있다는 것을 의미할 뿐이다.

하지만 이 문화적인 옷은 언제나 다루기 쉬운 것은 아니다. 종종 문제가 되는 것은 우리가 살펴보는 성경의 특별한 내용이 주어진 문화적 형태 안에 우리에게 구속력이 있는지 여부가 매우 자주 문제가 된다. 성경이 "거룩한 입맞춤으로 서로 문안하라"고 말할 때, 이는 과연 입맞춤의 신학을 우리에게 제공하는 것인가? 입맞춤은 요구 사항인가 아니면 단지 가까운 교제를 상징하는(교회가 보여 주어야 하는 종류의 교제) 따뜻하고 열린 마음의 인사에 대한 문화적인 형태의 일부분인가? 네 대답을 어떻게 정당화할 수 있을까?

내가 해석학 강의 때 다루는 문제의 주변만 겨우 훑었을 뿐인데도 너무 길어졌구나. 이제 편안하게 너를 보내 주어야겠지. 여기서 내가 언급조차 하지 않은 다른 문제들도 있다. 예를 들면, 다양한 성경 구절들이 어떻게 서로 연결되어 있는지, 의미에 있어서 문학적 장르의 영향력(예를 들면, 빌 가써드[Bill Gothard]는 잠언을 율법처럼 다루는 우려되는 습관이 있다), 본문의 문맥의 중요성 등이다. 여성 안수에 관해서 성경이 무엇이라고 말하는지에 관한 너의 질문에 다 답을 하지 못했다면, 네가 좀 더 의욕적으로 이 문제를 파 볼 수 있도록 하기에는 충분할 만큼 이야기를 했다고 생각한다. 좀 더 자세한 것은 몇 주 후에 너희가 방문했을 때 이야기하도록 하자.

진심을 담아,
폴 우드슨

36.

　12월에 우드슨 부부와 함께 식사를 하면서 해석학에 관해서만 이야기를 한 것은 아니었지만(우드슨 부인과 지니는 이 대화의 방향을 곧장 바꾸었다) 나는 겨울 학기에 개설된 그 선택 과목을 수강해야겠다는 자극을 받았다. 그것은 내가 지금까지 들었던 과목들 중 가장 많은 것을 배울 수 있는 과목이었다. 여기에서 그 과목 이야기를 다 할 수는 없지만 우드슨 박사와의 편지가 전혀 다른 방향으로 전환되었다. 트리니티에 있는 동안 지니와 나는 장로교회에 출석했다. 그곳에 있는 목사 중 한 명은 내가 거기에 가기 전에 프린스턴 복음주의 단체에서 회심한 사람이었는데, 우리는 서로 공통점이 많았다. 그는 나에게 PCA교단에서 안수받을 것을 권했다(편집자 주: 미국장로교회 [Presbyterian Church of America]). 긴 이야기를 간략하게 말하자면, 그것이 내가 따르기로 한 길이 되었다.
　그렇게 말하지는 않았지만 침례교 신념을 가지고 있던 우드슨 박사는 내가 그 길로 가기를 원했다는 것을 알 수 있었지만 그는 교회 정치나 성례(그는 조례[ordinances]라는 단어를 선호했다)에 관해서는 한 번도 나에게 언급하지 않았고 신기하게도 이 문제에 관해서는 나에게 길게 말씀하신 적이 없다.

1986년 늦은 봄, 졸업이 다가올 무렵 나는 교회 일에 깊이 관여하게 되었다. 뜻밖에도 나는 올랜도(Orlando) 근교에 있는 PCA 작은 교회로 부름을 받았다. 내가 뜻밖이라고 말하는 이유는 거기에 내가 아는 사람이 아무도 없었기 때문이다. 모든 인맥이 교계를 통해 이루어지곤 했으니까. 지니는 이렇게 된 상황을 좋아했다. 올랜도에 지니의 사촌들이 있었고 전에 그들과 함께 휴가를 보낸 적이 몇 번 있었다. 더 중요한 것은 우리 둘 다 주님이 우리를 위해 문을 열어 주셨다고 느꼈다.

가끔씩 우드슨 박사와 커피를 마시며 시간을 보냈지만 목회를 시작할 때가 다가오면서 목회의 실제적인 현실에 대해 더 많은 것을 배우고 싶다는 생각이 커지게 되었다. 좀 더 솔직히 말하자면 나는 나의 첫 번째 사역에 겁을 먹고 있었다. 나는 내가 얼마나 아는 게 없는지를 점점 깨닫게 되었다. 다른 사람들의 영적 건강에 대한 부담을 지고, 신뢰할 만하고 설득력 있게 하나님의 모든 말씀을 전하고 가르쳐야 한다는 미래는 아주 기뻤지만 조금은 겁이 나기도 했다.

앞으로 경험하게 될 목회적 문제들을 미리 생각하면서 나에게 두렵게 다가왔던 것들은 대중적 복음주의 텔레비전 쇼에 스며들어 있는 임시방편 종교의 대중성, 그들이 말하고 있는 만사형통의 언어들, 존 윔버(John Wimber)와 빈야드 운동의 거센 영향과 관련이 있었다. 심지어는 공화당 후보로 팻 로버트슨(Pat Robertson) 목사가 지목

된 것도 종교적 영역에서는 강한 영향을 끼쳤다. 한 사람의 목사로서 이런 소용돌이치는 매력들과 어떻게 경쟁을 해야 한단 말인가?

졸업을 무사히 할 만큼 내 성적은 충분히 좋아서 학기말 시험들도 면제 받았지만 마지막 논문은 여전히 큰 부담이었다. 나는 우드슨 박사께 5월 초에 함께 이 문제에 대해 이야기하면 좋겠지만 내가 그렇게 할 여유가 있을지 모르겠다는 내용을 대충 적어서 보냈다. 그의 회신은 짧았지만 새로운 관점을 열어 주어서 아주 유용했다.

1986년 5월 30일

나는 네가 졸업을 위해서 필요한 것들을 채우고 플로리다로 이사를 가기 위해서 준비하느라고 애쓰고 있다는 것을 안다. 네가 많이 바쁘고 일상적인 담소를 위한 시간조차 거의 없다는 것은 당연하지. 네가 빨리 마칠 수 있도록 나와 아내가 도울 일이 있다면 알려 주기 바란다. 우리는 내년에 너와 지니를 많이 보고 싶어 할 게다.

몇 년 전에 네가 리처드 백스터의 「참 목자상」을 읽었다고 말했던 것을 기억한다. 백스터는 복음의 왜곡을 어떻게 다루어야 하는지에 관한 철학을 가지고 있었다. 만일 그가 판단하기에 칭의에 대해 그릇된 접근을 하는 누군가가 그의 지역으로 들어온다면 그의 첫 번째 처방은 잘못을 지적하는 설교를 하기보다는 칭의에 관해 더 잘 설교하는 것이라고 했다.

그러니까 네가 판단하기에 만일 대중적 종교 안에 주님이 너에게 맡기신 양들을 해치는 주도적인 영향력이 나타난다면 너는 도대체 어떤 탈선이 그토록 대중적으로 만들고 있는지를 깊이 생각해 보아야 할 것이다. 물론 상당 부분 주변을 둘러싸고 있는 문화의 영향인 경우가 많겠지만 동시에 교회의 부족함에서 비롯된 것일 수도 있다. 많은 이단은 결국 주류가 놓치고 있는 어떤 것에 대한 지나친 강조에 불과하니까. 그러고 나서 너의 가르침과 설교, 그리고 목양은 지속적으로 너의 교인들이 그러한 탈선에 매력을 느끼지 않도록 부족한 부분을 항상 인식하고 있어야 할 것이다.

바로 그러한 틀 안에서 네가 설명하는 몇 가지 상황을 바라보는 시선에 대해 한 가지 제안을 해 보겠다. 예일과 트리니티에서 들은 신약 과목들을 통해서 너는 기독교인들이 일종의 종말적 긴장, 이미와 아직의 긴장 가운데 살고 있다는 것을 알게 되었을 것이다. 우리는 이미 의롭다 함을 받았고, 이미 성령을 받았고, 이미 하나님의 자녀가 되었고, 이미 하나님이 약속하신 구원의 통치 아래 살고 있다. 동시에 우리는 아직 우리가 마땅히 되어야 할 바가 되지 못했고, 아직 그리스도의 발아래서 모든 것을 보지 못하며, 아직 부활의 몸을 가지지 못하고 약속된 하나님의 나라는 아직 새 하늘과 새 땅을 통해 완성되지 않았다. 이런저런 형태로 이 긴장은 반복적으로 신약 성경에 나타나고 있다.

만일 이 긴장의 한 부분을 강조하기 위해서 다른 한 부분을 소홀히 여긴다면 단순히 교리적인 안정뿐만 아니라 본 교회의 장기적인 유익에 있어서도 그 결과는 언제나 끔찍하다. 축소된 종말론(다시 말해, 우리가 그리스도 안에서 이미 얻은 것과 그럼에도 여전히 그리스도의 재림을 쉬지 않고 앙망하며 삶의 과정에서 신음하고 애통함을 제대로 이해하지 못하는 것)은 신약의 그리스도인들이 누릴 수 있는 기쁨, 삶과 죽음 뒤에서 성령의 능력, "흑암의 권세에서 건져 내사 그의 사랑의 아들의 나라로 옮기신"(골 1:13) 하나님에 대한 빚진 마음을 잃어버리게 될 것이다.

반면에 과장된 종말론은 우리가 그리스도 예수 안에서 즐기고 있는 것들을 지나치게 강조함으로 미래를 위해 예비된 것들을 적절하게 강조하지 못할 것이고, 우리가 살고 있는 세상의 어둠을 이해하지 못할 것이며, 타락한 이 세상을 사는 신실한 그리스도인의 삶은 절제와 십자가의 자유 아래 자기 부인을 의미한다는 것을 이해하지 못할 것이다. 과장된 종말론에 영향을 받은 그리스도인들은 병 고침받고 부자가 되고 능력이 있고 지혜롭기를 기대할 것이다. 그들은 왕의 자녀들이기 때문에 왕자와 공주처럼 살아야 한다고 말함으로 왕의 왕께서 십자가에서 수치스러움으로 죽으셨고 날마다 우리 십자가를 지고 주를 따르라고 하신 명령을 잊어버릴 것이다.

신약에서 과장된 종말론을 가장 확실하게 드러내는 그리스도인들은 고린도교회의 교인들일 것이다. 고린도전서 4장 8-13절뿐만 아니라 고린도후서(특히 고후 10-13장)와 연결된 주제를 깊이 묵상해 보거라.

내 생각에는 현대 은사주의 운동의 승리주의나 은사주의 운동 밖에 있는 종교적 우파 문제의 일부는 과장된 종말론에 의존하고 있다. 그것은 우리의 주인(그의 제자들도 십자가를 지라고 요구하시는 주인)을 십자가에 못 박은 세상에서 산다는 것이 무엇을 의미하는지 깊이 성찰하지 않았다. 거기에는 고난의 신학(도피주의를 고난의 신학이라고 부를 수 없다면), 죽음의 신학, 제자도의 신학도 없고, 섭리의 신비에 대한 이해도 없다.

더 나쁜 것은 이러한 과장된 종말론이 미국 대중의 억눌린 감정과 결합하여 표현의 욕구를 불러일으켰다는 점이다. 워터게이트와 베트남 전쟁의 치욕 후에, 세금 인상과 경기 침체 후에 우리는 자신에 대해 좋게 느끼고 싶고, 어떤 것들은 우리 몫이라고 느끼고 싶어 한다. 이것은 긍정적이든 부정적이든 레이건 정권의 중요한 일부가 되어 버렸다. 그는 우리가 다시 우리에 대해서 좋게 여기도록 가르쳤으니까. 그리고 의식적이든 무의식적이든 설교자들은 이러한 변화를 이용했다. 사람들로 하여금 그들이 따라가기를 원하는 길로 가도록 기독교적인 수정을 가하기 위해 신학적인 논쟁들을 사용하는 것은 그리 어렵지 않다. 이러한 움직임의 최악의 상태는 건강하고 부유하고 능력 있는 사람이 되어야 한다고 공공연하게 주장하는 자들은 질투의 죄를 용납하고 있다는 것이다. 시편 37편을 묵상하거라. 그리고 바울은 탐심을 우상 숭배라고 규정하고 있음을 기억해라.

이러한 의미에서 과장된 종말론은 교묘하게 타협된 것으로 거부되어야 할 것이다. 심지어 과장된 종말론의 비교적 온건한 최근의 흐름에서도 걱정스러운 부분들이 나타난다. 문제는 어떤 특정한 모임에서 사람들의 병이 낫는가 하는 것이 아니다(그 자체로는 아무것도 증명할 수 없다[마 7:21-23을 보아라]). 하지만 문제가 되는 것은 기독교인의 사고와 기대에 대한 전반적인 틀, 말씀의 빛 아래서 사물들의 균형이다. 너도 알다시피 이는 내가 기적은 중단되었다고 주장하는 사람들의 편에 있다는 의미가 아니다. 나의 관심은 "중단론"(사람들이 부르는 대로)이 아니다. 오히려 성경적 기독교의 균형과 비율이다.

또 다른 의미로는, 이 운동들은 사람들에게 접근해서 공식적인 정통 교회보다는 죽은 교회들이 놓치고 있는 영적 실제를 주고 있다는 것이다. 영어권 세계 어느 나라에서도 미국만큼 교인들이 많은데, 설교가 약한 나라는 없다. 물론 아주 예외적인 경우도 있겠지만 복음적 정통주의자들이 한편 예식이 강한 교회로 옮겨 가거나(웨버의 「캔터베리 자취에 있는 복음주의자들」[*Evangelicals on the Canterbury Trail*], 적어도 거기에는 미학이 있으니까) 그 반대로 빈야드 운동으로 옮겨 가는 것은 그리 놀라운 일이 아니다. 만일 사람들이 하나님 말씀의 영성에 의해서 채움을 받지 못한다면 그들은 다른 곳에서 영성을 찾으려고 할 것이다. 영적 경험에 대한 심각한 목마름이 이 땅 곳곳에 있다. 패스트푸드, 전자레인지, 10분 정비, 드라이브 스루 서비스가 익숙한 오늘날 많은 사람이 가장 빠른 것, 영적 경험을 가장 효과적으로 할 수 있다고 여겨지는 방법을 선택하는 것은 놀라운 일이 아니다. 그럼에도 그와 같은 운동들의 가장 강력한 원동력은 매우 많은 복음주의 교회들의 영적 빈곤에 있다고 판단한다.

따라서 두려움이나 가미된 맛 없이 온전한 기독교를 외쳐라. 그리고 그렇게 살아라. 결국 축소주의에 불과할 뿐인 다른 어떤 대안보다 바람직하다. 말씀의 영성을 강조하라. 기독교는 사적이면서 동시에 공적이고, 개인적이면서 동시에 공동체적이고, 교리적이면서 동시에 경건하고, 정통이면서 동시에 자기를 부인하고, 사고하면서 동시에 열정적이고, 성경적이면서 동시에 복음적이고, 교의적이면서 동시에 영적이고, 진지하면서 동시에 기쁨이 있고, 즐기면서 동시에 경배하는 기독교를 주장하라. 과장된 종말론 시대에 사람들로 하여금 천국에 대한 향수를 가질 수 있도록 열심을 다하라. 그러면 그들은 이 땅에서도 크게 쓰임을 받을 것이다.

만일 내가 너라면 이런저런 운동의 대중성에 크게 신경을 쓰지 않을 것이다. 이렇게 말하는 것이 너무 나이 들어 보일지 모르지만 나는 그동안 왔다가 사라진 많은 운동을 보았다. 지금 우리와 함께 있는 것들도 얼마 동안 우리 주변에 있겠지만 생각보다 빨리 사라질지도 모른다. 60년대에 승리를 거두었던 정치적 진보주의가 1968년에 대중의 신뢰를 잃어버리고 닉슨에게 강력한 다수를 내어 주면서 갑자기 무너진 것처럼, 지난 몇 년 동안 급부상한 복음주의의 모습도 최고점을 찍고 승리감이 도취된 순간에(대통령에 출마한 은사주의적 텔레비전 복음주의자) 곧 무너질 것이다. 지속적으로 유지되기에는 내용이 너무 부실하다. 그러나 그런 운동들이 지나가고 난 후에 남는 것은 언제나 지역 교회인 것을 기억해라.

너의 삶과 사역의 이 단계에서 국가적으로 무슨 일이 일어나고 있는지를 가지고 너무 걱정하지 말거라. 그저 하나님이 너를 통해 부르신 사람들을 세워 주고 하나님의 말씀으로 그들을 양육하고 사랑하고, 말과 행동을 통해 하나님 임재의 실재를 그들에게 전하거라. 그날의 끝에 중요한 것은 교회이다―급변하는 사회에서 신실하게 살아 내려고 하는 평범한 교회들. 우리가 모든 것을 다 할 수 없음을 아는, 하지만 할 수 있는 최선을 다하고 그분의 임재를 위한 하나님의 얼굴을 구하고 그분의 사랑하는 아들이 영광을 받고 그분의 백성이 힘을 얻을 수 있도록 복을 비는 너와 나 같은 평범한 사람들에 의해 목양된 평범한 교회들 말이다.

계속 연락하자. 신학교를 졸업한다고 우리 관계가 소원해지지 않기를 바란다.

그리스도와의 연합 안에서 사랑으로,
폴 우드슨

37.

편집자 주: 1986년 가을에 팀과 우드슨이 나눈 몇 장의 편지를 뺐다. 그 편지들은 팀과 지니가 올랜도 근교에 장만한 오래된 새 보금자리에 관한 내용과 가능할 때 방문해 달라며 우드슨 부부를 초청하는 내용[디즈니월드와 엡콧 센터가 가까이에 있다는 것도 방문해야 할 이유로 유혹하듯이 언급되었대이다. 그리고 겨울 동안 올랜도의 따뜻함에 비해서 시카고가 얼마나 추운지에 관한 농담도 포함되어 있다. 그러다 1987년 2월에 팀과 우드슨의 편지는 훨씬 심각해졌다.

교인들이 나를 받아 주지 않을 것 같다는, 처음 가졌던 두려움이 목회에서의 첫해를 지나면서 수그러들기 시작했다. 교인들은 초보 목사를 생각보다 훨씬 따뜻하게 받아 주었다. 지니는 특히 사람들과 잘 어울리는 것 같았고, 그들은 지니에게서 호감을 느끼고 따로 포장할 필요가 없는 참된 믿음을 본 것 같았다. 매달 새 교인들이 늘어나서 대부분의 교인은 힘을 얻는 것 같았다. 내가 하나님의 말씀을 설교할 수 있다는 것은 엄청난 특권이었다.

하지만 그렇다고 내가 완전히 편했다는 말은 아니다. 나는 솔직히 목사로서 해야 할 산더미 같은 일들을 위해 준비되어 있지 않은 것 같았다. 공부를 하고 설교를 준비하는 데 좀 더 시간이 있었으면 좋겠다고 생각했지만 현실적으로는 계속 걸려오는 전화 때문에 내 공부는 자꾸만 끊어졌다. 해야 할 일의 목록은 점점 늘어나서 그 일들을 마치는 것은 도저히 불가능했고 관심을 가져야 할 그 모든 일(병원 방문, 장로들과의 모임, 학생 사역, 갑작스러운 교인의 위급 상황)과 또 다른 설교 준비를 어떻게 한 사람이 할 수 있을지 의심이 생기기 시작했다. 특별히 크리스마스 때 몰려드는 모임들 후에는 모든 게 귀찮아졌고 때로는 참을 수 없게 되었다. 지니는 이를 눈치채고 나에게 며칠 휴가를 내서 쉬라고 제안했다. 이런 상황에서 어떻게 쉴 수 있는지도 몰랐다.

장로 중 한 사람인 제임스 올슨 씨도 내가 지쳐 있다는 것을 눈치챘다. 1월 초 어느 주일 아침 예배 후에 그는 나를 불러서 다음 주에 함께 아침 식사를 하지 않겠느냐고 물었다. 올슨 씨는 70대 중반이었는데, 5년 전에 은퇴를 해서 미니애폴리스(Minneapolis)에서 올랜도로 이사를 왔다. 우드슨 박사와 마찬가지로 나와 지니를 친절하게 대해 주었다. 그의 태도를 보면 그는 지혜로운 기독교인이고 자신의 관심보다는 천국의 진보를 추구하는 위로자 타입이라는 것을 알 수 있었다. 그는 다른 사람들처럼 이마에 "나"라는 글자를 눈에 띄게 쓰고 다니는 사람이 아니었다.

나는 다음 주 목요일 아침에 그를 만나기로 했다. 의미 있는 아침 식사였다. 올슨 씨는 나에게 이런 말을 했다. "팀, 당신이 감당해야 하는 책임들의 무게로 낙심한 듯이 보입니다. 하지만 만일 교인들이 당신이 성가셔 한다고 느낀다면 차분한 목회적 방향을 가지고 회중을 인도하는 데 효율적이지 못할 겁니다. 어쩌면 따뜻하고 설득력 있게 하나님의 말씀을 전하기보다는 회중을 야단치려고 할 것입니다. 나는 주님이 당신에게 주님과 사역을 위한 훌륭한 종의 마음을 주셨다고 생각합니다. 당신이 낙심하고 사역에서 비효율적이 되는 것을 보고 싶지 않습니다. 바로 그것이 내가 올랜도에서의 첫해를 보내는 당신에게 이 문제를 제기하는 것에 용기를 낸 이유입니다."

처음에는 당황했다. 방어적이 되었다. 하지만 올슨 씨의 눈을 보면서 그가 나에게 상처를 주려는 것이 아님을 알 수 있었다. 그럼 나는 어떻게 해야 할까? 제임스 올슨은 마치 책을 읽는 것처럼 나를 읽고 있었고 나는 거기서 어떻게 살아남아야 할지 고민하기 시작했다. 나는 '종'임에 틀림없지만 섬김으로 짓눌린 종이었다. 적어도 이론적으로는 장로들도 교회를 운영하는 이 책임들을 함께 나누어야 했다. 하지만 사역의 첫해에 나는 어리석게도 사역의 모든 부분에 내 발을 넣으려고 했다. 어떤 이유에서였든 장로들은 내가 혼자 그 일을 하도록 내버려 두는 것처럼 보였다. 이 문제에 관해 장로들에게서 말을 들은 것은 올슨 씨가 처음이었다.

게다가 또 조지라는 장로는 나의 집중을 방해하고 있었다. 그는 동네에서 잘 나가는 젊은 변호사였다. 처음 그와 아침 식사를 하기 위해 나갔을 때 그는 나에게 말하기를, "저니맨 목사님, 내가 조사한 바에 의하면 요한계시록 20장을 나처럼 이해한 사람은 역사상 아무도 없었던 것으로 아는데, 나는 내 해석이 맞다고 확신합니다. 하나님이 나에게 그 해석을 주신 것 같습니다"라고 했다. 그러고는 그 해석이 무엇인지에 관해 자세히 설명하기 시작했다. 주의 깊게 그의 해석을 들을 후에 나는 왜 아무도 그 해석을 생각하지 않았는지 이해할 수 있었다.

나는 가능한 한 온유하게 그의 해석에서 볼 수 있는 몇 가지 문제를 지적하려고 했다. 혈압이 올라가면서 그의 얼굴이 붉어졌다. 분명 그는 누가 자기에게 반대하는 것에 익숙하지 않을 것이다. 그는 무심결에 이런 말을 불쑥 내뱉었다. "각 신자가 자기의 양심에 따라 하나님의 말씀을 해석하는 것이 맞지 않나요? 당신의 해석이 맞는지 아니면 내 해석이 맞는지 어떻게 알 수 있지요?" 내 마음이 무너졌다. 나는 우리 교회 장로 중 한 사람과 거리를 만든 것뿐 아니라 그는 성경을 이해하는 나의 능력에 직접 도전을 한 것이었다. 나는 그날 아침 아침 식사를 마칠 수 없었고 소화가 안 되어서 속이 거북했다.

나는 사무실에 들어오자마자 컴퓨터로 가서 우드슨 박사께 편지를 썼다. 교회에서 발생하고 있는 모든 좋은 일을 축소시키지는 않았지만 나에게 임한 어려움을 강조했다. 나는 자기 연민에 빠져서 내가 무슨 일을 경험하고 있는지 우드슨 박사께서 알기를 원했다. 나는 그와 함께 이야기를 나누던 시간이 너무 그리워서 전화를 걸까 생각했지만 그가 강의 중일 것 같았다.

자, 여기 내가 있다. 상상하지 못했던 문제들로 괴로워하는 목사, 좋은 훈련을 받았다고 생각했던 신학교 졸업생! 나 팀 저니맨은 목회의 첫해부터 목회적 의무를 감당하기에는 역부족인 사람으로 느끼기 시작했다. 나는 아침 식사도 마치기 전에 장로 한 사람에게서 등을 돌렸고 이미 목회 현장에서 외로움을 느끼기 시작했다.

우드슨 박사는 나를 실망시키지 않았다. 그의 편지가 도착했을 때 나는 크게 안도할 수 있었다.

1987년 3월 3일

네 편지가 도착했을 때 나와 엘리자베스가 비행기를 타고 너희를 보기 위해서 올랜도로 간다면 얼마나 좋을까 생각했다. 너희와 함께 네가 가장 좋아하는 곳에 가서 커피를 마시고 수다를 떨면서 오후를 보낸다면 얼마나 즐거울까? 하지만 인생은 우리가 진짜로 원하는 것을 하도록 언제나 허락하지는 않지. 책임이라고 부르는 부담들이 우리 앞에 놓여 있으니까.

올슨 씨에 대해서 알게 되어서 참 기쁘다. 아주 지혜로운 신사라는 생각이 들었다. 그와 같은 장로를 너에게 허락하신 주님이 얼마나 은혜로우신지! 그분과 좀 더 가까이 지내기를 제안한다. 앞으로 교회 생활이나 다른 여러 문제에 관해서 네 마음을 쏟아 놓을 필요가 있을 때 좋은 친구가 되어 주실 거라 생각한다. 안타깝게도 많은 목사들 곁에 올슨 씨 같은 분이 없단다. 그런 목사들은 때로는 염려와 낙심으로 속으로만 애를 끓이고 자신의 실수를 확인도 못한 채 자기 연민에 빠져 아주 외로워 하곤 한다. 그건 자기에게도 가족에게도 교회에게도 해가 되는데 말이다.

팀, 사역에서는 서로가 필요하단다. 너는 복음적 슈퍼맨이 되려고 하지 말고 교회의 중요한 업무들을 혼자 지휘하려고 하지 말거라. 이런 모습은 너 자신과 너의 교인들에게 환멸을 느끼게 할 것이다.

올슨씨의 충고가 합당해 보인다. 이 문제에서 분명한 사실은 너도 사역에서 평신도가 필요하고 그들도 네가 필요하다는 것이다.

트리니티에서 야콥 슈페너 「경건한 열망」(*Pious Longings*, 1675)을 읽어 보았니? 내 생각에 이 책은 여전히 교회 생활에 관한 위대한 고전 중 하나다. 목사들이 종종 평신도는 목사들과 마찬가지로 영적인 제사장들이라는(마르틴 루터가 강력하게 강조했던 교리인 신자들의 제사장 됨이라는 성경의 가르침과 같은 맥락에서) 사실을 잊고 있다고 슈페너가 경고한 것을 네가 기억할지 모르겠다. 목사들이 이 교리를 잊어버릴 때 그들은 교회를 운영하는 모든 책임을 혼자 지려고 하고 그렇게 하면서 교제, 지원, 비전 공유, 협력을 잃어버리게 된다. 피곤함이 급하게 몰려오게 되지. 흥미롭게도 이런 일이 모든 것을 할 수 있는 재능 있는 목사들에게 쉽게 나타난다는 것이야(적어도 얼마 동안이라도). 그래서는 안 된다.

「경건한 열망」(Fortress, 1980, pp.92-93)에서 슈페너는 루터가 한 조언의 지혜를 강조한다.

> 목사들뿐만 아니라 모든 기독교인이 그들의 구원자에 의해서 제사장이 되었고 성령에 의해서 기름부음을 받았으며 영적 제사장직을 수행하도록 헌신되었다는 영적 제사장직을 거룩한 사람 루터가 얼마나 진실되게 변호했는지를 살펴보지 않은 채 그의 글들을 제대로 읽을 수 있는 사람은 아무도 없다. 베드로가 "너희는 택하신 족속이요 왕 같은 제사장들이요 거룩한 나라요 그의 소유가 된 백성이니 이는 너희를

어두운 데서 불러 내어 그의 기이한 빛에 들어가게 하신 이의 아름다운 덕을 선포하게 하려 하심이라"고 기록했을 때 이는 단지 목사들을 향한 것이 아니었다.

그리고 나서 슈페너는 오늘날 우리가 영적 탈진이라고 부르는 것에 대한 해결안을 제시하는데, 사역 중에 평신도를 의존하라는 것이었다. 그는 이렇게 기록한다.

> 이 제사장직을 정당하게 사용한다고 목회에 해가 될 일은 없다. 실제로는 목회가 마땅히 되어야 할 만큼 되지 못하는 주요 원인 중 하나는 보편적 제사장직의 도움 없이는 너무 약하다는 것이다. 일반적으로 목양을 하도록 주어진 많은 사람을 권면하기 위해 필요한 모든 것을 한 사람이 감당하는 것은 불가능하다. 하지만 제사장들이 자기 의무를 다한다면, 감독자요 맏형으로서 목사는 그의 공적이고 사적인 의무를 행함에 있어서 놀라운 보조를 받게 되는 것이고, 그렇게 함으로 그의 짐은 아주 무겁지 않게 될 것이다(pp. 94-95).

평신도가 영적인 제사장들이라고 교육을 받고 그들의 영적 의무와 기회를 이해할 때 지역 교회의 부담들과 기쁨들은 좀 더 공평하게 나누어질 것이고 교회는 부흥한다. 평신도가 그들에게 교회 안에서 행할 수 있는 영적인 은사들이 있다고 가르침을 받을 때 그들은 자신들의 기여가 그리스도의 지속적인 사역에 얼마나 중요한 것인지를 깨닫게 될 것이다. 팀, 너의 평신도는 네가 절대로 할 수 없는 것을 할 수 있다. 그들 중 많은 사람이 네가 가진 것과는 다른 영적인 은사들을 가지고 있다. 교회의 영적인 건강은 일반 목회에 있어서 평신도가 너와 함께 동역함에 달려 있다.

평신도가 왜 하나님이 그들에게 주신 역할들을 제대로 수행하지 못할까? 어쩌면 우리 교역자들이 그 실패의 책임을 져야 할지 모른다. 때로는 우리 자신이 모든 것을 붙잡고 있고, 더 일반적으로는 우리는 단지 교회에서 영적 제사장으로서의 그들의 위치와 기능에 대해 가르치는 일을 소홀히 한 것이다. 우리는 그들의 영적인 은사가 무엇인지 그리고 어떻게 사용하는지를 발견하는 기쁨으로 그들을 인도하는 일에 실패했다.

이와 같은 교육이 없다면, 평신도는 종종 자신의 주요 임무가 교회 일을 하도록 자신들이 고용한 전문가들인 목사와 직원들에게 월급을 주는 것이라고 생각한다. 교회를 위한 프로그램을 제시하는 것은 설교자의 일이고 만일 평신도가 그 프로그램을 마음에 들어 한다면 그들은 설교자를 계속 고용할 것이고 마음에 들지 않는다면 내쫓거나 씩씩거리면서 더 좋은 프로그램이 있는 곳을 찾아 교회를 떠날 것이다. 평신도가 프로그램을 마음에 들어 하지 않아 목사를 내쫓는 데 투표를 할까 두려워서 목사들은 어쩔 줄 몰라 하고 조급해할 것이다. 그들은 이런 영적으로 기력을 상실하게 하는 게임의 법칙을 따라가게 될 것이고, 이렇게 만들어진 악순환은 교역자와 평신도 모두를 타락하게 만든다.

이 문제를 다르게 말하자면, 우리 지역 교회들에서는 목회의 전문가들(즉 목사들)이 직장에서의 전문가들을 대하게 되는데, 이 두 그룹 모두 자신들이 영적인 제사장들이라는 전제를 진심으로 받아들이지 않고 있다. 평신도 전문가들은 교회의 성공을 평가하기 위해서 사업적인 기준을 적용하고, 목사와 직원들은 평신도의 선한 의지를 유지하기 위해서 같은 기준을 대체로 받아들인다. 이러한 상황에서 교회 생활은 영적인 능력이 부족하고 기도가 우선순위에서 밀려나고 아주 극소수만이 구원자요 주님으로서 그리스도를 만나고 있다. 그럼에도 단순히 프로그램이 잘 돌아가고 출석률이 좋다는 이유로 "아주 성공적으로" 평가된다. 교회는 탁월한 프로그램을 진행해야 하는 목회자들을 제외하고는 누구에게도 요구가 거의 없는 편안한 장소가 된다.

  이런 유형에 빠진 현대 복음주의 교회에 관해 바울은 어떤 생각을 할지 궁금하다. 바울이 다른 사람들에게 추천했던 데살로니가 교회의 특징들을 기억하니? "우리가 너희 모두로 말미암아 항상 하나님께 감사하며 기도할 때에 너희를 기억함은 너희의 믿음의 역사와 사랑의 수고와 우리 주 예수 그리스도에 대한 소망의 인내를 우리 하나님 아버지 앞에서 끊임없이 기억함이니 하나님의 사랑하심을 받은 형제들아 너희를 택하심을 아노라 이는 우리 복음이 너희에게 말로만 이른 것이 아니라 또한 능력과 성령과 큰 확신으로 된 것임이라 우리가 너희 가운데서 너희를 위하여 어떤 사람이 된 것은 너희가 아는 바와 같으니라 또 너희는 많은 환난 가운데서 성령의 기쁨으로 말씀을 받아 우리와 주를 본받은 자가 되었으니 그러므로 너희가 마게도냐와 아가야에 있는 모든 믿는 자의 본이 되었느니라 주의 말씀이 너희에게로부터 마게도냐와 아가야에만 들릴 뿐 아니라 하나님을 향하는 너희 믿음의 소문이 각처에 퍼졌으므로 우리는 아무 말도 할 것이 없노라"(살전 1:2-8).

팀, 나는 너희 교회가 데살로니가 교회와 같이 모든 교인이 믿음의 역사가 있고 사랑의 수고가 있으며 소망의 인내가 있는 교회가 되기를 고대한다. 바울이 데살로니가 교회에 관해 썼던 것처럼 누군가 너희 교회에 관해 쓴다면 얼마나 큰 기쁨이 될까? 하지만 이런 교회는 모든 사람의 참여를 필요로 한다—다양한 은사를 가진 모든 영적 제사장들이 그리스도의 몸으로서 함께 일하는.

조지 장로도 교회에서 그의 은사를 사용할 필요가 있다. 네가 그를 다시 한 번 아침 식사에 초대해서 한 인간으로서 그를 좀 더 알아가도록 해 보지 않겠니? 만일 그가 요한계시록 20장에 대한 아주 독특한 해석을 들고 나온다면 그냥 들어 주거라. 그러고는 다른 주제로 넘어가거라. 어쩌면 우정을 쌓은 후에 교회 교리와 성경 해석의 역사에서 전에 아무도 제안한 적이 없었던 관점이 건전했던 경우는 아주 드물다는 것을 말할 수도 있겠지. 그리고 나서 해석학에 대한 짧은 강의를 그에게 제공해 주는 것도 좋을 거다. 네가 성경 언어와 신학에 있어서의 전문성을 가지고 권위주의적으로 그를 대하기보다 친구로 대할 때 너의 말을 좀 더 주의 깊게 들을 것이다. 만일 그가 아무것도 배우려고 하지 않고 자기 멋대로 행동하는 사람들 중 하나가 된다면 적어도 너는 네가 형제를 돌이키기 위해 할 만큼 했다는 확신을 가질 수 있게 되겠지.

엘리자베스와 내가 너희에게 안부를 전한다. 너의 편지가 우리로 하여금 너를 위해 더욱 열심히 기도하게 하는구나. 팀, 하나님은 신실하다. 그분이 이 험한 길을 통해서 너와 지니와 너희 교회를 돌보실 것이다. 수십 년 동안 그분은 분명히 나와 엘레자베스에게 그 신실하심을 증명해 주셨으니까.

사랑과 기도로,
폴 우드슨

38.

> **편집자 주:** 1987년 봄과 여름 사이에는 팀과 우드슨 박사 사이의 편지 왕래가 다소 뜸했다. 많아야 세 번의 편지가 오고 갔는데 모두 개인적인 소식과 격려의 내용이었다. 지니는 우드슨 박사 부부께 플로리다에서 몇 장의 엽서를 보냈고, 팀과 지니가 8월에 휴가를 보낸 뉴욕 스페큘레이터에 있는 '캠프 오브 더 우즈'(Camp of the Woods) 수양관에서 한 장의 엽서를 보냈다.

1987년 9월 15일 지니와 나는 교회 사역 일주년을 기념했다. 올슨 씨를 비롯한 몇 분의 장로가 제법 우아한 식당으로 초대해 저녁 식사를 대접해 주셨다. 얼마나 아름다운 저녁이었던지! 우리는 서로를 존중하게 되었고 점점 더 한 팀으로 사역하고 있었다. 목사는 모든 질문에 답이 있어야 할 필요가 없고 모든 위원회 모임의 주재자가 될 필요도 없다고 결정했다. 장로들은 교회의 주인 의식을 가지기 시작했고, 교인들의 기쁨과 슬픔을 함께 나누었다.

심지어 더욱 놀랍게도 조지와 그의 아내도 그날 저녁 식사에 참석했다. 함께 좀 더 이야기를 나누고 기도를 한 후에 나는 조지를 다른 관점에서 보기 시작했다. 조지의 항상 옳고 싶은 욕망은 불안감에서 비롯된 것이었음을 알게 되었고 이제 그는 그의 영적인 은사를 다른 사람들을 격려하는 데 사용하기 시작했다. 인간의 마음에 역사하시는 하나님의 은혜였다!

1987년 3월 우드슨 박사의 편지가 나의 태도를 바꾸는 결정적인 계기가 되었다. 1986년 가을에 나는 올랜도에 있는 교회가 나의 교회이고 내가 그 성공을 이루어 냈다는 환상에 잡혀 있었다. 초기 목회 사역의 비전은 완전히 상실한 상태였다.

우드슨 박사는 내가 슈페너의 고전인 영적 회복에 관한 「경건한 열망」을 읽었는지 물어 보신 적이 있는데 물론 그 책을 읽었을 뿐만 아니라 트리니티에서 '교회사 II' 수업 때 독일 경건주의와 슈페너에 관한 보고서도 썼다. 하지만 신학교에 있을 때에는 굉장히 유익하게 들렸던 영적 제사장직에 대한 슈페너의 강조는 나의 의식에서 사라져 버렸다. 오히려 나는 내가 얼마나 열심히 사역하고 있는지를 보여 줌으로 교인들을 기쁘게 하겠다는 자기중심적인 욕망에 휩싸여 있었다.

나의 태도에 일어난 이런 변화를 가장 먼저 눈치챈 것은 올슨 씨였다. 우리는 또 다른 아침 식사 모임을 가졌고 그때 우드슨 박사와의 편지에 관해 말할 기회가 있었다. 초보 목사가 올랜도 지역에서 우리가 가질 수 있는 데살로니가전서의 비전을 설명할 때 올슨 씨의 눈가가 촉촉이 젖었다. 식당을 나와 우리는 주차된 차 안에서 멋진 기도 시간을 가질 수 있었다.

1987년 가을에 교회는 제법 빠르게 성장했다. 장로들은 많은 사역에 힘을 쏟았고 사역을 위한 그들의 열정은 점점 자라고 있었다.

모임 때마다 기도 시간이 점점 늘었고, 지역 사회에서의 전도와 봉사를 계획하면서 그들은 주님의 인도와 능력을 간절하게 구했다.

하지만 장로들이 좀 더 깊이 관여함에도 나의 일정은 여전히 바빴다—내가 모든 것을 해야 한다고 생각했던 때보다도 바빴다. 1987년 10월 1일에 나는 우드슨 박사께 편지를 써서 우리 교회에 주신 복에 관해 말씀을 드렸다. 그리고 이제 나의 문제는 주님이 은혜 가운데 주신 많은 책임을 주어진 시간에 어떻게 다 감당할 수 있는가 하는 것이라고 말씀드렸다. 그리고 지나가는 말로 이 압력들 때문에 편지를 자주 드리지 못했다고 언급했다. 그는 다음의 편지를 회신으로 보내주셨다.

1987년 10월 12일

자주 편지하지 못했다고 용서를 구할 필요는 없다. 내가 간헐적으로 너의 소식을 접한다면 목회가 잘되고 있고 네가 주님 안에서 형통하고 있구나 라고 생각하니까. 나는 그리스도 안에서 너의 성숙함에 확신이 있다. 좀 더 정확하게 말하자면 나는 하나님이 네 안에서 그분의 일을 완성하실 것임에(빌 1:6) 확신이 있고, 네 삶에서 거룩하게 하시는 은혜의 많은 증거를 볼 수 있다. 우리가 목숨을 다해 신뢰하는 이 그리스도가 얼마나 아름다운 구주이신지! 그분은 진실로 신실하시다.

할 일이 많을 때 어떻게 해야 하는지 조언을 내게 구했지? 네가 시간 관리에 관하여 나에게서 조언을 구했다는 말을 듣고 아내가 웃었다. 너와 지니와 내가 리버티빌에 있는 베이커스 스퀘어에 있다가 질주하듯이 식당을 빠져나갔던 때를 기억하니? 나는 그 때 트리니티에서의 위원회 모임을 까맣게 잊고 너희와 약속을 이중으로 했었다. 엘리자베스는 내가 효율성을 주장하는 것이 마땅하지 않다고 생각할 만한 너무 많은 사건을 알고 있다.

설교자는 자기가 실천하는 것을 설교하지 않는다는 것을 마음에 두고 몇 가지를 제안한다.

1) 많은 것을 제대로 못할 바에는 몇 가지만 하는 게 낫다. 한번은 내 아버지가 자신이 어떻게 살았는지를 나에게 말씀해 주신 적이 있다. 아주 가슴 아프게 말씀하셨다. "아들아, 나는 좀 더 적은 일들을 더 잘했더라면 하고 후회한다." 내가 젊었을 때는 아버지가 무슨 말씀을 하시는지 솔직히 이해하지 못했다.

젊은이들은 노인이 되어 간다. 세상에서 가장 놀라운 일 중 하나는 젊었던 자신이 노인이 되어 가는 것을 발견하는 것이다. 나도 그 놀라운 단계를 거쳐 온 셈이지, 지금 노인이 되어서야 내 아버지가 무슨 말씀을 하려고 하셨는지를 이해한단다. 인생은 쉴 새 없는 활동으로 희미한 형상이 될 수 있다. 우리는 무엇을 하는지 생각조차 하지 못한 채 그냥 살 수 있지. 멈추고 생각하고 그러고 나서 더 나은 몇 가지를 하는 것이 훨씬 좋다.

2) 주님과 동행하는 기독교인들의 경우에는 언제나 해야 할 일이 너무 많다. 이에는 따로 계시가 필요 없다. 우리는 이웃들이 끝없는 육체적, 영적 필요를 가지고 있는 상처투성이 세상에 살고 있다. 한

편 생각하면 우리 주변에 있는 세상과 교회의 필요를 네가 느끼는 것은 기독교인으로서 당연한 일이다.

3) 기독교인은 알게 된 모든 선하고 가치 있는 일을 다 할 수 없다. 우리는 모든 잘못된 것을 고칠 수 없고 모든 상처를 싸맬 수도 없다. 이런 깨달음이 너를 낙심케 할지 모르겠다. 하지만 우리는 우리가 전능하지 않고 우리에게 주어진 것에는 한계가 있음을 고백해야 한다. 이 상황에서 우리는 아주 가치 있는 원인에 대해서도 "아니오"라고 거절하는 법을 배워야 한다.

4) 일반적으로 우리는 우리 은사에 맞는 것들을 선택해야 한다. 만일 나에게 가르치는 은사가 있지만 재정을 질서 있게 관리하지 못한다면 나는 교회의 회계나 행정가가 되려고 하기보다는 가르쳐야 한다. 사역에서의 효율성은 한 사람의 사역과 은사가 일치할 때 엄청나게 높아진다. 그리스도의 몸에 속한 다른 사람들이 내가 잘 못하는 것들에 대해서 은사들을 가지고 있을 것이다.

5) "만약에"라는 삶의 방식을 피해야 한다. 말년에 스스로에게 "내가 그것들을 할 때 좀 더 열심히 했더라면"이라고 말하는 경향이 있는 선배 기독교 지도자들을 만난 적이 있다. 그들은 자신의 삶을 회상하면서 "만약에"라는 부적절한 관심에 초점을 맞추고 있었다. 네가 무엇인가 할 수 있을 때 최선을 다하는 것이 훨씬 낫다. 그러면 나중에 "만약에 내가 더 열심히 했더라면"이라고 말하지 않을 것이다. 같은 원리가 너의 선택에도 적용된다. 네가 할 수 있는 만큼 최선을 다해 기도하는 마음으로 신중하게 우선순위를 정해라. 그리고는 두 번째 가능성에 대해서는 생각하지 말아라. 하나님은 여전히 주권적

이시니 그분이 바르게 인도하실 것이다. 고린도전서 4장 1-7절을 묵상하거라.

6) 이 모든 것 위에 목사는 그의 우선적인 역할이 설교하고 가르치며 양들을 잘 돌보는 것임을 기억해야 한다. 네가 만일 CEO 같은 자세에 사로잡혀(너의 우선적인 목표는 교회를 잘 운영하는 것이 될 것이다) 하나님의 말씀이 지식과 성령의 능력으로 전파되지 않고, 성례는 바르게 집행되지 않고, 예배와 기도와 전도는 더 이상 중요한 것이 되지 않고(주장하기는 하지만), 하나님을 아는 지식에 깊은 성장도 없고, 권징도 제대로 실행되지 않는다면 너는 그리스도의 교회의 목사가 아니라 번지르르한 조직의 지도자가 될 것이다.

7) 우리는 주님 안에서 여유를 가지고 주님이 교회를 세우신다는 확신 속에 쉼을 가지는 법을 배워야 한다. 나는 주님의 일을 하느라고 지쳐서 낙심된 많은 목사를 만났다. 어쩌면 그들은 그들의 지침을 그들이 그리스도를 따르는 참된 제자의 표시라는 식으로 받아들이려고 했는지도 모른다. 그러면서도 그들은 힘들고 지친다고 고백하겠지. 이런 존재의 유형은 일반적으로는 주님이 그의 종들에게 원하시는 것이 아니라고 나는 믿는다. 반면에 목회의 모든 도전과 어려움에도 심령의 평안을 유지하는 목사를 만나는 게 얼마나 위로가 되는지 모른다. 이런 평안함이 어디에서 비롯되는 것일까? 그는 주님과 시간을 보내고 하나님의 말씀을 묵상하고 있음을 너도 알 것이다. 그는 시편 1편에 드러난 삶의 방식을 따르고 있는 것이다.

8) 아주 실제적인 차원에서 말하자면 네가 해야 할 일들의 목록을 만들고 우선순위를 정하고 완성한 업무는 목록에서 지워 가면서 그

목록을 따라 살거라. 지워 가는 것은 네가 어디에 있는가를 보여 주는 데 도움을 줄 뿐만 아니라 네가 성취한 것들도 보여 준다. 그와 같은 훈련을 몇 주 혹은 몇 달 동안 계속한다면 너는 한 업무를 수행하는 데 얼마나 시간이 필요한지 비교적 정확하게 판단할 수 있게 될 것이다. 만일 우선순위를 정해 놓았는데 예상치 못한 긴급 상황으로 작업을 완료하지 못한 경우, 그 일은 우선순위에서 낮은 곳에 있는 일일 것이다. 그렇게 목록을 따라 일하기 시작한다면 다른 일 때문에(예를 들면 갑자기 도착한 우편물을 읽느라) 그 일을 너무 가볍게 여기지 말아야 한다. 이러한 일들을 할 일 목록에 넣어야겠지만 급해 보인다고 중요한 것을 희생하지 말도록 해라.

팀, 이러한 제안들은 그리 참신한 것도 아니고 심오한 것도 아님을 안다. 그럼에도 이것들은 기본적인 것들이라서 가치 있는 것들이 될 것이다. 나도 이것들을 하나하나 되돌아보았다. 하지만 설교자는 자기가 설교한 대로 언제나 실천하지는 못하는구나!

엘리자베스와 나는 머지않아 너희를 볼 수 있는 기회가 오기를 바라고 있다. 너희가 시카고에 올 일이 있으면 우리 집에 머무는 것은 언제나 환영인 건 알지? 우리는 정기적으로 너희를 위해 기도하고 있으며, 주님이 교회 위에 축복의 손을 얹고 계신 것 같아 기쁘다.

진심을 담아,
폴 우드슨

39.

지니와 나는 크리스마스와 신년 사이 며칠 동안 부모님 집을 방문하면서 돈을 많이 쓰지 않고, 항공편으로 시카고를 경유해서 올랜도로 올 수 있었다. 그래서 우드슨 부부와 이틀을 함께 보내는 즐거움을 누릴 수 있었다.

우리가 제법 긴 시간 이야기를 나눈 것 중에 몇몇 텔레비전 전도자의 삶에서 드러난 도덕적 스캔들이 끼친 영향에 관한 것도 있었다. 우드슨 박사는 짐 베이커(Jim Baker) 스캔들을 원인과 결과로 보았다 (역자 주: 교회 비서와의 성적 스캔들을 일으키고 돈을 주어서 잠재우려 했다가 들통난 짐 베이커의 스캔들). 그것은 국가와 교회에서 도덕적 기준이 하향되면서 생긴 결과였고, 경건, 하나님을 두려워함, 하나님 중심, 균형 있는 성경적 기독교를 지키려는 열정적인 관심보다는 이미지와 성공에 더 치우친 목회의 고통스러운 결과였다. 하지만 우드슨 박사는 이러한 도덕적 실패가 언론의 끝없는 조롱과 심지어 교회 내에서도 교묘한 냉소주의의 원인이 되지 않을까 두려워하셨다. 너무 많은 위선자가 있다는 이유로 사람들이 주님의 일에 헌금하기를 거부하고 있기 때문에 이미 많은 명망 있는 선교단체들이 경제적인 압박을 느끼고 있었다. 위선자들은 언제나 있다. 그리고 언제나 있을 것이다. 이는 기독교인들이 거짓으로부터 참을 구별하는 법을 배워야 한다는 것과 인간의 죄에 너무 놀라지 말아야 함을 의미할 뿐이다.

지미 스와가트(Jimmy Swaggart [역자 주: 1980년대 미국 텔레비전 복음 전도재) 스캔들은 새로운 차원의 문제와 관련 있는데, 이 문제는 1988년 첫 두 달 동안 우리 교회에도 영향을 끼쳤다. 집사 중 한 명이 2년 동안 간음 관계를 가지고 있었다는 것이 드러났다. 그는 즉각적으로 회개했고 내가 보기에 그 회개는 진심이었다. 어떤 권징이 주어져야 할까? 이 형제의 회개는 참되었고, 하나님이 회개하는 신자들의 죄를 용서하신다면(요일 1:7,9) 교회가 어떤 벌을 내릴 권리가 있을까? 반면에 같은 근거를 스와가트에게 적용하는 것은 내게 대단히 불편했다. 나는 나 자신에게 정직해야 했다. 나는 그의 사역, 그의 쉬지 않는 쇼맨십, 그의 단순한 권위주의를 좋아하지 않았다. 하지만 도대체 어느 정도가 나의 문화적 차이에서 비롯된 것이고 어느 정도가 신학적 차이라고 해야 할지 결정할 수 없었다. 아무튼 하나님의 성회가 (언론에 따르면) 그가 상담을 받아야 하는 적어도 6개월 동안은 공적인 사역을 금지해야 한다고 제안했을 때 나는 그에게 내린 형량은 너무 적다고 느꼈다. 그러면서 갑자기 스와가트가 이런 최소한의 제지에도 순종할 것 같지 않았다.

2월 말쯤에 내가 우드슨 박사께 편지를 보냈을 때, 나는 교회 권징에 관한 지침을 찾고 있었다. 물론 이 주제를 신학교에서 다룬 적은 있지만 어려운 사례들에는 마땅히 보여야 할 충분한 관심을 보이지 않는다는 생각이 들었다. 스캔들이 있었던 복음 사역자는 그런 일이 있을 때 언제 다시 복귀해야 할까? 나의 회중에는 짐 베이커나 지미 스와가트 같은 사람들은 없었지만 간음의 관계에서 회복된 집사는 있었다.

1988년 3월 5일

네가 그렇게 어렵고 민감한 문제를 접하게 되었다는 것이 안타깝다. 너의 경험은 예외적인 것이라고 말하고 싶지만 사실은 그렇지 않다. 교인들이 늘어나는 곳에서 오랫동안 목회를 하는 목사들은 누구나 네 앞에 있는 것과 비슷한 문제들을 직면하게 된다.

네 질문에 대한 답을 직접적으로 하기 전에 (확신하건대) 우리가 함께 동의하는 것들, 그럼에도 내가 앞으로 할 말에 오해가 없도록 하기 위해서 분명하게 짚어야 할 네 가지 점을 강조하도록 하였다. 첫 번째로, 성적인 죄는 성령을 훼방한 죄가 아니다. 즉 용서받지 못할 죄는 아니다. 두 번째로, 교회 안에서 권징은 상호적인 훈계, 배려 깊은 관심, 기도하는 마음으로 경고함, 격려에서 시작해서 극단적인 처벌인 출교까지 있다. 다른 말로 하면 우리는 권징을 단순히 출교로만 생각하지 말아야 한다는 거야. 세 번째로, 이 마지막 체벌은 성경에서는 세 가지 죄에만 적용된다—특히 가르치는 자들 안에서의 심각한 교리적 왜곡, 주요 도덕적 타락(고전 5장에 기록된), 지속적으로 분쟁을 일으키는 사랑 없음(딛 3:10 참조)이다. 이런 마지막 체벌이 요구된다면 자기의 의를 드러내는 서투름이 아닌 눈물과 상한 마음으로 행해야 한다. 그런 경우에도 그런 시행의 목적은 교회를 순수하게 지켜야 하는 것 외에 잘못한 그를 돌이키도록 하기 위함이기도 해야 한다.

여기까지는 많은 사람이 동의하리라고 생각한다. 게다가 애통할 만한 성적인 죄를 범한 형제나 자매가(내가 보낸 편지의 직접적인 원인되었던 것을 따라가자면) 지속적으로 그 죄에 머물면서 회개나 후회가 없다면 교회는 언젠가 마지막 권징을 해야 하는 것 말고는 다른 선택의 여지가 없다.

하지만 성적인 과오를 인정하고 회개하고 다시는 그런 일이 일어나지 않도록 하겠다고 서원하는 형제나 자매를 다룰 때는 의견의 차이가 발생한다. 교회의 지도자들의 의견에 그 회개는 참되다고 가정해 보자. 그럴 때는 어떻게 해야 할까? 그가 출교를 당해야 할까? 아니면 그렇지 않을까?

교부 시대에는 대체로 이런 상태에 있는 신자들은 교회 모임에는 참석하도록 했지만 성찬에는 참여하지 못하도록 했다(때로는 몇 년 동안). 우리 대부분은 이러한 처벌을 위한 성경적인 근거가 분명하지 않다는 것에 동의하리라고 생각한다(성경적 근거는 아니더라도 목회적 지혜가 있을 수 있다). 하지만 진짜 의견의 분열은 그와 같은 사람을 교회의 교제로 회복시키는 것이 죄를 짓기 전에 가졌던 지도자의 자리로의 회복을 의미하는가를 논할 때이다. 여기에서 의견이 첨예하게 대립된다. 어떤 사람들은 아주 강력하게 타락한 지도자들은 망가진 물건이 아니라고 주장한다(최근 한 사람이 〈CT〉에 기고한 대로 [편집자 주: 1987년 12월 11일자]). 다른 사람들은 그 반대편에 서서 성적인 죄를 범한 지도자들은(특히 목사들) 다시는 강단에 서지 말아야 한다고 주장한다.

최근에 한 보수적인 교단이 아주 엄격한 제재 규정을 통과시킨 것으로 알고 있다. 이제부터는 만일 부부 중 한 사람이라도 이혼을 한 적이 있다면(기독교인이 되기 전이라도) 그 목사는 다시는 목회를 하지 못하도록 한 것이다. 특히 일부 목사가 세 번 혹은 네 번씩 결혼을 하는 것이 일반적이 되어 버린 캘리포니아에서의 추세에 대해 강경히 대처하려는 의지는 이해할 수 있다. 하지만 이 경우에 논리는 그리 설득력이 없다.

레위기의 제사장들이 순결하고 흠이 없어야 했기 때문에 복음의 사역자들도 순결하고 흠이 없어야 한다고 주장한다. 하지만 레위기에서 제사장직이 예표하는 것은 새 언약 아래 있는 모든 하나님의 백성(벧전 2:9 참조)이거나 위대한 대제사장이신 예수님 자신이시지(히브리서) 교회의 목사들이 아니다. 이 입장이 은혜에 관해 말하는 것(혹은 말하지 않는 것)은 생각하는 것조차 끔찍하다. 이건 지나친 반응의 전형이다. 이론적으로는 어떤 사람이 살인을 저지르고 20년 동안 형을 살고 감옥에서 기독교인이 되어 출옥한 후에 기독교인으로 성장해서 신학교에 가고 마침내 인정된 목사가 될 수 있지만(어떤 방해 없이) 21살 때 알코올 의존자였고 음행을 저지른 아내와 이혼을 한 사람은 여전히 은혜에는 철저한 이방인이 되어 영구적으로 제명이 될 수 있다는 말인데 신기하기 이를 데 없다!

반면에 스와가트가 기독교적인 방법에 있어서의 아주 옛날 기록에 의존해서 용서를 구하는 것은 문제를 완전히 잘못 다루고 있는 것이다. 내가 생각하기에 중요한 점은 아주 기초적인 것으로서의 회개와 용서는 지도자의 위치로의 즉각적인 회복을 의미할 필요가 없다는 것이다. 교회의 교인으로서의 회복과 모든 은혜의 수단의 회복은 같은 것이다. 하지만 지도자의 위치로의 회복은 다른 것이다. 만일 스와가트가 진정으로 회개했다면 나는 그의 교회가 하나님의 용서하시는 은혜가 필요한 동료 기독교인으로서 그를 받아 주고 애정과 부드러움으로 형제로 그를 감싸 주었으면 좋겠다. 하지만 가장 강조하고 싶은 것은 그것이 너무 빠른 시간에 그를 다시 지도자로 회복시켜 주는 것을 의미하지는 않는다는 것이다.

신약 성경이 기독교 지도자들의 자격에 관해 다룰 때(예를 들어, 딤전 3:1 이하) 강조점은 진정성에 있었다. 신약 성경은 회심의 순간까지 형편없는 삶을 살았던 사람들도 일정한 기간 동안 진정성, 겸손, 온유, 부드러움, 기독교 진리에서의 성장을 보인다면 기독교 지도자로 받아 주기를 원했다. 기독교 장로들의 그릇된 행동에 대한 보고가 돌면 신약 성경은 그러한 보고들을 건강한 의심을 가지고 살펴보도록 했다. 고대 세계에서는 중상과 험담이 낯선 일이 아니었으니까. 그렇지만 그 보고들이 정당할 때에는 신약 성경은 그와 같은 상황에 처한 기독교 지도자들을 공적으로 책망해서 다른 지도자들이 두려워하도록 할 것을 강조한다. 다시 말하면, 권징의 기능 중 일부는 그를 본보기로 삼는 것이었다(딤전 5:19, 20). 그냥 가볍게 처벌하는 것은 좋은 본보기가 될 수 없겠지. 하지만 더 중요한 것은 신약 성경의 강조가 진정성에 있기 때문에, 또한 지도자들은 흠이 없어야 한다는(심지어 외부 사람들의 눈에도) 주장 때문에 공적으로 범죄한 지도자는 적어도 상당한 기간 동안은 그 자리에서 물러났다.

하나님의 성회의 권위 있는 지도자들이 애정을 보였는지는 몰라도 이러한 원칙들을 적절하게 살펴보았다고 생각되지는 않는다. 썩 내키기 않는다 해도, 도덕적으로 부정한 사람이었다 해도 진심으로 회심하여 그의 삶이 완전히 바뀐 사람이 지도자의 자리에 오르는 것은 외부 사람들도 이해할 수 있다. 척 콜슨(Chuck Colson)과 같은 사람이 떠오르는구나. 교회 안에서든 밖에서든 존경하기가 더욱 힘든 사람은 거짓된 삶을 살면서도 아주 강력하게 도덕성에 대해 설교한 사람일 것이다. 만일 스와가트가 3개월이나 혹은 그 정도의 시간 후에 다시 설교를 한다면 국가적으로 조롱을 받을 것이다. 교회는 핍박, 중상, 지적인 갈등, 다양한 법적 개인적인 반대들은 견딜 수 있다. 하지만 조롱은 견딜 수 없다.

이 경우에 있어서 스와가트가 그저 하룻밤의 섹스를 즐겼는가보다 신뢰성의 문제가 훨씬 중요하다. 원칙들은 그대로겠지만 뉴스에 따라 스와가트의 성적인 죄가 긴 시간 동안 지속된 것을 기억한다면 이 원칙들은 훨씬 강하게 적용되어야 할 것이다. 그는 짐 베이커를 비난하는 동안 자신은 이중생활을 하고 있었고 폭넓은 영향력을 행사하고 있었다. 여기에 스와가트가 매년 2,000만 달러 정도를 모금했고 이것은 하나님의 성회의 선교 예산의 25퍼센트에 해당했으니까 하나님의 성회는 그 교단의 명성을 유지하도록 하기 위한 상당한 압력을 받았을 것이라는 사실을 덧붙여 생각해 봐라. 스와가트가 불쌍한 국가적 조롱거리가 되는 대신에 하나님의 성회뿐 아니라 조용히 성경에 순종하며 살고자 하는 기독교가 국가적인 조롱거리가 될 위험에 처했다(편집자 주: 이 이야기의 결말을 생각해 보는 것이 중요하다. 스와가트는 심지어 그런 제한조차 받아들이기를 원치 않아서 하나님의 성회와 결별했다. 한때 그는 3개월간 설교를 하지 않겠다고 말했지만 실제로는 설교를 하지 않은 기간은 한 달뿐이었다. 자신들의 신뢰성 문제로 하나님의 성회는 그의 목사직을 회복시켜 주지 않았다).

스와가트가 좋은 일을 많이 했기 때문에 공적인 사역으로 가능한 한 빨리 회복시켜 주어야 한다는 논리는 성립되지 않는다. 얼마나 많은 선을 행했든 혹은 악을 행했든 기독교인들이 배워야 하는 첫 번째는 죄인의 신분에 근거해서 죄를 사소한 것으로 취급해서는 안 된다는 것이다. 지속된 위선은 단순히 개인적인 기만 정도로 분류되어서는 안 된다. 옛날에 유행하던 말이 떠오르는구나, "링컨 부인 님, 당시 총격 사건과는 별개로 그날 연극은 어땠나요?" 기독교 설교자들과 지도자들, 그리고 사상가들에게 진정성은 필연적이다.

이는 스와가트가 어떤 경우에도 다시 공적 목회를 해서는 안 된다는 의미는 아니다. 하지만 그는 다시 흠이 없다는 덕망인 공적 신뢰성을 회복하는 것으로만 공적인 사역을 시작할 수 있도록 허락되어야 한다. 그는 두 가지 점이 지켜질 때에만 이것을 할 수 있는데 우선은 상당한 시간이 필요하다는 것이고, 두 번째로는 밑바닥부터 시작해서 큰일에 신뢰를 얻기 전에 작은 일에서 신실함에 대한 명성을 쌓아야 한다는 것이다. 그는 교회의 아이들과 노인들을 위해서 버스 운전부터 시작하고 10살짜리 아이들을 위한 주일 학교 교사들을 가르치고 그렇게 함으로 그는 진정성을 위한 명성을 다시 회복해야 겠지. 단지 죄를 짓다 걸려서가 아니라 죄가 미워지게 됨으로 깨어지고 변화되었다는 것을 보여 줌으로 낮은 곳에서도 그리스도를 섬기기 원한다는 것을 5년 혹은 10년 이상 보여 주어야 한다. 이렇듯 시간이 되면 그는 점차적으로 국가적인 조롱거리가 되지 않고 국가적으로 설교의 자리에 서는 것이 가능해질 수(그저 가능할 뿐이다) 있다. 이 단계를 거치지 않는다면 그는 어떤 책임 있는 복음주의 단체도 그가 다시 설교할 수 있도록 허락해서는 안 된다. 만일 그것이 그의 재능을 잃어버리는 낭비를 의미한다면 그건 어쩔 수 없다.

하지만 만일 그와 같은 죄를 저지른 사람이 교회에서 유력한 위치에 있는 사람이 아니거나 지도자의 위치에 있지 않은 16살짜리 소녀라면 어떻게 해야 할까?

많은 보수적인 교회에서는 그 소녀를 본보기로 처벌할 것이고 그녀를 임신하게 한 학생부 목사는 조용히 사임을 하게 해서 3개월 치 월급과 함께 다른 곳으로 보낼 것이다. 이것은 이중 잣대이다.

한 지도자가 온 교회 앞에 서지 말아야 할 유일한 경우는 그렇게 하는 것이 더 많은 사람에게 상처를 줄 때 뿐이다(예를 들면, 남편들은 아직 무슨 일이 일어났는지 모르는 두세 명의 혼인한 여인들과 잠자리를 한 경우). 그렇다면 권징은 확실해야 하지만 신중해야 한다.

하지만 죄가 공적인 경우에는 고백도 교회 앞에서 공적이어야 한다는 것이 일반적인 규칙이다. 공적인 회개, 투명한 고백, 그리고 책임 소재도 명확히 해야 한다. 그러한 상황에서는 다시 교인으로 회복시키는 데 걸림이 없어야 한다. 만일 즉각적으로 회개했고, 출교를 하지 않았다면 제명해야 할 이유가 없다. 그러나 모든 지도자로서의 자리에서는 즉각적으로 물러나야 한다. 시간을 두고 만일 분명히 신뢰할 만하고, 영적인 성장이 있고, 회개를 보여 주는 열매가 있고, 가능한 배상을 하고, 지도력과 책임감에 점진적 단계가 있고, 교회 자체가 인정하는 개인적 소명감이 있다면, 그와 같은 사람을 다시 중요한 지도자의 자리로 회복시키는 것이 가능할 수 있다. 그렇지 않다면 가능하지 않다.

언제나 널 위해 기도하며,
폴 우드슨

40.

1988년 4월 어느 날 저녁에 지니와 나는 늦은 저녁 식사를 한 후 식기세척기를 돌리면서 이야기를 나누고 있었다. 마치 번갯불처럼 갑자기 10년 전 프린스턴 대학교에서 내가 그리스도를 주님이요, 구원자로 고백했던 것이 떠올랐다. 내 인생이 펼쳐지면서 그리스도께 나온 것이 어떤 변화를 가져올지 그때는 거의 알지 못했다.

만일 내가 회심하기 전에 누군가가 10년 후에 내가 어디에 있을 것 같으냐고 물었다면 나는 올랜도에 있는 중형 복음주의 교회에서 목회를 하고 지니라는 아름다운 기독교인과 결혼을 했을 것이라고 전혀 대답할 수 없었을 것이다. 어쩌면 역사학을 전공한 후에 롱아일랜드에 살면서 매일 아침 맨해튼으로 출근하며 보험 회사에서 중직에 오르기 위해서 온갖 애를 쓰고 있을 거라고 상상해 볼 수 있다. 아마도 한 여인에게 오랜 시간 헌신하기를 원치 않아서 여전히 독신으로 남아 있었을 것이다. 나의 기본적인 자기중심성은 그걸 허락하지 않았을 테니까. 하지만 주님은 나의 인생을 위한 다른 계획을 가지고 계셨다. 이 점에 대해 진심으로 감사한다. 지니와 나는 깊이 사랑했고 지금도 사랑한다. 우리는 가족을 꾸리고 싶었다. 교회는 영적으로 부흥하기 시작했다. 내가 교회의 특별한 문제 때문에 은밀하게 이야기할 사람이 필요할 때마다 올슨 씨는 지속적으로 나를 만나 주었다.

우리 교회의 교인들 가운데, 특히 젊은 사람들 가운데 내가 발견한 한 가지는 그들의 삶이 너무 바쁘다는 것이었다. 주말이 되면 그들은 해변으로 나가서 월요일부터 금요일까지 고된 일에서 벗어나 야외 활동을 즐기고 싶어 했다. 그들이 쉼을 필요로 한다는 것을 나무랄 수 없었다. 하지만 영적인 일과 교회 일에 대한 그들의 관심이 줄어들고 있는 것은 아닌지 고민이 되기 시작했다.

트리니티에 있을 때 한 교수가 "캘리포니아 기독교"라고 부르는 것에 관해 말해 주었던 것이 기억났다. 뉴저지 출신인 나는 그가 무슨 말을 하는지 알 수 없었다. 하지만 지금은 올랜도 외곽 디즈니월드 근교에 있는 교회에 앉아 있으면서 "플로리다 기독교", 즉 사람들에게 즐길 기회가 너무 많아서 무심결에 영적인 것에 대한 헌신이 뒷전으로 밀리는 것이 가능할지 고민하기 시작했다.

지리적 결정주의자가 되기를 원치 않아서 이런 생각을 떨쳐 버리려고 했다. 게다가 플로리다와 캘리포니아 출신 중에 훌륭한 기독교인들을 내가 알고 있지 않은가! 하지만 지난 19년 동안 내가 걸어온 기독교인으로서의 걸음을 되돌아 보며, 우드슨 박사께 보내는 편지에다 플로리다와 캘리포니아 기독교에 관한 나의 사색들을 조금 익살스럽게 언급했다.

그의 회신은 많은 것을 깨닫게 해주었다.

1988년 5월 11일

지난 10년 동안 주님이 너를 어떻게 인도하셨는지를 이야기해준 너의 편지가 내 마음을 따뜻하게 해주었다. 주님은 팀, 너에게 참 신실하셨다.

내가 너에게 첫 번째 편지를 받았던 것이 어제 일 같구나. 내가 바르게 기억하고 있다면 그때 너는 아버지가 세상을 떠나셨다는 소식과 함께 네가 그리스도께 회심했다는 이야기를 했었지. 나는 네 아버지 소식에 너무 마음이 아팠지만 동시에 너의 개인적인 소식에는 얼마나 기뻤는지 모른다. 이렇게 두 개의 감정이 교차할 수 있다니! 네 아버지가 살아 있어서 네가 이렇게 훌륭한 젊은이로 자란 것을 보았더라면 좋았을 것 같구나.

네 교회에 있는 사람들 중 일부가 스포츠나 오락에 매력을 느끼는 것은 이해할 만하다. 하나님의 창조 세계를 즐기는 것도 귀한 일이니까. 석양 무렵에 모래사장 끝부분에 밀려와 쌓였다가는 급하게 빠져나가는 파도를 보면서 해변을 따라 걷는 것이 얼마나 쉼이 되는지! 치열한 운동 경기에 동참하는 것에도 즐거움이 있다. 성경은 기독교인의 삶을 살아감과 관련한 은유로 스포츠를 예로 들기도 한다. 때로는 오락과 운동을 사랑하는 것이 복이기도 하다. 거기에 참여함은 성품과 훈련에 유익하고 관람을 하는 것은 쉼과 즐거움을 주니까

(하늘에 계신 아버지의 좋은 선물의 일부로).

하지만 이 사랑이 골칫거리가 될 수도 있다. 나는 대학이든 프로든 스포츠를 보는 것을 좋아한다. 이건 공공연한 일이다. 때로는 내가 게임에 너무 몰입해서 그 결과가 태도에 영향을 끼치기도 할 정도야. 베어스가 아슬아슬하게 지면 나는 틀림없이 우울해진다.

내가 지금 너에게 말하려고 하는 것은 자랑이 아니다. 오히려 나의 실패가 유용한 예가 될 수 있지 않을까 싶어 말하는 거야. 한번은 슈퍼볼이 열리는 주일 오후에 어느 교회에서 설교 요청을 받은 적이 있었다. 종종 1월 시카고 날씨가 그런 것처럼 바람은 거세게 불었고 기온은 영하로 뚝 떨어지면서 텔레비전과 라디오 아나운서들은 사람들에게 나가지 말고 집에 있으라고 주의를 주었다. 그것도 나쁘지 않다는 생각이 들었다. 그래서 그 교회 예배 책임자에게 전화를 걸어 이런 날씨에는 예배를 취소하는 것이 낫다고 생각하지 않는지 물었다. 그는 교인들의 안전을 위한 나의 염려에 동의해 주었다(어쩌면 그도 미식축구 팬이었는지 모른다). 그는 다음 주 주일까지 그 예배를 연기하겠다고 했다. 나는 뛸 듯이 기뻤다. 나도 집에 있으면서 슈퍼볼을 볼 수 있게 되었으니까.

하지만 좀 더 냉정하게 돌아보고 나는 그때 무슨 짓을 했는지 깨달았다. 스포츠에 대한 나의 관심은 기독교 사역에 대한 나의 헌신을 옆으로 밀어 놓게 만든 것이다. 다음 날 나는 심하게 양심의 가책을 받아 주님에게 나의 죄를 눈물로 고백했다. 경우에 따라서 스포츠가 내게 복이 되기도 하지만 또 다른 경우에는 저주가 되기도 한다.

또 다른 한 예가 떠오르는구나. 대학을 졸업한 후 어느 여름에 캘리포니아에 있는 기독교 학생 캠프를 방문한 적이 있다. 캠프장에 도착하니, 때마침 캠프 직원들과 참석자들의 농구 경기가 벌어지고 있었다. 그런데 놀랍게도 탁월한 운동선수이자 상담 책임자였던, 그 캠프의 영구적 회원이라고 할 수 있는 래리 데이비슨(Larry Davidson)이 코트 밖에 서 있었던 거야. 나는 그에게 다가가서 내가 이 년 전에 스텝으로 참가했을 때 스텝 팀에서 뛰었던 것처럼 왜 경기를 뛰지 않느냐고 물었다. 그는 말했다. "폴, 나는 게임의 열기에 너무 빠져서 캠프 참가자들이 보고 있는데도 기독교인이 하면 안 되는 말이나 행동을 했던 적이 있네. 나는 주님 앞에서 기독교인으로서의 나의 간증을 운동에 대한 나의 의욕보다 중요하게 여기기로 결심했네. 바로 그 이유 때문에 작년부터 과열된 시합은 하지 않기로 했어." 운동에 대한 그의 사랑이 주님과의 동행을 무기력하게 만드는 문제를 잡은 거지.

온 세상에 있는 수백만의 사람에게 이런 교정을 위한 장치가 없다. 그들은 자신이 좋아하는 팀이 시합하는 날을 위해서 산다. 승리는 쾌락의 절정을 의미하고 패배는 절망의 찌꺼기를 의미한다.

최근 한 라디오의 해설가는 진짜로 심각한 것은 이 나라가 국가적 성지인 오하이오의 쿠퍼스타운(Cooperstown [역자 주: 미국 야구 박물관이 있는 곳])과 함께 야구 말고는 국가적인 종교가 없다는 것이라고 했다. 이 주장은 나를 오싹하게 만들었는데, 왜냐하면 이건 그냥 농담이 아니기 때문이다. 많은 사람의 경우 이는 처참한 진실이다. 만일 종교를 궁극적인 관심을 요구하는 어떤 것, 혹은 우리의 궁극적인 관심이 머무는 곳이라고 정의한다면 야구, 축구, 농구(혹은 무엇이든)

의 팬이 되는 것은 많은 사람에게 종교이다. 그들은 자신의 영웅들에 의해서 죽고 사니까. 그들의 신과 여신은 현재 그들의 스포츠 영웅들이다.

이 문제에 있어서 너는 교인들을 어떻게 인도해야 할까? 내가 너에게 스포츠와 오락, 휴식의 탁월한 즐거움을 먼저 강조할 것을 제안해도 되겠니? 하지만 그다음에는 이것들이 우리의 눈을 그리스도에게서 멀어지게 하도록 현혹하고 분산시킬 수 있음을 보여야 할 것이다.

오래전에 파스칼은 사람들이 하나님, 삶, 죽음에 관한 생각에서 벗어나기 위해서 활동으로(그는 그것들을 '기분 전환'이라고 불렀다) 그들의 삶을 채우려고 한다고 경고한 바 있다. 너희 교인들은 그들의 삶에서 이 기분 전환의 능력을 한 번도 심각하게 생각해 본 적이 없었으리라 짐작한다.

설교가 12시 전에 끝나서 빨리 집에 가서 프로 미식축구를 보고 싶어 했던 적이 없는지 물음으로 이에 관한 생각을 촉구할 수 있을 거야. 주일 저녁에 슈퍼볼을 보기 위해서 주일 예배가 취소되기를 원했던 나의 경험은 나의 자세를 되돌아보게 하는, 일종의 모닝콜이었다.

이 문제에 관해서 너는 어떻게 생각하는지 대단히 궁금하구나. 더욱이 이 민감한 문제를 교인들에게 꺼내어서 다루어야 한다면 너의 온유한 충고를 그들이 어떻게 받아들이는지 정말 알고 싶구나. 일부 교인은 이 스포츠를 종교의 영역에서 재미의 영역으로 옮김으로 경험하는 진정한 해방감을 발견하게 될 것이라고 짐작한다.

지니에게 다시 한 번 안부를 전해 주기 바란다. 엘리자베스도 잘 있다. 엘리자베스는 정기적으로 너희를 위해 기도한다.

사랑을 담아,
폴과 엘리자베스

41.

늦여름, 가을 예배를 앞두고 계획을 세우면서 나는 예배의 영역에서 우리가 해야 할 일들 때문에 점점 더 쉴 틈이 없어졌다. 교회가 아직 젊어서 혁신적인 것들을 도입할 수 있었지만 솔직히 말하면 예배는 비현실감으로 차 있었다. 어떤 사람들은 성경을 함께 읽고 예배 중에 기타를 사용하는 것을 좋아했지만 어떤 사람들은 그렇지 않았다. 우리는 성경을 함께 읽기 위해서 성경 본문 전체를 주보에 실었다. 왜냐하면 합독하기에는 성경 번역본이 너무 많았기 때문이다. 교독문도 사용해 보았고 공개적으로 기도와 나눔을 하기도 했다. 한두 번 정도는 설교의 요점을 설명하기 위한 작은 연극도 준비했다. 하지만 우리가 했던 많은 것에서 비현실감을 지울 수 없었다. 아주 가끔 주님의 영광이 그 순서들을 통해 나타나는 것 같았다. 하지만 우리가 하고 있던 것을 개선해야 한다고 생각했다.

1988년 9월 1일

네가 문제를 아주 잘 표현했구나. 비현실감! 그래서 변화를 주려고 노력한 거겠지. 나는 C.S.루이스였다고 믿는데 자기는 어떤 종류의 예식적 스타일도 다 즐길 수 있는데, 한 가지 너무 자주 바뀌는 것은 즐길 수 없다고 했다. 그가 볼 때에 잦은 변화는 자신들이나 그것을 고안해 낸 똑똑한 사람들에게 관심이 모아져서 하나님으로부터 멀어지게 된다. 반면에 한 형태가 아주 나쁘거나, 구태의연하거나, 분명히 지루함 말고는 아무것도 주는 게 없을 때는 뭔가 해야겠지.

하지만 뭘 할 수 있을까? 이것저것을 바꾼다고 문제가 해결될까? 나는 종종 복음주의 교회들이 예식적인 전통의 부담으로부터 자유해지는 일에만 너무 분주한 것 같고, 이른바 전통에 자유롭다는 교회들은 점점 더 예식적인 스타일을 채택하려고 하는 일에만 너무 분주하다는 느낌이 든다.

물론 이를 결정하는 근본적인 질문은 '예배가 무엇인가' 하는 것이다. 아주 기초적인 단계에서 그것은 하나님에게 합당한 경배를 올려 드리는 것 말고는 아무것도 아니다. 하지만 예배에 대한 합당한 접근을 정의하는 성경적 신학적 구조를 들여다 보려고 한다면 좀 더 많은 이야기가 필요하겠지.

틀림없이 사적 경건을 위한 큰 장소가 있기는 했지만 구약에서 예배를 위한 중요한 장소는 성전과 이와 관련된 모든 제의적 부속들이었다. 여기에서 사람들은 주님을 섬기고 주님을 예배하고 주님을 찬양했다. 하지만 새 언약 아래에서 구약의 제의적 용어들이 어떻게 바뀌게 되었는지를 보는 것은 참으로 놀랍기 그지없다. 기독교 예배는 성전과 연관된 것이 아니라 기독교인의 삶과 연관되어 있다. 멀리 가지 않더라도 로마서 12장 1, 2절은 우리 자신을 하나님에게 드리는 것이 영적 예배라고 했다. 이 유형이(몇몇 저자가 지적한 대로) 신약에 나오는 예배 언어(예를 들어, 레이투르기아[λειτουργια]와 동족어 등)의 지속적인 특징이다.

반면에 이렇게 확실한 관찰로부터 내린 결론이 종종 핵심을 놓치기도 한다. 만일 기독교 예배가 삶의 모든 부분을 포함한다면 우리가 모여서 하는 것은 "예배"가 아닌 다른 무엇이 된다고 주장하기도 한다. 다른 이 무엇이 애매하게 교제, 교훈, 상호 권면 등으로 불리기도 한다.

우리 삶의 전 영역에서 그 태도와 방식과 신실함에 있어서 지속적으로 하나님에게 찬양을 드리고 감사를 드림으로 하나님을 향한 예배가 되어야 한다면(교회란, 주의 이름을 부르는 사람들이 모인 모든 곳이라고 정의할 수도 있다. 고전 1:2), 우리가 함께 있는 모임도 역시 예배라고 불러야 한다고 주장하는 것이 더 바람직하다. 이 입장에 따르면 예배에 참여하는 것은 예배의 일부다. 우리는 몇 분 동안 예배를 하고 난 후에(예를 들어, 찬송을 부르는) 예배라고 간주될 수 없는 나눔을 하고 교훈이라 부르는 설교를 듣는 것이지 예배를 하는 게 아니다. 오히려 마치 우리 삶 전체가 그런 것처럼 우리가 모여서 하는 모든 것이 하나님을 향한 제사, 섬김, 예배로 드려져야 하는 것이다. 우리는 한 주간 계속해 왔던 것(살아 계신 하나님을 예배하는 것)을 모아서 집중적으로 하는 것이다.

여기에서 시작한다면 예배를 개선하기 위한 생각을 할 때 우리가 살펴봐야 하는 것은 단지 예식의 일부를 조작하거나 이런저런 것들을 더하거나 빼는 것, 혹은 기타를 사용할 것인가 파이프 오르간을 사용할 것인가의 문제가 아니라 하나님을 아는 지식이 깊어지는 것이다. 그건 적당히 속일 수 있는 게 아니다. 조지 번즈(George Burns)가 자신의 성공 열쇠는 첫째로 정직함을 배우는 것이었고, 그것을 속일 수 있을 때 무엇이든지 얻을 수 있었다고 말했다. 우리는 미소를 짓지만 후회스러운 순간에 우리는 하나님에 대한 참된 지식을 속이고는 마치 아무도 알아채지 못하는 것처럼 행동한다는 것을 인정해야 한다.

물론 다양하게 예배할 수 있다. 악기도 없고 시편만을 부르는 스코틀랜드의 자유교회에 참석하는 것이 가능한 것도 그런 이유이다—같은 시편을 찬송하는 데도 죽은 듯이 흥얼거리기만 하는 자유교회도 있지만. 또한 작은 오케스트라가 있고, 박수가 있고, 많은 성경 합독이 있음에도 성령의 임재를 경험하는 예배에 참석하는 것이 가능한 것 또한 그런 이유이다—같은 순서로 진행됨에도 그저 싸구려 엔터테인먼트나 조잡한 전시인 교회도 있지만.

기술적인 것은 중요하지 않다는 말을 하는 게 아니다. 하지만 무엇보다 중요한 것은 너의 마음을 준비하는 것이고 공적이고 함께하는 하나님의 백성을 인도하는 사람들의 마음을 준비하는 것이라는 말을 하고 싶은 것이다. 다시 말해서 공적인 예배는 언제 어느 때나 우리 삶 전체를 규정하는 예배가 흘러넘치는 것이어야 한다.

만일 성경적으로 볼 때 이것이 우리 예배를 개선하기 위한 시도에 바르게 접근하는 것임을 인정한다면 관찰해 볼 만한 실제적인 점들이 아직 몇 가지 남아 있다.

사람들은 오랜 시간동안 음악의 중요성과 능력에 대해 논해 왔다. 나는 음표, 음악적인 스타일이나 악기 자체에는 본질적으로 도덕적이거나 비도덕적인 것이 없다고 생각한다. 다시 말하면 본질적으로 오르간보다 기타가 더 엄숙하다고 생각하지 않는다. 희한한 이유 때문에 그 어느 때보다 지난 몇 년동안 트리니티에서는 학기마다 있는 "기도의 날"에 기타를 더 많이 연주했다. 기타가 카사반트 파이프 오르간보다 기도에 집중하도록 만든다고 계산한 걸까?

내 생각에 진실은 우리 각자는 나름대로 특정한 악기와 특정한 자세 사이에, 특정한 음악과 특정한 반응 사이에 정신적 혹은 감정적 관련을 가지고 있다는 것이다. 보수적인 배경을 가지고 있는 중년의 기독교인들에게는 기타보다는 오르간이 더 경외심과 관련이 있고, 대학교에서 회심하고 인터바시티나 대학생 선교회에서 양육을 받은 젊은 사람들에게는 오르간은 답답함과 전통적 위선의 색채가 강하다고 느낄지 모른다. 정말 분위기를 타고 싶다면 아프리카계 미국인 교회들을 방문해 보거라.

이는 우리가 서로를 용납할 필요가 있다는 의미이다. 문화적으로 다양한 교회에서 우리는 서로를 수용하고 서로에게서 배우기 위해서 좀 더 노력해야 할 필요가 있다. 만일 어떤 사람들이 예전을 추구한다면 아마도 그들은 다른 어떤 것보다는 미학적인 것에 대한 욕구를 채우고 있는 것인지도 모른다. 예전적인 예배는 아름답지만 자유로운 것도 마찬가지로 아름다울 수 있다. 하지만 궁극적인 기준은 사실 형식과 거의 관련이 없다.

오히려 내용과 더 많은 관련이 있다고 보아야 한다. 음악적인 것은 박자보다는 가사를 무엇보다 중요하게 생각하고 선택해야 한다. 만일 인도하는 사람이 쉬지 않고 말을 하는 대신 침묵한다면 많은 예배가 크게 개선될 것이다. 기도, 성경 읽기, 찬양, 간증들이 그냥 제 역할을 하게 하자. 그렇지 않고 네가 무엇인가 말을 해야 한다면, 목표는 너의 명성이 아니라 하나님을 영화롭게 하는 것임을 기억하고 네가 할 말을 기도하는 마음으로 신중하게 준비해야 한다.

좀 더 일반적으로 말하자면 우리의 공예배는 어떤 면에서는 대중적인 엄숙함이 있어야 하고, 또 어떤 면에서는 심오한 친밀감이 있어야 한다고 생각한다. 몇 마디 말로 사람들을 조종하려고 하는 말이 아니라 공예배는 하나님과의 수직적인 관계와 기독교인으로서 우리가 서로에게 가지는 수평적인 관계를 모두 반영해야 한다는 말이다. 각 예배는 말할 것도 없고, 한 예배에서 두 가지 모두를 달성할 수 있는 사람은 거의 없다. 이는 실제적인 차원에서 예배를 드릴 때 한 예배에서 자의적으로 경험하는 것은 다른 예배에서 경험하는 것과 다를 수 있다는 의미이다. 하지만 교회 생활 전반에서는 각각의 유익이 있다.

예배와 아울러 설교가 예배의 중요한 일부분으로서 소홀히 다루어져서는 안 된다는 나의 입장에 관해서는 말하지 않아도 되겠지? 설교는 곧 언약의 백성에게 하나님의 살아 있는 말씀을 나타내는 것이니 말씀을 전하고 듣는 모든 일에서 모든 사람으로 하여금 자신을 그분에게 드리도록 청하는 경외의 행위다.

   정말 많은 문제가 떠오르지만 너무 강의하는 것처럼 되어 가는 것 같구나. 너희가 있는 곳으로 가서 함께 시간을 보내고 싶다.

**그리스도 안에서,
폴 우드슨**

42.

 9월 말, 우리 교회의 한 남자와 그의 부인이 아팠다. 진찰 결과 두 사람 모두 에이즈였다. 그리고 그들의 세 살, 다섯 살 된 두 자녀는 임상적으로는 괜찮았지만 검사 결과는 HIV 양성이 나왔다. 회중이 받은 충격은 엄청났다. 교육을 시키려고 몹시 애를 썼음에도 일부 부모들은 자녀들을 주일 학교에 보내는 것에 심각한 우려를 표명하는 등의 일들이 일어났다. 집사 중 한 사람이 복도에서 사람들이 수군거리는 소리를 듣고 교회에 있는 여러 사람을 대변해서 나에게 사적으로 말해 준 또 다른 문제가 수면 위로 떠올랐다.

 남자가 7, 8년 전부터 양성애적 행동들을 해왔다는 것을 모든 사람들이 알았다. 그는 아내를 만나 결혼을 했고 첫 아이가 출생한 후에 그들은 교회에 출석하기로 마음먹었다. 이때 두 사람은 회심을 했는데 내가 목사가 되고 얼마 지나지 않아서였다. 이제 교회는 이 문제를 어떻게 처리해야 할까? "남자가 남자와 더불어 부끄러운 일을 행하여 그들의 그릇됨에 상당한 보응을 그들 자신이 받았느니라"(롬 1:27). 이 구절을 인용하면서 아주 강렬하게 항의했다. 하지만 아내와 자녀들은 무고한 희생자들이었다. 그들은 당연히 도덕적 기준을 무분별하게 무시함으로 자신뿐 아니라 그의 아내와 두 자녀들에게 끔찍하고 안타까운 죽음의 형벌을 내린 남자와는 다르게 취급되어야 한다.

이 분석은 옳을 수 없다. 그럼에도 에이즈와 도덕적 행위의 모든 관계를 무시하는 것이 내게는 쉽지 않았다. 나는 이 관계를 어떻게 이해해야 하는지, 그리고 어떤 목회적 판단이 따라와야 하는지 우드슨 박사께 여쭈었다.

1988년 7월 7일

너는 목회 초기에 정말 온갖 힘든 문제를 다 직면하는구나. 신문 지상이나 타임지에서 다루는 것 말고 편안한 많은 지역 교회에게 에이즈는 여전히 생소하다. 하지만 네 앞에 놓인 도전이 최악은 아니다. 트리니티를 졸업한 한 목사는 인접한 주에서 농촌 지역의 한 교회를 섬겼는데 어느 날 그 교회를 다니는 여섯 자녀를 둔 건강한 가정이 아주 끔찍한 일을 겪게 되었다고 알려 왔다.

여섯 자녀 중 네 명이 혈우병에 걸렸다. 국가적으로 수혈하는 피를 깨끗하게 했던 1985년 이전에 이미 감염된 것으로 보이는 두 자녀는 에이즈로 사망했다. 자녀 중 한 명은 HIV 양성 반응이 나왔고, 다른 한 명은 검사받기를 거부했다. 그는 서른 살이었고, 이미 혈우

병에 걸린 두 자녀가 있었는데, 그 두 자녀마저도 검사를 거부한 상황이었다.

답하기가 쉽지 않구나.

HIV가 그리 강력한 바이러스는 아니라는 것을 너도 나처럼 알 거라고 생각한다. 성적인 관계나 피를 섞는 것으로만 전염이 된다. 실제로 후자는 오염된 피를 공급받거나 다른 사람에 의해 오염된 주삿바늘을 사용함으로 병에 걸릴 수 있다는 의미이다. 의사나 치과 의사가 가지고 있는 아주 작은 상처를 통해서 오염된 환자로부터 그 병이 전염되는 것이 가능하지만 아주 드물기도 하고 보호 장갑을 낀다든지 하는 기본적인 수단을 통해서도 막을 수 있다. 만일 산모가 보유자라면 아기들도 HIV를 가지고 태어날 수는 있다.

틀림없이 초기에 에이즈의 확산은 성관계와 약물 남용을 통해서였다. 그리고 미국에서 초기 성관계를 통한 확산의 대부분은 동성애였다. 바이러스 보유자와의 한 번의 성관계를 통해서 전염될 위험성은 이성보다는 동성과의 관계일 때 훨씬 높다. 동성 간의 성관계시 항문 벽은 출혈을 일으킬 가능성이 높아서 한 명이 감염된 상태일 때는 전염의 가능성이 높다. 정확한 통계가 어려운 아프리카에서는 다른 곳과 마찬가지로 우선적으로는 매춘을 통한 이성 간의 교제에 의해서 이 질병이 빠르게 확산되고 있다. 몇 가지 이론이 있기는 하지만 그 원인들은 분명치 않다.

이것은 재앙이고 누구든지 이 병에 쉽게 걸릴 수 있다고 여러 단체가 하는 말은 거짓이다. 만일 다른 사람의 주삿바늘로 정맥으로 들어가는 약을 맞지 않고 성생활이 난잡하지 않다면, 이제 수혈 공급의 문제는 잘 해결되었기 때문에 전염될 가능성은 지극히 낮다. 그렇다고 다른 범주에서 피해자들이 없다는 말은 아니다. 예를 들면, 난잡한 성생활을 하던 사람들의 배우자들은 위험에 빠질 수 있고, HIV 보유자의 출생 전 태아들의 경우에는 위험성이 매우 높으니까.

이제 동성애에 관해 뭔가 말하지 않으면 안될 것 같구나. 네가 트리니티에서 윤리학 과목 중 고급 과목들을 들었는지 기억이 나지 않는구나. 성경은 난잡한 동성애만 정죄하고 언약적 동성애는(즉 한 상대와의 동성애적 결합) 정죄하는 것이 아니라는 왜곡된 노력에도 불구하고, 문제의 사실은 성경이 동성애를 정죄한다는 것이다. 그것이 끝이다. 동성애가 유기적인 근거를 가지고 있다는 과학적인 시도들은 (내가 아는 한) 애매하다는 것이 입증되었다. 이성애보다는 동성애에 육체적인 요소들이 더 많아 보이기는 하지만 불변의 원인 관계는 없다(다시 말해, 이런저런 요소가 있으면 동성애자가 될 수 있다는 식의). 만일 네가 백인이라면 백인 됨은 유전자적으로 결정된 것이라서 돌이켜 흑인이 될 수 없다(반대의 경우도 마찬가지다). 하지만 동성애자였지만 더 이상은 아닌 사람들을 나는 많이 알고 있다.

그러나 반복된 연구에 따르면 동성애 남성의 67퍼센트는 전형적인 배경에서 자랐다는 것이다—나약한 아버지(혹은 아버지가 없는)와 강한 어머니. 또 다른 30퍼센트 정도는 다른 배경에서 자랐다—폭력적인 아버지와 그에게 학대받은 어머니. 그 나머지 몇 퍼센트는 어릴 적에 동성애자 친척에게 성적 학대를 받고 특정한 유형을 따르게 되었다. 레즈비언의 경우에도 다소 비슷한 통계가 나오지만 가정 배경은 반대이다. 하지만 내가 아는 한 그들의 경우에 대한 연구 결과가 믿을 만하지 않다.

　이러한 연구로부터 암시된 것들 중에는 사회적으로 영향을 끼치지 않는 작은 죄란 없다는 사실이다. 이 가정들은 구조와 우선순위에 있어서 성경적이지 않고 그래서 자녀들에게 끼치는 영향은 너무 암울하다. 동성애를 행하는 것은 의사가 있는 참여자들이라서 반드시 책임도 공유해야 하지만, 그 책임의 많은 부분이, 가족이 깨지고 한 사람이 다른 한 사람을 학대하는 것이 만연했던 이전 세대에게 있다.

　네가 편지에서 인용한 로마서 1장 27절은 에이즈나 다른 성병들이 상당한 형벌을 받을 만한 것이 아니라고 많은 주석가도 말할 것이다. 그보다는 동성애 자체가 지속적으로 욕정을 포기하지 않고 즐기는 변태적 행위로 상당한 형벌을 받을 만한 것이라고 말할 것이다. 거기에는 거침도 없고 억제도 없다고 바울은 말하면서 마침내 이들은 자신들 스스로 깨뜨릴 수 없는 욕정의 노예가 되었음을 발견하게 된다고 했다.

　성경이 동성애를 정죄하고 있지만 성경은 모든 호색과, 모든 음탕함도 정죄한다고 분명하게 말해야 한다. 동성애적 음란함은 조롱을 하거나 특히 민감한 놀이의 표적으로 삼으면서, 이성애적 음란함은 귀엽고 매력적이고 정상적인 것으로 여겨서 상업 광고에 사용해도 된다고 생각할 이유가 없다.

　오히려 지금 우리가 직면하고 있는 것은 도덕적 결단의 포기, 중심을 잃어버림, 자신의 유익을 위한 도덕법의 희생이라는 소용돌이에 빠진 국가이다. 그 끝이 아직 눈에 보이지 않을 뿐이다. 동성애적 죄라는 말 대신에 '대안적 라이프 스타일'이라고 말할 것이고 간음자, 호색자라는 말 대신에 '섹스 파트너'라고 말할 것이다. 하지만 이 모든 것은 우리가 사물을 보는 하나님의 관점에서 얼마나 멀리 떨어져 있는지를 보여 줄 뿐이다.

하지만 이것이 네 앞에 놓인 목회적 필요에서 네가 그 남자와 그의 아내를 다르게 취급해야 한다는 의미일까? 네가 제공해야 하는 돌봄의 종류와 정도에 있어서는 당연히 아니다! 하나님이 전쟁의 끔찍한 심판을 내리실 때 의로운 자와 불의한 자 모두 폭탄에 맞고 몸이 다친다.

지금 이 끔찍한 에이즈의 재앙이 전 세계에 영향을 끼치고 있다. 이것은 죄의 결과이며 하나님이 금하신 것들을 행함으로 이런 일들이 왔다고 말하는 것은 중요하다. 하지만 네 눈에 눈물을 머금고 이 말을 하고, 우리는 성에 미친 사회에 살고 있으며 어떤 면에서 우리 모두 동참자들이고 우리 모두 어느 곳에서나 접할 수 있는 이 유혹에 오염되어 있음을 인식하고 말하는 것 역시 중요하다. 기독교인들이 이 전쟁의 때에 고통당하는 사람들을 도와야 하는 것처럼 우리는 에이즈로 고통당하는 사람들도 도와야 한다. 만일 그래야 하는 곳이 있다면 여기 교회가 바로 그런 기회를 가지고 애정을 보이며, 우리 모두가 은혜를 필요로 하는 불쌍한 죄인들임을 인식하고 있음을 보여야 한다. 또한 하나님은 조롱당하는 분이 아니며 우리의 최종적인 소망은 그분이 주시는 용서와 치유함을 위해 그분에게 돌아가는 것임을 말함으로 이 은혜를 보여야 한다.

그 남자와 아내에 대한 차이를 보여야 하는 부분이 있다면 돌봄의

질이 아니라 상담의 내용이어야 한다. 그 남자는 엄청난 죄책감에 시달릴 것이고 그 아내는 아주 특별하지 않다면 깊은 슬픔과 후회, 그리고 자녀들로 인한 그녀만의 죄책감을 직면해야 할 것이다(편집자 주: 편지는 개인적인 일들과 인사로 마무리된다).

**변함없는 마음으로,
폴 우드슨**

43.

한 해의 끝자락에 나는 내 기도 생활의 질을 향상시켜야겠다고 결심했고 새해의 다짐을 위해 해주실 말씀이 있는지 우드슨 박사에게 묻는 편지를 보냈다.

1988년 12월 30일

네 편지가 신선하고 감동적이구나. 나 자신도 너무 쉽게 무시하는 우선순위들로 다시 돌아가도록 해주었다.

우리는 "영성"에 새로운 관심을 가지고 있는 시대를 살고 있는 것처럼 보인다. 애석하게도 그 말은 어떤 것은 어리석어 보이고, 어떤 것은 위험해 보이는 모든 것을 내포한다.

뉴에이지 운동을 많은 사람은 영성의 회복이라고 부르기도 하지. 그 구조가 심오하게 일원론적이기 때문에 자아가 실현되고 실제화

되는 신비스러운 경험들로 환원되기도 하지만 우리 주 예수 그리스도의 인격적이고 초월적인 하나님 아버지를 영적으로 추구하는 것과는 거의 아무 상관도 없다.

기독교 안에서도 말씀의 영성 대신에 가톨릭 신비주의나 이런저런 형태의 새로운 경건주의(New Pietism)로 돌아가려는 움직임이 있다. 이런 범주들이 네게 생소하다면 피터 애담스(Peter Adam)의 책 「현대 복음주의 영성의 근원들」(Roots of Contemporary Evangelical Spirituality, 1988)을 읽어 보기 바란다.

정신없이 돌아가는 삶의 일정은 겁이 날 정도이다. 노동을 줄일 수 있는 기구들을 가지고 있지만 결국 그런 것들은 우리를 더 빨리 움직이고 더 많은 일을 하게 만들 뿐이다. 하지만 진짜 위험은 기도는 그만두고라도 생각할 시간조차 갖지 못한다는 데 있다. 검증되지 않은 삶은 삶으로서의 가치가 거의 없다. 기독교인에게 있어서 기도 없는 삶은 반역을 의미하기도 한다.

가치가 있는 만큼 기도에 관한 작은 조언들 몇 가지만 언급하자. 나도 이것들을 실천할 수 있기를 늘 희망한다.

기도를 위한 계획을 세워라. 당연한 말을 하려는 것이 아니다. 어쩌다 보니 기도하게 되는 것이 아니라서 기도를 계획하고 기도할 시간을 따로 정하지 않으면 가끔 피상적으로 하는 것 말고는 기도를 하지 않게 될 것이라는 말이다. 기도를 위해 시간을 확보해야 한다.

바울의 기도들을 따로 적어 두고 그것들을 외우고 그것들을 통해 정기적으로, 그리고 깊이 생각하며 기도하거라. 너 자신만이 아닌 너로 하여금 돌보도록 맡겨진 사람들을 위해서도 하나님에게 간절히 구하거라. 그러면 제법 긴 시간 기도하게 될 것이다. 더 이상 기도할 내용이 없거든 모세의 기도와 다윗의 기도를 통하여 기도하기를 시작하라.

네 마음이 방황하지 않도록 여러 방법을 사용해라. 소리를 내어 기도하고 리스트를 만들어 사용하고 찬송가의 일부분을 통해 기도를 해 보거라.

교인들과 아는 사람들, 그들의 가족들의 명단을 가지고 정기적으로 기도하거라(그렇게 함으로 그들의 이름을 외우는 데 도움이 될 것이다).

찬송과 간구를 섞어서 기도하거라. 너의 간구들을 성경의 우선순위에 따라 하도록 해라(예를 들면, 하나님이 보시기에는 우리가 건강한 것보다 거룩한 것이 훨씬 중요하다).

네 아내와 함께 기도하는 시간을 따로 정하거라.

다른 것은 하지 않고 너와 함께 성경을 읽고 기도를 하기 위해 적어도 일주일에 한 번 정기적으로 만날 작은 기도 모임을 만들거라. 그들이 너의 사역을 변화시켜 줄 수도 있다.

네 기도 제목 목록에 온 세상을 품을 수 있도록 하거라. 얼마나 중요하든 간에 교인들만을 생각하도록 너의 지경을 좁히지 말거라.

도전, 어려움, 목회적 필요가 있거든 기도를 마지막이 아닌 가장 우선적으로 해야 할 일로 만드는 법을 배우거라.

기도 일지를 적는 훈련을 해 보거라. 단지 기도의 제목들만이 아니라 일종의 영적 자서전 같은 것이지. 그것이 청교도들이 사용하던 방법이었는데 오늘날까지도 도움이 되는 것들이 있다. 나도 실천하지 못하고 있음을 고백하지만 어떤 이들은 정직함을 유지하는 데 아주 유익한 길임을 발견했다.

나도 이것이 필요하니 나를 위해서도 기도해 다오. 해피 뉴이어!

그리스도를 섬기는 마음으로,
폴 우드슨

44.

1989년 1월에 지니와 나는 세상이 혁명적 드라마의 획기적인 해로 들어서고 있음을 전혀 알지 못했다. 프랑스 사람들은 7월 14일 바스티유(Bastille)의 몰락을 기념하는 200주년 행사를 하면서 프랑스 대통령인 프랑수와 미테랑(Francois Mitterand)이 있는 정부 청사로 몰려가기보다는 길거리에서 행사를 즐겼다. 하지만 독일에서는 베를린 장벽이 무너지고 그야말로 엄청난 사회적 정치적 혁명이 동유럽을 강타했다. 우리는 상상도 못했다.

1989년 초에 지니와 나는 교회 사역을 계속하고 있었다. 우리 집 대출 자금을 갚기 위해서 지니는 시간제로 일을 하고 있었다. 우리는 명실상부한 집 주인이었지만 그 집의 22퍼센트만 우리 소유인 것을 몰랐다.

1989년 3월에 우드슨 박사는 5월에 트리니티 신학교에서 개최될 예정인 "89년 복음주의 확인 선언"(Evangelical Affirmation'89)이라는 주제의 컨퍼런스에 나를 초대해 주셨다. 우드슨 박사는 그 컨퍼런스에서 그가 무척 존경하는 두 복음주의 거장인 칼 헨리 박사와 케네스 칸처 박사가 공동 의장을 맡게 될 것이라고 했다. 수백 명의 복음주의자들이 모여 그들이 동의할 수 있는 확인 선언문을 작성할 예정이었고 그 컨퍼런스가 복음주의의 연합을 증진시킬 것임을 기대했다. 컨퍼런스는 '전미 복음주의자 연합회'와 트리니티가 후원할 예정이었다. 우드슨 박사는 내가 거기에 참석하면 좋겠다고 하시면서 지니와 내가 하이랜드 파크에 있는 우드슨 박사 댁에 있는 침실을 사용하도록 제안하셨다.

이 초청을 지니에게 말했을 때 그녀의 반응은 "갑시다"였다. 하지만 냉정한 현실을 맞이해야 했다. 당시의 재정 형편에서는 그런 여행을 감당할 수가 없었다. 집 대출 상환금이 내 월급의 상당 부분을 차지했다.

나는 우드슨 박사께 초청에 감사하지만 안타깝게도 갈 수 없다는 편지를 보냈다. 여러 교단의 기독교인들과의 만남이 나에게는 상당히 매력적이었지만 솔직히 왜 그런 컨퍼런스가 필요한지는 이해할 수 없었다. 그 이유에 대해서 우드슨 박사께서 혹시 아시는 게 있는지 여쭈어 보았다. 트리니티의 교수로서 아마도 이 문제에 관해 칸처 박사나 다른 분들과 이야기를 나누어 보았을 거라고 생각했기 때문이다.

우드슨 박사의 회신은 눈을 뜨게 하는 것이었다.

1989년 5월 10일

너의 감사 편지로 인해 감사한다. 엘리자베스와 나는 너희가 왜 컨퍼런스에 참석할 수 없는지 잘 안다. 만일 시카고에 올 일이 있다면 우리 집을 너희 집처럼 이용해도 된다는 초대는 여전히 유효함을 잊지 말거라.

"89년 복음주의 확인 선언"을 계획하는 사람들이 왜 그 컨퍼런스가 시기적절한 것이라고 생각하는지 그 이유들을 정리하는 게 내게는 기쁨이다. 제2차 세계 대전 후에 복음주의 운동은 너무 많이 나누어져서 이 운동의 연합은 가능하지 않다는 인식이 압도적이었다. 실제로 최근 문서들을 보면 복음주의는 다양한 기독교 그룹의 모자이크에 불과하다는 주제가 상당한 지지를 받고 있다.

한편으로는 모자이크 개념이 유용하다. 기독교인들은 서로 다르고 교리적 강조도 다양하다. 하지만 모자이크 비유를 주장하는 사람들은 모자이크에는 디자인이 없고 그저 쪼개진 유리 조각을 무작위로 모아 놓은 것임을 강조한다. 여기서 암시하는 것은 복음주의자들을 하나가 되도록 할 수 있는 공통적인 핵심 교리가 없다는 것이다.

하지만 너나 나의 경험은 교단적인 배경과 특징들을 뛰어넘는 그리스도 안에서의 연합이 있다는 것을 말해 준다. 복음주의 감리교인을 만날 때, 그가 너처럼 장로교인은 아니지만 그럼에도 그는 좋은 기독교인임을 느낄 수 있다. 각 기독교 그룹이 서로 완전히 다르다고 말함으로 모자이크 주제를 남용하는 사람들은 복음주의적인 교회론을 제대로 이해하지 못하고 있는 것이다. 회중 교회 교인이든 성공회 교인이든, 장로교, 침례교, 감리교 교인이든(혹은 무엇이든), 은사주의자이든 그렇지 않든—흑인이든 황인이든 백인이든—부하든 가난하든 참된 신자들은 모두 같은 교회에 속해 있다. 교회는 오직 하나이니까. 그 교회는 바로 그리스도의 교회이고 구속받은 공동체이다.

"89년 복음주의 확인 선언"의 목표는 복음주의적 교회들의 연합을 좀 더 드러나게 하는 것이다. 나는 비평가들이 복음주의 운동의 불일치를 과대하게 강조하고 있다는 확신이 있다.

실제적인 복음주의의 연합은 몽상이라고 말할지 모르겠다. 1975년 마틴 마티(Martin Marty) 박사가 절대적으로 필요한(sine qua non) 교리라고 했던 이 중요한 교리에서도 복음주의자들 사이에 심오한 차이를 보이고 있는 복음주의 운동이 어떻게 다시 하나가 될 수 있을까? 이 질문은 대답이 쉽지 않다.

게다가 복음주의 공동체가 텔레비전 스캔들로 인해 심하게 상처를 입어서 이 땅에서의 정의를 위한 영향력으로서 균형을 회복하는 것이 불가능해 보이지 않는가? 이것 역시도 대답이 쉽지 않은 질문이다.

내가 컨퍼런스 관계자들 중 한 명에게 이 컨퍼런스를 위한 분명한 이유들을 요청했을 때 그는 비슷한 말을 했다.

1. 도덕적 부적절함—몇 명의 복음주의 지도자들이 추잡한 죄에 빠짐으로 하나님의 의의 기준에서 벗어난 왜곡에 의해 그리스도의 대의가 오명을 가지게 되었다는 가슴 아픈 인식이 필요하다.

2. 교리적 정체성의 위기—성경적 믿음에 있어서 몇 가지 중요한 신념에 대한 헌신의 상실이 복음주의 진영안에서 일어나고 있다.

제임스 헌터(James Hunter)의 「복음주의: 다가오는 세대」(Evangelicalism: The Coming Generation)에 대한 평론에서 칼 헨리는 이렇게 기록했다.

> 선별에 있어서의 약점이나 지나친 암시의 가능성을 인정하더라도 복음주의 진영에서의 신학적이고 윤리적인 탈선은 공적 홍보부, 행정부, 이사회가 말하는 것보다 훨씬 심각하다. 헌터가 연구한 15개의 주류 복음주의 진영은 복음주의 세계관의 핵심 신학을 지지한다고 고백한다. 하지만 그는 결론 내리기를 복음주의 학교를 졸업한 사람들은 종교적으로 "안전하다"고 복음주의 기득권(교회, 편집, 전도, 인권)이 말하던 날은 이제 끝났다고 했다.

헌터가 발견한 것보다 충격적인 것은 어쩌면 듀크 대학교 교수인 조지 마즈든이 작년에 발표한 그의 관찰이다. 그는 "열린 복음주의"라고 부르는 것을 지지하는 자들은 개신교 자유주의에 굴복하지 않도록 경계해야 한다고 제안했다. 개신교 자유주의에 관한 한 책을 논평하면서 마즈든은 그 책의 두 기고가인 윌리엄 허치슨(William Hutchison)과 레오날드 스위트(Leonard Sweet)가 "자유주의 개신교가 다시 살아나 복음주의의 좌파로 자리를 잡고 있다"고 말했음을 언급했다. 그리고 이어서 "이는 물론 열린 복음주의가 개신교 자유주의로 흘러갈 수 있다는 근거 있는 경고이거나 근거 있는 약속(허치슨이 말했는가 스위트가 말했는가에 따라)이다. 현대 종교 기관들은 대체로 좌파로 기울고 있다"고 했다(*Fides et historia*, 20:1 [1988년 1월]: 49). 이 경고가 특별히 예리한 이유는 여러 면에서 마즈든 교수 자신이 열린 복음주의의 지지자이기 때문이다.

3. 복음주의에 대한 교정된 사회적 인식—복음주의를 단순히 사회적인 범주로 환원시켰다. 도날드 데이턴(Donald Dayton)과 같은 몇몇 주목할 만한 학자가 복음주의 운동의 사망을 선언했다. 왜냐하면 주장하는 요소들 가운데 표면적으로는 공통적으로 결합된 특징들이 없기 때문이다. 데이턴은 복음주의자(그는 이 용어가 의미를 상실했다고 말한다)라는 용어의 사용 유예를 제안했다. 또 다른 사람들은 복음주의는 교리적 핵심을 상실했고 이 운동은 자원적 단체들의 느슨한 연합을 의미할 뿐이라고 공공연하게 선언했다.

"89년 복음주의 확인 선언"을 준비하는 사람들은 이런 문제들을 다루고 복음주의적 연합 운동을 일으키려고 한다. 바로 이런 이유 때문에 아주 다양한 배경의 기독교인들에게 초청장이 발송된 것이다. 그럼에도 준비하는 사람들은 이 연합이 너무 큰 대가를 치르는 희생이라는 것을 인식하고 있다. 초대 교회 때에 기독교인들이 믿음이 무엇인지 분명하게 정의하려는 목표를 가지고 믿음의 규범들을 작성했던 것처럼 이번 컨퍼런스에 참석하는 사람들이 핵심적인 복음주의 교리와 실천에 있어서 폭넓은 동의를 가능케 하는 확인 선언문을 채택할 수 있기를 희망하고 있다.

개인적으로 누구든지 기독교인들을 믿음으로 세우려는 모든 시도를 지지한다. 오늘날 우리는 성도들을 세우는 일을 위해 자신을 희생하는 사람들이 필요하다. 애석하게도 아주 탁월한 젊은 복음주의자들 중 일부는 비판에만 힘을 쏟고 있는 것처럼 보인다. 비판은 쉽지만 다른 사람을 세우는 일은 자신을 부인하는 희생을 요구한다.

나는 종종 복음주의자들에 대한 가장 신랄한 비판이 이상하게도 비복음주의 청중의 인정을 기대하고 있는 다른 복음주의자들에게서 나오고 있다는 독특한 인상을 받는다. 다시 말하면 일부 젊은 복음주의자들은 자신들의 종교적인 전통에 적대적인 학계의 인정을 받기 위해서 그 전통을 비판해야 한다고 느끼고 있다는 의미다. 복음주의자들은 어떤 경우에도 스스로에 대해 비판적이어야 하지만 바른 동기와 주인의식과 연민을 가지고 비판해야 한다.

팀, 내가 지금 이렇게 글을 쓰면서 나 자신도 너무 비판적이라는 생각이 든다. 비판에 대한 조나단 에드워즈의 경고가 항상 내 마음에 남아 있어서 비판적으로 되려는 나의 태도를 경계하게 만든다. 에드워즈는 영적 교만은 "마귀가 종교의 확장을 위해 열심인 사람들의 마음속으로 들어오는 앞문이다"고 했다. 그러면서 그는 이어서 이렇게 말했다.

영적 교만은 다른 사람의 죄들, 그들의 하나님과 그의 백성을 대적함, 위선의 비참한 환상과 생동감 있는 경건에 대한 적대감, 일부 성도들의 죽은 모습에 관해 신랄함과 비웃음과 경솔함과 경멸함으로 말하게 만드는 경향이 있다. 반면에 순수한 기독교인의 겸손은 다른 사람들에 대하여 침묵하거나 슬픔과 동정으로 다른 사람에 관하여 말하게 만드는 경향이 있다.

영적 교만은 다른 사람들을 의심하게 만드는 데 아주 능숙하지만 겸손한 성도는 자기 자신에 대해서 시기하도록 하기 때문에 자기 자신의 마음보다 의심할 것이 세상에 없음을 안다. 영적으로 교만한 사람은 다른 성도들의 흠을 찾는 데 능숙해서 은혜가 없기 때문에 차갑고 죽은 것 같은 모습을 잘 발견하여 지적하며 다른 사람의 결점을 잘 분별하고 주목한다. 하지만 탁월하게 겸손한 기독교인은 집에서 할 일이 너무 많고, 자기 마음에 있는 많은 악을 보며 이를 대단히 우려하느라 다른 사람의 마음을 보는 데 익숙하지 않고, 자신의 차가움과 은혜 없음을 애통해 하고 자신보다 다른 사람들을 높이는 데 능숙하다.[21]

이 말들은 성경 말고는 영적 교만에 관해 내가 읽은 것 중에 최고

---

21 *The Works of President Edwards*, in Four Volumes, vol. 3 (New York: Leavitt & Allen, 1856), 355.

다. 칼뱅은 장난으로 다른 사람에 관해 한 농담도 우리가 아는 것보다 큰 상처를 준다고 했다. 만일 내가 다시 살 수 있다면 나는 주님의 은혜 가운데 특히 나의 말에 더욱 신중하려고 애를 쓸 것이다. 주님은 교만한 마음과 비판의 정신을 싫어하신다.

다시 말하지만 여기에 올 일이 있으면 언제든지 알려 주기 바란다. 엘리자베스와 나는 진심으로 너희를 다시 만나기 원한다. 많이 보고 싶다.

그리고 생각이 나거든 "89년 복음주의 확인 선언" 컨퍼런스를 위해 기도해 주기 바란다. 주님이 우리 모두에게 자비를 베푸셔서 교회에 능력의 영을 부어 주시기를 위해 기도해야 할 때이다. 우리의 화합하지 못함은 분명히 주님을 기쁘시게 하지 못한다.

언제나처럼,
폴 우드슨

45.

1989년 후반 베를린 시민들과 다른 독일인들이 베를린 장벽 위에서 노래를 부르고 춤을 추는 장면은 나의 등골을 오싹하게 했다. 지니와 나는 흥분했다. 우리는 텔레비전 화면에 시선을 고정한 채 앉아 있었다. 1990년이 다가오면서 우리는 중앙유럽과 동유럽 사람들이 길거리로 뛰쳐나와 그들의 공산당 지도자들을 하나씩 내던지는 것을 놀라움으로 지켜 보았다. 왜 러시아 사람들은 민주주의 운동을 저지하기 위해서 그들의 위성 국가들에 군대를 보내지 않는 걸까? 내게는 말이 되지 않았다. 거대한 초강대국 러시아가 무너져 내리는 것을 보고만 있었다.

1990년 중반 그해에 몇 번의 편지를 주고받은 후에 나는 또 다른 비밀스러운 문제를 가지고 우드슨 박사께 편지를 썼다. 또한 유럽에서 발생하고 있는 놀라운 일들에 관해서도 언급했다. 나를 비롯해서 많은 다른 미국인은 혁명적 대격동의 역동성을 전혀 이해하지 못한 채 새로운 역사가 만들어지고 있는 것을 바라만 보고 있었다.

회신에서 우드슨 박사는 1989년과 1990년에 일어난 극적인 사건들의 의미를 조금은 이해할 수 있게 해주었다.

1990년 7월 14일

> **편집자 주:** 우리는 우드슨 박사의 편지에서 개인적인 이야기를 다루는 상당 부분을 뺐다. 팀은 지니가 가족을 만들려고 얼마 동안 노력했지만 성공하지 못했다고 우드슨 박사에게 말했다. 의사는 그들에게 어쩌면 아이를 가질 수 없을지 모른다고 말했고 그 소식에 팀과 지니는 슬픔에 몸을 가눌 수 없었다. 우드슨 박사의 조언은 위로가 되면서도 마음에 와 닿았다. 팀은 이 편집자 주를 달 수 있도록 허락해 주었다.

동유럽에서 일어난 혁명적 사건에 관해 간단하게 언급하자. 너의 놀라움은 틀림없이 세상에 있는 많은 수백만의 사람이 공유하고 있는 놀라움일 것이다. 일부 학자는 이 문제가 이미 얼마 전부터 소련에서 끓기 시작했음을 짐작한 것으로 보인다. 프랑스 대학교의 역사학자인 내 친구 중 한 명은 이념으로서의 마르크스주의는 이미 1989년 훨씬 이전부터 철의 장막 양쪽에서 지지자들을 잃고 있었다고 최근에 설명해 주었다. 1970년대 말과 1980년대에 저명한 프랑스 역사학자인 프랑수아 퓌레(Francois Furet)는 마르크스주의자들이 유럽 역사를 건설한 것, 특히 프랑스 혁명 때 봉건주의에서 자본주의 사회로의 전환에 관한 마르크스의 분석에 대해 무차별적인 공격을 가했다(예를 들면, 퓌레의 「프랑스 혁명을 생각하다」[*Penser la revolution francaise*]를 들여다 보고 싶을지 모르겠구나). 내 친구는 또한 1989년 5월 프랑스 혁명의 역사에 관한 국제회의(조지타운 대학에서 개최된) 때 발표된 논문에서 알 수 있듯이 마르크스주의 분석은 장벽이 무너지기 전에 철의 장막 이쪽 진영이든 저쪽 진영이든 많은 지성인 사이에서 아주 빠르게 철회되고 있었다고 했다.

이는 동유럽에서 소련의 억압에 대한 즉각적인 반응처럼 보이는 것들이 사실은 아주 천천히 꼭대기에서 터져 나온 활화산과 같았다는 의미이다. 철의 장막 뒤에 있던 많은 지성인은 은밀하게 오래전부터 공산주의 이념을 포기했다. 이는 로마 가톨릭이 강했던 폴란드의 경우에 특히 사실이었다. 나도 몇 년 전에 파리에서 만났던 폴란드 역사학자를 기억한다. 그는 폴란드에서 공산당 당원이었는데 은밀하게 공산당 교리를 믿지 않는다고 나에게 말해 주었지.

하지만 변화가 이렇게 빨리 오리라고는 아무도 기대하지 않았다. 기독교인으로서 나는 하나님이 전능하신 선으로 열국들을 붙들고 계시고 그분의 뜻대로 흥하기도 하고 망하기도 한다는 것을 기억했다. 하지만 나는 소련 체제가 워낙 튼튼해서 적어도 내가 살아 있는 동안에는 어떤 도전도 받지 않을 것이라고 생각했다. 나의 불신은 하나님의 주권적인 능력에 새롭고 깊은 이해로 이사야서 40장을 다시 보게 만들었다.

중앙 유럽과 동유럽에서 일어난 일들은 그곳에서 복음을 전하고, 핍박의 불길 속에서 교육을 받고 정제된 그리스도 안에 있는 형제자매들에게 배울 수 있는 문을 활짝 열어 주었다. 기독교인들이 예수 그리스도의 복음을 전하고 지속될 수 있는 교제의 끈을 연결할 수 있는 기회를 놓치지 않기를 바란다.

너희 둘 다 아주 중요하고 어려운 문제를 마음에 가지고 있겠구

나. 너희 미래를 위해 엘리자베스와 내가 기도하고 있음을 잊지 않기를 바란다. 지니를 위로해 주거라. 우리는 진심으로 너희를 가족으로 생각하고 있기에 너희에게 영향을 주는 것은 우리에게도 영향을 준단다.

**언제나 너를 위해 기도하며,
폴 우드슨**

46.

지니와 나는 교회의 평신도가 점점 더 책임감을 가지게 된 것을 기뻐했다. 진정한 동지애와 공동의 목적이 당회를 이기는 듯했다. 어느 날 지니와 내가 저녁에 대화를 나누고 함께 기도할 때 우리는 교회의 삶과 우리 자신의 삶에 일어난 변화에 놀라움을 금치 못했다. 주님이 많은 사람의 삶 속에 일하심을 보는 것이 얼마나 큰 기쁨인지! 부모들은 자녀들과 화해를 하고 수년 동안 서로 말하지 않던 사람들이 그들의 불화를 해결할 방법을 찾아 갔다. 여성 성경 공부와 남성 조찬 모임은 점점 부흥했고, 기도는 우리 교회의 심장 소리가 되기 시작했다.

하지만 모든 게 평화롭고 빛났던 것은 아니다. 담대한 척했지만 지니는 자녀를 둔 젊은 부부들 주변에 있을 때 그녀가 느끼는 감정과 싸워야 했다. 교회의 고등학생 몇 명이 아이스크림 사교 모임에서 친구 몇 명이 사탄 의식을 행했다고 말한 이후로는 우리 공동체에 대한 불안감이 훨씬 커졌다. 또한 성적인 문란함이나 마약 문화에 빠져 있다가 교회로 나오기 시작하는 사람들이 점점 늘어갔다. 나에게는 마치 전통적인 유대 기독교의 가치를 붙들고 있는 미국과, 가능한 한 구속되지 않는 자유와 자아실현의 추구라는 이름으로 그러한 가치에 도전하기로 한 미국, 이 두 미국이 서로 맞부딪치고 있는 것처럼 보였다.

1990년 후반에 나는 우드슨 박사께 편지를 보내 엘리자베스는 어떻게 지내시는지 여쭈었다. 당연히 최근에는 편지 왕래가 뜸했다. 사랑이나 존경이 식어서가 아니라 지니와 내가 교회 활동들에 너무 매여 있어서 긴 편지를 계속 쓸 수 없었다.

편지에서 우드슨 박사께 나의 근황을 말씀드렸고 세계 질서에서 지속되고 있는 극적인 변화와 가정에서 전통적 가치들이 약해지고 있는 것에 관해 어떻게 생각하시는지 물었다.

1990년 12월 18일

너의 정성스러운 편지에 감사한다. 너에게 다시 소식을 들을 수 있어서 너무 기쁘다. 주님을 알기 위해서 사람들이 찾아오고 기독교인들 사이에 관계의 치유가 일어나서 너희 교회가 영적으로 살아 있음을 증거하고 있다는 소식에 엘리자베스와 나는 참 기쁘다. 물론 너의 개인적인 소식에도 관심이 많다.

이번 크리스마스가 너희에게 좋은 시간이 되고 1991년도 주님 안에서 최고의 해가 될 것임을 확신한다.

나도 너와 전적으로 동의한다. 우리는 지금 내 생애 동안에는 일어나지 않을 것이라고 꿈도 꾸지 않았던 사건들을 목격하고 있다—소련 질서의 붕괴, 쿠바의 고립. 의심의 여지없이 또 다른 사건들이 이 대하드라마에 더해지겠지.

마르크스주의의 우상이 비틀거리다 쓰러진 것처럼 다윈주의와 프로이드주의도 그렇게 무너질 것이다. 1980년에 1990년대 초에 소련이 무너질 것이라고 예언하는 것이 터무니없어 보였던 것처럼 나의 이런 가정도 현재는 터무니없어 보일지 모르겠다. 하지만 자연주의적 다윈주의와 프로이드주의가 지난 삼사십 년 전보다 설득력 있는 비판에 많이 흔들리고 있다는 표시들이 보인다.

결과적으로 최근의 문화적 모습을 분석해 볼 때 우리는 너무 자동적으로 우울한 모습을 전제할 필요는 없겠지. 불필요한 우려를 자아내는 복음주의 해설자들은 종종 잘못된 인상을 남기고 비관적인 생각을 부추긴다. 악한 자가 이 세상에서 엄청난 혼란을 야기시키고 있음은 사실이다. 하지만 우리는 루터가 했던 통찰력 있는 말을 기억해야 한다. "한 작은 단어(예수의 이름)가 그를 넘어뜨릴 것이다."

기독교인들은 새로운 이방주의(New Paganism), 뉴에이지 운동, 그리고 밖에 있는 사교들과 다양한 "주의들"(isms)에 대해 교육받고 조심해야 할 필요가 있다. 하지만 동시에 기독교인들은 이 모든 운동들의 궁극적인 후원자인 악한 자는 이미 십자가에서 패배했다는 사실도 배워야 할 필요가 있다. 또한 모든 기독교인은 우리 각자가 참여하고 있는 전쟁에서 우리에게 가능한 영적 무장에 대해서도 알아야 한다(엡 6:10-18).

따라서 나는 일부 복음주의 작가들처럼 현 상황에 대해 그렇게 비관적이지 않다. 한편으로 보면 상황은 대단히 어둡다. 하지만 하나님은 주권적이시고 임박한 마르크스주의의 붕괴와 자연주의 진화론과 프로이드주의(현대 세속주의의 세 우상들)의 붕괴 가능성은 기독교의 복음 증거를 위한 엄청난 기회의 때를 보여 줄 것이다.

만일 하나님의 자비 가운데 이 괴물과 같은 우상들이 멸망한다면, 진짜 질문은 "미학적 세속주의가 더 이상 매력이 없어 보일 때 누가, 그리고 무엇이 그 빈 공간을 채울 것인가?"일 것이다. 복음주의자들은 사람들이 영적으로 굶주린 세상에 살아가는 기회에 어떻게 반응할 것인가? 복음주의자들은 셜리 맥클레인(Shirley MacLaines)과 다른 뉴에이지 지지자들이 도전하고 있는 사이렌 소리에 대처할 준비가 되어 있는가? 그들은 동유럽과 러시아, 중국에 선교사들을 파송할 것인가? 지금은 주요 종파와 다양한 뉴에이지 이념은 말할 것도 없고, 이슬람과 같은 종교에서 파송된 선교사들이 여기 미국에 있는 우리 이웃들과 세상 각 곳에 있는 사람들을 전도하느라고 열심을 내고 있다.

우리 기독교인들은 이념적 공백이 벌어지고 있을 때 복음을 가지고 우리 이웃을 찾아가야 한다. 그 어느 때보다 기도의 사람들이 필요하다. 우리의 적은 강해서 그들의 영역을 쉽게 내어 주지 않을 것이다. 한편으로 생각하면 초대 기독교인들이 그리스도의 이름을 위해 많은 것을 희생해야 했던 것과 비슷한 때를 우리가 맞이하게 될지도 모른다.

엘리자베스와 나는 기본적으로 건강을 유지할 수 있어서 감사하다. 전보다는 뼈가 많이 약해졌고 계단을 오르는 데 숨이 차기는 하지만 그것 말고는 다 괜찮다.

　엘리자베스는 동네 산책을 즐기고 있다. 나에게도 좋을 것이라고 산책에 동참할 것을 부드럽게 권하고 있는데 그녀의 말이 옳다. 하지만 불스가 이번 시즌에는 참 잘하고 있고, 나는 내가 운동하는 것보다 남이 운동하는 것을 보는 것을 더 즐기고 있다. 엘리자베스는 이게 거슬리는 모양이지만 결승전 때 불스가 여전히 살아남아 있다면 그녀도 나와 함께 텔레비전 앞에 앉아 있게 되지 않을까 싶다. 내가 지나치게 승리감에 젖어 있는 걸까? 사실은 요즘 스포츠 경기를 전보다 덜 보는 편이다.

　다시 한 번 네 편지에 감사한다. 좀 더 자주 연락해 주기를 바라지만 네가 엄청 바쁘다는 것을 이해한다. 아무튼 네가 언제 다시 연락을 주든 너와 지니는 우리의 생각과 기도에 항상 있다는 것을 잊지 말기 바란다.

　　　　　　　　　　　　　　　　　　　은혜와 평강이 있기를,
　　　　　　　　　　　　　　　　　　　폴 우드슨

47.

트리니티 신학교에 있는 존 우드브리지 교수님의 친절함으로 나는 필립 존슨의 「재판정에 선 다윈」(*Darwin on Trial: Washington: Regnery Gateway*, 1991)의 초판본을 손에 넣을 수 있었다. 과학 교육을 받은 적은 한 번도 없지만 10년 전 과학의 역사와 철학에 관해 들었던 수업들은 이 분야에 관한 책들을 이따금씩 접할 수 있는 원동력이 되었다. 나에게 있어서 목회적인 경험은 기원에 관한 주제를 가지고 (평신도이든 기독교 지도자들이든) 폭넓은 다양한 의견을 접할 수 있도록 해주었다. 한편으로는 젊은 지구론과 성경에 대한 고등 입장을 취하면서 이 진영에서 가장 요지부동이라고 할 수 있는 헨리 모리스(Henry Morris)와 그의 동료들은 다른 입장은 모두 잘못된 것이고 타협된 것이라고 주장한다. 그들의 열정과 왕성한 활동에도 문화 전반에 그들이 끼치는 영향은 미미하다.

복음주의 스펙트럼의 다른 반대쪽에서는 대체로 성경에 대한 고등 입장을 취하는 수많은 복음주의 사상가들이 일종의 유신론적 진화론을 취하고 있었다. 그들 중 많은 사람이 실력 있는 과학자였지만 그들의 성경에 대한 주해가 나에게 때로는 너무 약하고 설득력이 떨어져 보였다. 게다가 내가 아는 한은 이 사람들도 문화 전반에 끼치는 영향은 미미했다. 무신론자들과 자연주의자들은 왜 이 그룹에서 배워야 하는지를 몰랐으니까.

이런 다양한 의견 속에서 존슨의 책이 갑자기 나에게 다가왔다. 대단히 신선하고 도전이 되었지만 구체적으로 왜 그랬는지는 몰랐다. 어떤 면에서 그가 말한 것은 모두 전부터 이야기되던 것들이었기 때문이다. 나는 우드슨 박사께 편지를 써서 그 책을 읽어 보셨는지, 그리고 어떻게 생각하시는지 여쭈어 보았다(그도 우드브리지 박사께 책을 얻을 수 있을 것임을 언급하면서).

1991년 3월 23일

> **편집자 주:** 우드슨 박사의 편지는 개인적인 내용들, 저니맨 부부에게 안부를 전하고 가족을 시작하려는 저니맨 부부의 노력에 의학적인 진보가 있었는지에 관한 조심스러운 질문 등으로 시작한다.

회신이 늦어진 것은 너의 편지를 받기 전까지 그 책을 읽어 보지 못했기 때문이다. 이제서야 그 책을 아주 신중하게 읽었다. 어떤 부분은 두 번을 읽기도 했다. 내가 이제 말하려고 하는 것 중에 네가 모르는 것이 있을까 싶지만 네가 생각했던 것들을 말해 줄 것을 환영한다.

첫 번째로, 존슨이 제시하고 있는 과학적인 자료들이 새로운 것이 아닌 경우에도 아주 유익한 방법으로 그 자료들을 정리했다. 내가 생각할 수 있는 비슷한 류의 유일한 책은 20여 년 전에 맥베스(Macbeth)라는 친구가 쓴 「다윈설의 재심」(*Darwin Retried*)인데 존슨의 책이 훨씬 탁월하다. 너도 아는 것처럼 존슨은 유수한 법대 교수로서(편집자 주: 버클리 법대) 법조인으로 훈련받았다. 그가 한 작업은 한편으로는 아주 평범하다고 볼 수 있다. 그는 단지 진화론에 관한 많은 표준 서적에서 말하는 논쟁의 질을 평가하는 것이니까.

따라서 그는 솔직하게 인정하는 대로 과학자는 아니지만 그렇다고 해서 그 사실이 이 작업에 제한을 주는 것은 아니다. 그는 적절한 책들을 읽었고(심지어 비평가들도 이 점은 인정한다) 마치 법원의 좋은 변호사처럼 그는 진화론자들이 제시하는 논증과 증거들을 면밀히 조사해서 그의 판단에 부족한 부분을 찾아 냈다. 이 일이 중요한 이유는 진화론자들을 피고인석에 앉히기 때문이다.

두 번째로, 이 책은 저자 때문에 관심을 받게 될 것이다. 단지 존슨이 법조인이라는 사실을 말하는 게 아니다. 다만 그는 수준이 떨어지는 분리주의 학파(그런 식으로 판단하는 것이 공정하든 공정하지 않든)와 관련된 열등한 사람으로 취급될 수 없을 것이라는 의미이다. 내가 언급할 수 있는 몇 명의 다른 학자들과 마찬가지로(나는 노벨상을 받을 가능성이 있는 조지아에 있는 화학자나 하버드에 있는 정신의학자 등이 떠오른다) 존슨은 그의 영역에서 이미 주목받는 학자이고 대학에서 불신과 잘못 인식된 사고와 기꺼이 맞서기 원하는 기독교인이다. 그의 친구들은 그가 가지고 있는 가장 탁월한 특징 중 하나는 다른 사람들이 그에 대해서 어떻게 생각하고 있는지에 크게 개의치 않는 것이라고 말한다. 이런 자세는 겁을 덜 내고 용기를 북돋우며 실수를 두려워하지 않고 맹렬한 비난을 감수할 수 있는 학자가 되도록 한다.

세 번째로, 존슨은 자신의 목표를 제한한다. 그는 모든 것을 다루려고 하지 않는다. 예를 들면, 그는 자신이 성경 학자인 체하지 않고 성경 해석상 복잡한 것들에 전부 답을 하려고 하지 않는다. 그의 관점에서 볼 때에는 신자들 사이에서 관련된 모든 논란을 해결하는 것보다 자연주의 철학을 대면하는 것이 더 중요하다. 그의 영향력과 사명에서 볼 때 이런 자세는 대단히 지혜로운 것임에 의심의 여지가 없다.

따라서 그의 핵심은 그가 유신론을 증명할 수 있다는 것이 아니다. 그의 목적은 성경이 사실임을 증명하는 것이 아니니까. 그의 핵심은 좁지만 아주 잘 조준되어 있다. 그는 강력한 증거와 합당한 논증에서 볼 때 과학은 이미 존재하는 제한된 경계 안에서 생물학적 형태들이 얼마나 다양할 수 있는지에 관한 단순한 결론을 지지하고 있을 뿐이라고 주장한다. 하지만 유신론적 진화론자들이 아니라 철학적 자연주의자들에 의해 만들어진 거의 모든 진화론에 관한 교과서들은 돌연변이의 능력과 생명의 기원에 관한 엄청난 주장을 하기 위해서 빈약한 증거 자료들만을 추정하고 있다. 증거들은 그들의 주장을 지지하지 않는다. 이 과학자들은 설교 원고 옆에 "AWYH"(argument weak, yell here: 논증이 약하니 여기서는 소리를 질러라)라고 써 놓은 설교자와 같다. 왜 그렇게 많은 과학자가 이 입장을 취하는지에 대한 궁극적인 원인은 증거나 논증의 능력에 있는 것이 아니라 자연주의에 대한 그들의 충성에 있다.

실제로 존슨은 얼마나 자주 무신론적 자연주의자들이 자체적으로 만들어진 진화론적 과정에 대한 대안은 초자연적인 창조주이기 때문에(그들에게 이런 결론은 용납이 안되니까) 다윈주의와 같은 것이 증거에 상관없이 사실이어야 한다고 솔직하게 주장하고(동의하고) 있는지를 아주 잘 정리해 놓았다.

네 번째로, 암시적으로 존슨은 너무 쉽게 일종의 유신론적 진화론이라는 형태를 만든 기독교 사상가들도 공격을 하고 있다. 진화론적 틀을 전복시킬 증거들이 쌓이기 시작하는 순간에(존슨은 소수의 진화론자들이 그 사실을 인정하고 있다고 기록합니다), 몇 십 년의 시간이 지난 후에 적지 않은 기독교 학자들은 자신들이 너무 앞서 복잡하게 생각해서 가라앉는 배에 탔다는 생각을 하게 될 것이다.

더 할 말이 많지만 충분히 했다고 생각한다. 나는 존슨이 잘되기를 희망하고 이성이라는 현대 성전에서 이 시대의 신들에게 도전할 때 담대함과 겸손함을 가질 수 있도록 주님이 도와주시기를 바란다.

팀, 이 글을 마치기 전에 엘리자베스와 나는 너와 지니를 위해 지속적으로 기도하고 있다고 말해 주고 싶구나. 특히 한나의 기도에 응답하신 하나님이 너희 기도에도 응답해 주실 것이다.

**사랑을 담아,
폴 우드슨**

48.

1991년 11월 초에 로마서 설교 시리즈를 준비하면서 칭의에 관한 신학적인 서적들을 집중적으로 읽기 시작했다. 나는 옛날 기준이라고 할 수 있는 배너맨(Bannerman)을 읽으면서 다양한 논문을 통해 내 방식대로 정리하고 에른스트 캐제만(Ernst Kasemann)과 E.P. 샌더스(E.P.Sanders)와 같은 최근의 글들도 선별해서 읽었다.

모든 뉘앙스를 다 이해할 수 있을 만큼 최근의 글들을 많이 읽지는 못했지만 이 부분에 엄청난 논쟁이 있고 엄청 혼란스럽다는 것은 알 수 있었다. 동시에 역사에 대한 나의 애정 때문에 엄청난 영향을 끼친 종교 개혁, 청교도 시대, 대각성 운동에서 믿음에 의한 칭의가 얼마나 중요한지를 알고 있었다. 요즘 우리 시대에 이것이 아주 심각하게 무시되고 오해되고 있다는 느낌을 지울 수 없었다. 우드슨 박사께 이에 대해 어떻게 생각하는지 여쭈었다.

1991년 11월 24일

    네가 말한 주제는 오늘날 적어도 신학적인 진영에서는 가장 복잡하고 가장 화제가 되고, 동시에 가장 중요한 주제 중 하나이다. 아시아에서의 2주간의 강의를 위해 떠나기 전, 내가 생각하는 몇 가지를 두서없지만 너에게 말해 주고 가는 게 낫겠구나.

    우선 나의 한계를 고백하는 것으로 시작해야겠다. 훈련과 경험으로 볼 때 나는 교리의 역사에 있어서는 아마추어 수준의 조직 신학자이다. 나는 신약 학자가 아니다. 최근 논쟁에 나오는 기술적인 면들에 대한 언급을 위해서는 신약학과의 너의 옛날 스승 중 한 명에게 물어 보는 게 나을 것이다.

    나는 너의 염려가 정당하다고 생각한다. 현대 논쟁을 보면 통찰력 있는 기여도 있기는 하지만 합의보다는 혼동이 많다. 대중적인 차원에서 이러한 혼동이 제대로 걸러지지 않았기 때문에 설교자들이 최근의 연구로부터 벗어나지 않고서는 많은 것을 말하지 않고 억제하게 만드는 간접적인 영향을 끼쳤는지도 모른다. 결과적으로 그들은 아무 말도 하지 않는다. 물론 나는 최근에 졸업한 너와 같은 목사들에 관해 말하는 거다. 20년 전에 신학교에 다닌 사람들은 거의 모든 경우에 최근의 논란에 대해 몰라서 행복하다. 그렇다고 해도 그들 중 많은 사람이 칭의를 다룸에 있어서 균형과 명확성을 잃어버렸고, 이는 그들의 복음적 설교뿐 아니라 복음을 설교하는 것의 기본이 무엇을 의미하는지에도 영향을 끼치고 있다.

이 문제에 대한 논쟁은 학문적인 차원에서만 일어나고 있는 것이 아니다. 영국 성공회와 가톨릭의 지속적인 대화도 지난 몇 년 동안 칭의와 그와 관련된 문제들을 핵심적인 주제로 다루고 있어서 'ARCIC II'(내가 보기에는 멍청하기로 악명이 높은 문서)에서도 이를 언급하고 있다. 또한 10년 전에 존 류만(John Reumann)의 탁월한 편집으로 루터교와 가톨릭 사이의 대화도 출판되었다. 알리스터 맥그래스(Alister McGrath)도 케임브리지대학 출판사를 통해 4-5년 전에 말도 안 되게 비싼 가격에 교리의 역사인 두 권짜리 대작 「하나님의 칭의론」(*Iustia Dei*, CLC 역간)을 저술했다.

이런 논쟁들이 어떤 방향으로 가야 하는지를 내가 말해야 한다면, 좀 더 정확하게는 최근의 논쟁들에 대해 언급함으로 나의 편견을 드러내자면, 앞으로 몇 분 동안 내 마음대로 다음의 다섯 가지를 말할 것이다.

첫째로, 이 문제는 성경 전체의 신학에 관한 토론을 수용하기 위해서 바울 너머까지 확장되어야 한다. 물론 성경에 그런 통일성이 없다고 생각하는 사람들 가운데는 이런 제안이 마음에 들지 않겠지만 말이다. 하지만 나에게 있어서 문제는 하나님이 어떻게 죄인을 받아주시는가 하는 것이고 이 문제는 성경 전체에 널리 퍼져 있다. 이 주제가 지나치게 편협하게 한 문서(바울의), 한 단어 그룹에 매여 있다.

두 번째로, 칭의가 바울 신학의 중심인가 하는 것에 관한 최근의 토론들은 중심이 무엇을 의미하는지에 대한 애매함으로 시달리고 있다. 이 단어가 "모든 것을 붙들고 있는 것"이라는 의미라면 바울 자신이 그런 방식으로 그의 사고의 틀을 구성하지 않는 한 이를 증명하는 것이 어려울 것인데, 바울은 분명히 그렇게 하지 않았다. 만일 이 단어가 "최고로 중요한 것"이라는 의미라면 다른 것들은 상대적으로 덜 중요한 것으로 만들게 되는데 이는 바울의 기독론이나 성령에 관한 가르침, 혹은 여러 개의 다른 주제에 대해 공평하지 않은 것이 된다.

하지만 나는 바울에게 칭의는 한 사람이 새 언약, 성령의 삶, 하나님이 영접하시는 삶으로 들어가도록 하는 데 기본적이고 기초적인 것임을 주장할 준비는 되어 있다. 신자의 삶에서 다른 모든 복들이 이 첫걸음에서 흘러나온다는 점에서 그것은 기초적이다. 이것을 바로 이해하려고 하는 것은 대단히 중요하다.

세 번째로, 대부분의 최근 논란들은 E.P.샌더스의 중요한 책인 「바울과 팔레스타인 유대교」(*Paul and Palestinian Judaism*, 1977) 때문에 비롯되었다. 우선적으로 루터교 학자들에(특히 독일) 대해 논쟁하면서 샌더스는 그들이 그리고 있는 1세기 유대교의 그림은 치명적으로 왜곡되었다고 했다. 예수님 당시의 유대인들은 구원은 좋은 점수를 더 받으면 얻게 된다고 생각한 편협한 율법주의자들이 아니었다. 개신교인들은 종교 개혁의 논쟁들을 가지고 1세기를 읽거나 주후 5세기 유대인 문서들을 가지고 1세기를 읽었기 때문에 그와 같은 입장에 이르게 되었다고 그는 주장한다. 샌더스는 1세기 유대교의 가장 적합한 형태는 언약적 신율주의(covenantal nomism)라고 주장한다. 유대인들은 자기들이 은혜로 구원을 받고 행위로 자신들을 지킨다고 알고 있었다. 샌더스는 계속 주장하기를 바울도 다르지 않았다는 것이다. 그도 역시 언약적 신율주의를 옹호했다는 것이다. 그와 그의 반대자들 사이의 근본적인 차이는 율법주의와 구원에 이르는 믿음의 본질에 관한 것이 아니라 기독론에 관한 것이었다. 다시 말하면, 바울이나 그와 같은 범주에 속한 기독교인들은 예수님이 약속된 메시아라는 사실을 받아들인 반면에 대부분의 유대인은 그 점을 부인했다는 것이다. 당연히 만일 이 입장이 우세하다면 바울이 말한 믿음에 의한 칭의(율법의 행위에 의한 것이 아닌)를 어떻게 읽어야 하는지에 아주 중요한 영향을 주게 될 것이다.

지금쯤이면 네가 트리니티에 있을 때 배웠던 것이 다시 떠오를 것이다. 바울에 관한 과목들 중 하나에서 샌더스가 소개되었을 것이라고 믿는다. 샌더스는 최근 바울에 대한 연구의 한 획을 그었고 많은 사람이 그의 영향을 받았다. 나는 제2 성전 시대의 유대 문서에 대한 전문가가 아니지만(편집자 주: 예수님 때와 초대 교회의 처음 40년 정도의 시대) 신약학 부서에 있는 몇 명의 나의 동료들은 첫째, 샌더스가 유대교에 대한 잘못된 이미지에 대해 바르게 지적했다고 생각하고 둘째, 그럼에도 1세기 유대교의 모든 형태를 언약적 신율주의라는 한 형태로 뭉뚱그려 방어가 어려운 환원주의에 빠졌다고 생각하고 셋째, 분명히 몇몇 중요한 자료를 잘못 읽었다고 생각하고(예를 들면, 1세기 유대 역사학자인 요세푸스가 지속적으로 하나님의 은혜에 호소하고 있지만, 그는 반복해서 하나님의 은혜를 신실함과 순종을 통해서 얻는 어떤 것으로 취급하고 있다. 이는 바울의 입장과는 거리가 멀다) 넷째, 바울에 대한 주해가 기발하기는 하지만 설득력이 없다고 생각한다.

네 번째로, 샌더스의 연구에 덧붙여서 제임스 던(James Dunn)은 그의 두 권짜리 로마서 주석과 여러 논문에서 유대인들은 주도적인 율법주의자의 관점에서 율법에 관심을 가졌던 것이 아니라 민족적 표시, 다시 말하면 그들을 하나님의 언약의 백성인 유대인으로 만드는 표시(할례, 코셔 푸드 등)에 관심을 가지고 있었다고 주장했다. 같은 맥락에서 N.T.라이트(Wright)는 최근에 바울에게 있어서 칭의는 우리가 의롭다는 하나님의 선언이 아니라 우리가 언약적 공동체에 속한다는 하나님의 선언을 의미한다고 주장했다.

이것이 무엇을 말하고 있는지 주목하거라. 이것은 근본적인 문제를 자기 정체성의 문제, 즉 우리가 어느 그룹에 속했는가로 만들고 있는 것이다. 여기서 로마서, 갈라디아서, 빌립보서에 나오는 특정한 구절들에 대해 길게 연구해서 말하기는 어렵지만 그렇게 보는 것은 심각한 오류라고 나는 확신한다. 바울에 의하면(그리고 다른 성경 저자들에 의하면) 우리의 근본적인 필요는 하나님을 대적하고 하나님과 격리된 것에서 기인한다. 우리에게 필요한 것은 그분에 의해서 깨끗하게 되는 것이고, 그분에 의해서 의롭다고 선언되는 것이다. 따라서 칭의는 아주 근본적인 질문과 연관되어 있다. 어떻게 사람이 하나님의 눈에 의롭다고 선언될 것인가? 로마서 3장 20절 이하를 길게 묵상해 보거라. 그 답, 하나님의 답은 십자가다. 만일 우리가 진정으로 필요한 것이 하나님 앞에서 의로워지는 것이 아니라 바른 그룹의 일원으로 선언되는 것이라면 바로 그 십자가는 모호하게 주변적으로 보일 것이다.

마지막으로, E.K.캐제만의 입장에 대해서도 언급해야 할 것 같다. 그는 "하나님의 의"라는 표현과 구약에서의 그 표현의 배경은 바울에게 있어 의로움(혹은 칭의, 하나의 헬라어 단어가 이 둘을 모두 의미할 수 있다)은 하나님이 죄 있는 사람을 의롭다고 선언하는 것과 관계된 것이 아니라, 하나님이 그의 약속을 지키는 것과 관계된 것이라고 주장한다. 다시 말하면 그는 의로우시기 때문에 그가 한 말을 행하신다는 것이다. 만일 그가 그의 백성을 변호하기로 약속하신다면 그는 의로우시기 때문에 그렇게 하실 것이다. 분명한 것은 칭의에 대한 이 접근 역시도 십자가를 무대 중앙에서 치우게 된다.

이 주제에 관하여 내가 읽은 가장 도움이 되었던 논문 중 하나는 S.K. 윌리엄스(Williams)가 쓴 논문이었다. 〈성서문학저널〉(*Journal of Biblical Literature*, 99[1980]: 241-90)에 기고된 것이었는데 좁게 집중적으로 다루고 있다. 윌리엄스는 디카이오쉬네(δικαιοσύνη)와 디카이오쉬네 테우(δικαιοσύνη θεού)(편집자 주: 각각 의와 하나님의 의, 혹은 칭의와 하나님의 칭의)라는 두 표현을 다룬다. 거의 모든 토론에서 사람들은 디카이오쉬네의 의미를 말하고 난 후에 디카이오쉬네 테우를 그 의미의 부분 집합인 하나님의 의, 혹은 하나님의 칭의로 다루었다. 윌리엄스는 내가 판단하기에는 상당히 설득력 있게, 이는 언어학적으로 합당하지 않고 그 결과로 파생된 해석도 옳지 않다고 주장한다. 그는 바울에게 '디카이오쉬네 테우'는 언제나 아브라함과의 언약적 약속에 대한 하나님의 신실하심을 가리킨다고 주장한다. 하나님은 그 약속들을 유지하시고 완성하시는 데 의로우시다(테우[θεού], "하나님의"라는 소유격을 주격으로 사용한 것이다). 대조적으로, 디카이오쉬네는 언약적 약속에 신실하신 이 하나님을 신뢰하는 사람에게 속하도록 선언하신, 거저 주시는 의의 선물을 가리킨다. 이 후자의 범주 아래서 종교 개혁가들의 관심이 보호를 받는다. 종교 개혁가들은 좀 더 긴 표현을 다룸에 있어서 틀렸다고 평가되었으니까. 용어 사전을 가지고 관계된 구절들을 찾아 보거라. 그리고 문맥상 그 말이 맞는지 한 번 살펴보기 바란다.

이번 편지는 너무 길고 전문적이었던 것 같다. 내가 말하고자 한 핵심은 칭의는 십자가, 죄에 대한 바른 평가, 기독교인의 확신, 복음의 본질과 연관되는 것이 중요하다는 것이다. 이 분야에서의 논란들은 단지 이론적인 것이 아니라서 우리가 사역을 구상하고 수행하는 방식, 따라서 우리의 말을 듣는 그리스도인들이 그들을 의롭다 하시는 하나님 안에서 그들의 구원을 생각하고 확신과 믿음 가운데(그들의 구원의 확신) 쉼을 얻도록 하는 데 엄청난 실제적 영향을 끼친다.

나는 12월 10일부터 일본에서의 2주간 사역을 위해 떠나게 된다. 잘 지내거라.

언제나처럼,
폴 우드슨

49.

우드슨 교수님은 일본에 가지 못하셨다.

1991년 12월 9일 우리는 우드슨 박사 부부에게 전화를 해서 기쁜 소식을 알려 드렸다―지니가 임신했다. 우리는 완전히 날아갈 듯 기뻤다. 동시에 나는 그의 일본 여행을 안전하게 잘 마치기를 기도하겠다고 말씀드렸다. 그때 그는 여행을 취소해야만 했다고 언급하셨다. 그는 마지막 편지를 보내기 하루나 이틀 전에 이유 없이 아프기 시작했다. 그는 며칠 기다렸다가 의사를 찾아갔다. 처음에는 의사가 서둘지 않았지만 나중에는 빨리 정밀 검사를 해보라고 재촉했다. 그리고 그날 아침에 진단이 내려졌다. 우드슨 박사님은 악성 흑색종에 걸리셨고 남은 날이 얼마 되지 않았다. 이 질병은 아주 빠르게 몸을 망가뜨렸다.

나는 무슨 말을 해야 할지 몰랐다. 완전히 충격에 빠졌다. 내가 방황할 때 자식이 없었던 우드슨 박사가 나를 마치 자신의 친아들처럼 대하는 동안, 나는 그를 돌아가신 아버지 대신 의지하고 있었다는 사실이 갑자기 내 마음을 사로잡았다. 아버지들은 죽지 말아야 한다. 그들은 당신을 위해 항상 거기에 계셔야 한다!

다음 날 오후에 전화를 드렸을 때(12월 10일) 집에 아무도 안 계셨다. 한 시간 마다 전화를 드렸고 마침내 저녁이 되어서야 우드슨 부인이 전화를 받으셨다. 남편이 하이랜드 파크 병원에서 검진을 받아야 했기 때문이 거의 온종일 그곳에 있었다고 말씀해 주셨다.

5일 후에 그는 다시 검진을 받으셨고 그냥 편히 쉬게 해드리는 것 밖에 더 이상 어떤 치료도 없었다. 간호사가 하루에 두 번씩 우드슨 박사 부부를 방문했다. 지니와 나는 의논한 후 교회의 책임들을 다 마치고 나서 크리스마스가 지나자마자 12월 26일이나 27일에 나 혼자 시카고로 가기로 결정했다. 우드슨 부인은 그렇게 하면 충분히 시간적 여유가 있을 것이라고 말씀하셨다. 지니는 올랜도에 남아 있기로 했는데 아침이면 몸이 너무 안 좋아서 비행기를 탈 수 없었기 때문이다.

나는 우드슨 박사 부부에게 하루걸러 한 번씩 전화를 드렸지만 우드슨 박사께서 원망하는 소리는 한 번도 하신 적이 없다. 목소리는 점점 약해지고 숨소리는 점점 거칠어졌지만 주님의 자비 가운데 그는 의식을 가지고 또렷이 말씀하실 수 있었다. 그는 계속 지니와 아기는 어떤지 안부를 물으셨다. 그와 이야기할 때마다 그는 이제 집에 갈 때가 되었다고 조용히 말씀하셨다.

12월 24일 우드슨 부인이 전화를 하셨다. 우드슨 박사가 그날 이른 아침에 주님의 품에 안기셨다고 말씀해 주셨다.

우드슨 부인은 나에게 장례 예배 때 추모사를 낭독해 줄 수 있는지 물으셨다. 장례 예배 동안 그녀는 슬퍼하면서도 담대함을 보이셨고 애통해 하면서도 남편과 함께했던 날들로 인해 하늘에 계신 아버지께 감사하셨다.

사실 나는 장례식 후 몇 주 동안 그냥 굳어 버린 것 같았다. 이 사건의 갑작스러움과 개인적인 충격은 내가 감당하기에는 너무 컸다. 나는 우드슨 부인이 약간 떨리는 필체로 손수 쓰신 이 편지를 받을 때까지 우드슨 박사의 죽음 앞에 제대로 슬퍼하지도 못했다.

1992년 2월 10일

나의 사랑하는 폴이 영광에 이르고 난 후에 전화로 연락해 줘서 얼마나 위로가 되었는지 모른다. 말로 표현할 수 없을 정도로 정말 고맙구나. 내가 여기의 일들을 정리하고 나면 너희의 초청을 받아들여 그곳에 갈까 한다. 아마도 그때쯤이면 지니도 가장 힘든 시간을 지나고 난 후겠지. 만일 그렇지 않다면 내가 엄마 역할을 해도 좋을 것 같구나.

며칠 전 저녁에 나는 침실에서 많이 울었다. 내 마음은 남편을 잃은 것에서 너희가 예전에 아기를 잃은 것으로, 그리고 우리는 아이가 없다는 사실로, 그러고는 다시 폴과 우리가 오랫동안 자식처럼 생각했던 학생들에게 옮겨 가면서 고통과 상실감과 외로움에 얼마나 많이 울었는지 모른다. 그러면서 특히 너희로 인해 얼마나 많은 감사의 말을 조용히 읊조렸는지 모른다. 상당히 혼란스러운 시간이었지.

내가 젊었을 때 노인들이 죽으면 주변 사람들은 이미 그의 죽음을 예상하고 있었을 것이라고 생각했다. 하지만 결코 예상할 수 없다. 나이에 상관없이 사별은 엄청난 아픔을 가져다 준다. 내가 정말로 필요했을 때 주님이 나에게 가까이 다가와 주셨다는 것이 얼마나 감사한지 모른다. 나는 처음으로 하나님이 과부와 고아들을 위로하는 분이라고 친히 선언하신 많은 구절로 인해 감사하기 시작했단다.

폴이 남긴 문서들을 정리하던 중에 그가 살 날이 얼마 남지 않았다는 것을 알고 쓰기 시작한 일기를 보게 되었다. 나는 그가 그렇게 많은 글을 썼다는 데 놀랐다. 너희도 읽어 볼 수 있도록 내가 너희에게 갈 때 가지고 가마. 지금은 그냥 여기저기서 몇 군데 부분만 보내 주겠다.

1991년 12월 11일

마음을 집중하기에는 임박한 죽음 만한 것이 없는 것 같다. 우리는 모두 죽음의 형량 앞에 놓여 있음에도 그것에 관해 심각하게 생각하는 데 왜 그리 긴 시간이 걸리는지!

적어도 나는 죽음을 두려워하지 않는다. 내가 믿는 자를 내가 알고 또한 내가 의탁한 것을 그날까지 그분이 능히 지키실 것을 아니까(딤후 1:12). 통증에 대한 두려움도 있고 자제력을 잃을까 두렵기는 하다. 마지막까지 감사함으로 견뎌 낼 수 있고, 그리스도께 영광을 돌릴 수 있는 것들만 행하고 말할 수 있기를, 그분을 욕되게 하는 그 어떤 일도 피할 수 있게 은혜를 더하시기를 진실하게 기도한다.

1991년 12월 12일

일 년 전쯤에 D.A. 카슨(편집자 주: 트리니티 신약학과에 있는)이 자신의 저서「위로의 하나님」(*How long, O Lord? Reflections on Suffering and Evil*, CLC 역간)을 나에게 주었다. 그때는 그냥 훑어보기만 했는데 지난 열흘 동안 그 책을 꼼꼼하게 읽었다. 제임스 몽고메리(James Moutgomery)의 옛 찬송가 가사를 읽으면서 기쁨으로 눈물을 흘렸다.

주님과 영원히

아멘, 그대로 될지어다.

죽음에서 생명으로 옮기웠으니

영원히 살리로다.

여기 육신에 매여 살면서

주님과 함께함 고대하니

또 하루 육신의 장막을 치니

또 하루 집에 가깝네.

내 아버지 집이 높이 있으니

내 영혼의 집 날로 가깝다.

믿음의 눈으로 그 집 바라보니

황금 문 눈앞에 나타난다.

아, 내 영혼이 사모함이여!

내가 사모하는 그 땅에 이르리니

영광스런 성도의 기업일세.

저 멀리 예루살렘.

주님과 영원히

아버지, 주님의 뜻이어든

이 신실한 주님의 약속

여기서도 이루어지리.

주께서 내 오른쪽에 계시니

나 결코 실패하지 않으리.

주께서 나를 붙드시니

나 담대히 싸워 이기리.

마지막 호흡 마칠 때
휘장이 둘로 갈라지리니
죽음으로 죽음을 이기고
영원한 삶 시작하리라.

부활이라는 이 한마디
승리를 외치는 소리이니
또 다시 주님과 영원히
아멘, 그대로 될지어다.

1991년 12월 14일

여러 프로젝트 중에 내가 끝내고 싶은 두 가지 일이 떠오른다. 칼뱅의 신론 교리에 대한 나의 연구를 완성하고 싶다. 많은 초고와 메모들이 있는데 트리니티에서 누군가 이 프로젝트를 이어서 끝내 주었으면 좋겠다.

어쩌면 그것보다 내 마음에 남아 있는 것이 있다. 내가 살 날이 그리 많지는 않지만, 최근에 나는 전혀 교회를 다니지 않는 사람들—성경을 한 번도 읽어 보지 않은 사람들, 성경이 무엇을 말하는지도 모르는 사람들, 하나님에 대한 개념이 분명치 않고(만일 하나님이 존재한다고 생각한다면) 일신론이나 이신론을 잘못 알고 있는 사람들—에게 복음을 전할 수 있는 기회들이 있었다. 이런 기회들을 통해서 나는 성경의 원리를 따라 비신자들에게 복음의 이야기를 설명하는 전도용 책이 필요하다는 것을 알게 되었다. 비록 미국과 다른 서구 세계에 진리로부터 멀어진 사람들이 점점 늘고 있기는 하지만 거의 모든 전도용 책은 독자가 기본적인 기독교 유산을 가지고 있다고 전제하고 있다.

나는 4개월 전쯤에 한 힌두교 학생이 역사가 종말을 향하고 있고, 천국과 지옥을 향하고 있고, 하나님 앞에서 셈을 해야 할 날을 향하고 있으며, 무한한 용서와 돌이킬 수 없는 죄책을 향하고 있다는 나의 설교를 들었던 모임을 기억한다. 그 후 토론 때 그는 이런 말을 했다. "하지만 만일 그것이 사실이라면, 우리 삶의 방식은 완전히 달라져야 합니다!" 나는 고개를 끄덕이며 미소를 지었다. 하지만 내가 말을 꺼내기 전에 그가 먼저 말을 했다. "우리 대부분은 사람들에게 우리의 목표가 무엇인지를 말할 때 우리가 60살이나 65세가 될 때까지의 시간을 생각합니다. 그 후에는 은퇴를 하니까요. 하지만 우리 목표를 이생뿐만 아니라 앞으로 올 생애까지 생각하여 결정한다면 그 목표들은 지금 우리가 어떻게 살아야 할지를 결정하게 해줄 겁니다." 나는 전적으로 그와 동의하면서 이러한 관점을 확증하기 위해서 산상수훈의 몇 구절을 그에게 읽어 주었다.

이러한 대화들을 한 후에 적은 나의 메모를 활용해서 유용한 전도용 책자를 만들수 있는 사람이 있을까? 혹시 팀이라면 할 수 있지 않을까?

1991년 12월 18일

점점 약해지는 게 느껴진다. 지금 가장 아쉬운 것이 있다면 나의 사랑하는 아내 엘리자베스를 두고 떠나는 것이다. 하나님, 그녀에게 자비를 베푸시고 그녀를 위로하시며 주님을 향한 기쁨이 그녀에게 힘이 되게 해주소서. 그녀를 격려하고 그녀와 함께하며 지켜 줄 사람들을 보내 주소서.

사랑하는 하나님, 하나님의 사랑하는 아들에 의해서 보장된 용서가 아니었더라면 저는 말로 다할 수 없이 많은 후회가 있었을 것입니다.

주와 같이 용서하는 하나님이 어디에 있겠나이까?
누가 이렇게 거저 주시는 풍성한 은혜를 가질 수 있겠나이까?[22]

1991년 12월 21일

그 길을 따르고, 길이요 진리요 생명이신 그분을 따라 살았던 그 날들이 얼마나 큰 특권이었는지!

주 하나님, 믿음 안에서 나의 사랑하는 아들 된 팀 저니맨에게 자비를 베푸소서.

"나는 선한 싸움을 싸우고 나의 달려갈 길을 마치고 믿음을

---

22 Samuel Davies, "Great God of Wonders," in *Trinity Hymnal* (Suwanee, GA: Great Commissions Publications, 1990), no. 82.

지켰으니 이제 후로는 나를 위하여 의의 면류관이 예비되었으므로 주 곧 의로우신 재판장이 그날에 내게 주실 것이며 내게만 아니라 주의 나타나심을 사모하는 모든 자에게도니라"(딤후 4:7, 8).

예수 안에서 우리에게 얼마나 좋은 친구인지! 나는 시편 23편, 요한복음 11장, 그리고 고린도전서 15장을 읽는데 아주 새롭게 다가온다.

너희를 위해 늘 기도하고 있다.

모든 사랑으로,
엘리자베스

개요

「믿음의 길 위에서 쓴 편지」는 이야기체로 되어 있어서 이 책을 읽는 사람은 처음부터 끝까지 그 흐름에 따라 인물들을 알아 가도록 되어 있다. 하지만 이 책의 초판본을 읽은 제법 많은 독자가 색인이나 개요가 있어서 어떤 특정한 주제를 다루는 곳을 찾을 수 있도록 해주면 좋겠다고 말해 주었다. 그래서 개정판에는 매튜 호스킨슨(Matthew Hoskinson)과 앤디 나셀리(Andy Naselli)의 친절한 도움으로 두 개의 개요를 포함시켰다. "순서적 개요"는 49개 각 편지의 주요 주제들을 열거했고 "주제별 개요"는 해당 주제를 몇 번의 편지에서 다루고 있는지 알파벳 순서로 주제들을 열거했다(역자 주: 한국어판에는 가나다 순서로 정리하였다).

D.A. 카슨과 존 D. 우드브리지(2021)

순서적 개요

1. 서론
2. 구원의 확신: 객관적 근거
3. 구원의 확신: 주관적 수단들
4. 육적인 기독교인과 고린도전서 3장
5. 그리스도의 주 되심, 회개, 미국의 복음주의
6. 과학적 유물론
7. 최근 복음주의에서의 기독교적 협력
8. 학문과 라이프 스타일의 선택에 있어 영국 복음주의와 미국 복음주의
9. 프랑스의 기독교
10. 위그노
11. 성적인 죄
12. 공산주의
13. 보편주의와 불가지론
14. 복음주의
15. 기독교 자유
16. 교리적 건조함과 해결책: 설교 철학
17. 유혹의 본질: 영적 냉랭함
18. 심리학과 기독교 상담
19. 정치, 특히 도덕적 다수에 있어서 좌파와 우파의 상황에서의 경제
20. 세상적이 됨
21. 목회 사역을 위한 자격들
22. 목회로의 소명: 하나님의 뜻을 아는 것에 관하여
23. 복음주의적 신학교와 비복음주의적 신학교
24. 결혼
25. 변증학에 대한 입장들
26. 성경 무오설
27. 마음을 다해 하나님을 사랑함: 신학교에서의 영적 도전들
28. 학문적 존경심과 학문적 책임감
29. 종교적 다원주의
30. 서재 만들기
31. 목회적 훈련

32. 새 해석학, 해방 신학, 혁명과 로마서 13장
33. 최근 학계의 전제들
34. 세속적 인본주의와 기독교 인본주의
35. 해석학과 문화의 역할
36. 왜곡된 신학을 다룸: 축소된 종말론과 과장된 종말론
37. 목사와 회중의 관계
38. 목사의 시간 관리
39. 교회 권징
40. 하나님 사랑함을 분산시킴
41. 공적 예배
42. 동성애와 에이즈
43. 기도
44. 복음주의 연합: 영적 교만
45. 공산주의의 붕괴
46. 변해 가는 이념들에 대한 기독교인의 반응들
47. 진화론
48. 칭의과 바울에 대한 새 관점
49. 죽음

주제별 개요

교회

교회 역사
위그노 편지 10 · 24
인본주의: 세속적과 기독교적 편지 34 · 340

지역 교회
공적 예배 편지 41 · 406
교회 권징 편지 39 · 389
축소된 종말론, 과장된 종말론 편지 36 · 362

최근 복음주의
기독교인의 협력 편지 7 · 78
미국 복음주의 편지 5 · 56
복음주의적 연합 편지 44 · 424
영국 복음주의 편지 8 · 85
프랑스의 기독교 편지 9 · 99

기독교 영성

구원의 확신
객관적 근거 편지 2 · 30
주관적 근거 편지 3 · 39

그리스도를 따름
기도 편지 43 · 420
결혼 편지 24 · 234
그리스도의 주 되심 편지 5 · 56
마음을 다해 하나님을 사랑함 편지 27 · 274
죽음 편지 49 · 455

영적 분별력
기독교 자유 편지 15 · 148
라이프 스타일 선택 편지 8 · 85

죄
유혹의 본질 편지 17 · 169
죄의 본질 편지 11 · 113
회개 편지 5 · 56

하나님을 사랑함에 방해되는 요소들
교리적인 건조함과 그 해결책들 편지 16 · 159
세상적이 됨 편지 20 · 201
영적 냉랭함 편지 17 · 169
하나님 사랑함을 분산시킴 편지 40 · 399

목사

목회를 위한 준비
목회로의 소명 편지 22 · 217
목회적 훈련 편지 31 · 310
사역을 위한 자격들 편지 21 · 208
신학교: 복음주의 신학교와 비복음주의 신학교 편지 23 · 226
신학교: 비복음주의 편지 28 · 284
신학교: 영적인 도전들 편지 27 · 274

목회신학
목사와 회중의 관계 편지 37 · 371
목회적 시간관리 편지 38 · 382
서재 만들기 편지 30 · 300
설교 철학 편지 16 · 159
왜곡된 신학을 다룸 편지 36 · 362

세상

과학
- 과학적 유물론 편지 6 · 72
- 심리학 편지 18 · 176
- 진화론 편지 47 · 442

변증학
- 변증학 입장들 편지 25 · 242
- 복음주의 편지 14 · 141
- 불가지론 편지 13 · 130
- 종교적 다원주의 편지 29 · 294

세계적 문제들
- 경제학 편지 19 · 188
- 공산주의 편지 12 · 123
- 공산주의, 붕괴 편지 45 · 433
- 동성애, 에이즈 편지 42 · 413
- 변해 가는 이념들에 대한 기독교인의 반응들 편지 46 · 437

학문계
- 학문적 존경심 편지 28 · 284
- 최근 학문계의 전제들 편지 33 · 327

신학

구원
- 바울의 새 관점을 포함한 칭의 편지 48 · 447
- 보편주의 편지 13 · 130
- 육적인 기독교인과 고린도전서 3장 편지 4 · 47

성경
- 새 해석학 편지 32 · 318
- 성경 무오설 편지 26 · 259
- 해석: 문화의 역할 편지 35 · 349

최근 신학
- 해방 신학 편지 32 · 318

믿음의 길 위에서 쓴 편지

믿음의 길 위에서 쓴 편지

초판 발행	2024년 11월 4일
지은이	D.A. 카슨 & 존 D. 우드브리지
옮긴이	노진준
발행인	손창남
발행처	(주)죠이북스 (등록 2022. 12. 27. 제2022—000070호)
주소	02576 서울시 동대문구 왕산로19바길 33 , 1층
전화	(02) 925 - 0451 (대표 전화)
	(02) 929 - 3655 (영업팀)
팩스	(02) 923 - 3016
인쇄소	송현문화
판권소유	ⓒ(주)죠이북스
ISBN	979 - 11 - 93507 - 33 - 9 03230

책값은 뒤표지에 있습니다.
잘못된 도서는 교환하여 드립니다.
이 책 내용을 허락 없이 옮겨 사용할 수 없습니다.